環境会計の構築と国際的展開

河野 正男 編著

東京 森山書店 発行

執筆者一覧 (執筆順)

河野　正男	中央大学経済学部教授		序章
上田　俊昭	明星大学経済学部教授		第1章
上妻　義直	上智大学経済学部教授		第2章第1節
小関　誠三	中央大学大学院国際会計研究科教授		第2章第2節
阪　智香	関西学院大学商学部助教授		第3章，第4章，第9章
八木　裕之	横浜国立大学経営学部教授		第5章，第7節第2節，第11章第3節
國部　克彦	神戸大学大学院経営学研究科教授		第6章，第11章第2節
大森　明	愛知学院大学商学部助教授		第7章第1節，第11章第1節，第12章
千葉　貴律	明治大学経営学部助教授		第8章
伊藤　嘉博	早稲田大学商学学術院教授		第10章
山下　正毅	横浜国立大学大学院国際社会科学研究科教授		第13章
小口　好昭	中央大学経済学部教授		第14章

序　文

　わが国における環境会計の発展において記念すべき年は1999年である。この年の3月に旧環境庁より環境会計ガイドライン（中間とりまとめ）が公表された。この中間とりまとめの成案である環境会計ガイドライン2000年版が公表されるまでの1年間に，環境会計に取り組んだ企業数は数十社に達した。この事実を指して，2000年版の序文では，1999年が「環境会計元年と呼ぶべき年」となったと述べている。その後，環境会計ガイドラインについては，環境省より2002年版および2005年版が公表されたことは周知のとおりである。環境省の調査によると，2004年度では，環境会計に取り組んでいる企業数は712社に達している。企業による環境会計への関心の高さを示唆する数値である。

　ところで，日本会計研究学会は，1998年9月に明治学院大学で開催された第57回全国大会で，環境会計の研究に関する特別委員会を発足させた。筆者が委員長で，研究課題は「環境会計の発展と構築」であった。2年間の研究成果を中間報告として第58回全国大会（於明治大学）で，最終報告として第59回全国大会（於大阪学院大学）でそれぞれ発表した。しかしながら，環境会計がなお発展途上にあることを考慮し，特別委員会委員一同は，さらに研究を続ける必要があると考え，メンバーを拡充するとともに，「環境会計のフレームワーク構築に関する研究」を研究課題とし，科学研究費補助金（基礎研究B1）を申請した。幸い採用され，2001年度から3年間の研究を続行することができた。そして，特別委員会以来の研究成果を，日本学術振興会平成17年度科学研究費補助金（研究成果公開促進費）の交付を受けて，ここに刊行できたことは，執筆者一同の喜びとするところである。

　特別委員会の研究「環境会計の発展と構築」では，環境会計の領域を，国民

経済を構成する個々の会計単位すなわち企業,政府・自治体,非営利団体および家計等を対象とするミクロ環境会計と,国民経済そのものを会計単位とするマクロ環境会計に区分した。さらに,ミクロ環境会計は,環境会計情報を企業外部のさまざまな利害関係者に提供する外部環境会計と経営者にその意思決定に資する環境会計情報を提供する内部環境会計に,またマクロ環境会計は,マクロ会計（社会会計,国民経済計算,SNA）における従来の経済勘定と環境勘定との統合を意図する環境経済統合会計と,森林資源,水資源および地下資源等を対象とする自然資源・環境会計にそれぞれ区分し,研究を進めた。科学研究費による研究においてもこれらの区分を踏襲した。

　本書は5部14章から構成されている。環境会計のフレームワークについて検討している第1部序章に続く各部は,上述された環境会計の区分に沿っている。すなわち第2部では外部環境会計の取り組みを,第3部では内部環境会計の取り組みをそれぞれ取り上げている。政府・自治体の環境会計の取り組みについては,特別委員会の報告ではマクロ環境会計の一部として記述されていたが,この分野は,ミクロ環境会計と国民経済を対象とするマクロ環境会計の中間領域（メゾ環境会計）であることから,マクロ環境会計より独立させ第4部とし,第5部をマクロ環境会計の取り組みに絞った。

　第1部は序章「環境会計のフレームワークの構築に向けて」のみからなる。環境会計のフレームワークについて,ミクロ環境会計およびマクロ環境会計に共通する一般的フレームワーク,環境省の環境会計ガイドラインを念頭に置いたフロー量中心のフレームワーク,そして今後展開が望まれるストック量を考慮する環境会計のフレームワークが議論される。なお,内部環境会計（環境管理会計）のフレームワークが第3部第6章で紹介さている。

　第2部「外部環境会計の展開」は5章からなる。第1章「外部環境会計の国際的動向－国連を中心として－」では,国連の経済社会理事会の下部機関として1982年に創設されたISAR（会計・報告の国際基準に関する専門家による政府間作業グループ）の活動を簡潔に紹介した後,ISARが1999年に公表した「実務指針：環境負債と環境コストに関する財務報告」に沿って環境コストの概念,認

識，資本化および開示，ならびに環境負債の定義，認識，測定および開示等についての議論が展開される。

第2章「EUにおける外部環境会計の展開」では，前半部分で，EUにおける環境情報開示制度について触れ，さらに環境報告の実態，CSR政策，会計法現代化指令等の課題が紹介された後，EU加盟各国の開示制度について検討される。後半部分では，EC委員会勧告書「会社の年次計算書・年次報告書における環境問題の認識，測定および開示」を取り上げ，同勧告書に沿って環境支出の定義と分類，環境負債の認識と測定，環境支出の資本化および環境資産の減損等の課題について検討される。

第3章「北米における外部環境会計」では，財務会計領域における環境会計の課題である環境コストの費用化と資産化，排出権および環境負債の処理ならびに環境問題に関連する減損処理等の課題についての検討の後，環境／サステナビリティ報告書における環境会計の事例の紹介がされる。

第4章「韓国における環境会計」では，韓国環境省・世界銀行により2001年に公表された「環境コストの測定・報告ガイドライン」，韓国環境省より2002年に公表された「環境報告ガイドライン」における環境会計情報の取り扱いならびに2004年に公表された「環境会計ガイドライン」（案）等を取り上げた後，韓国企業による環境会計の取り組みの実践例が紹介される。

第5章「日本における外部環境会計」では，まず，環境省および複数の業界団体の「環境会計ガイドライン」が紹介される。ついで，2000年度を基準年度として2003年度までの4年間について，環境報告書により環境会計情報を開示している第1部上場企業の開示内容の変遷および環境経営指標等に関する実態調査の結果が示される。

第3部「内部環境会計の展開」は5章からなる。第6章「環境管理会計の国際的展開と日本の動向」では，国連持続可能開発部（UNDSD）から公表された『環境管理会計：手続きと原則』における環境管理会計（内部環境会計）の体系および企業環境総コスト概念等が紹介された後，アメリカの意思決定指向型およびドイツのシステム指向型の環境管理会計について検討され，最後に，日本の

例として経済産業省の環境管理会計に関するプロジェクトについて触れられる。

第7章「EUにおける内部環境会計の展開」では，英国とドイツの動向が取り上げられる。英国については，環境会計の制度的背景を概観した後，二つの内部環境会計の試みすなわち"wi-win"型とフルコスト会計型の内部環境会計について検討される。ドイツについては，内部環境会計の発展の背景，コンプライアンス効率の視点からの内部環境会計の役割，フローコスト会計，リソースコスト会計および社会的コストの視点からの環境管理会計等について議論される。

第8章「北米における内部環境会計の展開」では，北米における内部環境会計の発展が3期に分けて議論される。第1期（1960年—1970年代）では企業社会会計が試みられた。第2期（1980年—1990年代）ではスーパーファンド法等による環境規制強化により企業の環境コストが顕在化した。そして第3期（1990年代以降）では内部環境会計の諸管理手法の開発，適用が試みられた。そしてこの時期におけるアメリカ環境保護庁（EPA）その他の内部環境会計に関するプロジェクト等が紹介される。

第9章「オーストラリアにおける内部環境会計の展開」では，内部環境会計に関する二つのプロジェクト—オーストラリア電力供給協会と環境省のプロジェクトならびにビクトリア州環境保護局，環境省およびオーストラリア勅許会計士協会のプロジェクト—を取り上げた後，企業や大学などの4団体のケーススタディが紹介され，さらに地方自治体のプロジェクトにも言及される。

第10章「日本における内部環境会計の展開」では，1999年度以来実施されてきた経済産業省による環境管理会計（内部環境会計）の委託研究の成果を踏まえて，環境配慮型設備投資決定，環境予算マトリックス，マテリアルフローコスト会計等の管理手法の現状が紹介されるとともに，課題について検討される。

第4部「政府・自治体環境会計の展開」は2章からなる。第11章「日本における政府・自治体環境会計の展開」では，まず，政府・自治体の環境会計が庁舎管理型，地域管理型および庁舎管理・地域管理統合型に類型化される。その上で第3番目の類型例である横須賀市の環境会計が紹介される。ついで，水

道事業について東京都水道局の環境会計ならびに廃棄物会計について所沢市の事例が紹介される。

第12章「海外における政府・自治体環境会計の展開」では，オーストラリアについて，マクロ環境会計分野で開発された環境保護勘定や自然資源管理勘定が紹介された後，これらの勘定との関連を考慮した自治体の環境会計の取り組み例が検討される。ついで，ヨーロッパの先進的自治体が開発したエコバジェットが紹介される。エコバジェットは，自治体の環境管理の手法で，財務予算に倣った物量単位による環境予算を意味し，その内容と課題が明らかにされる。

第5部「マクロ環境会計の展開」ではマクロ会計の2分野が取り上げられる。第13章「サテライト勘定によるマクロ環境会計の展開」では，マクロ会計の主要な勘定とサテライト勘定としての環境勘定とを統合する環境経済統合会計の基礎理論に関する議論が展開される。

第14章「自然資源・環境会計の開発の課題」では，フランスの自然遺産（資源）会計，EUのSERIEE，オランダのNAMEA等が紹介される。そして日本の自然資源・環境会計の開発現状の紹介と課題が指摘される。

以上が本書の概要である。本書は，日本会計研究学会・特別委員会における研究と科学研究費の助成による研究の成果である。研究の機会を与えてくれた日本会計研究学会および日本学術振興会に感謝する次第である。

本書の各章各節で展開された議論の内容については，執筆者一同による調整を得たものではなく，各執筆者個人の見解に基づくものである。このことは，環境会計が依然として発展途上にあることから，その現状を可能な限りありのままに記述することを心がけたことによる。このため，特別委員会以来重ねられた研究会での議論にもかかわらず，同一の用語が異なる意味で用いられている，あるいは類似の内容が異なる用語で表現されている場合がある。このような場合については，前後の文脈から執筆者の意図は理解されうるものと考えているが，読者の注意を喚起するとともに，ご寛恕をお願いする次第である。

なお，付言すれば，環境会計の最近の急速な発展により，環境報告書を通じてのフロー量分野の外部環境会計および内部環境会計（環境管理会計）について

は，それらの内容がかなり固まりつつあるとの印象を持っている。

　6年にわたる共同研究の推進，運営にかかわる業務ならびに本書の構成・編集について，横浜国立大学の八木裕之教授に多大のお世話になった。厚く御礼申し上げる次第である。

　最後に，本書の刊行にご協力頂いた執筆者各位，出版をご快諾下さった森山書店の菅田直文社長および編集，校正でお世話になった土屋貞敏氏に心より謝意を表したい。

　2005年10月

研究代表者
河　野　正　男

目　次

第1部　環境会計のフレームワークの構築

序　章　環境会計のフレームワークの構築に向けて

1　は じ め に ……………………………………………………………… *3*
2　環境会計の一般的フレームワーク ………………………………… *5*
　2.1　マクロ環境会計のフレームワーク ………………………… *5*
　2.2　企業の環境会計の一般的フレームワーク ………………… *6*
3　フロー分野の環境会計のフレームワーク ………………………… *7*
　3.1　フロー分野の環境会計の構成要素 ………………………… *7*
　3.2　各国の環境会計ガイドラインと環境会計のフレームワークとの関連 …… *9*
4　ストック分野の環境会計のフレームワーク ……………………… *13*
　4.1　環境の質と環境コスト ……………………………………… *13*
　4.2　環境の質に関わるストック表とフロー表の一般モデル …… *15*
　4.3　測定年次の環境の質のみを考慮したストック表 ………… *24*
　4.4　人口資産を考慮に入れたストック表 ……………………… *24*
5　むすびに代えて ……………………………………………………… *26*

第2部　外部環境会計の展開

第1章　外部環境会計の国際的動向
　　　　　　―国連を中心として―

1　は じ め に ……………………………………………………………… *33*
2　国連の環境会計・報告についての軌跡 …………………………… *36*
3　国連の1999年『実務指針』のもつ意義 …………………………… *38*

4 財務会計上の環境コスト概念 …………………………………… 40
4.1 環境コスト概念の問題 …………………………………… 40
4.2 環境コストの認識と資本化の問題 …………………………… 42
4.3 環境コストの開示 ………………………………………… 44
5 環境負債の認識・測定と開示 ……………………………………… 45
5.1 環境負債の定義 …………………………………………… 45
5.2 回収額の認識 ……………………………………………… 49
5.3 環境負債の金額決定 ……………………………………… 50
5.4 環境負債の開示 …………………………………………… 53
6 結びに代えて …………………………………………………… 54
6.1 ISARの「実務指針」の評価 ……………………………… 54
6.2 外部環境会計の内外の動向 ……………………………… 56
6.3 財務報告書と環境報告書における環境会計の関連性をめぐって …… 59

第2章　EUにおける外部環境会計の展開

1 EU会計法現代化指令による環境情報開示の制度化 ……………… 65
1.1 はじめに …………………………………………………… 65
1.2 環境報告の実態 …………………………………………… 65
1.3 CSR政策 ………………………………………………… 67
1.4 会計法現代化指令 ………………………………………… 70
1.5 加盟国の開示制度 ………………………………………… 73
1.6 環境情報開示の制度化が意味するもの ………………… 81
2 欧州における財務報告と環境会計 …………………………… 84
2.1 はじめに …………………………………………………… 84
2.2 欧州の環境政策 …………………………………………… 85
2.3 環境問題に関わる諸概念の規定 ………………………… 88
2.4 環境情報の開示に関するフランスの動向 ……………… 100
2.5 むすび ……………………………………………………… 102

第3章　北米における外部環境会計の展開

- 1　はじめに ………………………………………………… *108*
- 2　財務会計領域における環境会計 ………………………… *108*
  - 2.1　北米における主要な動き ………………………… *108*
  - 2.2　財務会計領域における環境会計の論点 ………… *110*
  - 2.3　環境コストの資産計上 …………………………… *113*
  - 2.4　環境負債の会計処理 ……………………………… *115*
  - 2.5　環境問題に関連する減損の会計処理 …………… *118*
  - 2.6　環境負債に関連する実証研究 …………………… *119*
- 3　環境／サステナビリティ報告書における環境会計 …… *124*
  - 3.1　北米における環境／サステナビリティ報告 …… *124*
  - 3.2　環境／サステナビリティ報告書における環境会計情報 … *125*
- 4　おわりに ………………………………………………… *129*

第4章　韓国における環境会計の展開

- 1　はじめに ………………………………………………… *133*
- 2　韓国における環境会計の調査・研究状況 ……………… *134*
  - 2.1　韓国・世界銀行環境協力委員会（KWECC）のプロジェクト … *134*
  - 2.2　財務会計の枠内における環境会計 ……………… *139*
  - 2.3　環境省の環境報告・環境会計等プロジェクト … *139*
  - 2.4　通商産業エネルギー省の環境管理会計プロジェクト …… *142*
- 3　韓国主要企業における環境会計の事例 ………………… *144*
  - 3.1　ＬＧ化学 …………………………………………… *144*
  - 3.2　コリアンエアー …………………………………… *147*
  - 3.3　サムスン電機 ……………………………………… *150*
  - 3.4　サムスン電子 ……………………………………… *150*
  - 3.5　ヒュンダイモーター ……………………………… *154*
  - 3.6　ＰＯＳＣＯ ………………………………………… *154*
- 4　おわりに ………………………………………………… *158*

第5章　日本の外部環境会計
―環境報告書における環境会計の開示―

1　は じ め に …………………………………………………………… 160
2　環境会計に関するガイドラインの展開 ………………………………… 161
　2.1　環境省の環境会計ガイドライン ………………………… 161
　2.2　業界団体の環境会計ガイドライン ……………………… 163
　2.3　その他の関連ガイドライン ……………………………… 164
3　環境会計情報のタイプ別分類 ………………………………………… 165
4　効果情報の開示 ………………………………………………………… 167
　4.1　環 境 保 全 効 果 …………………………………………… 167
　4.2　経 済 効 果 ………………………………………………… 168
5　環境負荷統合指標・環境経営指標の開示 …………………………… 170
　5.1　環 境 負 荷 統 合 指 標 ……………………………………… 170
　5.2　環 境 経 営 指 標 …………………………………………… 172
6　環境会計情報の拡張可能性 …………………………………………… 173
7　ま　と　め ……………………………………………………………… 176

第3部　内部環境会計の展開

第6章　環境管理会計の国際的展開と日本の動向

1　は じ め に …………………………………………………………… 183
2　国連持続可能開発部による環境管理会計の体系 …………………… 184
3　アメリカの環境管理会計：意思決定指向型 ………………………… 188
4　ドイツの環境管理会計：システム指向型 …………………………… 190
5　日本の環境管理会計：経済産業省プロジェクトを中心に ………… 192
6　環境管理会計の今後の展開：むすびにかえて ……………………… 195

第7章　EUにおける内部環境会計の展開

1　英国における内部環境会計 …………………………………………… 198

	1.1　環境会計をめぐる英国における制度的背景	198
	1.2　英国における環境管理会計の潮流	202
	1.3　"win-win"型環境管理会計	202
	1.4　フルコスト会計と環境管理会計	205
	1.5　おわりに—英国における環境会計の特色と展望	209
2	ドイツにおける内部環境会計	210
	2.1　社 会 的 背 景	210
	2.2　環境管理会計発展の経緯	211
	2.3　企業の環境戦略と環境管理会計	212
	2.4　コンプライアンス効率と環境管理会計	214
	2.5　フローコスト会計	214
	2.6　リソースコスト会計	217
	2.7　社会的コストと環境管理会計	220
	2.8　お わ り に	221

第8章　北米における内部環境会計の展開

1	は じ め に	228
2	内部環境会計アプローチの時代区分	229
	2.1　第Ⅰ期（1960-70年代）—企業社会会計の試み	229
	2.2　第Ⅱ期（1980-90年代）—環境コストの顕在化	232
	2.3　第Ⅲ期（1990年代以降）—USEPAによる汚染予防プロジェクト	237
3	その他の内部環境会計の展開	244
	3.1　その他の手法	244
	3.2　ライフサイクル・コスティング（LCC）	245
4	むすびにかえて	246

第9章　オーストラリアにおける内部環境会計の展開

1	は じ め に	250
2	環境報告の動向	251

####　2.1　環境報告のフレームワーク … 251
####　2.2　トリプルボトムライン報告のガイドライン … 251
####　2.3　実務の動向 … 252
3　環境管理会計プロジェクト―企業編― … 255
####　3.1　企業における環境管理会計の2つのプロジェクト … 255
####　3.2　AMPサービス部門のケーススタディ … 256
####　3.3　コーマック製造のケーススタディ … 260
####　3.4　GHミシェル＆サンズのケーススタディ … 262
####　3.5　メソヂスト女学校のケーススタディ … 264
####　3.6　ケーススタディ・プロジェクトの総括 … 266
4　環境管理会計のプロジェクト―地方自治体編― … 269
####　4.1　地方自治体における環境管理会計プロジェクトの概要 … 269
####　4.2　環境管理会計の活用状況と教訓 … 271
5　おわりに … 272

第10章　日本における内部環境会計の展開
1　はじめに … 275
2　環境配慮型設備投資決定 … 276
####　2.1　環境配慮型設備投資決定の視界 … 276
####　2.2　環境配慮型設備投資決定における主な検討課題 … 277
3　環境予算マトリックス … 278
####　3.1　環境予算マトリックスの意義 … 278
####　3.2　環境予算マトリックスの構造とその作成ステップ … 281
4　マテリアルフローコスト会計 … 288
####　4.1　伝統的な原価計算システムの問題点 … 288
####　4.2　マテリアルフローコスト会計の仕組み … 289
5　結び … 290

第4部　政府・自治体の環境会計の展開

第11章　日本における政府・自治体環境会計の展開

1　自治体環境会計 … 295
- 1.1　自治体の環境行政と環境会計の意義 … 295
- 1.2　自治体環境会計の類型 … 297
- 1.3　庁舎管理・地域管理統合型環境会計の展開 … 298
- 1.4　わが国自治体環境会計の課題 … 305
- 1.5　わが国自治体環境会計の展望 … 307

2　水道事業における環境会計 … 308
- 2.1　環境会計の導入と普及 … 308
- 2.2　水道事業の環境会計の特徴 … 309
- 2.3　外部情報開示面からみた水道事業の環境会計の課題 … 311
- 2.4　内部管理面からみた水道事業の環境会計の課題 … 313
- 2.5　今後の発展方向 … 314

3　廃棄物会計の展開 … 315
- 3.1　登場の背景 … 315
- 3.2　廃棄物会計の構造と調査実績 … 316
- 3.3　廃棄物会計の特徴と課題 … 318

第12章　海外における政府・自治体環境会計の展開

1　オーストラリアにおける政府・自治体環境会計 … 324
- 1.1　オーストラリアにおける政府・自治体環境会計の背景 … 324
- 1.2　オーストラリアにおける自治体環境会計プロジェクト … 327
- 1.3　オーストラリアの自治体における環境会計の取組み … 333
- 1.4　オーストラリアの自治体における環境会計の新展開 … 337

2　ICLEIによるecoBudget® … 341
- 2.1　ecoBudget®提唱の背景 … 341
- 2.2　エコ・バジェットの概要 … 342

2.3　環境予算収支において作成する計算書類 …………………………… *346*
　　2.4　エコ・バジェットで用いられる指標 …………………………………… *349*
　　2.5　エコ・バジェットの展開 ………………………………………………… *350*
　　2.6　エコ・バジェットの課題と展望 ………………………………………… *352*

第5部　マクロ環境会計の展開

第13章　サテライト勘定によるマクロ環境勘定の展開
1　は　じ　め　に ……………………………………………………………… *361*
2　中枢体系の勘定システムによるサテライト分野取引の表示 …………… *361*
　1.1　内部費用化された
　　　　環境保護サービス生産の国民所得勘定形式による表示 ……………… *364*
　1.2　他の生産活動名称で表示されている環境保護活動 ……………………… *366*
　1.3　消費活動の一部とされている活動（家計内環境保護活動）…………… *367*
2　フランスのマクロ環境勘定 …………………………………………………… *370*
　2.1　環境保護支出の変動 ………………………………………………………… *370*
　2.2　分野別環境保護支出の変動 ………………………………………………… *371*

第14章　自然資源・環境会計の開発と課題
1　マクロ環境会計開発の基本視点 ……………………………………………… *376*
2　海外における自然資源・環境会計の開発状況 ……………………………… *377*
　2.1　統合型システムの開発状況 ………………………………………………… *377*
　2.2　特化型システムの開発状況 ………………………………………………… *387*
3　日本における自然資源・環境会計開発の現状 ……………………………… *393*
4　課　　　題 ……………………………………………………………………… *398*

第1部　環境会計のフレームワークの構築

序 章

環境会計のフレームワークの構築に向けて

1 はじめに

　企業の環境会計については，環境省が環境会計ガイドライン[1]（以下，環境省ガイドライン）を公表して以来，環境保全コスト，環境保全効果および経済効果などのフローの測定，集計および公表を中心に，多くの企業が取り組んでおり，近未来においては，取り組み企業数は1,000社を越すことが予想されている[2]。

　このような企業の動向を踏まえて，いくつかの先進的自治体が環境会計に取り組んでいる。大都市の水道事業体や下水道事業体のように，既に企業会計方式を導入している場合には，かなりの数の事業体が，環境省ガイドラインを参考とした環境会計に取り組み，その結果が公表されている[3]。

　ところで，自治体の環境保全活動の最大の関心事は，自治体が管轄する行政区域における環境状況の改善にある。さらに，その一環として，自治体の庁舎を中心に自らの活動から排出される環境負荷物質の抑制および削減など，企業タイプの環境保全活動が行われる。前者の広域的環境保全活動を地域管理（面管理），後者の企業タイプの環境保全活動を庁舎管理（点管理）と呼ぶことにしている[4]。

　横須賀市および岩手県が取り組んだ環境会計は，庁舎管理については環境省ガイドラインに沿った環境会計を，そして地域管理については，環境施策の結果を反映できるように，環境省ガイドラインとは異なる環境会計を試みている[5]。しかしながら，いずれの自治体の場合も，環境保全コスト，環境保全

効果および経済効果などのフローのみの測定に焦点をあわせているという点では，環境省ガイドラインの枠組みの下にあるといえる。

　海外諸国では，わが国のように，環境報告書による開示を前提とした環境省ガイドラインタイプの環境会計は未だ十分に展開していない。諸外国で発展しているのは，環境会計情報の内部利用を意図した内部環境会計（環境管理会計）である。一方，環境省ガイドラインタイプの環境会計の展開を促進するためにいくつかガイドラインが発表されている。また，北米では財務報告書を通じての環境会計情報の開示に関心が寄せられている。

　ところで，企業に限らず，あらゆる組織により遂行される環境保全活動は，究極的には，環境の水準あるいは環境の質の改善や向上を目指して行われる。環境の質を念頭において環境会計を考える場合，各種の組織の活動によって影響を受けるストックとしての環境（大気，水，土地，地下資源，植物および動物等）の水準を考察の対象とする必要がある。勿論，環境省ガイドラインのように，ある時点におけるストックとしての環境の質を所与として，その時点以降について，年々の環境保全活動に要したコスト，コストを費やした結果として排出が削減された環境負荷物質量および排出されざるをえなかった環境負荷物質量などのフローを把握することによって，間接的にストックとしての環境の質を推定することは可能である。しかし，この方法はあくまで間接的推定にとどまる。

　環境の質に状況について適切に理解するには，ストックとしての環境を環境会計の枠組みに入れる必要がある。本章では，これまで環境会計の議論では取り上げられることの少なかったストックとしての環境に焦点を合わせた環境会計のフレームワークを提案する。

　まず，環境会計の一般的フレームワークを提示する。その上で，わが国を始め海外諸国でも，環境会計のガイドラインで，環境コスト，環境保全効果および経済効果等のフローに焦点を合わせた環境会計の展開が試みられていることに鑑み，フロー分野の環境会計のフレームワークについて考察し，最後にストック分野の環境会計のフレームワークを取り上げることにする。

2 環境会計の一般的フレームワーク

2.1 マクロ環境会計のフレームワーク

国際連合は，1993年に，従来の経済勘定システム（System of National Accounts, SNA）に環境勘定を組み込んだ環境・経済統合会計システム（System for Integrated Environmental and Economic Accounting, SEEA）を公表した[6]。そこで提示されたSEEAのフレームワークが図表1である。

図中，コア体系（core system）とされているところが，SNAの中枢部分で，国民所得勘定，投入産出表，資金循環勘定，国際収支表および国民貸借対照表等からなる。コア体系の勘定表から特定の分野の情報を抽出し，かつ不足の情報を補充した勘定表をサテライト勘定という。環境関連の情報に焦点を合わせて作成される環境勘定はサテライト勘定の一種である。サテライト体系中のA部分は，SNAのコア体系中の勘定表から環境関連の情報を抽出した部分である。

ところで，経済活動が環境に与える影響を的確に把握するには，金額情報の

図表1 SNA環境・経済統合会計（サテライト）体系（SEEA）

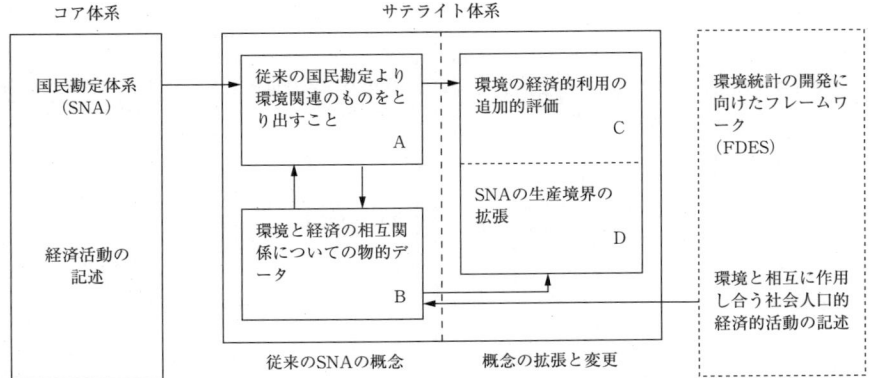

（出典：United Nations, *Integrated Environmental and Economic Accounting*, 1993, p.27）

みでは不十分である。それ故，金額情報を捕捉するものとして，時にはそれが独自の役割を果たすものとして，物量情報が必要とされる。これがB部分を意味する。

AおよびB部分の情報はいずれも実績値である。これに対し，図中の垂直な点線から右側は一定の仮定を置いて推計される見積値である。まず，C部分であるが，社会的費用の推計が上げられる。例えば，固形廃棄物，排水，排ガス，微粒子等による環境破壊ないし環境劣化を推計する場合，市場価格が直接的には利用し得ないので，諸々の仮定に基づいて推計が行われる。

D部分は，経済活動が環境に与える影響を包括的に把握するために，SNAのコア体系の概念を拡張して追加的に把握される情報である。例えば，コア体系では，家計は生産活動を行わないとしているが，生産活動を行うと仮定して，その活動による環境への影響を把握することが考えられている[7]。

2.2 企業の環境会計の一般的フレームワーク

図表1を基礎に，企業の環境会計の一般的フレームワークを考えたものが図表2である[8]。

図表2　企業の環境会計の一般的フレームワーク

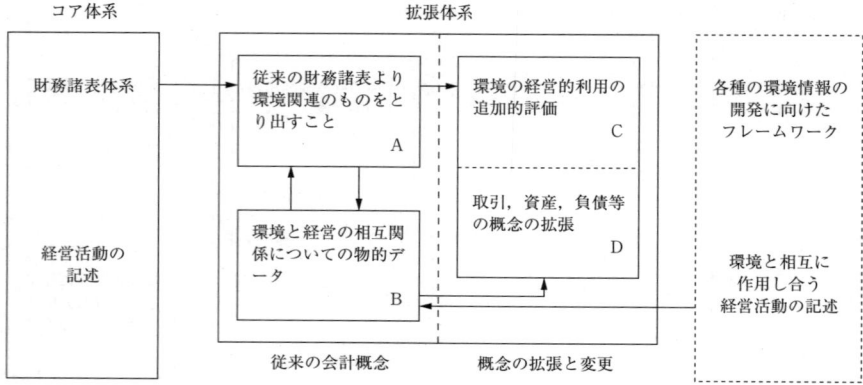

コア体系をなす財務諸表体系については説明するまでもないであろう。AおよびB部分は，図表1と同様に実績値からなる。A部分は財務諸表には明示されていないか，あるいは詳細には示されていない環境保全活動関連の情報すなわち支出，費用，収益あるいは資産および負債等の情報を意味する。B部分は，企業活動に伴って発生する環境負荷物質量に関する情報を意味し，物量単位で表示される。

CおよびD部分は，前項で指摘したように見積値である。C部分としては，特定企業から排出される環境負荷物質による第三者の被害額，いわゆる社会的費用や，あるいは特定企業が過年度に排出した環境負荷物質の1部あるいはその全部を除去するに要する費用（維持コストないしコントロールコスト）などが考えられる。D部分は，環境保全の視点から，伝統的な企業会計の概念である取引，費用，収益，資産あるいは負債等の再考部分である。第三者被害としての社会的費用を測定し公表することを企業に求める場合，上述された伝統的概念の見直しをするとともに，測定されたD情報はAおよびB情報とは明確に区別して開示する必要がある。

3　フロー分野の環境会計のフレームワーク

3.1　フロー分野の環境会計の構成要素

財務報告書で開示される会計情報は独自の基準で選択されている。財務報告書を離れ，環境報告書等の利用を念頭において，わが国をはじめ海外諸国で提案ないし実践されているフロー分野の環境会計で開示される各種の環境会計情報を整理すると下記の図表3のようにまとめられよう。

環境コストとしては，次のようなカテゴリーが考えられる。すなわち①環境保全活動に要した実際コスト（予防コストおよび復元コスト等），②維持コスト（予防的環境保全活動を行ったにもかかわらず排出される環境負荷物質量の一定量あるいは全量を削減する場合に要する見積コスト），③排出された環境負荷物質による見積被害コスト，④被害を修復するための見積復元コストなどである。

図表3　フロー分野の環境会計のフレームワーク

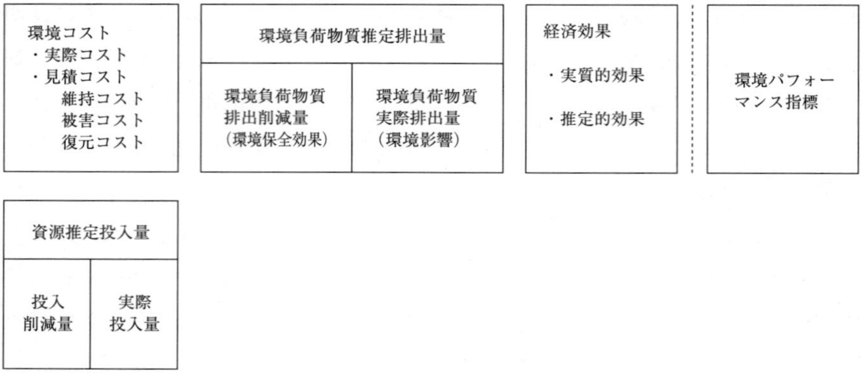

環境コスト ・実際コスト ・見積コスト 　維持コスト 　被害コスト 　復元コスト	環境負荷物質推定排出量		経済効果 ・実質的効果 ・推定的効果	環境パフォーマンス指標
	環境負荷物質 排出削減量 （環境保全効果）	環境負荷物質 実際排出量 （環境影響）		

資源推定投入量	
投入 削減量	実際 投入量

　環境負荷物質の排出については，経済活動に伴って排出される環境負荷物質の内，予防的環境保全活動による排出削減量と予防的環境保全活動にもかかわらず排出される実際排出量とがある。前者を環境コストに対応する効果すなわち環境保全効果と呼ぶ。また，排出された環境負荷物質は社会全体に何らかの影響を及ぼしていると考えられることから，後者を環境影響と呼ぶ。この二つの量を加算した量が環境負荷物質推定排出量である。

　経済効果は，環境省ガイドラインの環境保全対策に伴う経済効果を意味する。すなわち環境保全活動を進めた結果，企業等の利益に貢献した効果である。この効果は，実質的効果と推定的効果に分けられる。前者は廃棄物や使用済み製品等のリサイクルによる事業収入や環境保全活動の結果発生した費用の節約額等からなる。後者は仮定的な計算に基づいて算出される収益額ないし費用の削減額である。前者は環境保全目的の研究開発や企業価値の向上等による追加的収益額からなる。また後者の例としては将来起こる可能性のある環境損傷を予防することによる損害賠償や修復のための費用回避額が考えられる。

　エネルギー資源や水資源等の資源の投入量も，環境的持続可能性から重要な情報である。資源の投入削減量および実際投入量そのものが重要な情報であるとともに，削減量の貨幣評価額は経済効果を表す。

多くの企業が，環境コストと環境負荷物質の削減量や排出量とを関連付けた環境パフォーマンス指標を公表している。これらの指標は，環境会計情報とは見られないが，後者の情報と関連付けることにより，企業等の組織の環境パフォーマンスを評価するうえで有用である。そこで，上述された環境会計の構成要素とは点線で区別して表示した。

3.2　各国の環境会計ガイドライン[9]と環境会計のフレームワークとの関連
（1）　環境省環境会計ガイドライン

環境省ガイドラインは，1999年に「中間とりまとめ」が公表されて以来，2000年版および2002年版が公表されている。そして2005年2月に2005年版が公表された[10]。この2005年版を念頭において議論する。2005年版では，環境コストは，先述の①の実際コストからなり，環境保全コストと呼ばれている。その分類は，周知の事業活動に応じたもので，事業エリア内コスト，上・下流コスト，管理活動コスト，研究開発コスト，社会活動コストおよび環境損傷対応コストからなる。なお，2005年版から，2002年版にはない付属明細表の作成が求められ，その中に，環境保全対策分野に応じた環境保全コストの分類である地球温暖化対策コスト，オゾン層保護対策コスト，その他の大気環境保全コスト，騒音・振動対策コスト，水質・地盤環境保全コスト，廃棄物・リサイクル対策コスト，化学物質対策コスト，自然環境保全コスト，その他のコスト等の分類表が含まれている。

2002年版までは環境保全効果のみを示すことを求めていたが，2005年版では，前期（基準期間）と当期の資源等の投入量および環境負荷物質の排出量が示され，その差額として環境保全効果を示すように変わっている。なお，一部の企業で，環境保全効果を貨幣単位で表現する試みが行われているが，2005年版では，そのような表現が有用であるとの指摘に留められ，その実行は推奨されていない。

2005年版では，経済効果の内，実質的効果は従来の版と異なることなく，その計上を求めている。他方，2002年版ではその開示に触れていなかった推

定的効果については，2005年版では，その開示をする場合には，内容，算定の範囲，算定式およびその考え方などを記載することを求めるという風に変わった。

2005年版では，環境保全コスト（事業活動に応じた分類），環境保全効果および経済効果の内容を示す主要な3表に加えて，公表することが求められる表として付属明細表が追加された。その一つが，先に紹介した環境保全対策分野に応じた環境保全コストの分類表である。この他，主要な環境パフォーマンス指標に係るコストと効果の対比表，維持的な性格を持つコストに対する環境保全効果表，環境会計要約情報の直近3期間の推移表，分析のための指標（環境パフォーマンス指標を含む）[11]の直近3期間の推移表等が提示されている。2005年版では，環境パフォーマンス指標を環境会計情報の理解のための追加的情報と位置づけているといえよう。

（2） 韓国環境省環境会計ガイドライン

韓国環境省は，2001年3月に『環境会計システムと環境パフォーマンス指標』と題する報告書を発表した[12]。この報告書作成の目的は，環境に配慮した企業経営のための環境会計情報提供の促進にある。報告書では，環境会計のフレームワーク，諸外国の既存の環境会計ガイドラインの状況および企業による環境会計の実践状況，韓国企業における環境会計のケーススタディ等を紹介した後，第5章「環境コストの測定と報告のためのガイドラインおよび環境パフォーマンス指標」で，韓国の環境会計ガイドライン（以下，韓国ガイドライン）の内容を明らかにしている。

韓国ガイドラインでは，図表3中の環境コスト，環境保全効果，環境負荷物質の実際排出量，経済効果および環境パフォーマンス指標等の開示が求められている。

環境コストの主たる分類は，汚染予防コスト，汚染処理コスト，環境マネジメントシステムコスト（環境マネジメントシステムの構築，運用，改善等に要するコスト），ステークホルダーコスト（投資家，債権者，規制当局，地域住民，消費者および環境活動家グループ等との良好な関係を維持するに要するコスト），環境損傷コスト等で

ある。この他，大気汚染コスト，水質汚濁コスト，廃棄物コスト，土壌汚染コスト，資源保全コスト，騒音・悪臭等コスト，その他のコストといった環境保全対策別分類も取られている。

環境保全効果は，環境保全対策別コスト分類に対応させて，前期と今期の環境負荷物質の排出量の差額として示すことが求められている。経済効果は，わが国の環境省ガイドラインの実質的効果と同様の内容のものからなる。

以上の環境会計情報に加えて，韓国ガイドラインでは，大気汚染，水質汚濁，土壌汚染，資源保全，騒音・悪臭，その他等の環境領域別に，環境資産情報の開示が求められている点が特筆される。

また，環境保全対策別の環境保全効果と関連付けた各種の環境パフォーマンス指標（環境効率性，環境生産性，環境収益性あるいは環境リスク等）の開示が強調されている点も特徴といえよう。

(3) EUROSTAT 環境会計ガイドライン

欧州委員会統計局（EUROSTAT）は，2001年9月に『企業の環境保全支出の測定と報告のための定義とガイドライン』（以下，EUROSTAT ガイドライン）を発表した[13]。このガイドラインの目的は，環境保全（environmental protection）問題に関する統計作成業務への利用，ならびに年次報告書や任意の環境報告書あるいはサステナビリティ報告書を通じての環境保全支出情報を報告しようとしている企業その他の団体の指針としての役立ちにある。

EUROSTAT ガイドラインでは，環境保全支出は資本的支出と経常的支出の合計とされ，それぞれの支出は，汚染予防支出と汚染処理支出に区分される[14]。支出を中心とした環境会計情報の集計に関心があるためか，環境関連資産の減価償却費は考察外とされる。

また，資本的支出と経常的支出は，次のような環境分野別に区分することが推奨されている。すなわち，大気と気候の保護，廃水管理，廃棄物管理，土壌・地下水・表流水の保護と修復，騒音・振動の防止，多様性と景観の保護，放射線からの保護，研究・開発，その他の環境保護等である。また，経常的支出については，次の4分類に分けうることも示唆されている。すなわち，廃棄物関

連支出（廃棄物の収集，貯留，処理，埋立等に関する支出），一般環境保全支出（調整，証明，訓練，情報，調査等に関する支出），環境保全目的の財貨の購入のための支出（環境関連設備目的の支出は除外）および環境保全サービスの購入のための支出である。

EUROSTATガイドラインでは，環境負荷物質の排出量および削減量（環境保全効果）については言及していない。また，経済効果については，直接的には言及はないが，環境保全支出をかけることにより，リサイクル製品の売上収入や費用削減等が生じることには触れている。しかしながらこれらの項目の測定，開示については明示的には取り上げていない。

以上，EUROSTATガイドラインは図表3中の要素のうち，主として環境コスト（実際コスト）情報に焦点を合わせているといえる。

（4） SIGMA環境会計ガイドライン

SIGMA（Sustainability Integrated Guidelines for Management）プロジェクトは，1999年にイギリス貿易産業省の支援の下，イギリス規格協会（BSI），環境シンクタンクのフォーラム・フォー・ザ・フューチャーおよびCSR経営の手段や関連する保証業務等に取り組んでいるアカウンタビリティ社によって立ち上げられた[15]。このプロジェクトの下では，持続可能な発展を推進する視点から，いくつかのガイドラインが発表されている。SIGMA環境会計ガイドライン（以下，SIGMAガイドライン）はその一つである[16]。

SIGMAガイドラインでは，環境コストには，企業内で発生する内部コスト（環境省ガイドラインの環境保全コストに相当）と企業外で発生する外部コストがあり，主として後者のコストに焦点を当て，その内部化の方法について議論される。

SIGMAガイドラインの議論の概要は，持続可能な発展の視点より，財務会計上の税引き後利益から持続可能コスト（sustainable cost）を差し引き，環境的持続可能利益（environmentally sustainable profit）を表示する一覧表の作成を求めることにある。

持続可能コストは，次のように算出される。すなわち，まず，各種の環境負荷物質について，持続可能性を考慮に入れた目標排出量を定め，この排出量と現実の排出量の差を求める。この差は持続可能性ギャップ（A）と呼ばれる。

次に，排出された各種の環境負荷物質1単位あたりの除去コスト（除去できない場合には排出された環境負荷物質による被害の1単位当り復元コスト）(B) を求める。そして，AとBの積として持続可能コストを算出するのである。このコストは，マクロ分野の環境会計である環境・経済統合会計における維持コストに相当する。つまり，SIGMA ガイドラインでは，環境コストとして，図表3の環境コストの説明に当り紹介した4種のコストのうち，②維持コストを求めることに関心がある。しかし維持コストの測定が不可能の場合には代替手段として④復元コストが求められる。

　なお，SIGMA ガイドラインの付録にグリーン・シートと呼ばれる表が紹介されている。このシートには，エネルギー・自動車・航空機・市内交通・水等の利用や廃棄物・廃水管理等，外部コストを発生させる環境側面別に，利用量，処理量，リサイクル量等の物量，発生した財務会計上のコスト等が示される。一部のグリーン・シート，例えばエネルギーの使用や自動車の使用等に関するシートでは，使用されたエネルギー1単位あたりコストや走行距離等の環境パフォーマンス指標も例示されている。

　経済効果については，SIGMA ガイドラインでは触れられていない[17]。

4　ストック分野の環境会計のフレームワーク

4.1　環境の質と環境コスト

　環境保全活動を行うことにより，資源やサービスが消費され，環境コストが発生する。この結果，環境の質の維持，向上が図られる。この関係を示したのが，図表4である[18]。左端の縦軸は環境の質の水準を，その上の黒点は期首の水準を，右端の縦軸は1会計期間後の環境の質の水準を示している。

　C水準は，会計期間中に何らの環境保全活動を行わなかった場合に，つまり環境コスト（実際予防コスト）を全く費やさなかった場合に，期首より低下することが予想される環境の質の水準である。

　会計期間中に何らかの環境保全活動をした場合にはB水準の環境の質が達成

14　序　章　環境会計のフレームワークの構築に向けて

図表4　環境コストと環境の質

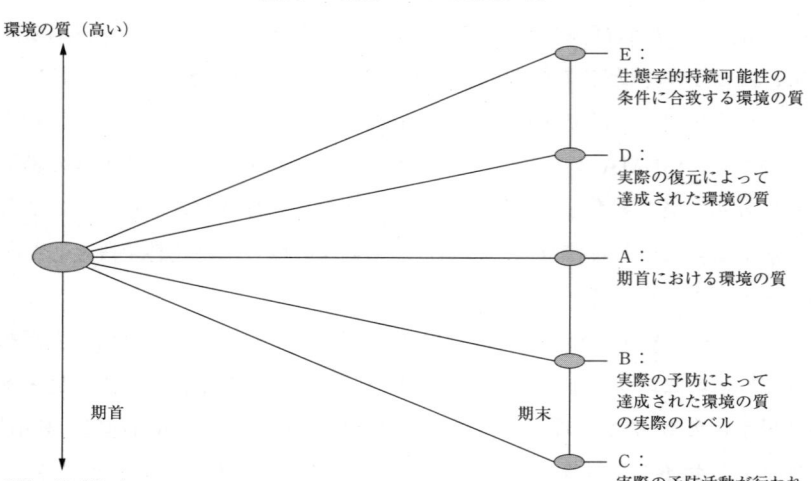

記号：
CB＝　　　　実際予防コスト
BA＝　　　　潜在的予防コスト
CB＋BA＝　　期間指向のフロー基準を達成するための実際予防コストと潜在的予防コスト
AD＝　　　　実際復元コスト
DE＝　　　　潜在的復元コスト
AD＋DE＝　　持続可能性指向の基準を達成するための実際復元コストと潜在的復元コスト

(出典：Study for the European Commision Directorate General XII (Contract No. EV5V-CT94-0363), *Methodological Problems in the Calculation of Environmentally Adjusted National Income Figures,* Volume Two, Mar. 1997, p. 60)

される。費やされた環境コスト（実際予防コスト）はCBで示される。CBの環境コストを費やしても，未だ排出される環境負荷物質がある場合には，環境の質は期首より悪化するので，期首の水準であるA水準には達しない。つまりB水準にある。現在，多くの企業で行われている環境保全活動は，この範疇に属する。この場合，環境すなわち自然資産独自の復元作用ないし浄化能力を考慮外におくと，環境保全活動の遂行にもかかわらず，環境の質は漸次悪化をたどる。

　会計期間経過後も，期首の環境の質と同じA水準に環境の質を維持するためには，会計期間中に排出される環境負荷物質の全量を除去する必要がある。いわゆるゼロ・エミッションの達成である。このためには，B水準の達成のため

に発生させた実際予防コスト (CB) に加えて，さらに，BA に相当するコスト（潜在的予防コスト）をかける必要がある。

ところで，過年度に発生した土地汚染や地下水汚染等を浄化する復元活動のために実際復元コスト (AD) を費やせば，環境の質は向上する。図表4では，ゼロ・エミッションの達成後に，さらに復元活動が行われた場合の環境の質の水準としてD水準が示されている。復元活動は，多くの場合，B水準を達成するための環境保全活動と同時に実施されることもあることを忘れてはならない。この場合の環境の質の水準は，概してA水準とB水準との間になるものと予想される。

図表4のD水準を上回る水準として，生態学的持続可能性の条件に合致する環境の質を示すのがE水準である。D水準から，さらにDEに相当するコスト（潜在的復元コスト）を掛けて達成される。

生態学的持続可能性の条件に合致する環境の質として，復元活動を含む，環境保全活動を，過去のどの時代の，どのような環境状態に向けて行うのかが検討されねばならない。次節で，この課題について取り上げる。

4.2 環境の質に関わるストック表とフロー表の一般モデル
(1) ストック表

図表5は，図表4に基づいて構想されたストック表とそれに関連するフロー表である。大規模な敷地 (site) を有する企業や一定の地域を管理する自治体を会計単位として議論を進める。まず，ストック表を取り上げる。図表では，会計期間中に環境保全活動を実施しても，環境負荷物質の排出を完全には防ぐことができずにL部分に相当する環境の質の劣化が生じる場合に考えられる環境の質のストック表が示されている。一般的な事例といえよう。

資産の側から見ていくことにする。資産の合計すなわちH部分とI部分の合計は，考察中の敷地について，大気，水，土地，地下資源，生物（植物および動物）などが生態学的持続可能性の視点からみて適切な水準（理想的な水準）に達している場合の価値（環境の質の価値）を示す。それは，図表4のE水準の

図表 5　環境の質の価値に関わるストック表とフロー表

環境の質に関する貸借対照表（ストック表）

環境の質の価値／生態学的持続可能性の条件に合致する	持続可能な環境の質を達成するために次期以降に創造する必要のある価値 ・大気　　・水 ・土地　　・地下資源 ・生物等　　　　　　（H）	組織が本来の活動をするために損傷している環境の質の価値 （固定環境負債）　　　　　　（J）
		組織の年々の活動に伴う環境の質の価値の損傷分の累積額 （準固定環境負債）　　　　（K）
	期首の環境の質の価値 （大気，水，土地，地下資源，生物等）　（I）	当年度の環境の質の価値の損傷分　（L）
		組織の環境持分（期末の環境の質の価値）（N）

環境価値維持・復元計算書（フロー表）

①経常的環境保全活動計算書

期首の環境の質の価値への減少分（P）	組織の環境持分の減少分(準固定環境負債の増加分)（Q）

②準固定環境負債削減計算書（復元計算書1）

期首の環境の質の価値への追加分（R）	組織の環境持分の増加分(準固定環境負債の削減分)（S）

③固定環境負債削減計算書（復元計算書2）

期首の環境の質の価値への追加分（T）	組織の環境持分の増加分(固定環境負債の削減分)（U）

④環境の質の創造計算書

期首の環境の質の価値への追加分（V）	組織の環境持分への追加（W）

環境の質の価値と一致する。

　I 部分は，図表 4 では，期首の環境の水準を表わす A 水準における環境の質の価値である。資産合計から，I 部分を控除した額が H 部分の環境の質の価値で，この部分は，今後の復元活動をふくむ環境保全活動によって高められなければならない価値を表す。ストック表に金額は記入されるが，環境の質の面では，全く実体がない。通常の貸借対照表では，巨額の繰越欠損に相当する。H

4 ストック分野の環境会計のフレームワーク 17

部分は，組織が長期にわたる経済活動の結果，当該敷地に大きな被害が発生し，生態的持続可能性の視点から修復されねばならない部分を示している。換言すると，埋め合わせねばならないという意味で，H部分は正に環境の質に関する繰越欠損と呼ぶにふさわしい。

ところで，今期，図表4のAD（実際予防コスト）の相当する復元コストが投じられ，復元活動が行われた結果，環境の質がD水準まで高められていたとすると，それに見合って，I部分が増加し，"繰越欠損"部分に相当するH部分が減少する。他方，環境持分であるN部分が増加する。

負債の部のJ部分は，企業や自治体などの組織の本来の活動（経済活動や行政活動）を行うために建設された施設・設備等の固定資産が土地や生物などに与えている環境損傷（環境に質のマイナス価値）部分である。この環境損傷は，本来の活動を止めない限り続くので，固定環境負債と呼ぶことにする。

K部分は，毎年環境保全活動を行い，環境コストを費やして環境負荷の削減に努めているにもかかわらず，環境負荷物質を排出し続けていることに伴う累積的環境損傷を意味する。この損傷部分はJ部分と異なり，組織が本来の活動を止めなくても，現行技術の利用あるいは新技術の開発等により復元が可能となる場合に減少させうるので，準固定環境負債と名付けることにする。準固定環境負債は，企業の場合，恐らく大規模な企業といえども，その敷地内で発生する額は僅少であろう。実践上は無視しても良い例が多いのではないかと思われる。準固定環境負債の大半は，企業の敷地外で発生するいわば社会的費用である。

先述したようにL部分は，組織が環境保全活動を行い，図表4のコストBC（実際予防コスト）を費やしたにもかかわらず今年度新たに環境損傷を生じた部分である[19]。

このことは，期中に復元活動が行われていないとすると，期末には，図表4のA水準すなわち期首の環境の質の水準から，B水準に環境の質の価値が低下したことを意味する。すなわち，図表5のストック表では，期末において，資産の側では環境の質の価値がI－Lに（図表5におけるI部分中の点線以下に）低

下し，負債・持分の側では準固定環境負債が K + L に増加する。そして環境持分が L 分だけ減少する。

N 部分は，期末における当該組織の環境の質の正味の価値で，次期における期首の環境の質の価値となる。これは，理想的な環境の質（E 水準）に対する期末における組織の持分ということで環境持分と呼ぶことにする。

環境保全活動に要する設備や機械などの有形固定資産すなわち環境対策資産の取り扱いについては二つの方法が考えられる。一つの方法は，環境の質の価値のみを表示するという視点から，環境対策資産をストック表に組み込まないというものである。本節では，この視点に立って議論する。他の一つの方法は，環境対策資産が環境の質の向上に貢献していることを考慮し，これをストック表の利用者に対する情報としてストック表に表示するというものである。この場合，資産の側では環境対策資産額相当分が追加表示される一方，これに見合って負債および持分の側では環境持分の増加分が表示される。

(2) 生態学的持続可能性の条件に合致する環境の質

生態学的持続可能性の条件に合致する環境の質とは何かが問題とされねばならない。この問題の考察には，当該組織が本来の活動をするために取得した敷地，あるいは自治体の地域管理の対象としている行政地域ないしその一部の地域が，過去において環境に大きな負荷を与えることなく利用されていた頃の生態系が提供する環境の質が参考となる。その候補の一つは，循環型社会が成立していた江戸時代の生態系であろう。しかしながら，工業が発展し人口が増えた現在，多くの敷地および地域で，そのような生態系を理想とすることは難しい。より現実的な生態系としては，わが国が高度成長期に入る直前の時期が考えられる。公害問題に高い関心が寄せられていた時期に，GNP に代わる経済的福祉指標として国民純福祉（NNW）が測定された。この測定に当たり，基準時点すなわち理想的環境状況の時期として 1955 年（昭和 30 年）が選ばれ，その時期の環境を復元するための費用が部分的ではあるが推計されている[20]。

1955 年を理想の生態系の状況とし，そのときの環境の質を示すストック表を基準年次のストック表とする。次に，経済発展によって環境の質が相当に（あ

4 ストック分野の環境会計のフレームワーク　19

るいは最も）劣化した時点のストック表，たとえば高度成長期の頃のストック表が考えられる。あるいは企業の場合，当該敷地を取得した時点のストック表が考えられる。第3番目に，現在すなわち測定時点のストック表が，そして最後に将来達成すべき目標水準の環境の質のストック表が考えられる[21]。

　図表5のストック表は図表6中の③現在のストック表の内容を示している。このストック表に基づいて考えると，①基準年次のストック表では，図表5中のH部分ならびにJ部分およびK部分の占める割合が非常に小さく，逆にI部分およびN部分の割合が大きく示されるであろう。②最劣化時のストック表では，基準年次のストック表と反対に，H部分ならびにJ部分およびK部分の占める割合が非常に大きく，逆にI部分およびN部分の割合が小さく示されるであろう。④目標水準のストック表の内容は，ほぼ基準年次のストック表の内容と同様のものとなろう。

　基準年次のストック表すなわち①表は，将来達成すべき，生態学的持続可能性の条件に合致する環境の質の価値を示すストック表すなわち④表の内容を決定する際の参考とされる。①表と④表は上述したようにほぼ同一内容とすることも可能であるが，時代の変遷を考慮するとかなり異なるものを考えることも可能である。いずれにしても，④表の環境の質を目指して，年々の環境保全活動が行われることになる。

図表6　4種のストック表

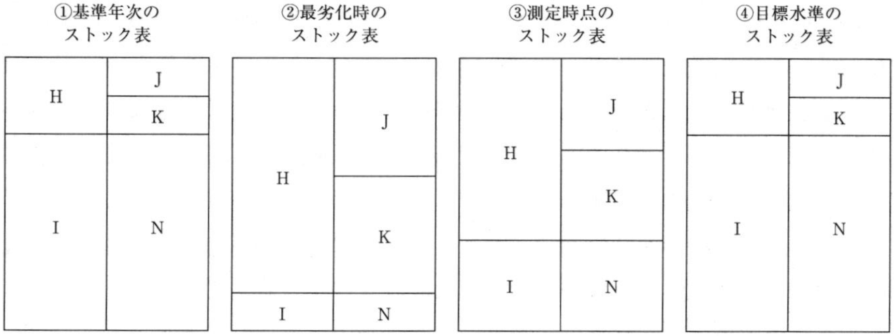

①基準年次の
ストック表

②最劣化時の
ストック表

③測定時点の
ストック表

④目標水準の
ストック表

実践上は，①表を考察外におき②表～④表，あるいは②表も考察外におき③表と④表のみによって，環境の質に関するストック表について考察をすることも可能である。

次に，図表5により，ストック表との関連を考慮に入れたフロー表について考察する。

(3) 環境の質の維持に関わるフロー表

ストック表の変動を記録する内訳表をフロー表と呼ぶことにする。この種のフロー表としては，図表5に示されるように4種の計算書が考えられる。まず，①経常的環境保全活動計算書であるが，この計算書は当年度の経常的環境保全活動すなわち組織の経済活動から排出される環境負荷物質の抑制，削減等の活動にもかかわらず環境の質の劣化（P部分）が生じ，これに見合って純固定環境負債が増加（Q部分）していることを示す。図表4でみると，環境の質の水準がA水準からB水準に低下することを意味している。フロー表におけるQ部分と，図5のストック表のL部分とは一致する。

②準固定環境負債削減計算書は，準固定環境負債とされる環境の質の価値の損傷部分が復元活動により回復が図られ，環境の質の価値が期首より増えた部分（R部分）とそれに対応する準固定環境負債の削減部分に見合う環境持分の増加部分（S部分）を示す。図表5におけるストック表では，フロー表のR部分およびS部分の記入に見合って，I部分とN部分がそれぞれ増加する。なお，K部分はS部分相当（N部分の増加相当）だけ減少する。

③固定環境負債削減計算書には，企業や自治体などが本来の活動のために保有している有形固定資産が何らかの理由により除去され，基準年次の状況に復元する活動が行われる時に記録される。この記録に関する考え方は，②計算書の場合と同じである。T部分およびU部分の増加に見合って，図表5のI部分とN部分が増加し，J部分が減少する。

①，②および③の各計算書はいずれも環境負債の増減を表示するので，これらを統合して環境負債変動計算書とすることも可能である。

④環境の質の創造計算書は，図表6の①基準年次のストック表以上の環境の

質が達成された場合，あるいは考察の対象が埋立地で原初の干潟への復元が不可能で新たな環境創造が行われた場合に記録する計算書である。

　経常的環境保全活動や復元活動により，環境の質がある水準に達すると，自然の自浄能力による環境の質の向上が促進されることが期待されうる。そこで，自浄能力計算書を設けることも可能であろう。この勘定の左側には，自浄能力による環境の質の価値の増加が，右側には準固定環境負債の減少部分に見合う環境持分の増加が記録される。自浄能力の回復は，組織の努力すなわち環境保全活動の結果であるから，図表5のストック表において，Ⅰ部分の増加（H部分の減少）とN部分（環境持分）の増加を記録することには問題ないであろう。なお，自然災害などにより自然資産に被害が出た場合にこの計算書に表示することは可能である。この場合，自浄能力による自然資産の増加と自然災害による減少を表示することから，自然資産変動計算書と呼ぶこともできる。

　以上の記述から推測されうるように，経常的環境保全活動や復元活動の結果，フロー表の記録がストック表に反映されるが，図表5のストック表の資産合計額および負債・持分合計額は原則として不変である。ただし，フロー表の④計算書への記入がされた場合には，資産合計および負債・持分合計は漸次増加する。

（4）　環境の質の評価

　図表4における生態学的持続可能性の条件に合致する環境の質の価値をどのように評価ないし測定するかは大きな問題である。環境（自然資産）の多様な機能を考慮し，かつそれらの機能に対応する評価方法を適用しなければならない。人工資産および自然資産の双方の有形資産の機能および評価方法について，国際連合が刊行した『環境・経済統合会計』で，次のように取りまとめている[22]。

　まず，図表7を参考として，考察中のサイトの自然資産の諸機能について明らかにし，個々の自然資産に図表8の中から適切な評価方法を選択，適用して評価することが考えられる。Ⅰ部分については自然資産の現状に基づく評価を，H部分については自然資産の理想的状況を勘案しての評価を実施する。この評

図表7　有形資産の環境機能と経済機能

使用の種類	人工資産の使用（歴史的記念物を含む）	自然資産の使用				
		生物	土地（生態系を含む）	地下層	水	大気
量的使用（財貨のフロー，ストックの消耗）	経済的に生産された財貨：さらなる生産への投入物，家計の消費財	人間や動物の食物，衣類の原材料，木材製品など	栄養塩のフロー	経済的生産のための原材料およびエネルギー資源	飲み水 冷却水 生産工程用水 灌漑用水	生理学的目的（人間や動植物の生命）
質的使用（サービスのフロー，固定資産の劣化）	建物，機械装置など：生産手段 歴史的記念物：審美的な使用	果実育成（例．ぶどう畑や果樹園） 家畜の飼育 生産 審美的な使用	建物，道路などの用地 農業および林業 レクリエーション 審美的な使用 動植物棲息地	—	レクリエーション 航海 動植物棲息地 水力発電	感覚的知覚（聴覚，嗅覚，視覚） 風，熱：エネルギー源
質的使用（処分サービス，廃物のフロー，環境媒体の劣化）	—	廃物の分解者	廃物を蓄積・吸収するための土地・土壌	放射性廃物を蓄積するための鉱坑	廃物の蓄積・吸収	廃物の蓄積・吸収 熱放射 音の伝播

（出典：United Nations, *Integrated Environmental and Economic Accounting*, 1993, p.13）

図表8　有形資産の評価と使用

評価方法の種類	人工資産の使用	自然資産の使用				
		生物	土地（生態系を含む）	地下層	水	大気
市場評価法	市場価格（ストックの減少）取替費用（固定資産の使用）	市場価格（経済的に生された生物）純収益の市場評価(野生生物)	市場価格	市場評価（開発の純利益）	市場価格（直接的水使用）純利益の市場評価（利水）	
直接的非市場評価法	歴史的記念物の使用者および非使用者の評価	動植物の存在価値	景観の審美的用途およびレクリエーション用の価値 生態系の存在価値	—	水質低下に対する評価（支払意思額）水域生態系の存在価値	大気の質低下に対する評価（支払意思額）
間接的非市場評価法	—	減耗と自然成長とをバランスさせるのに必要な費用	汚染，農業またはレクリエーション目的の使用による土地の劣化防止に要する費用	代表的な所得源を提供するために必要な費用	平均的な貯水を保持するための費用 汚染による水質の低下を防止するための費用	大気の質低下によって引起こされた実際の被害額，汚染による大気の質の低下を防止するための費用

（出典：United Nations, *Integrated Environmental and Economic Accounting*, 1993, p.15）

価方法による場合，個々の自然資産の機能について，仮に評価できたとしても，単純に合計できないであろう。例えば，廃物の処理機能とリクリエーションや動物の生息地等の機能はトレード・オフの関係にあるかもしれない。双方の機能を評価して加算すると，二重計算になる可能性もある。また，自然資産の多様な機能を多様な評価方法で評価し，結果として得られた各種自然資産の金額を合算して得られた合計額にどのような意味があるのかも問われるであろう。

このような問題を回避するために，図表4に依拠して，次のような評価方法が考えられうる。まず，環境保全活動を行う目標水準としての自然資産の生態学的持続可能性に関する物的条件を確定する，あるいは設定する。換言すると，図表6における④のストック表作成のための物的条件を決める。次に，確定ないし設定された物的条件を実現するために，すなわち図表5のⅠ部分を超える理想的水準を達成するために必要なコストすなわち潜在的（見積）復元コストをH部分について推計する。これを面積や環境の水準などを勘案しJ部分とK部分に割り振ることが考えられる。

Ⅰ部分は，当該敷地の自然資産の最劣化状況あるいは当該敷地の取得時から，現在の水準までに復元するに要した実際復元コストで評価するか，あるいは当該敷地の取得時に一定の環境の質の水準が維持されていた場合には，その水準を達成するのに要する潜在的（見積）復元コストで評価する。以後の水準の向上部分の評価は実際復元コストによる。

フロー表であるが，まず図表5の①経常的環境保全活動計算書については，ストックと同様の評価方法を採用するならば，組織が当該年度に排出する環境負荷物質による自然資産の被害を復元するに要するコストすなわち見積復元コストがPおよびQ部分に示されることになる。

②復元計算書1および③復元計算書2においては，実際復元コストで記録される。④環境の質の創造計算書におけるV部分については，新たな価値を創造するに要した実際環境コストで評価することが妥当といえよう。

4.3 測定年次の環境の質のみを考慮したストック表

図表5のストック表では,「持続可能な環境の質を達成するために次期以降に創造する必要のある価値」すなわち環境の視点からの繰越欠損を明示することを求めている。この繰越欠損部分は,組織がその環境保全活動により将来埋め合わせるべき達成目標である。ストック表は測定時点の環境の状況を示すことが重要であると考えるならば,繰越欠損部分をあえて示す必要はないであろう。この場合,図表5のストック表は,例えば,図表9のように書き換えることが可能である。

図表5と異なり,図表9のストック表では,組織の環境持分の算出に当たり,固定環境負債Jと準固定環境負債Kを測定時点の環境の質の価値Iからの控除項目として表示している。このストック表(2)において,会計期間中の環境保全活動あるいは復元活動があれば環境の質の価値Iは上昇し,他方,組織の環境保全活動にもかかわらず環境負荷物質が排出されれば準固定環境負債Kも増加する。以上の結果をうけて,組織の環境持分Nが変動する。仮に,工場施設が撤去され,更地になった時点あるいは復元活動により土壌や水の汚染物質が除去された時点では,固定環境負債J＝0および準固定環境負債＝0と考え,環境持分Nは過年度のJとKの大きさだけ増加しIと一致する。その後,更地に生物が生育し,土壌や水に生物が生育するにつれて,借方の環境の質の価値Iならびに組織の環境持分Nもそれに見合って増加する。最終的には,生物の生育すなわち自然資産の増加は図表5の繰越欠損に相当する部分Hを補充するまで行われることが期待される。

図表9のストック表(2)に関するフロー表は前節で紹介したものと同様のものが考えられる。

4.4 人工資産を考慮に入れたストック表

(1) 環境対策資産の考慮

組織によっては,環境保全活動を行うために設置した各種の環境対策資産をストック表に組み込みたいと考えるであろう。この場合,ストック表は図表

図表9 環境の質に関するストック表(2)

期末の環境の質の価値（Ｉ）	固定環境負債 (J)
	準固定環境負債 (K)
	組織の環境持分 (N)

図表10 環境対策資産を考慮に入れたストック表(3)

期末の環境の質の価値（Ｉ） （自然資産）	固定環境負債	(J)	
	準固定環境負債	(K)	
	正味資産	組織の環境持分	(N)
環境対策資産		組織の経済持分	(E1)

10のようになろう。環境対策資産に対する貸方項目は環境持分と区分して経済持分と呼ぶことにする。

フロー表としては第3節で紹介したものと同様のものが考えられるが，当該会計期間中における環境対策資産の取得額（投資額）を記録する環境対策資産増加計算書（あるいは投資額計算書(1)）が追加される。この計算書の借方には投資額が，貸方には経済持分の増加額が記録される[23]。

(2) 経営資産を考慮に入れたストック表

組織によっては，環境対策資産ばかりでなく，それ以外の有形固定資産を，それらが直接的か間接的かを問わず何らかの形で環境の質に影響するとの視点から，ストック表に表示したいと考えるかもしれない。この場合のストック表としては，図表11のような内容のものが考えられる[24]。

ストック表（4）には，ストック表（3）に，環境対策資産以外の有形固定資産（経営資産と呼ぶことにする）が追加表示される。経営資産は，建物や構築物等の建造物と，稼動することにより何らかの環境負荷物質を排出する機械や設備等に区分される。前者は固定環境負債の発生と，後者は準固定環境負債の発生と関連付けられるからである。流動資産および経営資産以外の固定資産の保有

図表11　経営資産を考慮に入れたストック表（4）

期末の環境の質の価値（Ⅰ） （自然資産）			固定環境負債　　　（J）	
			準固定環境負債　　（K）	
人工資産	環境対策資産		正味資産	組織の環境持分　　（N）
	経営資産	建物・構築物等		組織の経済持分　　（E1）
		機械・設備等		組織の経済持分　　（E2）

および使用は環境の質に大きな影響がないものとみてストック表からは除外する[25]。

　フロー表としては，前項で紹介したフロー表に，経営資産増加計算書（あるいは投資額計算書（2））を加えたものが考えられる。

5　むすびに代えて

　最後に，提案された環境会計フレームワークと環境省ガイドラインとの関係について触れておきたい。環境省ガイドラインは，図表5中のフロー表の①，②および③計算書に関連している。つまり，環境省ガイドラインにおける環境保全コストの大半は①計算書に関わっている。組織の経済活動から排出される環境負荷物質の抑制，削減のためのコストが環境保全コストである。環境保全活動にもかかわらず，排出される環境負荷物質の影響を記録するのが①計算書である。また，環境保全コストの中には，復元コストが含まれていることから，環境省ガイドラインは②および③計算書とも関連をもっている。環境省ガイドラインでは，周知のように，復元コストは環境損傷対応コストの一部として認識されている。

　フロー表中に環境対策資産や経営資産に関わる増加計算書（投資額計算書）が導入される場合には，環境省ガイドラインに準拠して把握される投資額が密接

な関係を持つことになる。

　わが国をはじめ，海外諸国においても，自然資産や人工資産を考慮に入れたストック表，さらにはこれと関連付けたフロー表の研究や実践は少ない。そこで，長期的視点から，企業や自治体の環境保全活動の達成目標を考慮に入れた環境会計フレームワークについて考えてみた。未だ構想の段階である。提案されたストック表およびフロー表の内容および個々の項目の首尾一貫した評価方法についてさらに検討を深める必要がある。

注

(1)　環境庁「環境保全コストの把握及び公表に関するガイドライン～環境会計の確立に向けて～（中間とりまとめ）」1999年3月。
　　　環境庁「環境会計ガイドライン（2000年版）」，2000年3月。
　　　環境省「環境会計ガイドライン（2002年版）」，2002年3月。
　　　環境省「環境会計ガイドライン（2005年版）」，2005年2月。
(2)　環境省『平成15年度　環境にやさしい企業行動調査　調査結果』，2004年9月，108頁。
(3)　東京都水道局「環境会計（平成14年度予算版）」2002年4月。
　　　東京都下水道局「水環境を守る下水道—東京都下水道局環境会計（平成12年度決算版）」2002年1月。
　　　神奈川県企業局「環境会計（平成14年度当初予算）」2002年4月。
　　　横浜市水道局「環境会計（平成14年度予算版）」。
　　　横浜市下水道局「下水道事業の環境レポート～環境会計の視点から～（平成14年度決算版）」2004年3月。
(4)　河野正男『環境会計—理論と実践—』中央経済社，2001年，120-122頁。
(5)　横須賀市「横須賀市の環境会計—平成12年度決算における費用対効果—」2002年6月。
　　　岩手県「岩手県環境会計」2002年2月。
(6)　United Nations, *Integrated Environmental and Economic Accounting*, 1993, p. 27. 2003年に改定版が公表された。
　　　United Nations, European Commission, International Monetary Fund, Organisation for Economic Co-operation and Development & World Bank, *Integrated Environmental and Economic Accounting* 2003.
(7)　河野正男『生態会計論』森山書店，1998年，98-103頁。
(8)　河野正男，前掲書，148-152頁。
(9)　本文で紹介されている3種の海外のガイドラインについては，次の文献にその概要が紹介されている。
　　　環境省『環境会計の現状と課題』2004年，58-65頁。
(10)　環境省ホームページ（http://www.env.go.jp）
(11)　筆者注

(12) Korean Ministry of Environment & World Bank, *Environmental Accounting Systems & Environmental Performance Indicators*, 2001.
(13) EUROSTAT, *Definitions and guidelines for measurement and reporting of company environmental protection expenditure*, 2001.
(14) 一部の経常的支出すなわち管理関係等の支出は汚染予防コストおよび汚染処理コストの分類から除かれる (*Ibid.*, p. 7)。
(15) The SIGMA Project, *The SIGMA Guidelines-Putting Sustainable Development into Practice-A Guide for Organisations*, 2001. (http://www.projectssigma.com/)
(16) The SIGMA Project, *The SIGMA Guidelines-Toolkit-SIGMA Environmental Accounting Guide*, 2003.
(http://www.projectssigma.com/Toolkit/EnvironmentalAccounting.asp)
(17) 企業内部で発生する環境コスト（内部環境コスト）を環境財務報告書を通じて開示する場合には，経済的ベネフィットについても触れることを求めている (*Ibid.*, 5)。
(18) Study for the European Commission Directorate General XII (Contract No.EV5V-CT94-0363), *Methodological Problems in the Calculation of Environmentally Adjusted National Income Figures*, Vol. 2, Mar. 1997, p. 60.
(19) 組織が経済活動を拡大するために，新たに工場や施設を増設すると，L部分にJ部分の増加分が含まれる。
(20) 経済審議会NNW開発委員会編『新しい福祉指標　NNW』大蔵省印刷局，1973年，82頁。
(21) 目標水準のストック表の考察の基礎となる基準年次のストック表に関わる時代の選択は，企業や自治体が環境会計の対象とする敷地や地域の歴史的利用状況によって異なりうる。1955年は数多の選択肢からの1例である。
(22) United Nations, *Ibid.*, 1993, pp. 10-15.
(23) ハウステンボス社について，環境対策資産を組み込んだ図表5のストック表と関連するフロー表が作成されている。（『知新』第10巻，2004年6月参照）
(24) ピアス等は，持続可能な発展の視点から人工資産（man-made assets）と自然資産（natural assets）の双方を考慮に入れたストックの維持について議論している。
Pearce, D., Markandya, A. & Barbier E.B., *Blueprint for a Green Economy*, Earthscan Publications Ltd, 1989, chap. 2 (和田憲昌訳『新しい環境経済学―持続可能な発展の理論―』ダイヤモンド社，1994年，第2章）
(25) 原材料，部品および製品等の棚卸資産は，企業活動の中で変形ないし移動する際に環境負荷物質を排出する。しかしながら棚卸資産の変形および移動は経営資産を媒介として行われるので，ストック表では経営資産にのみ着目すればよいであろう。エコ・ビジネスへの投資（例えば，株式取得）や環境保全活動を行い企業への貸付等の金融資産は，当該企業から見れば，直接的ではないが，環境保全に寄与していることは間違いない。しかしながら，それらの効果は外部効果であるので本章では考察外とした。

参 考 文 献

EUROSTAT, *Definitions and guidelines for measurement and reporting of company environmental protection expenditure*, 2001.

Korean Ministry of Environment & World Bank, *Environmental Accounting Systems & Environmental Performance Indicators*, 2001.

Pearce,D.,Markandya, A. & Barbier E.B., *Blueprint for a Green Economy*, Earthscan Publications Ltd, 1989, chap. 2（和田憲昌訳『新しい環境経済学―持続可能な発展の理論―』ダイヤモンド社, 1994年, 第2章）

SIGMA Project, *The SIGMA Guidelines-Putting Sustainable Development into Practice-A Guide for Organisations*, 2001.（http://www.projectssigma.com/）

SIGMA Project, *The SIGMA Guidelines-Toolkit-SIGMA Environmental Accounting Guide*, 2003. （http://www.projectssigma.com/Toolkit/EnvironmentalAccounting.asp）

Study for the European Commission Directorate General XII（Contract No.EV5V-CT94-0363）, *Methodological Problems in the Calculation of Environmentally Adjusted National Income Figures*, Vol. 1 & 2, Mar. 1997.

United Nations, *Integrated Environmental and Economic Accounting*, 1993.

United Nations, European Commission, International Monetary Fund, Organisation for Economic Co-operation and Development & World Bank, *Integrated Environmental and Economic Accounting 2003*, 2003

岩手県「岩手県環境会計」2002年2月。

神奈川県企業局「環境会計（平成14年度当初予算）」2002年4月。

河野正男『生態会計論』森山書店, 1998年。

河野正男『環境会計―理論と実践―』中央経済社, 2001年。

河野正男「環境の質の維持・向上に関するストック表とフロー表モデル」横浜経営研究, 24(1・2), 2003年9月。

環境庁「環境保全コストの把握及び公表に関するガイドライン～環境会計の確立に向けて～（中間とりまとめ）」1999年3月。

環境庁「環境会計ガイドライン（2000年版）」2000年3月。

環境省「環境会計ガイドライン（2002年版）」2002年3月。

環境省『環境会計の現状と課題』2004年3月。

環境省『平成15年度 環境にやさしい企業行動調査 調査結果』2004年。

環境省「環境会計ガイドライン（2005年版）」2005年2月。

経済審議会NNW開発委員会編『新しい福祉指標 NNW』大蔵省印刷局, 1973年。

東京都下水道局「水環境を守る下水道―東京都下水道局環境会計（平成12年度決算版）」2002年1月。

東京都水道局「環境会計（平成14年度予算版）」2002年4月。

ハウステンボス環境研究会・環境会計小委員会「創造型環境会計の理論と実践―21世紀型環境会計―」知新, 第10巻, 2004年6月。

横須賀市「横須賀市の環境会計―平成12年度決算における費用対効果―」2002年6月。

横浜市下水道局「下水道事業の環境レポート～環境会計の視点から～（平成14年度決算版）」2004年3月。

横浜市水道局「環境会計（平成14年度予算版）」

（本稿は, 拙稿「環境の質の維持・向上に関するストック表とフロー表モデル」(横浜経営研究, 24(1・2), 2003年9月, 1-9頁）に大幅に加筆したものである。）

（河野　正男）

第2部　外部環境会計の展開

第1章

外部環境会計の国際的動向
―国連を中心として―

1 はじめに

　計算的秩序の形成要因としての会計に対する社会的要請は，時代とともに刻々と変化している。これまで会計は外部環境との関連において，相関的であり進化的である(1)，といわれてきた。つまりリトルトンの史的パースペクティブに立てば，「会計は時代の必要に応じて時代の環境のうちに芽を発したのであった。そして，時代の環境に適応して生長し発展をとげてきた。〔Littleton p. 381, 訳書 p. 491〕」。このことを考慮すれば，今日，会計は深刻化している地球環境問題や資源問題に対しても，これまでと同様の貢献が求められている。

　会計は外部環境と進歩的であるとは，つぎのことを意味している。「会計上のテーマを産みだすところのもろもろの事象はたえず変化しつつある。されば，既往の理念は時勢の変化するにつれて指導力を発揮し得なくなり，従前の方法はあたらしい問題に当面すれば適応性をうしなう。かくして，環境はあたらしい思考を産みだし，創造力の才ある人々を刺戟してあたらしいしい方法を工夫せしめるにいたる。このようなあたらしい思考と方法は，やがて，周囲の環境を修正しはじめる。その結果をわれわれは進歩とよぶ。〔Littleton p. 381, 訳書 p. 490〕」。

　周知のように，商業の発達と十字軍の遠征に随行して発展したイタリア式資本・利益会計は，外部環境に刺戟されて進化を繰り返してきた(2)。したがって現代の会計は，「革命（revolution）のプロセスではなく，適合（adaptation）のプ

ロセス[Littleton and Zimmerman, p. 52]」として発展してきたのである。また何世紀にもわたって生き残ってきた会計の連続性は，単なる伝統の持続ではなく，いつの時代のニーズにも適合したもののみが残り，したがって「(会計の) 歴史的変化は交代 (alteration) というよりも，むしろ増大 (accretion) のプロセスである。[Littleton and Zimmerman, p. 252]」，としている。

　以上のような会計の顕著な成果は，永きにわたる進化と相関性の歴史であり，またその連続性も単なる伝統の持続ではない。「会計に固有の初期の役立ちの潜在能力がなかったならば，アメリカやイギリスの会計上のイノベーションはそれに必要な立脚点を欠いていたであろう。[Littleton and Zimmerman, p. 250]」と述べて，イタリア式資本・利益会計の潜在能力の拡大として会計進化が把握されている [Littleton and Zimmerman, p. 254]。つまり財務会計や管理会計の発展のほとんどは，イタリア式資本・利益会計の潜在能力が再発見されたものである [Littleton and Zimmerman, p. 249]。その上で，会計の歴史から判明したことは，(1)変化の中にあっても認識できるような連続性をもつこと，(2)理念 (idea) はつねに傾向として合理的なものでありつづけること，(3)社会に対して実質的貢献をなしうるような会計の能力を証明すること，この3つであり，それと同時に将来の発展のためにはこれらの側面が不可欠である [Littleton and Zimmerman, p. 254]，としている。この文脈にこそ，これからも発展しつづけるための会計の基本的な方向と姿勢が，示唆されているように思われる。

　以上，これまでみてきたリトルトンの会計の史的パースペクティブを整理すると，会計は時の流れとともに変遷し，その発展が時代に相関的であり，進化的であるとすれば，今日の深刻化する地球環境問題に対しても，「環境会計」という新しい会計領域の役割が期待されることは明らかである。その場合，時代の環境状況の変化の中にあって，その問題解決のために会計は革命的な断絶による発展ではなく，これまでの連続性の上に立った発展，ということになる。さらに言えば，つねに合理的な技術や思考様式に依拠しながら，広く社会一般に対して役立ちうる能力を発揮するということである。これが会計発展の歴史から学ぶべき結論である。

1 はじめに

21世紀は「環境の世紀」といわれて久しいが，わが国でも環境関連の法規制が年々強化されていく現状を考慮すれば，企業の負担するコストも急増していくことが予想される。こうした中にあって，国連は先進各国がピースミールに展開している基準を総合して，現状での最善の会計ルールを目指しつつ，その調和化に努力している。そこで，本章では，環境会計の調和化ないしは標準化の作業の一歩として，国連から公表されている環境会計についての調査結果などを取り上げ，その上で環境コストと環境負債をめぐる問題を検討している。こうした国連の動向は，環境会計の国際的調和化ないしは標準化に一石を投ずるものと期待される。わが国における「一般に認められた会計原則」に準拠した環境会計情報，とりわけ有価証券報告書でのそれは必ずしも十分ではない。この領域での先進国であるカナダの貴重な研究成果は，すでにわが国に紹介されているが，ここでは，国連の環境会計に対する一貫した作業のうちの一部を取り上げて，今後のわが国の環境会計を考える上での一助としたい。

国連は，これまで「持続可能な発展」という世界共通の利害に立って，持続可能な地球社会の形成を支援するべく，環境会計の視点から一連の報告書を公表してきた。国連の経済社会理事会の下部機関である多国籍企業委員会の専門部会「会計・報告の国際基準に関する専門家による政府間作業グループ（the Intergovernmental Working Group of Experts on International Standards of Accounting and Reporting)」（以下，ISARと略称）は，実態調査と事例研究を踏まえて，企業の環境情報を比較可能にするフレームワークないしはガイドラインの必要性を確認している。そして，企業による環境へのインパクトを財務諸表の中で報告するための広範囲なガイドラインの開発に向けて，1995年に第13会期が開催されている。そこでは，もし環境会計の迅速な開発がなければ，そこに差異が生じて，加盟各国は，自国の独立した基準と他の加盟国のそれとを調整する必要がでてくるであろう，と述べている。

1998年，ISARの第15会期での検討課題は，環境コストと環境負債に関するものである。これまで環境コストや環境負債について，各国の会計基準設定機関によりさまざまに議論がなされてきたが，本章では，まず国連が，錯綜す

るルール策定の中で調和化の問題にどのように取り組んできたかを概観し，その上で，1999年に公表された国連の「報告書」の中の環境コストや環境負債について取り上げる。わが国でも，温暖化防止やリサイクルなどの環境規制が強化されていく現状にあって，経営者は環境配慮に要するコストを適切に認識することに直面している。とくに自動車やエネルギー関連の企業では，クリーンエネルギーの実用化に膨大なコストがかかるため，企業戦略を立てる上で対策の費用とその効果を把握する環境会計が不可欠になってきている。

2　国連の環境会計・報告についての軌跡

　国連の経済社会理事会の下部機関として，ISAR（「会計・報告の国際基準に関する専門家による政府間作業グループ」）が創設されたのは1982年である。その目的は，会計・報告基準の国際的調和化を促進することである。それ以後，ISARは，国連の経済社会理事会の下部機関である多国籍企業委員会の専門部会の1つとして，会計基準の国際的調和化への問題を扱ってきた。そして，世界的な地球環境問題に対する関心の高まりなどもあって，1993年，ISARの事務局は，ニューヨークの多国籍企業センターから，ジュネーブの国連貿易開発会議（UNCTAD）へと組織替えされ，1998年12月までに15回の会議を重ねてきている。

　ISARは，1980年代の後半から環境会計に関する課題に取り組み，企業レベルの多数のサーベイを実施してきたが，その狙いは各国の環境会計情報の違いを調査し，それを除去することであった。まず，1989年，開示の質とその開示を拒んでいる原因を調査したが，さらに翌年，環境支出の情報提供をし，最善の慣行をもつ多数の企業の実践を吟味した上で，多くの勧告をしている。ISARは，前年に公表した勧告の遂行状況を査定するために，2回の実態調査を実施している。

　1991年の第1回目の調査では，環境に重要な影響を及ぼす業種に絞った世界の主要な多国籍企業222社（1990年度の年次報告書）を対象にしている［United Nations(1993), pp. 82-101］。その結論は，簡潔にいえば，環境へのインパクトに

関する情報の開示企業が 191 社で全体の 86％に達したこと，しかしその内容が定性的，記述的，部分的であるがゆえに比較するのは困難であり，さらにコスト金額，達成結果，設定目標，これら 3 者の間には全く関連性がない，ということであった。よって，環境活動の財務結果に及ぼすインパクトはもちろんのこと，環境業績を評価することもできない [United Nations(1992), p. 3]，ということである。

さらに，第 2 回目の調査は，1993 年 7 月に発行された Fortune 誌「Global 500」のうち 277 社が対象で，そのうち回答のあった 203 社がサンプルとなっている [United Nations(1995), p. 40]。この調査目的は，前回の調査結果を最新のものにすること，および世界の主要な多国籍企業が，環境に及ぼす影響に関する情報をどの程度まで開示しているかを査定することであった。その調査結果について，国連は，「ある程度の情報を開示する企業の比率は確かに増加しているが，年次報告書における情報の全体的な質は充実している，ということを示唆するに充分な証拠はほとんどなかった [United Nations(1995), p. 55]。」と結論づけている。

その結果の一部を概観してみると，環境関連の情報を開示している企業の割合は，過去 2 年間の間に，86％から 97％へと 11％も増加している [United Nations(1995), p. 41]。今回の調査のサンプルは前回の調査のそれとは必ずしも一致していないものの，この数字から環境情報開示の実質的な改善が読み取れる。とくに化学，石油および製薬業界に属するすべての企業はなんらかの環境情報を開示しており，また自動車業界も前回の 76％から 92％へとその状況はかなり改善されている。一方，定量的ないしは財務情報の開示はきわめて貧弱である。つまり財務情報は全体の 28％と少なく，その内容も環境に関連した資本支出や営業費にすぎない。両方の支出状況を開示しているのは，国別でいえばドイツ企業が半数で最も多く，次いでアメリカ，スイスと続いている。ドイツの場合は環境規制がとくに厳しいこと，またアメリカの場合にはスーパーファンド法による土壌汚染の修復がそれぞれ影響している [United Nations(1995), p. 48]。もっともその財務情報の開示内容は，「環境支出」として単一数値で開

示されているに過ぎない［United Nations(1995), p. 49］。したがって当該企業の環境への重点項目や環境に対する注意深い配慮をそこから解釈することが極めて困難である，ということになる。

それまでは主として多国籍企業に焦点が当てられ，そうした企業の環境に関わる重要な情報についての調査・研究であったが，さらに視点を変えて，財務業績報告書と環境業績報告書との統合の可能性を探るために，1995年には，ボルボ社などスウェーデンの企業6社を事例研究として取り上げている［United Nations(1996), p. 41］。つまり，環境業績指標を一般的な企業業績尺度の枠組みの中に統合できるかという問題であるが，検討結果では，それは可能であると結論づけている。

3　国連の1999年『実務指針』のもつ意義

企業の環境情報を比較可能にするフレームワークないしはガイドラインの必要性は，ISARの過去2回の実態調査や事例研究によって明らかである。そこで，財務諸表の中で，企業の環境へのインパクトを報告するための広範囲なガイドラインの開発に向けて，ISARは，1995年の第13会期において，自国の独立した環境会計基準と他の加盟国のそれとを調整する作業の必要性を提示している。

その上で，1998年，ISARの第15会期でのアジェンダ項目は，環境コストと環境負債の適切な処理の方法に関するもので，そこで整理されたものが「実務指針（position paper）：環境負債と環境コストに関する会計と財務報告」（以下，「実務指針」と略称）というタイトルの『報告書』［United Nations(1999)］である。議論された内容のほとんどは，伝統的な会計フレームワーク内のものであるが，関係する用語を厳密に定義した上で，一定の結論が「実務指針」としてまとめられている。そこで，ISARが対象としているような会計領域を環境財務会計と呼ぶこととする。つまり，環境財務会計とは，環境に関わる取引と事象について，一定の会計基準に従って測定し，財務諸表等の中で報告することを目的

としている、ということになる。

　さて、この「実務指針」の目的は、企業、規制当局および基準設定機関に対して、財務諸表と関連する注記を考察の中心にすえながら、環境にかかわる取引と事象をめぐる最善の会計実務を熟考するのを支援することである。その目的遂行のために、環境財務会計に関して、各国でそれぞれ展開されてきた成果を総合して、現状での最善の慣行を集約し、整理することである。会計の問題の多数は、国際会計基準委員会（IASC）によって検討中であることは、ISARも認識しているが、この「実務指針」は、環境財務会計において提起されている課題にのみ焦点を当てている。こうしたガイドラインの提示は、各国の企業や規制当局、会計基準設定機関の手助けになるであろう、と述べている。

　環境コストや環境負債について、これまで各国の以下の各機関で検討されている［United Nations(1998), p. 139］。つまり、アメリカ証券取引委員会（SEC）、アメリカ財務会計基準審議会（FASB）、アメリカ環境庁（EPA）、アメリカ公認会計士協会（AICPA）、カナダ勅許会計士協会（CICA）、オーストラリア会計研究財団（AARF）、オーストラリア会計基準検討委員会（ASRB）、イングランド・ウェールズ勅許会計士協会（ICAEW）、欧州共同体の会計諮問フォーラム（ECAFF）などがそれである。ここで「実務指針」との比較で参考になるのは、カナダ勅許会計士協会の「環境コストと環境負債：会計および財務報告の諸問題」であるが、これらの大部分は、すでに確立している一般に認められた会計原則の中で、環境コストや環境負債の処理についての指針として位置づけられるものである。ISARは、このように各国で展開されてきた国際的ないしは国内基準としての環境会計の現状を検討し、環境コストの概念並びに環境負債の国際的調和化を促進することを狙って討議してきた。

　さて、これから紹介する「実務指針」は、つぎのような3つの問題提起から出発しているので付記しておくこととする［United Nations(1999), p. 1］。
　① 財務報告書の利用者は、財務上の健全性にきわめて重要である企業の環境業績に関する情報を必要としているが、そのような情報は現在のところ欠落している。

② 財務諸表は，財務上の業績を報告するように設計されているが，もし環境上の業績を報告する必要があるとすれば，さらに追加的な指針が必要とされている。
③ 企業レベルでの環境会計と財務報告書に関する既存の国際基準と国内基準とは，測定および開示金額に差異がでないようにするための解釈を必要としている。

なお，ISARはこれまで企業レベルでの環境財務会計の確立を目指してきたが，しかし，今回，「実務指針」という名称で提示したのは，ISARそれ自体，会計基準設定機関ではないということが関係している。また「実務指針」の内容は，環境コストと環境負債に限定されているが，環境便益についてはその測定の困難性から時期尚早として検討の対象から除外されている。

4 財務会計上の環境コスト概念

4.1 環境コスト概念の問題

環境コストとは，環境に関わるコストであることから，その「環境」概念についてまず明確にしておく必要がある。「実務指針」の定義によれば，「環境」とは，われわれを取り巻く自然の物理的な環境であり，大気，土壌，植物群，動物群および再生不能資源などを含む［United Nations(1999), p.5］，としている。その上で，環境コストとは，「それは，つぎの2つのコストから構成されている。つまり1つは，企業活動の環境インパクトを，環境に責任のある方法で管理するために要した処理コストもしくは処理する必要のあるコストであり，もう1つは，企業の環境目的や要求事項からでてくるその他のコストである。［United Nations(1999), p.5］」，と定義されている。

なお，環境コストの概念をめぐる最大の論点は，環境損失を環境コストに含めるか否か，であるとしている。環境損失とは，いわゆる見返りやベネフィットのない環境関連コストであり，それに該当するものに罰金，科料および第三者に対する損害賠償などいわゆるペナルティーに相当するものである。これに

対する各国の基準設定機関の対応は、つぎのように異なっている。ヨーロッパ会計諮問フォーラム（EAAF）は、環境規則の違反に対する罰金や科料に関わるコスト、過去の環境公害に起因する第三者に対する賠償金などを、環境コストから除外している［United Nations(1999), p. 18］。一方、カナダ勅許会計士協会（CICA）の研究報告書『環境コストと環境負債：会計および財務報告の諸問題』では、環境コストは、環境対策コストと環境損失から構成されている［CICA(1993), 訳書39頁］。また、イングランド・ウェールズ勅許会計士協会（ICAEW）は、環境パフォーマンスの評価をするにあたって、この種のコストを考慮に入れる必要があるので、このように区別することは困難である［United Nations(1999), p. 18］、としている。

　そこで、こうした見解を踏まえた上で、妥協的な見解として、ISAR は環境コストを、先に述べたような定義している。つまり、環境コストは、1つは、企業活動の環境インパクトに対して「環境に責任のある方法で管理する」ためのコストであり、さらには、「企業の環境目的や要求事項」から派生したコストであり、いずれもより前向きな対策コストである。したがって、この定義によれば、環境に関連した罰金、科料および第三者に対する損害賠償などは環境配慮を欠いた結果としてコストであり、環境コストから除外されることになる。その根拠は、これらが企業に対して見返りやベネフィットをもたらすことはなく、他の種類の環境コストとは性質が異なるものとして位置づけている［United Nations(1999), p. 11］。そのため、これらについては分離した項目で分類されることとし、環境コストの構成内容を補足することで足りるとしている。

　なお、EAAF の文書では、環境損傷を予防、削減、修復するために必要な追加的、識別可能なコストのみを厳密に環境コストとしているが、しかし、多くの領域でこの区別は困難であるとしている。その例として、研究開発や健康安全の領域において、また新規のプラントや生産工程への投資がそれに該当するとし、環境支出が過大に評価される危険性を指摘している［United Nations(1999), p. 18］。「実務指針」では、そうしたグレーゾーンの存在は回避できないとしながらも、罰金などの環境損失は、環境コストから除外されているが、し

かし環境コストの分類基準について具体的に言及していないのが特徴である。

4.2 環境コストの認識と資本化の問題

以上のように定義された環境コストは，それでは既存の財務会計のフレームワークの中で，どのように処理されるのであろうか。環境損失とは明確に区別される環境コストの処理は，つぎのようになるとしている。

> 環境コストは最初に認識された期間に計上されるべきであるが，もし資産としての認識基準を充足すれば，それらは資本化されて，当期および将来の一定期間において損益計算書上に費用として配分されることになる。もしそれらが資産計上されなければ，即時に損益計算書に賦課されるべきである。[United Nations (1999), pp. 5-6]。

なお，「実務指針」は，基礎概念としての「資産」とは，過去の事象の結果として特定企業が支配し，かつ将来の経済的便益が当該企業に流入すると期待される資源のこと，また環境資産とは，環境コストのうち，資産としての認識基準を充足するために資本化されたもの，と定義している。また「資本化」とは何を意味するのか問われるが，これについても環境コストが，ある関係する資産の重要な一部として，もしくは1つの分離した資産として記録されること [United Nations (1999), p. 5]，と定義している。

そこで，環境コストに関連するつぎの重要な問題は，それが資本化されて有形固定資産となるのか，それとも当期の費用として利益に直接に賦課されるかである。「実務指針」によれば，環境コストは，直接的であれ間接的であれ，以下のような3つのケースによって，企業に流入する将来の経済的便益に関連すれば資本化されるべきである [United Nations (1998), p. 6]，としている。

① 設備能力の増強，もしくは所有するその他の資産の安全性や効率性を改善する場合
② 将来の経営活動の結果，予想される環境汚染を削減・防止する場合
③ 環境を保全する場合

上記のケースのうち，1つでも充足すれば環境コストは資本化されるが，以

下，「実務指針」に依拠しながら資本化の処理について説明する［United Nations (1999), pp. 6-7］。企業の負担する環境コストは，結果として将来の経済的便益をもたらす場合には資本化され，そして便益が実現すると期待される期間に利益に賦課されることになる。その他に資本化が可能となるのは，安全や環境保全という理由によって，また潜在的な汚染を予防し，将来のために環境を保全するような場合である。こうしたコストは，直接，経済的便益の増加に寄与しなくても，負担することで他の資産が将来の経済的便益の獲得に寄与できるのであればそれで十分である，としている。

CICA 報告書では，当期に認識された環境コストがどの期間の便益に対応しているかという視点で処理しているので，理解しやすい。つまり，環境コストと便益との関連性が過年度か，当期か，将来期間か，それとも関連性がないか，がそれである。国連の「実務指針」では，便益と関連性のないコストは環境コストから除外されているので，この部分が異なっている。

環境コストの大部分は，それらが資本化できるほど将来の便益に関連していない場合が多い。それに該当するものに廃品の処理，当期の営業活動に関連した浄化コスト，それに継続中の環境管理や環境監査などがある。環境規則の非遵守に対する罰金や科料，第三者に対する賠償金も環境関連コストとみなされているが，将来の便益につながらないコストの例であり，したがって，こうしたコストは，即時に損益計算書に賦課されることになる。

一方，資本化される環境コストは，別の資産に関連している場合が多い。そこで，これに関連して，次のような処理が要求されている。

> もし資産として認識される環境コストが，別の資産に関連する場合，それは関連する資産の重要な一部を構成するものであり，独立して認識されるべきではない。［United Nations(1999), p. 6］。

その理由は，環境コストを負担することの結果として，特定の，分離した将来便益としてあらわれることはあり得ないからである。このようなコストの将来の便益は，企業活動に利用される別の生産的資産の中にある，と考えられている。環境コストが資本化され，さらに別の資産の不可欠な一部として含めら

れる場合，その結合資産は，その劣化についてテストされ，必要に応じて，その回収可能価額まで評価が切り下げられる。

以上の説明から，環境コストのうち，資産の認識基準を充足するものが環境上の資産になりうる。したがって，環境コストのうち将来の経済的便益をもたらすかどうかがポイントになる。ただし，それが環境上の資産に認められたとしても，通常の企業活動に関わる資産の一部に含まれている場合，単独では存在しない，というところに特徴がある。

4.3　環境コストの開示

環境コストは，多数の方法で発生する。企業によって負担されるコストは，その環境上の効率と同様に企業の業務上の効率を改善することもある。したがって，環境コストとして何を含めるかには，判断がつきまとう。ある企業は，すべてが環境対策に帰属するコストのみを環境コストとして処理する。また別の企業は，コストのうち一部だけ環境に関連していれば，その部分だけを任意に抽出して環境コストとして処理をする。それ故に，環境コストとして，何が含まれてきたのかについての情報が開示されねばならない。当期の利益に賦課される環境コストの金額は，営業コストか営業外コストに区別し，資本化された環境コストの金額は，財務諸表の注記にて開示される。識別される項目の種類は，液体排水処理，水・ガス・空気処理，固体廃棄物処理，敷地修復，リサイクリング，法遵守として分類計上されるが，しかし必ずしもこの分類に限定されない [United Nations(1999), p. 11]，と述べている。なお，環境法規の非遵守に対する罰金，科料といった環境関連コスト，また過去の環境公害や損傷が原因で生じた損失や被害に対する第三者への賠償金は，先の定義からも明らかなように環境コストとは独立して開示される。同様に異常損益項目として記録された環境コストも，独立して計上される。

このように環境コストは，財務諸表，その注記で開示されるが，場合によってはそれ以外の報告セクションで情報開示される。「実務指針」では，環境コストのうち当期費用となるものは，損益計算書で独立開示するとしているが，

環境上の資産については財務諸表の注記表示となっている。独立表示の利点は，それによって情報量が増えることである。しかし，利害関係者が適正な判断をするためには，重要性の原則にしたがって質的・量的観点から決定する必要がある。つまり，その開示は，金額の重要性とその項目の質的重要性も考慮されることになる。利害関係者は，「環境業績が組織の財務的健全性にどの程度の影響を及ぼすかについて関心があり，また環境リスクを査定するために環境情報を利用し，それがどのように管理されているのかにも関心がある［United Nations(1999), p. 16］」といわれており，そうした情報ニーズを充足するように開示されることである。

環境コストの開示は，情報の利用者がその性質，時期，将来の財務的資源の企業姿勢を評価するのに有用でなければならない。その意味では，ISARによって整理された環境コストは，既存の会計の基本概念をベースにして展開されているが，理論構築の前提となっている諸概念の定義から判断すると，将来の経済的便益の流入を予測するのに役立つ情報提供にあるようにみえる。そうした観点から，環境コストが企業の経済的便益にどのような影響を及ぼしているかを中心に検討している。こうした視点の妥当性も含めて，国連の「実務指針」を，わが国の会計基準との関連で検討することが今後の課題になると考えられる。

5 環境負債の認識・測定と開示

5.1 環境負債の定義

環境負債は，「環境に関連した債務であり，企業が負担し，負債としての認識基準を充足する債務である［United Nations(1999), p. 5］」と定義されている。この定義から，「負債として認識基準を充足すること」であるとすれば，つぎに負債とは何かが問題となる。その負債についても「過去の事象から発生した特定企業の現在の義務ないしは債務であり，その決済のためには，経済的便益を有する資源が当該企業から流出すると期待されるもの」と定義されている。以上のことから環境負債も，負債として認識されるには，「経済的便益を有する

資源の流出」,「現在の義務ないしは債務」および「過去の事象の発生」という3つの要件をすべて充足する必要がある。

そこで，この3つの要件のうち,「現在の義務ないしは債務」について，それをどのように解釈するかが問題になってくる。それについては，アメリカ財務会計基準審議会(FASB)の「財務会計諸概念に関するステートメント(SFAC)」第6号[FASB(1985),訳書304頁]によれば，義務は，必ずしも法律的に強制されるものではないとしている。つまり契約に基づくよりも，むしろある特定の状態における事実から生み出される義務があり，これは推定上の義務(constructive obligations)として，さらに倫理的ないしは道徳的配慮に基づく義務があり，これは衡平法上の債務(equitable obligations)として，それぞれ呼ばれるものである。

ここでの重要な論点は，負債の概念が拡大解釈されていることである[3]。つまり負債とは，従来の法律上の義務だけでなく，推定上の義務と衡平法上の義務も含まれていることである。つまり，推定上の義務，衡平法上の義務，この2つが発生しても，それは負債として認識されるということになる。そこで，新しい，しかも拡張された負債について，FASBの見解に依拠しながら，ISARの定義を補足するとつぎのように説明される。

推定上の債務とは,「他の実体との契約によって結ばれたり政府によって課せられたりするものではなく，ある特定の状況における事実から生み出され，推定され，解釈されるもの」であり，つぎの例が挙げられている。従業員との契約上の義務がなかったとしても，企業は有給休暇手当や年末特別賞与を支払ってきたという実績がある場合，良好な維持関係を維持しようとする限り今後もこれらの支払を継続する，という一種の債務，つまり推定上の債務が生じている[FASB(1985),訳書304頁]，と解釈されることになる。

こうしたFASBの見方は，ここで主題にしている環境問題にも適用できる。つまり企業の環境方針からくる目的・目標，およびこれらの開示は主として地域社会に向けられている。こうした企業の行為は，地域社会との良好な関係を意識したものであり，したがってその開示は，法律的にはともかく，一種の推定上の債務へと拡張されていくことになる。また，衡平法上の債務とは,「不

文法や制定法から生ずるものではなく，倫理的または道徳的制約から生ずる［FASB (1985)，訳書304頁］」ものであって，「他の実体に対して，普通の良心や公正の感覚で公平，公正，正当とみなされることを行う義務［FASB (1985)，訳書304頁］」から生じるものである。この種の債務にはつぎのような例がある，としている。つまり企業は，引渡しの不履行が顧客の手付金の払戻しを法的に要請されるとしても，他の供給元をもたない顧客に対しては，製品を完成して引渡すべき衡平法上の債務を負っているという。

このように推定上の債務や衡平法上の債務は，法的強制力のある債務と同様に負債の基礎になるのである。これらの債務は，「実体が，契約を結ぶことまたは交換取引に参加することによってではなく，むしろ実体自体を拘束する行為または環境要因によって拘束されていることを知ること［FASB (1985)，訳書380頁］」，という事実から発生するものである。

以上の負債概念の拡大解釈からは，法的債務がないけれども工場周辺の土地を浄化しなければ企業イメージを損ない，地域住民との信頼関係が失われるといった場合に，引当金を設定するという事態が生ずることになる。あるいは，企業の厳しい環境方針の公開，それを達成するための目的・目標の設定およびその開示は，場合によっては，一種の推定上の債務へと拡張されていく可能性があり，結果として環境対策に積極的な企業ほど環境負債が成立する根拠にもなり得る，ということになる。

ISARも，負債をこのように拡大解釈することの是非をめぐって，もっとも大きな争点となったとしているが，結局，先の2つの負債概念を容認し，通常，企業の側に環境コストを負担する義務がある場合に認識される，という立場である。つまり，義務ないしは債務に関連して，法的拘束性だけでなく，法的な義務を拡張するような推定上の義務を企業が持っている場合もありうる，としている。先に述べたように，法の要求よりも高い基準で浄化活動をする，という企業の環境方針がある場合がその例であり，こうしたコミットメントを表明し，実施に移すことで企業に対するプラスの評判を勝ち取るという企業の狙いがある。いずれにしても，先の2つの債務も，負債としての3つの要件を充足

すれば環境負債として認識する必要がある。しかし，環境負債は，認識の時期や支出金額の不確実性が高いので，つぎにそれが問題となってくる。認識の時期については，簡潔につぎのように述べている。

> 環境負債は，通常，企業の側に，環境コストを負担すべき義務がある場合に認識される。[United Nations(1999), p. 7]。

つぎに環境負債の金額に関する問題として，全部ないしは一部が見積不能というケースが稀にある。この場合，金額の見積りができないという事実とその理由を，財務諸表の注記にて開示する必要がある。

> 環境損傷が企業所有に関連している場合や，あるいは企業の側に修復すべき義務のないその他の財産に対して，そのことが企業の経営活動に起因している場合，財務諸表の注記もしくは財務諸表とは別の報告セクションの中で，その損傷の程度を開示するという配慮が要求されている。このような損傷は，次年度以降に修復すべきであるという合理的な可能性がある場合には，偶発債務として開示されねばならない。[United Nations(1999), p. 7]。

また貸借対照表日現在，環境損傷を修復すべき責任が企業になくても，近い将来，新しい法律や財産の処分によってその責任を負う，という状況の変化が起こるかもしれない。こうした場合，オーナーや株主は，他者の財産と同様，企業自身の財産に対しても環境損傷の程度を知る権利が与えられている。

> 企業が負担すべき義務のもとにある敷地修復，長期性資産の閉鎖もしくは撤去に伴うコストは，以下のときには環境負債として認識される。つまりこのような敷地の修復，閉鎖もしくは撤去に関連した改善措置を引受ける必要性を見つけ出した時期がそれである。ただし長期の廃棄コストの場合，企業は，関連する業務活動の期間中にこのコストを賦課するのを選択することもできる。[United Nations(1999), p. 8]。

環境に対する損傷が最初に起こると，将来の敷地修復，長期性の資産の閉鎖もしくは撤去に関連した義務が生じるので，環境負債はその時点で認識され，その活動の完了，もしくはその敷地の閉鎖まで繰り延べられない。しかし，長期性を配慮して，これらの廃棄コストは，企業は関連した業務活動の期間中に，

順次，認識するのを選択することもできる。

　なお資本化されるべきものとしては，資産や業務活動の準備のため前期に発生していた損傷に関連する将来の敷地修復コストや，また関連した損傷が発生した時期に環境負債として認識される将来の敷地修復コストなどが，その例として挙げられる。[United Nations(1999), p. 8]。

　多くの状況では，企業が特別活動を開始する前やその活動の期間中に，環境損傷は生じている。例えば，採鉱活動は，関連した採掘作業なくしては開始されない。活動が完了した途端に，企業は，敷地修復の受諾を迫られることがよくある。企業に起因する環境損傷が生じている場合に，このような修復コストは発生するが，その金額もまた資本化され，関連する業務活動の期間中に損益計算書にて償却されることになる。

　以上の議論は，将来の予想されるコスト総額に対して，引当金の全額を即時に積み立てるのか，あるいは業務の一定期間中に徐々にそれを積み立てるのか，といった問題に関わっている。これについては，長期の廃止コストの場合には，企業は関連する業務の一定期間中にこのようなコストに備えることも可能である，ということを示唆している。また，浄化する義務のない企業の財産に環境損傷が関連している場合には，この事実を開示する配慮もまた要求しているといえよう。

5.2　回収額の認識

　環境負債の金額の決定に当たって，関連する期待回収額をどのように認識するかの問題がある[United Nations(1999), pp. 8-9]。なお，期待回収額という現金収入については，(1)第三者からの期待回収額，(2)関連する財産の売却による期待受取額や廃物の売却代金，(3)資産の残存価額や残余価値といった3ケースがあるが，その処理方法は，(1)についてはつぎのように説明されている。

　「第三者からの期待回収額は，環境負債と相殺させてはならないが，しかし相殺可能という法的権利がないのであれば，その回収額は別の項目の資産とし記録されねばならない。相殺するという法的権利があるために，金額が相殺さ

れるのであれば，環境負債と回収額について，それぞれの総額が開示されるべきである」[United Nations(1999), p. 8] としている。

つぎに，関連する財産の売却による期待受取額や廃物の売却代金も同様に，(1)と同様に環境負債から相殺されてはならない，としている。(3)の限られた耐用年数をもつ資産の残余財産や残存価額は，通常，減価償却の金額決定にあたって配慮されている。したがって，このような回収金額によって環境負債を軽減することは二重計算となる，と述べている。

以上のことから，関連する期待回収額については，環境負債の金額の決定に当たってとくに考慮しない，という立場であることが理解される。

5.3　環境負債の金額決定

環境負債の金額決定は，見積金額が主となることが予想されるが，通常，多数の要素の不確実性のためにその決定には困難を伴うものである。これについては，つぎのように指示している [United Nations(1999), p. 9]。

> 環境負債の見積もりに困難をともなう場合には，可能な最善の見積が採用されるべきである。その見積値の根拠についての詳細は，財務諸表の注記にて開示されるべきである。いかなる見積もりもできないような稀な状況では，その事実と根拠が財務諸表の注記にて開示されるべきである。

不確実の要素には，敷地での有害実体の規模や種類，利用する技術の種類そして年々変化する環境基準などがあるが，仮に実際の負債を見積もることが実践的でない場合であっても，「損失の範囲」を見積もることは可能である。したがって，その範囲内での最善の見積りがなされる。「最善の見積額」に到達することができない場合，少なくとも最低の見積額が認識されるべきである，としている。このように見積りをするのが原則であるが，しかしその見積りができないという稀な状況の場合にのみ，その旨を注記により開示する必要があるということになる。

敷地に関わる将来の修復，閉鎖および撤去についての金額決定は，予測の困難な将来の支出である。これについて，全額をすぐに引き当てるのか，または

業務活動にわたって順次引き当てていくのかが問われるが，ISAR は，長期の環境負債について，つぎのような結論を明示している

　　短期に決済されない環境負債について，ISAR は，必要とされる将来の見積支出の現在価値による負債の測定を優先しているが，さらに全部カレント・コスト額による負債の測定もまた容認できるものである。長期の廃棄コストについて，関連する業務活動の期間にわたる将来の予定支出を準備することもまた，容認できるものと考えている。利用される方法は開示することになるが，もし引当金の設定という方法をとるのであれば，長期廃棄コストをカバーするに十分な見積引当金の全額が開示される必要がある。[United Nations(1999), p. 9]。

将来の敷地修復，閉鎖および撤去コストに関連した負債の測定について，これまで多数の方法が提案されてきたとされている。ISAR は，上のように結論づけているが，それとの関連で，以下のような3つの方法について言及している。

① カレント・コスト（current cost）法
② 現在価値（present value）法
③ 関連する業務活動の期間にわたる予定支出を準備する方法

　それでは，当期の将来の敷地修復，閉鎖および撤去に関するコストはどのようにして決定されるのであろうか。これについて，カレント・コスト法であれ現在価値法であれ，いずれの方法も，既存の条件や法的要求事項に基づく見積コストが基礎になって環境負債が決定される。ただし，カレント・コスト法では，その金額は，そのまま環境負債として反映されるが，現在価値法では，負債を履行するに十分な将来の見積キャッシュ・フローの現在価値が基礎になる。また，関連する業務活動の期間にわたる予定支出を準備する方法では，現在必要とされる金額よりも，いずれ要求されることになるキャッシュ・アウトフローの見積りが基礎になる。

　現在価値法を採用した場合，追加情報として必要とされるものには，貨幣の時間的価値，負債を履行するのに必要な見積キャッシュ・フローの時期や金額に影響を与える要素などがある。それらの項目は，将来事象の結末を見積もったり，ときにはその方法の不確実性のレベルを増やしたりしなければならな

い⁽⁴⁾。その結果，現在価値法の信頼性は揺らぎ，財務諸表上で負債を認識するには不十分ではないか［United Nations(1999), p. 10］，という意見もでてくる。一方で，カレント・コスト法は，将来事象の不確実性を考慮しないために，かえって現在価値法よりも本来的には信頼できるものである，という見方もでてくることになる。しかしながら，意思決定にあたってカレント・コスト法のもつ有用性は，負債の最初の認識とその最後の決済との間隔の長期化とともに減少し，そのことで逆に現在価値法の信頼性が高まり，カレント・コスト法のもつ信頼性をうわまわる，という見方もでてくる。したがって，現在価値法の採用に関連して，つぎのような詳細な補足説明がなされている［United Nations(1999), p. 10］。つまり，現在価値法によって環境負債を測定する場合，現在価値を測定するために使用される割引率は，同様の期間もっている政府保証に利用される無リスク金利である。短期間に生じると予想される技術の進歩と負担するコストに影響するインフレーションの予想は考慮されるが，しかし長期的な技術進歩についてはその限りではない。さらに，環境負債の金額は，毎年，再検討されるが，将来の見積支出を決定するのに利用された前提になんらかの変化が生じれば，そのことは当然考慮されることになる，という。新規のもしくは追加的な債務の測定は，債務が発生する期間に関連した要素に基づくことになる。なお，短期に決済される環境負債に対して，通常，カレント・コスト法が採用される，としている。

　「実務指針」の内容からも明らかなように，環境負債はその性質上，将来事象に多く関わっていることから，いくつかの予測と仮定のもとで測定をするという困難な作業に直面することが予想される。つまり，環境問題の長期性を反映して，長期に決済される環境負債について，財務諸表上にどのように適正に認識・測定するかが大きな問題となる。「実務指針」では，3つの測定方法を提示して，環境負債の種類に応じてその処理の仕方を示しているが，一部に現在価値法の採用を提唱しているところに大きな特色がある。

5.4 環境負債の開示

つぎに環境負債の開示が問題となるが,これについては,貸借対照表上か財務諸表の注記で独立して計上されることになる,と述べている。環境負債を測定するに当たって使用される基準(現在価値法,もしくはカレント・コスト法)と同時に,負債の性質に関する記述,決済の時期および期間も開示する必要がある [United Nations(1999), p. 11],としている。また,負債の金額,決済の時期について重大な不確実性があれば,この事実も開示しなければならない。さらに環境負債の認識や可能な支出の範囲に関連するいかなる重要な測定の不確実性も開示する必要がある,としている。測定基準として現在価値法が採用される場合には,財務諸表上で認識される将来のキャッシュ・アウトフローや環境負債を見積もるのに重要以下の前提も開示される必要がある [United Nations(1999), p. 12],としている。

① 環境負債を決済するためのカレント・コスト見積値
② 環境負債を計算するに当たって利用される長期的なインフレ率の見積値
③ 将来の決済コストの見積値
④ 割引率

以上の開示のほかに,環境負債と環境コストに関する会計方針も開示される必要があるとし,それに関連して,その性質や既存の環境規制,予想される法律や規制の変更,金額に影響するテクノロジーなども注記として開示される必要がある。さらに,その実体や実体の属する産業に固有の環境問題の種類,環境保全に関連した公的な補助金や税制優遇措置といった政府の政策も開示することが望ましい [United Nations(1999), p. 12],としている。

ここで環境コストと環境負債の情報開示について,改めてポイントを要約するとつぎのようになる。つまり,それらの開示は,貸借対照表もしくは損益計算書上の各項目について明瞭にし,詳細な説明を加えるという視点からとくに重要視されている。具体的には,財務諸表やその注記,場合によっては財務諸表本体とは別の報告書のセクションで計上されることになるという。その場合,どの各項目を開示すべきかの決定については,重要性が問題になるとして

いる。重要性を決定するにあたって，単にその項目に関する金額のもつ意味だけではなく，内容についての配慮が重要である，としている。

いうまでもなく環境コストと環境負債に関する開示は，情報の利用者が，その性質，時期および将来の財務的資源の企業の姿勢を評価するのに役立つものでなければならない。その意味では，ISARによって展開されてきた環境コストや環境負債の会計は，既存の会計の基本概念を基礎にして展開されているが，その意味では，測定よりも開示について有益な示唆があるように思われる。しかしながら，特別の企業ないしは産業の活動から発生する種々の環境影響を十分に反映するためには，以上のような開示だけで十分といえるであろうか。もし不十分であるとするなら，さらに追加的な開示が必要となるのか，それとも環境に配慮した新しい会計のフレームワークの構築が必要なのか，今後の環境財務会計の問題領域は長期的な視野で考察していかなければならないであろう。その意味では，「実務指針」は，あくまでも現時点での最善の指針であり，今後とも調和化ないしは標準化に向けて継続的に改善していくことが期待される。

6 結びに代えて

6.1 ISARの「実務指針」の評価

近年，企業の経済的活動は，グローバリゼーションの波の中で，一国内だけに限定されることなく，多くの国に及んでいる。このような企業活動の国際化の中で，環境会計の領域に限定していえば，パブリック・セクターにおいては，国連が精力的に国際的調和化をめざす作業を進めている。国連は，国際的な経済秩序を維持する取り組みの一環として，多国籍企業の行動を規制するという立場から，とりわけ情報開示の問題に関わってきた。それと並行して，「持続可能な発展」という世界共通の利害に立って，持続可能な地球社会の形成を支援するべく，さまざまな努力を重ねてきている。

これまで検討してきた企業レベルでの環境財務会計，とりわけ環境コストと

6 結びに代えて

　環境負債に関して，ISARにより提案された「実務指針」は，これまでの各国の環境問題に関する会計処理を中心に，それぞれの国の一般に認められた会計原則の枠内において，それぞれピースミールに公表されてきたものをベースにして取り纏められたものである。「実務指針」は，環境財務会計のガイドラインないしは意見表明の性格を有しているが，今後，環境会計の実務が成熟したときには「実務指針」から「最善の実務」へとその呼称を変更したいとしている。しかし実務が発展の途上にある現段階では，まだそのタイミングではないとしている。この「実務指針」の公表が契機となって，その処理をめぐる各国の環境会計基準の間隙が埋められるのではないか，さらにそれを媒介にして「最善の実務」到達への道のりが短縮化されるのではないか，という熱い期待がある。もっとも国連は，これまで多国籍企業の動向の調査と重要問題の審議，とりわけ情報の開示や会計基準の問題も検討の対象としてきたが，必ずしも基準設定機関としては位置づけられていない。むしろ，こうしたグローバルな会計基準設定の機関は，国際会計基準委員会（IASC）にあると一般に考えられている。しかし，ISARは，2回の実態調査を踏まえて重要な検討事項を摘出し，さらに各国の代表および各基準設定機関の参加のもと，環境という視点から包括的に会計処理の問題を討議し，「実務指針」として総括した点で，高く評価することができる。

　ところで，これまで「実務指針」に盛り込まれている資産，負債などの概念規定は，ほぼIASCの国際会計基準のそれと同じである。つまり，ISARは，それらの概念を前提にして，環境コストや環境負債の問題に迫っているということである。さらにいえば，負債概念は財務会計基準審議会（FASB）の「財務会計概念ステートメント第6号（SFAC No. 6）」の経済的側面に焦点を当てた負債概念が基礎になっている。こうした負債概念規定は，環境コストなどの新しい社会問題の状況変化に対応できるものとして採用されたものと考えられる。その意味では，国連のISARによって展開された環境コストや環境負債は，既存の会計の基本概念をベースにして，意思決定の有用性に役立つ情報提供にあるようにみえる。このように情報利用者の有用性という立場から，ISARは，

環境コストが企業の経済的便益にどのような影響を及ぼしているか，さらには過去の事象から発生した義務が経済的便益をもつ資源をどれほど流出させるのか，を中心に検討している。こうした視点の妥当性も含めて，国連の「実務指針」は，わが国の会計基準との関連で検討し，財務報告書の中に環境への情報を配慮していく，このことがこれからの課題である。環境財務会計の調和化ないしは標準化が急務であるという現状からすれば，われわれはISARの果たしている役割についてもっと注目すべきである，と考える。

6.2 外部環境会計の内外の動向

周知のように，アメリカの先進的企業が，自主的に財務諸表を投資家などの利害関係者に向けて公表したのは1900年に入ってからであり，さらにそれが義務づけられたのは1930年代である。その影響を受けて，わが国においても，財務諸表に関する基準として「企業会計原則」が1949年に制定され，それを中心にして会計情報の外部報告を担う財務会計が発展してきた。しかし，その後，企業に開示義務のある財務諸表において，企業は環境に関わる財務情報を必ずしも十分に開示していないのが現状である。その背景には，わが国の基準設定機関の姿勢とその取り組みに問題があると推察される[5]。それに対して，環境問題を財務会計の枠組みにおいて基準化している北米と欧州の動向がとくに注目されるが，以下では，第一部の各章担当の論稿を参照しながら，環境報告書での環境会計も含めて外部環境会計を概観し，これからの課題について検討してみることにする。

北米の外部環境会計の特徴は，環境コストや環境負債が財務会計の枠組みの中で研究され，その後，会計基準の中にそれに関連する規定として盛り込まれてきたことである。その背景には，スーパーファンド法により，場合によっては巨額の修復費用や損害賠償費用を負担するという環境リスクが発生し，それにより企業の財務状況にきわめて大きな影響を与える，という認識があるからとされている。その意味では，過去の汚染修復についての環境負債や将来の閉鎖・撤去についての環境コストに関する会計処理の基準については，認識・測

6 結びに代えて

定・開示いずれにおいても包括的な指針が提示されている。それを支えているのは，会計実務の現状を認識し，その結果を会計基準の設定や理論研究にフィードバックしている，多数の環境負債の測定と開示に関する実証研究の存在である。したがって，北米での外部環境会計の最大の特徴は，基準の設定と実証研究がまさに相乗効果の役割を果たし，財務会計における環境会計の発展を促進している。

一方，欧州において注目すべきことは，これまで環境情報の開示について環境報告書が主流であったが，年次報告書においても記述情報の形態でそれを義務化しようとする規制である。この傾向は，加盟国固有の事情によるものではなく，EUの「企業の社会的責任に関する政策」と「財務報告政策」，という2つの重要な産業政策にあるといわれている。企業の社会的責任政策の発端は，1995年の企業経営者グループの署名したマニフェスト「社会的排斥と闘う企業による欧州宣言」に由来するといわれているが，その報告の義務化に関しては，現時点では労組・NGOと産業界で見解が不一致であり，まだ義務化には至っていないとされている。

欧州のもう1つの産業政策は，財務報告制度の改革である，とされている。1995年に「欧州会社法指令と国際会計基準との調和」問題が浮上し，その4年後に，EUの「財務報告戦略の将来展望」において国際会計基準採用の方向が，つづいて2001年にその採用が正式に決定されるとともに，その関係から環境問題の会計処理を規定する「委員会勧告書」が公表されている。この「委員会勧告書」は，環境問題に関する個々の会計処理を対象にするのではなく，欧州の環境政策の一環として企業の環境情報を促進させるべく，包括的な処理基準を提示している。なお，財務的側面に影響をおよぼす環境問題を既存の財務会計枠組みの中で，関係する基準設定機関の見解を踏まえながら検討するという「委員会勧告書」のスタンスは，国連のISAR「実務指針」と同一であり，ISAR報告書からも影響を受けているとされている。いずれにしても，「委員会勧告」により，2003年に欧州会社法の会計規定が修正されたが，その修正会計指令では，環境情報に関する開示だけではなく企業の社会的責任へと拡張

されているという。

　以上のような，欧米の財務会計基準に準拠した外部環境会計とは別に，わが国の環境経営先進企業は，自主的に環境報告書を公表し，そのなかで環境に関する財務的側面を補完する手段として，さらには利害関係者とのコミュニケーションもしくは企業評価の手段として，積極的に環境会計情報を開示している。環境会計は，ISO の環境認証の取得とともに始まった目標進捗管理の充実および環境報告書の発行と密接に関連しており，これらが三位一体となって 1996 年度以降に段階的に導入されている。つまり，まず最初に有効な環境保全活動のために「環境マネジメントシステム」が確立され，ついでその取り組み状況を情報開示する手段として「環境報告書」の発行が次第に普及し，さらに「環境会計」が環境目標達成のために要するコストと効果の効率的なマネジメントツールとして導入されてきたが，それぞれがその役割を担いながらますますダイナミックに展開されてきている。

　とりわけ，わが国のこのような外部環境会計は，第 4 章で詳細に言及されているように，現行の財務会計フレームワークでは把握できないコストや効果も対象にしながら，年々その情報価値を高めている。環境会計の標準化による普及とその内容の深化に大きく貢献しているのが環境省の一連の環境会計ガイドラインであり，環境省の継続的な改善努力によって世界でも類をみないようなレベルの高い環境会計の内容となっている。環境省のガイドラインは，業種を特定しない一般モデルであるが，これをベースに業界の特色を活かした独自のガイドラインも公表されている。経済効果の 1 つである推定効果の算定については，客観性の問題からさらなる研究が必要とされるものの，今後，これらのガイドラインにもとづく標準化が一段と促進され，わが国独自の環境会計が期待されている。

　一方，韓国でも，環境省の主導のもとに国家プロジェクトとしての「環境報告ガイドライン 2002」および「環境コスト会計ガイドライン」が公表され，それがベースとなって環境会計が自主的に展開されている。環境報告書における開示項目の 1 つである環境会計は，「正式なガイドラインが公表されるまで

は，独自の規準に従って環境に関連する費用を開示すべきである」とし，環境会計情報として「環境マネジメント費用」，「環境投資」の2項目に関する時系列の金額表示，および「経済的効果」についての例示，この2つを表示する簡単なフォーマットが指針として提示されている，といわれている。韓国の環境会計導入企業数の実態は不明であるが，韓国環境省の環境コストの認識と測定プログラムに参加した企業を中心に，環境報告書での環境会計情報の開示が積極的に進められているのが現状，とされている。

6.3 財務報告書と環境報告書における環境会計の関連性をめぐって

これまで概観した各国における外部環境会計の現状から判断するに，欧州では，環境保全についての社会的な関心の高まりとともに，従来の環境報告書が主体だった環境会計情報は，財務報告書（年次報告書）における開示義務の規制化によって，開示方法が2本立てであるのに対して，北米では，伝統的な財務会計の枠組みの中で，個別の環境問題に対して，既成の会計概念を個々に拡張しつつ，財務諸表を媒介にした情報提供が中心になっている，という傾向がみられる。国連のISARの「実務指針」は，財務報告書中心という点ではこの北米とまったく同じスタンスであり，開示を中心として，これまでの個別の環境をめぐる問題を，包括的に検討した現時点での最善の会計処理の提示であった。

それに対して，わが国の現状は，環境報告書のなかに環境会計情報を盛り込む企業は急激に増えつつあるが，しかしながら財務報告書を作成するほとんどの企業は，こうした社会的関心を既存の財務諸表に反映させていない。また，環境報告書は，環境コストを中心とした詳細な環境会計情報を開示しているが，しかし現在のところ，環境コスト情報は，有価証券報告書に盛り込まれている財務報告書とは直接には関連していない。その理由は，既存の財務会計システムが，環境の負荷低減活動を目的として支出したコストを，環境を軸にして分類・集計するように設計されていないから，と推測される。

そこで，既存の財務報告書のフレームワーク枠内においても，環境に対する配慮をどのように反映させるかが問われている。わが国の現状がとくにそう

であるように，環境保全のために支出したコストやその効果は，これまでのように財務報告書では全く考慮することなく，すべて環境報告書のなかの環境会計に委ねるべきであろうか。財務報告書の利用者といえども，財務上の健全性にきわめて重要である企業の環境業績に関する情報を必要としているはずである。環境会計情報の開示は，情報の利用者が，その性質，時期および将来の財務的資源の企業姿勢を評価するのに役立つものでなければならない。今後，環境情報を財務報告書のなかに盛り込み，その情報価値をいかに高めていくかがこれからの課題となってくるが，ただし，会計における最近の主流となっている，いわゆる情報のもつ有用性の視点のみが重視されるのではなく，会計のもう1つの職能である外部の利害関係者に対する利害調整職能の遂行という観点も重要であると思われる。つまり測定を中心とした，尺度性としての利益概念のより一層の精緻化がそれである。

また，環境報告書の環境会計についても，つぎのような問題が提起される。つまり，環境会計も会計の一部であるとすれば，厳密に費用対効果計算を志向するのは理想である。たしかに貨幣による一元的な費用対効果計算が可能であれば，経営者の合理的な資源配分の意思決定がより容易に助長されることになるであろうが，しかし，その手法が，とくに効果の計算が未確立である段階で，性急に費用対効果の差額としての金額表示を公表することは，経営者と外部の利害関係者の判断を誤らしめることにもなる[6]。このことは，冒頭で言及したように，会計の連続性に立脚した発展というよりは，断絶した「飛躍」ということになり，1970年代に登場し，衰退していった社会責任会計と同じ運命をたどることになる。その点，わが国環境省の一連の環境会計ガイドラインは，環境コストと効果が左右対照にて表示されるフォーマットになっている。しかし，大いに評価に値することは，過去の反省に立っているともいうべきか，差額概念として業績評価手法をあえてとらないで，環境コストおよび環境効果概念をよりいっそう精緻化しつつ，さらには財務データとの結合による環境指標の開発と構築に努力している点である。

世界各国の先進企業の経営者は，財務面の向上という目標，環境負荷の低減

つまり環境保全という目標に加えて，さらに社会的責任の遂行という目標を追求しはじめている。経済的・社会的・環境的インパクトを統合した一組の測定値の提供は，内外の利害関係者に対してきわめて有益であるとされるが，目下の課題は，財務的パフォーマンスと環境パフォーマンスの統合であると思われる。その結果を，上で述べたような2つの報告書で公表し，さらなる開発に向けて苦慮しているのが現状である。企業内の経営者においても，この2つ，さらには3つの目標はトレードオフの関係として相反するものではなく，相乗効果をあげながら相互補完的に共生させ，より高水準に向けて創意工夫していく，これがこれからの課題である。

注

(1) その場合，「会計は外部環境と相関的である」との意味は，つぎのように説明される。「まず最初に，その時代の環境を状況が，特定のニーズについての認識を刺激し，さらにその後，知覚されたそのニーズを充足するべく幾つかの理念（idea）が産みだされる。それらの理念は実行されるが，満足なものとそうでないものとが明確になる。前者の望ましいものは持続されるが，そうでないものは更なる新規の理念のきっかけになる。」Littleton, A. C, and V. K, Zimmerman, p. 2. つまり，①時代の状況がニーズを認識し，②そのニーズから理念が産みだされ，③その理念が実行に移される，という一連の①，②，③というプロセスの繰り返しが，会計と外部環境との相関性ということになる。
(2) そのプロセスの第一歩は，まさに前述した15世紀に誕生したイタリア式資本・利益会計であり，この時代の会計の貢献は企業資本と企業利益との相互関連性を明瞭にすることで，企業経営者に有益な情報を提供したことである。つぎのステップは，19世紀イギリスの詐欺的な会社設立行為から投資大衆を保護するべく，外部監査人により監査された財務諸表の公表である。第三のステップは，20世紀前半アメリカにおいて大量生産と競争的な産業の経営管理上のニーズに応えるべく，統制と管理のための会計として原価会計が発展した。同じ世紀の50年はまた戦争，大恐慌，インフレの時代であり，公益への関心の高まりとあいまって，一国レベルでの経済の変動を示す分類カテゴリーの体系が派生されてくる。それが会計の第四のステップであり，国民所得会計として登場する。Littleton, A. C, and V. K, Zimmerman, pp. 246-250.
(3) 負債概念を定義する場合，「環境上の要因」として以下のようなことが考慮されるべきであるとして，本文と同様に負債の拡大解釈がなされている。「会計上の負債の定義は，エンティティーが営業活動を行う環境を支配している法的ルール，社会的慣習およびビジネス上の慣習と同様に，経済的意思決定，管理およびアカウンタビリティーのための財務情報へのニーズを反映すべきである。」J. St. G. カー『負債の定義と認識』（徳賀芳弘訳），九州大学出版会，1989年，p. 32。
(4) この点について，IAS第37号（1998年）は，つぎのように規定している。
「予想される将来の事象は特に重要である。例えば，企業は，用地の使用期間の終了時点に

おける浄化費用は，従来の技術の変化によって減少すると考えられるかもしれない。認識される金額は，浄化作業実施時における利用可能な技術に関するすべての入手可能な証拠を考慮した上での，技術的に適格と認められた客観的な観察者の合理的な予想を反映する。」日本公認会計士協会国際委員会『国際会計基準書 2001』,692 頁。このように，環境汚染についての浄化費用の引当金を測定する場合には，将来の技術の変化による費用低減や，既存の技術を適用しながらも経験増大にもとづく将来の浄化費用低減が予想される。もっとも，それが十分な客観的な証拠に裏付けていなければ，企業は新しい技術の発展を予期しえないということになる。

(5) 環境負債や環境コストのための会計ガイドラインの必要性について，EAAF は，つぎのように特記している，「環境の汚染が世界中の主たる経済的・社会的かつ政治的な問題になるにつれて，環境会計や環境監査に関連した事項はますますビジネスに深く関わってきている。環境の保全，環境負荷の軽減・予防・緩和のためのさまざまな処置が，国およびグローバルなレベルで取られている。その結果として，現在，企業に期待されていることは，環境方針や目的，実施されたプログラム，目的遂行に際して発生した費用を開示し，さらに環境リスクのために準備をし，そのリスクを開示することである。会計領域では，データの収集を促進し，環境事項の財務的な含意についての企業の自覚を増進する，といったイニシアチブが取られ，その環境負債などの概念規定はあるものの，ほとんど報告されていないか，もしそうであってもその負債の測定においても，また開示されるタイプや量においても一貫性がない。」[United Nations (1998), pp. 16-17].

(6) トヨタの場合，環境報告書での各コスト項目は，いずれも主観性が介入しないキャッシュフローベースで把握・集計可能なものである。キャッシュフローを主体とした経営の理念とは，推察するに，あくまでも企業のトップが国民（投資家）から預託された資本ストックを本業に投入し，それを経営努力によって増殖することである，と思われる。つまり，事業に投入した資本のコストを超えるリターンを志向することであるが，そのためにトヨタでは，環境コストの低減が経営上の重要な戦略になっている。また，「原材料費の低減」,「製品付加価値への寄与」,「リスク回避」,「企業イメージ向上」などの効果は，確実な根拠に基づく算定は困難であるとして，その算出は見送っている。つまり，トヨタの場合，直接的な費用対効果（収益）という企業会計では通常である損益計算書形態の環境会計を採用していない。費用対効果の内の効果はあくまで廃棄物処理費用の削減など貨幣把握の確実な経済効果のみが独立して開示され，環境リスク回避などから発生する，いわゆる「みなし効果」は除外されている。したがって，トヨタの環境会計では，単純に経済効果もしくは環境効果と環境コストとの差額数値それ自体の計算を意図していないのが現状である。トヨタ自動車株式会社『社会・環境報告書 2003 年』,2003 年。

参 考 文 献

CICA, *Environmental Costs and Liabilities : Accounting and Financial Reporting Issues*, 1993, 平松一夫，谷口（阪）智香訳『環境会計—環境コストと環境負債—』，東京経済情報出版，1995 年。

FASB, *Statements of Financial Accounting Concepts No.6*, 1985. 平松一夫，広瀬義州訳『FASB 財務会計の諸概念（改訳新版）』所収，中央経済社，1994 年。

FASB, *Using Cash Flow Information and Present Value in Accounting Measurements, No.143*, 2001.

IASC, *International Accounting Standards No.37, Provisons,Contingent Liabilities and Contingent Assets*, 1998.

Littleton, A. C, *Accounting Evolution to 1900*, Russell and Russel, 1933. 片野一郎訳『リトルトン会計発達史』同文舘, 1952.

Littleton, A. C, and V. K, Zimmerman, *Accounting Theory : continuity and change*, Prentice Hall, 1962.

Schaltegger, S. with Mueller, K./Hindrichsen, H. *Corporate Environmental Accounting*, John Wiley & Sons, 1996.

United Nations, *Environmental Accounting-Current Issues, Abstracts and Bibiography*, Transnational Corporations and Management Division Department of Economic and Social Development, 1992.

United Nations, *International Accounting and Reporting Issues : 1992 Review*, Transnational Corporations and Management Division Department of Economic and Social Development, 1993.

United Nations, *International Accounting and Reporting Issues : 1994 Review*, Report by the Secretariat of the United Nations Conference on Trade and Development, 1995.

United Nations, *International Accounting and Reporting Issues : 1995 Review, Environmental Accounting*, Report by the Secretariat of the United Nations Conference on Trade and Development, 1996.

United Nations, *International Accounting and Reporting Issues : 1996 Review, Environmental Accounting*, Report by the Secretariat of the United Nations Conference on Trade and Development, 1998.

United Nations, *International Accounting and Reporting Issues : 1998 Review*, Report by the Secretariat of the United Nations Conference on Trade and Development, 1999.

合崎堅二編『黒澤会計学研究』森山書店, 1999年。

上田俊昭「秩序維持機能としての会計と環境問題」『経理研究』第42号, 1998年。

上田俊昭「環境問題と黒澤会計学」合崎堅二編『黒澤会計学研究』森山書店, 1999年。

上田俊昭「財務報告書における環境会計の展開-中間報告」日本会計研究学会・特別委員会報告書『環境会計の発展と構築』, 1999年。

上田俊昭「財務報告書における財務会計」日本会計研究学会・特別委員会報告書『環境会計の発展と構築』, 2000年。

河野正男『生態会計論』森山書店, 1998年。

環境庁・環境保全コストの把握に関する検討会『環境コストの把握及び公表に関するガイドライン（中間報告）』, 1999年3月。

環境省・環境会計システムの確立に関する検討会『環境会計システムの確立に向けて（2000年版）』2000年3月。

環境省『環境会計ガイドライン（2002年版）』

國部克彦『環境会計』新世社, 1998年。

トヨタ自動車株式会社『社会・環境報告書2003』2003年。

日本公認会計士協会国際委員会『国際会計基準審議会　国際会計基準書2001』, 同文舘, 2001年。

原田富士雄編著『動的社会と会計学』中央経済社, 1995年。

久持英司「有価証券報告書における環境情報の開示について」『商経論集』第74号, 1998年。

松尾津正「環境情報開示の現状と課題」『関西大学商学論集』第43巻第6号, 1999年2月。

（上田俊昭）

第2章

EUにおける外部環境会計の展開

1 EU会計法現代化指令による環境情報開示の制度化

1.1 はじめに

現在, EUでは年次報告書 (annual report) の環境情報開示に対して制度規制が加えられようとしている。環境報告[1]を含むCSR報告書の制度化に関してはほとんど進捗が見られない状況下で, 環境情報の開示規制が, CSR報告書ではなく年次報告書という会計シーンにおいて, 急速に進展中なのである。

本節では, こうした制度化の経緯と主要加盟国の状況を概観しながら, 年次報告書の環境情報開示が制度化されることの意義について検討してみたい[2]。

1.2 環境報告の実態

EUにおける環境報告の実態を示すために作成したのが表1である。これには, 加盟国のGDP上位10ヵ国のうち, KPMGが2002年に実施した環境報告書の開示動向に関する調査 (以下「KPMG調査 (KPMG(2002))」で調査対象となっていないオーストリア[3]を除いた9ヵ国について, GDP (EC(2005)), EMAS登録組織数 (表中は「EMAS」)[4], GRIガイドラインに準拠して持続可能性報告書を作成する企業数 (表中は「GRI」)[5], KPMG調査で各国の大企業上位100社のうち環境報告書 (CSR報告書, 持続可能性報告書を含む) を作成公表する企業の割合 (表中は「KPMG」), 年次報告書中で環境情報開示を義務づける法制のある国 (表中は「AR規制」), 環境報告書の作成を義務づける法制のある国 (表中は「ER

規制」）をまとめた表である。

表1 EU 主要加盟国の環境報告と開示実態

国 名	GDP(百万€)	EMAS(社)	GRI(社)	KPMG(%)	AR 規制	ER 規制
ド イ ツ	2,128,200	1,618	28	32	有	
イ ギ リ ス	1,591,412	61	74	49	有	
フ ラ ン ス	1,557,245	20	31	21	有	
イ タ リ ア	1,300,926	282	15	12		
ス ペ イ ン	744,754	462	43	11	有	
オ ラ ン ダ	454,276	25	32	35	有	有
ベ ル ギ ー	269,546	33	4	11		有
スウェーデン	267,251	99	18	26	有	有
デンマーク	187,951	126	5	25	有	有

この表から得られる知見は次のようなことである。
① GDP 上位の国には GRI 準拠の環境報告書を作成する企業が多い。
　上位5ヵ国で見ると，GDP 総額は9ヵ国全体の約9割を占めており，GRI 準拠企業数合計も全体の8割弱になっている。経済規模の大きな国において GRI ガイドラインが普及しつつある現状を示唆している。
② KPMG 調査で開示率が高いのは，イギリス，オランダ，ドイツ，スウェーデン，デンマークであり，イギリスを除けば伝統的に国民の環境意識が高く環境先進国といわれる国々である。イギリスの場合は，2000年に1995年年金法の改正が行われ，年金ファンドのファンド・マネジャーは，投資判断に際してどの程度被投資企業の社会的・環境的側面（または倫理的側面）を考慮したか（投資方針）を目論見書に開示するよう求められるようになったが，これが環境報告書の普及要因であると考えられている（IIIEE (2002), p. 23)。また，ドイツでも，2001年の年金法改正によって，社会的・環境的投資方針の適用状況を年次報告することが2002年から義務づけられている。これは年金ファンド運用会社が政府から認可を受ける際の条件でもある（IIIEE(2002), pp. 23-24)。さらに，イタリアでは2004年9月に年金法が改正され，年金ファンドは投資判断に影響を与えた非財務的要

因について情報開示しなければならなくなった（www.clear-profit.com/issues/cpsep04.txt）。こうした年金法の改正はフランス，ベルギーにも見られる。

③　KPMG 調査で開示率が高い国は，EMAS 普及率が高いグループ（ドイツ，スウェーデン，デンマーク）と低いグループ（イギリス，オランダ）に分けられる。

この 2 極化はそれぞれの国内事情に起因するが，概して EMAS 普及率の高い国には政府の積極的な関与が認められる。たとえば，普及率が著しく高いドイツでは，EMAS を国内法化しているために企業の参加が容易であり，EMAS 登録企業に対して，補助金，操業許可，行政によるグリーン調達などの面で優遇措置が講じられている（Hibbitt (2004), p. 511）。

デンマークでは，1995 年 5 月に制定された環境計算書法（Lov nr.403 om udarbejdelse af grønne regnskaber）によって，省令で定める環境負荷の大きい企業約 1,200 社に対し，環境計算書（grønt regnskab）の届出義務を課しているが，EMAS 登録企業は EMAS 認証を受けた環境報告書をこれに代えることができる。また，EMAS 登録企業には，地域の環境規制機関に支払う監督料が半額に減免されたり，中小企業に対する認証取得の財政支援制度があるなど経済的インセンティブも充実している。

スウェーデンの場合も，EMAS 登録企業に対して環境報告に関する規制緩和が行われており，主として中小企業に対する環境マネジメントの構築支援プログラム（www.emas.se/doc/pvme.pdf）や EMAS 用環境報告書の作成ガイド（www.emas.se/doc/rad_och_tips.pdf）が，政府・自治体・経営者団体の共同出資によるスウェーデン環境管理協会（Miljöstyrningsrådet）によって策定されている。

これに対して，イギリス，オランダは国の関与度が低く，BS-7750 の普及が先行していたことや登録メリットが少ないことから普及率が低いと推察される。

④　年次報告書の環境情報開示を国内法で規制する国が大半を占めている。

現在，国内の会計法等により年次報告書中での環境情報開示を義務付ける国は 9 ヵ国中 7 ヵ国ある。スウェーデンは 1999 年から，フランス，スペイン，デンマークは 2002 年から制度が施行されている。また，オランダでは，年次

報告書に環境情報開示を求める会計基準が2003年に策定されている。これは会計法（民法第2編第9章）の根拠条文（第391条）を補完するものであり，実質的に企業実務を拘束するが，現在は後述の会計法現代化指令を履行するために，会計法自体が改正中である。また，同じく会計法現代化指令の履行法として，2005年3月に会社法が改正されたイギリスでも，2005年4月以降の事業年度から年次報告書の環境情報開示について規制が行われることになった。ドイツでも同様の規制を行う商法改正が2004年末に完了し，2005年度以降は年次報告書において環境情報の開示規制が行われている。

これらの知見の中でも近年とくに注目すべき動向は，年次報告書における環境情報の開示規制である。これは加盟国の固有事情によるものではなく，EUの産業政策が導出した現象である。

1.3 CSR政策

企業情報としての環境報告が注目を集める理由の1つには，近年EUがCSR（企業の社会的責任）を重要な戦略的産業政策として位置づけていることが挙げられる。現代では企業の環境保全活動が社会的な関心事となっており，環境報告はCSR推進上の重要な課題になっているからである。

EUでCSR問題が取り上げられるようになった発端は，1995年にEUの企業経営者グループが署名したマニフェスト「社会的排斥と闘う企業による欧州宣言（European declaration of businesses against social exclusion）」[6]に由来するといわれている（CCBE(2003), p.14）。

これは，当時の欧州委員長だったデロール（Jacques Delors）が，失業問題を解決するために，1993年に欧州産業界に向けて発した「社会的排斥の廃絶に関する要請」に呼応した宣言である。そこには貧困や失業により雇用，住宅，健康，教育等の面で社会的に排斥されている弱者を救済しようという産業界の決意表明が明らかにされており，その戦略・行動指針が示されていた。こうした自主的取組を通じて社会的責任を果たそうとする産業界の意思は，やがて1996年に創設された欧州産業人のネットワークである「社会的結束（social cohesion)のための欧州ビジネス・ネットワーク（現 CSR Europe[7]）」へと結実する。

　マニフェストの精神は 2000 年 3 月のリスボン EU 首脳理事会に引き継がれた。この理事会で EU の新たな戦略目標（リスボン戦略）が設定されたのである。リスボン戦略とは，2010 年までに EU を世界でもっとも競争力のあるダイナミックな知識集約的経済（knowledge-based economy）へと変革し，良質な雇用機会の創出と社会的結束の強化によって持続可能な経済成長を達成しようとする考え方である。その実現には，人的資本への投資と社会的排斥の廃絶を通じて，欧州型社会モデルを現代化することが必要であるとされた（EC(2000)）。そして，終身雇用，労使協議，機会均等，社会的弱者の受容，持続的発展を実現するために，企業は自ら社会的責任を果たすよう求められたのである。

　この政策方針は翌 2001 年 3 月のストックホルムにおける EU 首脳理事会でさらに明確に位置づけられた。CSR は欧州型社会モデルの現代化と良質な雇用機会の創出手段であるとされ，産業界に CSR 推進に向けた自主的取組の実施が要望されたのである。またその際，欧州委員会は，CSR に関する議論のたたき台としてグリーンペーパー[8]を公表し議論喚起を促す意向を表明した（EC(2001a)）。

　グリーンペーパーは同年 7 月に公表された。グリーンペーパーが提起した問題は，「EU は欧州および国際レベルでいかにして CSR を普及させるか」であり，CSR に関する先進的取組を促し，企業行動の透明性を高め，行動評価の信頼性を向上させるために「いかにして蓄積された経験を役立てるか」に焦点があてられた。その中で，「EU の役割」，「会社と CSR」，「主役とステークホルダー」，「評価と有効性」，「CSR 推進に向けた行動」という 5 つのカテゴリー別に，全部で 18 の論点が呈示された。

　グリーンペーパーに対して，同年 12 月末の公開期日までに，250 を超えるコメントが寄せられた。これらは CSR の有用性（持続的発展・透明性への貢献）や実行手段（企業戦略への統合化，ステークホルダーとの対話，経営者・従業員の教育訓練）に関するものが中心であった（EC(2002)）。しかし，企業側と労組・NGO 側では異なる見解も見られた。企業側からは，CSR 推進に必要な前提条件は高い収

益性であり，一律に規制するのではなく市場原理によって実現されるべきものであることが主張された。これに対して，労組・NGO 側からは，ステークホルダーの参加や企業統治との連動，CSR 報告の義務化・監査対象化などが主張された。また，CSR 報告と監査に関しては，実務慣行が十分なレベルに達しておらず，その改善には開示情報の種類や開示様式を確立し，監査手続の信頼性向上について世界的合意が必要であることが指摘された (EC(2001d), p. 18)。

2001 年 12 月には，グリーンペーパーを支持する理事会決議が行われ，欧州委員会に対して，CSR に関する政策提言 (Communication) の公表が要請された。

政策提言は 2002 年 7 月に公表された。その内容は，企業に CSR 推進の中心的役割を担わせるという新戦略の呈示であり，政策実現に向けて，CSR の先進的取組に関する情報交換，CSR 行動規範，CSR 報告と保証，エコラベル等について協議するために，様々なステークホルダーから構成される「EU 複合ステークホルダー・フォーラム (EU Multi-Stakeholdere Forum)」の設立が提案された。このフォーラムは 2002 年 10 月 16 日に設立され，2004 年夏までに検討結果を欧州委員会に報告することとされた。

環境報告については，EMAS の活用と CSR 報告・保証ガイドライン等の検討に関する提言が行われている (EC(2002b), p. 19)。この中で欧州委員会は，CSR 推進ツールとして EMAS を活用する意向を明らかにし，EMAS が社会パフォーマンスも取り扱う可能性の検討をフォーラムに求めている。また，CSR 報告・保証については，後述するイエテボリ提言を引用し，社会的に合意形成された CSR 報告規準・保証規準，それらのガイドラインを策定するよう求めた。

フォーラムの検討結果は最終報告書にまとめられ，2004 年 6 月に報告されている。しかし，フォーラム参加者の利害相反や対象領域の広大さもあって，CSR 報告問題は最終合意に至らなかった。これは実務が未成熟な状態で統一基準を設けるのは適当でないとの見解にもとづく結論であり，問題解決には先進的実務の蓄積とステークホルダーの参加が必要であるとされた。

CSR 報告の義務化に関しては見解が大きく分かれた (CSR EMS Forum(2004), pp. 11-12)。労組・NGO が，少なくとも大会社には CSR 報告を義務づけるべき

であるとするのに対して，産業界は新たな開示規制が企業の柔軟性を損ない技術革新を妨げると主張した。同様の意見対立は保証問題にも見られた。産業界は内部監査によって信頼性確保が可能とする反面，労組・NGO は第三者の関与が必要であると反駁したのである。

なお，具体的な規制内容に関して労組・NGO 側から興味深い提案が行われている。CSR の在り方や推進方法について一定の原則を示した上で，何をどの程度開示するかは企業の裁量に委ねるという提案である。産業界は従来通りの自主的取組を主張しているが，一部の企業はこの提案に支持を表明したという。

ところで，最終報告書はもう1つの政策提言である EMAS の活用について何も言及していない。その事情は明らかでないが，EMAS が一部加盟国にしか普及していない現状に符合する結果であることもまた事実である。

1.4　会計法現代化指令

CSR 推進に関連して環境報告に関心が集まる一方で，年次報告書における環境情報開示に対しても政策的対応が行われている。

これまで EU からは環境報告に関する政策文書がいくつか公表されているが，欧州委員会が2001年5月のイエテボリ EC 理事会で行った提言（イエテボリ提言）はその1つである。この提言は，年次報告書の環境情報開示に関して初めて具体的な要求事項を明らかにし，持続的発展を実現する政策の一環として，従業員500人以上の上場会社が年次報告書に経済的，環境的，社会的成果（いわゆる「トリプル・ボトムライン」）を公表するよう求めているのである（EC (2001b)）。

また，同年5月30日には，欧州委員会が環境情報開示に関する勧告書（以下「勧告書」）を採択している。EU は，1992年に第5次環境行動プログラム (COM(92)23) を策定し，環境問題の財務的影響を認識することが企業の環境に対する関心を高めるとの見地から，年次報告書に一定の環境情報（環境政策，環境活動と効果，環境費用，環境リスクや将来の環境費用に対する引当金）を開示させると

いう政策課題をリストアップした。勧告書はこの環境行動プログラムにもとづいており，欧州委員会は，勧告書によって，企業の個別・連結年次報告書に環境情報を開示させる手段を講じるよう加盟国に求めたのである。

開示内容には，環境負債，環境費用，環境資産等の財務情報以外に，「会社の経営成績や財政状態にとって重要な範囲で」という条件つきながら，会社の抱える環境問題・環境対策に関する記述情報まで含まれている（EC(2001c)）。とくに記述情報は，環境方針，環境計画，主要な環境対策の実績，環境対策の範囲，環境パフォーマンス指標（エネルギー消費量，原材料投入量，水使用量，放出物量，廃棄物量），環境報告書を作成している場合はその旨と，非常に詳細かつ多岐な内容に及んでいる。

年次報告書における環境情報開示に関して，EUが行ったもっとも直接的な政策的対応は会計法現代化指令（Accounts Modernisation Directive）の採択であろう。

EUは，2000年6月のEC Communication「EU財務報告戦略（EU Financial Reporting Strategy: The Way Forward）」と，国際会計基準（IAS）の適用に関するEU規則（Regulation(EC)No 1606/2002 of the European Parliament and of the Council of 19 July 2002 on the application of international accounting standards）によって，2005年1月1日以降の事業年度から，上場会社の連結財務諸表に対してIAS（IFRS）の適用を義務づけている。これは，1999年に欧州委員会が発表した「金融サービスに関する行動計画（Financial Service Action Plan）[9]」にもとづく方針であり，財務諸表の比較可能性を高める目的で会計基準を一元化するための措置であるが，その結果，加盟国は会計法を再調和化しなければならなくなった。これまで加盟国の会計規制は第4号・第7号会社法指令によって調和化されてきたが，この法的枠組みへのIAS導入にともない，両者の矛盾点を除去する必要性が生じてきたのである。そこで，この調整を実施し，併せて指令の会計諸規定を現代化するために，会計法現代化指令がEU理事会によって採択された。2003年6月のことである。

会計法現代化指令の採択は環境情報を含むCSR報告に新たなドメインをも

たらした。同指令は，大・中規模会社の個別・連結年次報告書中（取締役報告区分）に，「会社規模・事業特性に応じて，事業の経過と業績および現況に関するバランスのとれた包括的分析」を開示するよう規定しており，それらの理解に必要な範囲で，財務指標だけでなく環境や従業員に関する非財務指標の開示も求めているのである（EU(2003), Article 1 14(a)・(b), Article 2 10(a)）。そのために，今後加盟国の企業は，一定の場合に年次報告書中での環境情報開示を義務づけられることになった。

会計法現代化指令による環境情報開示は，基本的に勧告書の主旨に沿ったものと考えることができる。しかし，指令が法的強制力を有し，加盟国は関連法令を改正して指令内容を国内法化しなければならない点を考慮すると，その影響は勧告書と比較にならないほど大きい。したがって，勧告書から指令へ展開は，EUにおける財務報告政策の大きな方針転換と見ることができる。

また，勧告書が環境情報だけを取り扱っていたのに対して，会計法現代化指令の要求する情報は環境だけでなく基本的にCSR情報へと拡張されている。この点からすると，勧告書から同指令へ至る2年間で，欧州委員会は財務報告に関連して開示すべき記述情報の範囲について，考え方を根本的にシフトしたことになる。この期間はちょうどCSRグリーンペーパーが政策提言へと受け継がれ，CSR戦略が政策として具体化する時期にもあたっている。

会計法現代化指令の履行期限は2005年1月1日であるが，この期限までに履行を完了した国はドイツだけである。2005年3月になって，イギリスが指令履行法である改正会社法を施行したが，オランダでは民法改正法案がまだ議会上院で審議中であり，他の主要諸国の指令対応も未完了である。

ただ，フランス，デンマーク，スウェーデンでは，年次報告書を規制する国内法によってすでに環境情報の開示規制が実施されている。

これらの中で，もっとも詳細で厳格な開示規制はイギリスの改正会社法である。しかし，すべての加盟国に指令の履行義務があることや，IASBがイギリスの規制と同様な会計基準を検討中であると伝えられていること（Baker(2004)）を考え併せると，2005年からIAS（IFRS）が適用されるEUの上場企業は，今後

真剣に年次報告書での環境情報開示と向き合わなければならなくなるだろう。

1.5 加盟国の開示制度

加盟国における環境報告実務の態様は様々であるが，それらが EU の政策枠組みに組み込まれている点を忘れてはならない。独自の発展はあるものの，加盟国の現状は全体として EU 政策に拘束される状態で作り出されている。

とくに年次報告書における環境情報開示は，これまで見てきたように，EU の財務報告戦略が CSR 政策の進展を背景として指令へと帰着した結果であり，そこには明確な EU の政策的意図が存在する。

指令の履行にあたって，加盟国はいくつかの選択権を認められているので，加盟国の国内法は完全に同一にはならない。開示規制の基本的枠組みは同じでも，各国の固有事情や歴史的経緯によって細部は相当異なっている。

(1) デンマーク

年次報告書の環境情報開示は，2002 年 1 月 1 日以降の事業年度から適用される新しい年次計算書法 (Årsregnskablov) で規定されている。同法は，会計基準審議会 (Regnskabrådets) の 1999 年報告書をもとに起草された年次報告書の作成・開示に関する法律で，財務報告に関する国際的動向を国内法化し，IAS 適用を可能にすることを目的として，2001 年 5 月に制定されたものである。

適用対象は全企業であるが，開示規制に関して「積み上げ方式 (byggeklodsmodellen)」といわれる独特な方式が採用されている。これは，企業を設立形態と規模によって下からクラス A (個人所有企業)，クラス B (小規模企業)，クラス C (大・中規模企業)，クラス D (上場会社＋国有企業) の 4 区分に分け，上のクラスになるほどより多くの開示規制を課す方式である。上のクラスはそのクラスの規制以外に下のクラスの規制もすべて課せられる。

環境情報開示が必要なクラスは C と D である。これに該当する企業は，個別・連結年次報告書中の経営報告書 (ledelsesberetning) に，事業目的，事業予測，財務的な不確実性・異常事態，知的財産，環境負荷とその対策，事業・財務リスク等の内容とリスク管理，研究開発に関する記述情報を開示しなければ

ならない（第77条，第99条，第128条第2項）。同法は「環境負荷とその対策」の具体的な開示事項をとくに明示していないが，デンマークでは環境計算書法によって環境負荷の重い産業に対して環境計算書の提出を義務づけており（上妻(2000)），その記載事項が実務上の指針になるといわれている（Hibbitt(2004), p.513）。

年次報告書は企業の資産・負債・持分，財政状態，経営成績に関して「真実・公正な概観（retvisende billede）」を提供しなければならないので（第11条第1項），年次報告書の主要構成要素である経営報告書も財務諸表との関連で「真実・公正な概観」を提供しているか否かについて監査対象になる（第135条第1項）。

同法は年次報告書の構成要素として補足説明書（supplerendeberetninger）の任意添付を認めている（第2条第2項）。経営報告書はいわゆる取締役報告書であるが，補足説明書はその附属明細的役割を果たす非財務情報の開示書類である。記載事項には，知的財産・環境情報といった経営報告書の記載事項以外にCSR情報や雇用情報が例示されている（第14条第1項）。これは任意の開示情報であるが，開示すれば他の構成要素同様に「真実・公正な概観」要請を課せられることになり，経営者確認書（ledelsespåtegning）[10]の対象情報にもなる。ただし，監査対象からは除かれている（第135条第1項）。

(2) スウェーデン

1995年制定の年次計算書法（Årsredovisningslagen(1995:1554)）が年次報告書の開示規制法である。1997年の改訂で1999年以降に開始する事業年度の年次報告書から事業活動による環境負荷情報の開示が義務づけられるようになった。

環境情報の開示場所は年次報告書中の経営報告（Fövvaltningsberättelse）区分である。この規定の適用対象は，環境保護法（Miljöbalken(1998:808)）第9章第6条によって操業許可の取得または届出義務がある環境上有害な活動を行う企業[11]であり（年次計算書法第6章第1条後段），その数は約10,000社であるといわれている（IIIEE(2002), p.33）。

年次計算書法は開示規制の枠組み法であり，具体的な開示項目は会計基準審議会（Bokföringsnämnden(BFN)）の意見書（uttalanden）で定めている。

環境情報に関する意見書は「BFN U 98：2」である。これによれば，環境保護法により操業許可の取得または届出義務のある国内生産活動によって直接的に引き起こされた環境負荷が，当該生産活動を行う企業の現在・将来の財政状態・経営成績に影響を与える場合，その環境負荷情報を経営報告書に開示するよう定めている。ただし，生産活動の間接的な環境影響や海外生産による環境負荷についても開示することが望ましいとしている。開示対象となる環境負荷は大気，土壌，地表水・地下水に排出・放出される廃棄物・騒音である。また，事業活動の当該生産活動に対する依存度を売上構成や生産高比率等によって定量的に開示しなければならない。操業許可関連の情報開示にも詳細な言及がある。操業許可に関する環境保護法の根拠規定，更新の必要がある操業許可についてはその旨と根拠規定，重大な操業停止命令を受けた場合はその旨も開示する。

ちなみに，雇用関連情報の開示規定が年次計算書法第18a条〜第22条に定められている。これらは「第5章　その他の情報 (5kap.Tillaggsupplysningar)」にあり，環境情報の開示規定がある「第9章　経営報告および財務分析 (6 kap. Fövvaltningsberättelse och finansieringsanalys)」とは別区分の情報になっている。開示項目は，事業年度中の病欠者に関する情報（第18a条）[12]，決算日現在における役員の男女構成（第18b条），賃金・諸手当・社会保障費に関する情報（第19条〜第22条）である。これらの規定についても意見書（BNFAR 2002：7）[13]が公表されており，2003年1月1日の事業年度から適用されている。

環境情報（経営報告区分）・雇用関連情報（その他の情報区分）は年次報告書の法定開示事項なので（第6章第1条・第5章第1条），開示情報は監査対象になる。

(3) フ ラ ン ス

フランスでは，商法 (Code de Commerce) と関連政令 (Decret no. 67-236 du 23 mars 1967) によって，年次報告書での環境情報開示が規制されている。

規定の本体は商法第L225-102-1条第4項に置かれているが，2001年5月15日制定の新経済法 (Loi relative aux nouvelles regulations economiques) によって，当該条文を商法第L225-102条の次に新たに付加する旨（新経済法第116条第Ⅰ項），

また当該条文が2002年1月1日以降に開示する事業年度の年次報告書から適用される旨（新経済法第116条第Ⅱ項）が定められた。

商法第L225-102-2条第4項によれば，上場会社は事業活動の社会的・環境的影響に対する取組方法について，政令で定める情報を年次報告書に開示することとされており，関連政令に具体的な開示項目が列挙されている。関連政令は1967年に制定された商事会社に関する政令で，年次報告書の取締役報告区分に開示すべき環境情報は第148-3条に，また雇用情報を中心とした社会関連情報[14]は第148-2条に規定されている。これらの条文は2002年2月20日制定の政令第2002-221号によって関連政令に付加されたものである。

関連政令第148-3条による開示項目は，①水・原材料・エネルギーの消費量，エネルギー効率の改善手段，再生可能エネルギーの利用状況，土壌の活用状況，環境に悪影響を与える大気・水・土壌への放出物で産業・環境省令の指定リストに記載されるもの，騒音，悪臭，廃棄物，②生物学的バランス，自然環境，保護対象の動植物種に対する影響の削減対策，③企業の環境評価・証明手続，④環境関連法令の遵守対策，⑤環境負荷の削減対策費，⑥社内で行われる環境マネジメント業務，当該業務を担う組織体制，環境リスクの削減対策，社外に影響を及ぼす環境汚染事故への対策，⑦環境リスクに対する引当金額・保証金額（ただし，当該情報が係争中の訴訟案件に重大な不利益を与える場合を除く），⑧環境に関する裁判所命令の執行にともなって事業年度中に支払うこととなった賠償金額，⑨国外子会社の事業活動に関する上記①～⑥の全情報，である。

会計監査役は，取締役報告書の環境情報・社会関連情報につき，その正確性と財務諸表との整合性を検証[15]する（商法第L225-235条第3段落）。

(4) スペイン

スペインの会計法制は，基本的に，商法（Código de Comercio）と株式会社法（Ley de Sociedades Anónimas）で構成されるが，フランス同様に会計原則であるPGC（Plan General Contabilidad）が経済省管轄下の会計・監査協会（ICAC）によって制定されており，実質的な年次報告書の開示規制になっている。

PGCには特定産業版が存在する。特定産業版PGCは当該産業に属する企業

を規制するだけであるが，電機産業版PGCにおける環境情報の開示規定が，1998年の政令（Real Decreto 437/1998）によって全会社に適用されることになったために，1998年以降，スペインの会社は年次計算書の附属説明書（memoria）中に詳細な環境情報を開示しなければならなくなった（Larrinaga et al. (2002)）。

その後2002年3月に新たな制度改正が行われた。ICACが「年次報告書における環境側面の認識・評価・報告」と題する会計基準（Resolición de 25 de marzo de 2002）を策定し，2002年4月1日から適用開始したのである。この会計基準はPGCの細則的役割を担うものであり，法的拘束力が付帯している。

この会計基準の概要は次のとおりである。まず，個別・連結年次報告書が真実の映像（la imagen fiel）[16]を提供する上で，環境情報は不可欠な情報要素であるとの立場が明示されている（第1条）。開示項目は会計情報が中心であり，環境費用（第4条），環境資産（第5条），環境負債・引当金（第6条），損害賠償額（第7条），環境修復・原状回復に関する長期債務（第8条），評価基準・評価方法・会計方針を含む「その他の情報」（第9条）などが詳細に規定されている。

(5) オランダ

オランダには，デンマーク同様に，特定の環境負荷型産業を対象として環境報告書の登録を義務づける制度が存在する。この規定は環境管理法（Wet milieubeheer）の第12.1章「環境報告書の登録（Milieuverslaglegging）」に定められており，1999年以降の事業年度から適用されている（上妻(2000)）。

年次報告書を規制するのは民法第2編第9章（Titel 9 Boek 2 BW）であるが，同法は枠組みを定めるだけなので，これを補完するために会計基準である財務報告基準（Richtlijnen voor de jaarverslaggeving）が財務報告審議会（RJ）から公表されている。財務報告基準に法的拘束力は付帯しないが，財務報告の違法性に関する訴訟や監査実務で参照されることから，実質的な拘束力があると考えられている。

年次報告書における環境情報の開示規制は，財務報告基準400（Richtlijn 400）の改訂によって，2003年から導入された。財務報告基準400は，取締役報告書（directieverslag）に関する民法規定（民法第2編第9章第391条）を補完するた

めの会計基準であるが、ここに「CSR側面の情報（informatie over aspecten maatschappelijk verantwoord ondernemen）」と題する開示規定（第117項〜第123項）を組み込んだのである。

　財務報告基準400は「開示または説明」原則（"pas toe of leg uit"-regel）を採用しており、CSR情報を開示しない場合はその理由を開示しなければならない（www.nivra.nl/verslaggeving/duurzaamverslag201003.htm）。

　民法第2編第9章第391条は、2005年5月末日現在、議会下院で審議中の民法改正案（Eerste Kamer, vergaderjaar 2003-2004, 29737, A）によって、会計法現代化指令を履行するために改正作業中であるが、財務報告基準400は現行民法第391条の解釈規定として策定されたものである。現行民法第391条では、年次報告が個別・連結の財政状態・経営成績について真実の映像（getrouw beeld）[16]を提供すること、投資、財務、従業員数、売上高・収益性の成長要因等に関する事業展開予測や研究開発活動等について情報開示すること、年次報告が財務諸表と矛盾しないことの3点を定めているが、この規定を補完するものとして、財務報告基準400が具体的な開示内容を規定するのである。しかし、財務報告基準400が会計法現代化指令を前提に策定されたのは明らかであり、その内容は改正民法の解釈指針としてもっとも適合するような構成になっている。

　財務報告基準400が定めるCSR情報の開示項目（第121項）は、全般面と環境面・社会面・経済面の4部構成になっている。

　全般面では事業戦略の問題点、ステークホルダーの影響、環境面・社会面・経済面の相互関係、販売製品等の安全性・品質等、環境面では環境対策、エネルギー・水・原材料等の資源消費、サプライチェーンへの影響、社会面では労務関係（従業員数の増減、労働条件、雇用確保方針、就労不能の防止・転職斡旋等の社会保障面、労使協議、労働者の発言権、衛生・安全、教育・訓練、多様性、昇進の可能性）、人権（労働者の権利、児童労働・強制労働・差別の防止）、清廉性（贈収賄の防止）、社会への関与等、経済面では広義の財務的社会貢献（納税等）、ステークホルダー（得意先、仕入先、労働者、資本提供者、政府）に対する財務的貢献（付加価値情報の開示等）、研究開発による知識の創造・伝播、訓練等の開示項目が例示されてい

る。なお，これらの開示にあたっては，ステークホルダーとの対話，CSR マネジメント，組織，実行・成果，将来予測情報にも留意し（第122項），セグメント別開示も行うように求めている（第123項）。

民法第2編第9章の適用範囲は株式会社（NV），有限会社（BV），協同組合，相互保険会社，収益事業を営む財団等，特定のパートナーシップ等の法人（rechtspersoon）なので（第360条），ほとんどの企業は取締役報告書を作成する義務がある。また，これらの法人には監査義務があり，「監査人が判断できる範囲で」取締役報告書の適法性と財務諸表との整合性について監査することとされている（第393条第3項）。ただし，小規模法人には取締役報告書の作成義務および監査義務が免除されている（第396条第6項）。

ところで，2003年9月には，財務報告基準400と共に「社会報告ガイド（Handreiking voor Maatschappelijk verslaggeving）」も RJ から公表されている。これは企業が CSR 報告書を作成する際の概念フレームワークであり，CSR 報告の目的，ステークホルダーの情報ニーズ，開示情報の質的特性，報告書の範囲，情報収集，伝達・公告方法等の諸原則がまとめられている。内容的には GRI ガイドラインの考え方が反映されているが，年次報告書における情報開示で参照する場合も含め，オランダの CSR 報告にとっては今後重要な実務指針になる。

(6) イ ギ リ ス

イギリスでは，1998年以来続いた改正作業の結果，「取締役報告書」に関する会社法の改正案が2005年1月12日に議会へ上程され，同年3月22日に施行された。改正会社法には新たに「営業・財務の状況（Operating and Financial Review（OFR））」に関する開示規定を設けられており，その中に会計法現代化指令が反映されている[17]。

OFR は，会社の将来の業績や財政状態に影響を与える主要な要因について，取締役が行う説明・分析であり，非財務情報を中心として年次報告書中に開示される記述情報である。改正会社法の施行によって，イギリスの上場会社は，2005年4月1日以降に開始する事業年度から，OFR の開示が義務づけられることになり，その中で CSR 情報も開示しなければならない場合がある。

OFRに関する規定は改正会社法に付則「7ZA」として付加されている。OFRの目的は，株主が会社の事業戦略を評価する上で役立つような情報の提供である。そのために，(a)年度中の事業の経過および業績，(b)年度末の会社の状態，(c)年度における事業経過・業績および期末状態をもたらした主要な動向・要因，(d)会社の将来の事業経過・業績および期末状態に影響すると思われる主要な動向・要因について，会社の事業規模や業務特性に応じたバランスのとれた包括的分析を示さなければならない（付則7ZA第1条）。さらに，総則として，(a)会社の事業，目的，戦略に関する説明，(b)会社が利用可能な諸資源に関する記述，(c)会社が直面している主要なリスクおよび不確実性に関する記述，(d)会社の資本構成，財務政策とその目的，支払能力に関する基準を開示するよう求めている（付則7ZA第2条）。また，これらの要請を充足するのに必要な範囲で，環境情報，従業員情報，社会・地域問題に関する情報，およびこれらの事項に関する会社の方針，会社と特別な関係にある人物および当該人物との資本取引情報等も開示しなければならない（付則7ZA第3条・第4条・第5条）。さらに，環境情報・従業員情報等に関する重要な非財務的業績指標（key performance indicators）による分析も開示する必要がある（付則7ZA第6条）。

また，会計基準審議会（ASB）では2005年5月10日にOFR報告基準を公表しており，その中でOFRを作成するにあたっての「原則」と「開示フレームワーク」を呈示している。この開示フレームワーク中に付則7ZAに規定する開示事項の具体的な記載内容が規定されているが，付則7ZA第8条では，OFRを「適切な報告基準」に準拠して作成するよう求めており，政令（SI：2005 No. 692）によってASBのOFR報告基準がその「適切な報告基準」であると特定されている。

改正会社法では上場会社だけにOFRの開示義務を課しているが，規制から外れた大・中規模の非上場会社もこれまでと同様に取締役報告書を開示する必要があるので，実質的にCSR情報を開示しなければならない場合がある。

OFRに関して，監査人は，OFRの記載内容と財務諸表や監査知見との整合性について報告するものとされている（付則7ZA第10条）。

（7）ド　イ　ツ

　ドイツでは，環境監査法（Umweltauditgesetz）によって国内法化されているために，EMASが著しい普及状況を示している（八木(2004)）。2005年4月11日現在の公式統計では実に1,618組織（2,068サイト）がEMAS登録しており，1国でEMAS登録数全体[18]の過半数を超える突出ぶりになっている。任意参加制度とはいえ，登録企業はEMAS仕様の環境報告書を作成しなければならないので，同国の環境報告実務に与える影響は少なくないと考えられる。

　また，ドイツでは，2003年末から会計法現代化指令を履行するために商法（HGB）の改正作業が行われており，改正法が2004年12月4日に制定された。したがって，2005年1月1日以降に開始される事業年度から，連結年次報告書と大規模資本会社の個別年次報告書に一定のCSR情報開示を義務づけられる場合がある。CSR情報は法定書類である状況報告書（lagebericht）に記載されるが，これは状況報告書が「事業規模・特性に応じた会社状況・事業経過に関する総合的・包括的分析」を開示する際に，重要な財務指標以外に，「会社状況・事業経過を理解する上で必要な範囲において，環境情報・従業員情報等の重要な非財務指標も含まなければならない」とする規定（商法第289条第1項・第3項および第315条第1項）によるものである。

　しかし，改正商法は具体的な開示事項を明示していない。2004月12月7日に会計基準委員会（DRSC）が「連結状況報告書に関する会計基準書（DRS 15）」を策定したが，これにも開示すべき環境情報の詳細は示されていない。

1.6　環境情報開示の制度化が意味するもの

　従来は財務情報が主役の年次報告書において，環境情報が制度的規制を受けるようになったことには，どのような意義があるのか。

　第1の意義は制度化の背景にある。環境情報を含むCSR情報の開示規制は，産業社会において企業統治が重要度を増している現実を反映している。そこには，企業不祥事に対して，取締役の責任範囲を拡大し年次報告書の情報能力を高めることで株主統治力を強化しようとするEUの政策的意図が見られる。取

締役自らが行う事業動向の包括的分析には複雑化・多様化した収益創出要因を明確に描写する効果があり，また企業業績への影響因子であるCSR情報にはリスク要因を特定する効果が期待できる。これらで情報武装した株主がステークホルダーの代表として企業統治に君臨する構図なのである。このような会計法現代化指令の目的はイギリス改正会社法にもっともよく反映されている。

また，資本市場自体が環境情報を含むCSR情報の開示を求めている事実も忘れてはならない。現代は社会的名声が企業の長期的業績を左右するにイメージ社会である。名声に影響を与えるリスク・マネジメントは重要な企業戦略であり，その成果情報であるCSR情報には投資家が重大な関心をもっている。CSR情報の制度的開示はこうした資本市場の強い情報要請に支えられている。資本市場に国境がないことを考えれば，有価証券報告書等の企業内容開示制度におけるCSR情報開示も，いずれ日本で議論されることになろう。

第2の意義は制度化の効用にある。制度化によって，年次報告書における環境情報の開示形態・開示内容に一定の収斂が起こる可能性がある。

環境情報の開示形態には，環境報告書（CSR報告書，持続可能性報告書を含む）と年次報告書中の取締役報告書（経営報告書）での開示がある。前者と後者では想定する情報利用者が異なるものの，環境が企業のリスク要因として重視されるに連れて両者の開示内容はますます同質化を強めている。その結果，開示コスト面から両者の一元化が起こってくるだろう。現実に，環境報告書の開示制度があるデンマーク，オランダではEMAS仕様の環境報告書，一般用の環境報告書，行政届出用の環境報告書を一元化する制度構造が採用されている。また，オランダでは，年次報告書での開示方法に関して，①取締役報告書中での情報開示，②取締役報告書への環境報告書の添付，③通常の独立した環境報告書の参照という3方法を容認しており，情報量の多さの点で②法・③法が推奨されている（財務報告基準400，第120項）。この場合，取締役報告書中に環境報告書の参照が必要である旨を明記しなければならないが，③法の場合は環境情報が環境報告書へ完全に一元化されることになる。

また，環境情報の内容はトリプルボトムライン方式を志向することになる

だろう。会計法現代化指令の要求する非財務情報がCSR情報であることから，雇用・社会情報や付加価値情報の開示例が増加するとも考えられる。その点では，環境情報開示の制度化が先行したスペイン・スウェーデンにおいて国内法の再改正が必要になる場合もある。

　制度化の進展によって，報告基準・ガイドラインや保証基準も確立される可能性がある。実務を企業の裁量に委ねる国から拘束的な規制を行う国まで，制度化への対応は加盟国によって様々であるが，実務や経験の蓄積は環境報告の発展に大きく貢献すると考えられる。また，イギリスのようにOFR報告基準を作成した国では報告基準や保証基準の制度的発展も期待される。

　いずれにしても，自主的開示が主流であった環境報告に，年次報告書中とはいえ制度化の道が拓かれたことによって，実務の発展が著しく促されるだろう。その意味で，今後のEU動向は日本の環境報告にとっても重要な試金石となる。

　[追記] 本節の校正時点（2005年10月）で判明している事実関係の展開状況は次の通りである。

① 表1で言及したKPMG調査の2005年度版が2005年6月に公表された。

② 2005年7月16日にオランダの民法改正が行われ，取締役報告書を規定する民法第2編第9章第391条が会計法現代化指令を履行するために改正された。

③ 表①のER規制について，オランダで注目すべき法改正が2005年6月にあった。環境管理法第12.1章に定められている環境報告書のうち，一般公表用環境報告書の作成義務規定が廃止されたのである。これは②の会計法現代化指令の履行に伴う措置である。

④ 表1の9ヵ国について，2005年10月1日現在における会計法現代化指令の履行（国内法化）状況は以下のようになっている。

　a．履行完了した国…ドイツ，デンマーク，フランス，スウェーデン
　b．履行完了したが，その内容を欧州委員会がチェック中の国…オランダ
　c．部分的な履行を欧州委員会に通知した国…イギリス，スペイン
　d．未履行の国…ベルギー，イタリア

2 欧州における財務報告と環境会計

2.1 はじめに

　周知のように，2005年から欧州上場会社の連結財務諸表は，金融商品に関係するIAS 32とIAS 39を留保して，国際会計基準（IAS）／国際財務報告基準（IFRS）に準拠して作成されることになる。これに伴って，2003年に欧州会社法の会計規定についても修正が行われた。その修正会計指令では，財務情報とともに環境情報に関する主要業績指標を開示するように要請がなされた。

　この環境情報の開示の要請は，2001年5月30日付（2001/453/EC）の委員会勧告書「会社の年次計算書・年次報告書における環境問題の認識，測定および開示」（以下，「委員会勧告書」と略称する。）に基づくものであり，年次計算書や年次報告書が会社業務の財務的側面に限定されることなく，環境や社会の側面の分析にも通じることによって，会社の発展や状況の理解を促進させることを企図している。言うまでもなく，このような環境情報の開示は，会計制度を背景とした情報提供の有効性を強調することができる。ところが，環境問題を財務報告において考慮するためには，財務的側面に影響する環境要因を伝統的な財務会計の枠組みのなかで捉え直し，これまでの会計概念と環境問題との関係を再検討する必要がある。

　この点に関する問題は，まず1995年に，それまでに公表された同種の研究を踏まえて，会計諮問フォーラム（AAF：Accounting Advisory Forum）の報告書「財務報告における環境問題」（以下，「AAF報告書」と略称する。）によって欧州会計指令との関係から検討されている。ところが，同年にEUの新たな戦略として「欧州会計指令と国際会計基準との調和」の問題が浮上し，1999年には，EUの「財務報告戦略の将来展望」として国際会計基準を採用する方向性が示された。この動向を背景として，環境問題に関わる会計概念は国際会計基準との関係から検討されるようになり，国連の国際会計・報告基準専門家政府間作業部会（UN-ISAR）の検討結果を取り纏めた国連貿易開発会議（UNCTAD）や欧

州会計士連盟(FEE)によってその検討の結果が公表された。こうして2001年には，2005年から欧州上場会社の連結財務諸表に対して国際会計基準の採用が決定されることになり，国際会計基準との関係を反映して環境問題の会計処理などを規定する，「委員会勧告書」が公表された。また同年，フランスでは，年次報告書（営業報告書）において社会情報とともに環境情報の開示を要請する規定（L.225-102-1条）が商法（会社法）典に挿入された。

2.2 欧州の環境政策

財務報告における環境問題の考慮は，欧州の環境政策の推移と密接に関わっている。したがってまず，環境情報の提供に関する規定がどのような経緯を経て登場したのかをみておこう［EC(2002)pp. 7-9.］。

欧州の環境政策が共同体レベルで企図されるようになったのは，1970年代に入ってからのことである。1972年のストックホルムでの「人間環境会議」，同年7月に開催されたECパリ・サミットにおいて，「経済的拡大と生活の質の改善との関係」に配慮する観点から環境に注意を払う必要性が認識され，その具体的な施策を検討するために，環境行動計画（EAP：Environment Action Programme）を策定する委員会が招集された。そして翌年，第1次環境行動計画（1973～76）が開始され，その後，数次の環境行動計画が実施されて今日に至っている。

現在，第6次環境行動計画が実施されているが，1957年に締結されたローマ条約には，もともと環境保全についての条項はなかった。条約のなかに明確な形で環境に関する条項（第130r条－第130t条）が登場したのは，1987年に改正されたローマ条約，いわゆる「単一欧州議定書（Single European Act）」においてである。これによって，欧州の環境政策はEC法の基本的な裏付けをもつことになり，環境政策は大きく転換してゆくことになる。

周知のように，単一欧州議定書は，人，物および資本の移動の完全な自由化を目的として，欧州単一市場の形成を目指したものであるが，単一市場内での経済行動に伴って不可避的に生じる環境問題に対処するために，「環境保全要

件が，共同体の他の政策や活動の構成要素として考慮される」必要性を指摘している。

この単一議定書で提示された環境の視点は，1992年2月に締結され，1993年11月に発効したEUに関する条約（マーストリヒト条約）によって，さらに進展した。そこでは，「環境に配慮した持続可能な成長」を促進することが課題とされており，環境に関係する行動が独立した政策的地位を与えられた。またマーストリヒト条約の締結とともに，第5次環境行動計画（1992～2000）が策定され，表題の「持続可能性をめざして」新たな戦略が採択された［EC(1993) C138/24-25］。

第5次環境行動計画の目的は，持続可能な開発を促進するような方向に，共同体の成長パターンを変換することであった。それまでにさまざまな環境に関する立法が制定されてきたが，1992年に公表された環境状況に関する報告書では，そのような施策にも拘らず，環境悪化を回避することができなかったことが指摘されていた。したがって，第5次環境行動計画では，これまでのような法的な枠組みでの施策を超えて，新たな政策提案がなされる必要があった。

その提案は，環境問題の財務上のインパクトについて，企業に注意を喚起することによって，環境問題に対する企業意識の高揚を狙いとしたものであり，企業に環境コストやリスクを考慮させる裏付けをもつことによって，環境行動計画の目標を達成することに寄与させようとするものである。

そこで委員会は，年次計算書および年次報告書における環境問題の認識・開示を促進させ，欧州会計規定第4号指令（個別計算書）および第7号指令（連結計算書）の枠内で，比較可能で均質な情報を提供するために，その適用ガイダンスについての検討を会計諮問フォーラムに求めた。この「AAF報告書」が後にみる「委員会勧告書」の敲き台となったものである。

アムステルダム条約は1999年に発効したが，その締結は1997年であり，第5次環境行動計画の進捗状況を背景として，環境に関連する条項の文言を整備し，第2条に「持続可能な開発の原則」を措定した。また，単一欧州議定書において規定された「他の政策の策定および実施のさいに環境保全要件を要求す

る条項（第130r条）」は，第6条に置き換えられた［EU(2002a)C325/40-42］。

　第5次環境行動計画は，このアムステルダム条約で規定された「持続可能な開発」の広範な目的をまだ達成したとは言えず，1998年に環境行動計画の見直し決定書が提示された。そこでは，1995年になされた第5次環境行動計画の評価を踏まえて，持続可能性を達成する戦略に新たな弾みをつける施策が採られた。その施策のひとつとして，第7条において環境情報を改善することが挙げられ［EU(1998)L275/9］，比較可能で信頼性の高い統計および指標，諸手段や当該企業へのインパクトについての費用／便益分析，グリーン会計の国民システムを構築するための国民勘定体系における補足勘定ないしサテリット勘定の作成，などの手法が提示されている。

　アムステルダム条約の発効に続いて，1999年6月に「単一市場と環境」の報告書が公表された。これは，単一市場の発展とアムステルダム条約によって規定された環境目的と経済目的をいっそう両立させ，さらに前進することを可能にするための諸提案を行っている［EC-COM(1999)pp.17-19］。その提案のなかには，「財務報告に環境上の配慮を統合する方法についての勧告書を公表する」ことが含まれている。この提案を受けて公表されたのが，ここで検討される「委員会勧告書」である。

　こうして2001年には，「単一市場と環境」の報告書を受けて，第6次環境行動計画が策定された。それは，その提案報告書に「環境2010：われわれの未来，われわれの選択」と表題が付されているように［EC-COM(2001)］，2002年7月22日から10年間にわたる長期計画として開始された。第6次環境行動計画の第3条［EU(2002b)L242/4-6］では，環境情報の質の改善やつぎのように要約される企業との協調行動の推進などの戦略的アプローチが採られている。

・共同体の環境管理・監査スキーム（EMAS）の理解を促進すること
・パフォーマンスを公表すること，また環境要件にしたがうことを企業に奨励すること
・企業環境パフォーマンス表彰スキームを導入すること

- ・自発的な参加を促進すること
- ・統合生産政策を確立すること
- ・エコ・ラベル・スキームの利用を促進し，その有効性を評価すること
- ・グリーン調達の奨励
- ・環境負債に関する立法の採用

　このように環境行動計画は，上のような企業との協調行動を前提に，企業に環境問題による財務上の影響を認識させ，企業が積極的にこの問題に対処することによって，環境政策の実効性を高めることをその狙いとしている。またそのために，環境政策の推進部門として企業の役割が問われ，環境要因による財務上の影響を反映する会計概念の再検討が必要となる。

2.3　環境問題に関わる諸概念の規定

　環境政策の推進部門として企業を位置づけるためには，環境問題のインパクトを財務報告に明確に反映させ，財務情報の利用者が環境問題に対する企業の姿勢や財務の健全性に関わる環境要因についての情報を利用することができるようにしなければならない。このような要求に応えるためには，環境問題に関する会計処理や開示の規準を定める必要がある。

　国際会計基準では，IAS 16：有形固定資産，IAS 36：資産の減損，IAS 37：引当金，偶発負債および偶発資産，IAS 38：無形資産などにおいて，環境問題の処理に言及がなされている。だがそれは，会計処理の個別事例として説明されており，環境問題に焦点をあてた包括的な処理規準としてのものではない。したがって，これまでにみてきた欧州の環境政策の一環として環境情報の作成を促進するためには，環境問題を処理するための包括的な規準が必要となる。

　この点を踏まえて，「委員会勧告書」が作成されたのであるが，それはまた国連の国際会計・報告基準専門家政府間作業部会（UN-ISAR）の作成になる意見書「環境コストと負債に関する会計と財務報告」（以下，「UN 意見書」と略称する。）に影響を受けている。UN-ISAR は，環境問題に関する会計処理規準の検討が国際会計基準委員会（IASC）でなされていることを承知していたが，環境

インパクトが企業会計や報告に及ぼす問題をひとつに纏めることを試みるために「UN 意見書」を作成したと言われる [UN(1999)pp. 9-10.]。この意見書は，イギリス勅許会計士協会（ACCA）とカナダ勅許会計士協会（CICA）の援助のもとに両国の職業会計人によって作成されたものである [UN(1999)p. 6.]。

なお，「委員会勧告書」では明記されていないが，欧州会計士連盟（FEE）は，国際会計基準における環境問題に関する会計処理や開示の規準について，国際会計基準委員会に勧告をしてきた。そして，その集約として，1999 年に「環境問題に関する国際会計基準の検証」（以下，「FEE 勧告書」と略称する。）を公表した。

このように「委員会勧告書」は，会計関係諸機関の見解を考慮して作成されている。したがってそれは，その公表までになされた財務領域における環境問題の会計処理規準に関する諸見解を収斂させたものとみなすこともできよう。以下，「委員会勧告書」を中心に，財務領域に関わる環境会計の諸概念についてみてみよう。

（1） 環境支出の定義と分類

「委員会勧告書 [EC(2001)L156/36]」の定義では，環境という用語は，われわれを取り巻く物理的自然環境であり，大気，水，土地，植物群，動物群および化石燃料や鉱物などのような再生不能資源に関係する。この環境に対する支出とみなされるためには，環境損傷に対する防止，低減ないし修復を行うことが本来的に意図される追加的な識別可能コストでなければならない[19]。環境に好ましい影響を与えることができるが，本来的な意図が他のニーズに応えること，たとえば，収益性，作業場での健康や安全，当該会社の生産物の安全利用ないし生産効率を高めることを狙いとするようなコストは，除かれなければならない。統合されうる他のコストから追加的なコストの金額を別個に分離することができない場合には，そのコストは環境損傷に対する防止，低減ないし修復を行うことが，本来的に意図されるという条件を十全に充たす限りでのみ見積もることができる。

したがって，環境規制に従わないために科される罰金や科料，過去の環境汚

染に基因する損失ないし損傷の結果として生じる第三者に対する補償などは，環境損傷を防止，低減ないし修復するものではないので除かれる。この点については，周知のように，カナダ勅許会計士協会が罰金・科料および補償金などを環境支出に含めるのに対して，「UN意見書［(1999) p. 13.］」では，これらを環境に関連するものとするが，環境コストの定義に含めずに，その性質の相違から別個の開示を要請している。

「委員会勧告書」の定義によれば，このような環境支出の定義は，環境コストと環境保全効果との対応関係に基づいている。したがって，罰金・科料および補償金などは，この対応関係にないものとして除かれている。だがこれらは，企業の環境問題に対する姿勢を判断するために重要な情報となり得るものであり，注記の必要性が指摘される。この注記は，金額の大小に拘らず，「項目の重要性」の観点から金額が僅少であろうとも開示する必要がある。

「UN意見書［(1999) p. 24.］」によって指摘されているように，環境会計にとって，環境コストとして何を含めるかを判断することが極めて重要である。企業が発生させるコストは，企業の環境効率と並行して操業効率を改善することができる。そのため，全額すべてが環境要素に関わるコストのみを把握するのか，それとも一部が環境要素に関わるコストをも把握するのかが問題となる。この点について「UN意見書」は，企業の裁量を認めているようで，この判断について注記で開示する必要があることを指摘している。これに対して「委員会勧告書」の定義では，本来的な意図が他のニーズにも応える限りでのみ，環境要素に関わるコストとしての把握が認められる。

企業が発生させるコストは，環境損傷に対する防止，軽減ないし修復を行うことを本来的に意図していなくとも，それが結果的に環境保全に寄与することがある。生産工程において生じる，製品に結び付かない仕損品・不良品・廃棄物などの発生は環境負荷をもたらす。ところが，専ら生産効率を高めることを狙いとするコストは，これらの発生を減少させる効果があり，結果的に環境負荷を低減させることに結び付くことになる。

このように，生産効率の向上を狙いとするコストは，環境保全効果が意図さ

れていない。本来的に環境負荷の低減を狙いとするコストは，環境保全効果が意図されている。それでは，環境保全を「意図した」コストと「意図せざる」コストとの間に領界を定めることは，どのような意味をもつのか。環境保全を意図しようが意図しまいが，結果的に環境保全に結び付くコストであれば，すべて環境コストとして処理することを主張する見解もある。しかしそのような処理によっては，「コスト」対「効果」の対応関係を把握するための環境管理に有用な意思決定データを識別することは難しいであろう。それゆえ，このような「意図せざる」環境保全効果を把握するために，別途「マテリアル・フロー・コスト会計」を構築することの有効性が認められることにもなろう。

　ところで，環境コストの開示については，欧州の環境政策においてみたように，マクロ環境政策との緊密な関係がある。「委員会勧告書［EC(2001)L156/36］」においても，下掲のような欧州統計局（EUROSTAT）の環境保全活動・支出分類（CEPA）[20]の定義に準拠して，環境コストの主要項目の分類を行うことが推奨されている。このような分類法は，ミクロ環境会計とマクロ環境会計とを連繋することを企図するならば，データの収集にとって不可欠な要素となる。と言うのは，両者の連繋を企図するならば，マクロ環境政策の優先的な戦略との対応関係から，企業がどのような環境要素に重点をおいて環境保全活動を行ったのかを把握する必要があるからである。

環境保全活動・支出分類（CEPA 2000）

1　空気および気候の保全
2　汚水管理
3　廃棄物管理
4　土壌，地下水および地表水の保全および改良
5　騒音および振動の低減（作業場保全を除く）
6　生物多様性および景観の保全
7　対放射能保全（外部安全性を除く）
8　研究および開発

9　その他環境保全活動

出所）〔EUROSTAT(2001)pp.4-5〕

（2）　環境負債の認識と測定

　環境負債の認識と測定の問題は，環境要因が財務報告に及ぼす主要なインパクトである。ところが，将来の法令，要求される浄化の程度やタイミングおよび利用可能な技術についての不確実性のために，環境負債に関わる認識・測定にさいしては，さまざまな困難が付き纏い，引当金概念を規定するIAS 37に基づいて慎重に判断するならば，環境問題にとって好ましくない結果をもたらすかもしれないことが危惧される〔FEE(1999)p.3.〕。

　「委員会勧告書〔EC(2001)L156/37〕」では，環境負債として認識するための条件をつぎのように規定している。

　　環境負債は，過去の事象から生じた環境上の性質をもつ現在の債務を決済することから，経済的便益をもつ資源の流出が生じる可能性が高く，その決済が起こる金額が信頼をもって測定されうる場合に認識される。この債務の性質は，明確に限定されなければならず，また，つぎの2つのタイプのいずれかであり得る：

　　―法律上あるいは契約上の債務：企業が環境損傷を予防，低減ないし修復する法律上ないし契約上の義務がある，または

　　―推定上の債務：企業が環境損傷を予防，低減ないし修復することに自らコミットし，また公表された政策ないし意図の表明に基づいて，もしくは確定された企業の過去の実務慣行によって，企業が環境損傷を予防，低減ないし修復する責任を受諾するであろうことを第3者に指示したために，そのような行為を免れる裁量の余地がない場合には，企業それ自体の行為から推定上の債務が生じる。

　この「委員会勧告書」の規定によれば，上の条件が充たされなければ，環境負債として認識されない。また，義務の金額が信頼をもって見積ることができることを前提に引当金が設定され，信頼をもって見積りができない場合には，環境偶発債務として注記されることになる。ところが，「FEE勧告書〔(1999) p.3.〕」が指摘しているように，このような規定に基づいて引当金の設定を考慮

するさいには，法律上ないし契約上の債務と推定上の債務との関係を明確にする必要がある。

「委員会勧告書[EC(2001)L156/37]」で規定される推定上の債務とは，過去ないし現在の産業の実務慣行によって，経営者が環境に関わる行為を免れる裁量をもたない限りでのみ，推定によって企業に生じる債務であり，公表された特別の宣言ないし確立された過去の実務慣行によって，企業が環境損傷を予防，低減ないし修復する責任を受諾した場合にのみ生じると説明されている。

この規定は IAS 37 の規定にほぼ対応するが，「UN 意見書［(1999)p. 14.］」は「委員会勧告書」の推定上の債務に衡平法上の債務（equitable obligation）を付加して，推定上の債務をつぎのように定義している。

> 推定上の債務とは，法律に基づくものではなく，特定の状況における事実から創出，推測ないし推定されうる債務であり，または倫理的ないし道義的配慮から生じ，かつ企業が回避することがほとんどできないか，全くできない債務（しばしば「衡平法上の債務」と呼ばれる）である。

「委員会勧告書」も IAS 37 も，推定上の債務に付加された衡平法上の債務について，明確な言及をしていない。衡平法上の債務による環境負債の認識については，倫理的ないし道義的責任の存在をどのように把握し，それを企業がどのように受け止めるのかを明確に判断することの難しさがある。またこの点は，環境問題に関する引当金の設定について，その妥当性を判断する問題にも関係してくるであろう。

衡平法上の概念は推定上の債務と同じ次元で，環境問題に関する社会的責任の回避が可能であるか否かの判断を必要とし，結局はその責任を受諾するか否かを第三者が確認する必要があると解釈せざるを得ない。したがって，衡平法上の債務は，「FEE 勧告書［(1999)p. 4.］」が指摘しているように，推定上の債務の一形態とみなすことが妥当であろう。またそれゆえに，このような環境負債の認識は，その認識に至った判断基準を詳細に注記することが要請されることにもなる。しかしながら，衡平法上の債務による環境負債の認識は，法律上の債務と推定上の債務との関係をいっそう複雑なものにするであろう。

そこで「FEE勧告書〔(1999) p. 4.〕」は，IAS 37 に基づいて環境問題を処理するさいに解明されなければならない要素として，法律上の債務と推定上の債務との関係において生じる問題を提起している。すなわち，「法律上の債務がない状況で推定上の債務が生じるかどうか」また「まだ制定されていない法律の提案された変更が，債務を生じさせるかどうか」などである。

IAS 37 para.19 は，煤煙濾過装置の取り付けを遅らせることによって，企業が将来環境支出を避けることができる場合には，引当金の認識を禁じている。それでは，このような場合に，推定上の債務ないし衡平法上の債務の概念に基づいて引当金を設定することになり得るのか。

IAS 37 の Appendix C は，土壌汚染の浄化，または煤煙濾過装置の設置のような予防上の環境措置の採用について，さまざまな状況を想定して基準をどのように適用するのかを説明するために，いくつかの例示を提供している。そこで「FEE勧告書〔(1999) p. 5.〕」は，法律上の債務と推定上の債務との問題に関連して，煤煙濾過装置の設置の例示を採り上げ，つぎのようにコメントしている。

　煤煙濾過装置の設置の必要性は，明らかに，将来において事業を行うコストであり，またこの点で，将来の収入に対応させられなければならない。しかしながら，関係法令の発効日までに設置されない煤煙濾過装置の場合には，これは債務を生じさせる事象が存在しないものとして処理され，また科料や罰金を支払う義務のために引当金が認識されるにすぎないとは考えられないと思われる。法令がつい最近に導入された場合には，そのような罰金の金額を概算することは，煤煙濾過装置の設置コストを予想することよりも困難であり得る。

　いかなる場合にも，とくに近い将来にそのような措置を採ることを企図するならば，企業は，通常，煤煙濾過装置の設置のための引当金を認識することについて，より推定上の措置をとることを望むだろう。それゆえ，上のような例示はミスリーディングとみなされ得るだろう。またそれは，債務発生事象に関する規則は，煤煙濾過装置を設置することができないような状況を，債務発生事象として処理することができるように，再検討する必要があることを提案することにもなろう。

「FEE勧告書」のこのようなコメントは，環境保全に対する企業の姿勢が積極的であることを前提としており，当該法規が発効する以前でも環境保全対策をしようという意思がありながら，そうすることができないならば，推定上の債務に基づいて，負債の認識をするように示唆を与えていることになる。これに対して，国際会計基準の立場は，事業者の環境保全対策に対する積極的な姿勢を否定するものではないし，また推定上の債務を否定するものでもないけれども，法律の発効までは環境負債として認識される条件が充たされないという，法律上ないし契約上の債務の視点が前面に出ており，IAS 37に準拠して引当金の認識をする限り，限定された環境負債の認識に止まることになる。また，欧州会計指令第4号第31条(1)(c)(bb)からしても，環境リスクの発現によっては国際会計基準と欧州会計指令とでは財務領域に異なるインパクトを与えかねないことが危惧される。

概して，欧州会計規定はIASよりも相対的に広い引当金の概念を採ってきた。欧州会計指令は，既にみたように2003年に改正され，第4号指令の第31条(1)(c)(bb)もつぎのように修正された。ところが，第31条にはつぎのような(1a)が挿入され［EU(2003)L178/18］，従来通りの引当金の概念が維持されている。

(1)(c)(bb)：たとえ当該年度中または過年度中に発生する負債が，貸借対照表日と貸借対照表作成日との間でのみ明らかになるとしても，そのようなすべての負債が考慮されなければならない。

(1a) パラグラフ(1)(c)(bb)に記録されるこれらの金額に加えて，加盟諸国は，たとえ当該年度中または過年度中に発生した予測可能な負債もしくは潜在的な損失が，貸借対照表日と貸借対照表作成日との間でのみ明らかになるとしても，そのようなすべての予測可能な負債や潜在的な損失を考慮することを許容ないし要求することができる。

この(1a)の挿入によって，欧州会計規定は修正前と同様に予測可能な負債や潜在的な損失を考慮することができる。したがって，「委員会勧告書」での明確な規定はないが，欧州会計規定はIAS 37の引当金概念に基づくよりも，

推定上の債務，ひいては衡平法上の債務に基づいて，引当金の認識が許容される可能性を残していることになろう。

ところで欧州会計指令は，2001年に評価規則に関する修正指令（その修正提案は2000年），すなわち公正価値の導入を規定した。「AAF報告書［(1995) p. 5.］」では，長期環境負債に関する割引現在価値での計上については不問に付されていたが，「委員会勧告書［EC(2001)L156/39］」においては，IAS 37 para. 45に準拠して，貨幣の時間的価値の影響が重要な場合には，長期環境負債の現在価値での評価が適切なものとして推奨されている。

（3） 環境支出の資本化

環境支出は当該期間の費用として処理されるか，継続的な使用を前提として資本化される。この点について，IAS 16はつぎのような条件を提示している。

- 資産に関する支出は将来経済便益の増加，すなわち当初査定されたパフォーマンス基準を超過することが確実である場合に資本化される（para. 24）。
- ある資産の簿価が既に経済便益の喪失を考慮しているならば，それから期待される将来経済便益を回復するためのその後の支出は資本化される（para. 25）。

「FEE勧告書［(1999) p. 3.］」が指摘するように，IAS 16による環境支出の資本化の問題については，「継続的な経済便益」よりもむしろ「期待される経済便益の増加（回復）」が資本化の条件として要求されるかどうかが焦点となっている。これに対して，「委員会勧告書［EC(2001)L156/38］」は，つぎのように資本化の条件を規定している。

- 環境支出は，将来の環境損傷を予防ないし低減するために，または将来経済便益をもたらす資源を保全するためにそれが負担されるならば，また第4指令第15条(2)[21]に定められる条件を充足するならば，資本化され得る。
- 将来の損傷を予防ないし低減するため，または資源を保全するために負担される環境支出は，第4号指令第15条(2)にしたがって，事業活動の目的のために継続的な使用が企図されるならば，なおかつ，つぎの規準の1つに適合するならば，資産としての資格を唯一得ることができる：

  (a) そのコストが，企業に流入すると期待される予想経済便益に関係し，また（当

初に査定されたパフォーマンス基準を超過して）企業によって所有される他の資産の耐用年数を延長し，その能力を増大させるか，安全性ないし効率性を改善する；
(b) そのコストが，企業の将来活動の結果として発生するであろう環境汚染を低減ないし予防する。

　この条件を「委員会勧告書」の作成の敲き台となった「AAF 報告書〔(1995) p. 8.〕」の規定と比較するならば，「AAF 報告書」の条件には環境要因に関係する「他の資産」や「資源の保全」が指示されていないこと，さらには「委員会勧告書」では予想経済便益が企業に流入することが資本化の条件とされているが，「AAF 報告書」では期待される環境便益（environmental benefits）の概念が指示されていたことに注意する必要がある。このような相違については，フランス国家会計審議会〔CNC(1994) p. 16.〕での「AAF 報告書」の資本化の条件の検討において，その定義の曖昧さが指摘されていたものであり，環境要因との関係から(a)と(b)の条件を明確に区別するために，「委員会勧告書」の作成にあたって修正されたと思われる。

　このような資本化の条件からすれば，環境支出が将来の経済便益をもたらすものではなく，過去や現在の企業活動による環境損傷ないし汚染を浄化するために生じる場合には，それらは当該期間の費用として処理されることになる。たとえば，汚水処理，経常的な営業活動に関係する浄化コスト，過年度に発生した汚染の浄化，環境管理ないし環境監査のコストなどは，当該期間の費用として処理される。これに対して，将来の環境損傷を予防ないし低減するために生じる環境支出は，継続的な使用を前提として資本化されることになる。また，環境コストが直接的に経済便益を増大させなくとも，企業が他の資産から将来の経済便益を獲得する，ないし獲得し続けるならば，そのようなコストは資本化することができる。さらには，減損テストを前提とすれば，環境損傷による価値の低下があった時点を当初認識の時点とすることによって，資産価値の回復を増加とみなすこともでき，将来の経済便益の増加がもたらされないとしても，資産価値を回復するための環境支出は資産として認識される資格をも

つと判断されることになる。

なお「委員会勧告書」は，資本化の条件は，有形資産と同様に，汚染認可や排出権などの無形資産についても適用することができ，償却をする必要があると判断しているが［EC(2001)L156/38］，国際会計基準の修正動向からして，減損との関係（混合アプローチ）について言及する必要があろう。

（4）　環境資産の減損

資産の減損については，IAS 16 でも簡単に取り上げられている。そこでの規定は，欧州会計規定第 4 号指令の第 35(1)(c)(bb)条の固定資産の価値修正の規定に対応する。また，第 4 号指令の第 20 条(3)は，資産価値の修正，換言すれば減損に対して引当金を設定することを禁じている。環境資産の減損に関しては，このような規定の解釈が問題になる［AAF(1995)p. 9.］。たとえばサイトの汚染の場合，一方では，汚染はサイトの公正価値に影響する。他方では，そのサイトが修復されるとすれば，会社は将来の浄化コストを負担することになる。このような場合，上に見た資本化の条件を充足し，それが合理的に見積もられるならば，修復コストに対して引当金を設定することができると解釈される。

この IAS 16 の減損に関わる規定に対して，IAS 36 は資産の減損に関する詳細な手続を説明している。しかし「FEE 勧告書［(1999)p. 6.］」は，環境資産に関してはもっと包括的なガイダンスが必要であり，IAS 36 はつぎのような問題を扱わなければならないと指摘している。すなわち，環境要因による資産の減損を測定する問題，回収可能価額を決定する困難性および関係するタイミングに関する不確実性，さらには環境損傷が潜在的な購入者に及ぼし得る「汚名効果（stigma effect）」などである。

このような指摘がなされるのは，環境要因による減損の認識・測定が，他の要因による減損よりももっと不確実性が大きい可能性があるからである。環境に関わる減損の兆候は，企業が操業する技術，市場，経済ないし法律などの状況において，または資産が提供される市場において，期間中に起こった，または近い将来に起こるであろう，企業に対して不利益を伴うさまざまな重要な変

化を含んでいる。IAS 36 は，para. 9 でいろいろな減損の兆候を列挙しているが，そのような環境要因の資産価値へのインパクトを測定するさいに巻き込まれる問題をとくに扱ってはいない。そこでさらに「FEE 勧告書〔(1999)pp. 6-7.〕」は，環境上の損傷資産の測定にさいして影響が及ぼされる，つぎのような要因を考慮する必要があることを指摘する。

（a） 結果的に浄化コストや利子費用の増加が生じる，汚染を処理しなければならないための資産処分の遅延；
（b） 関係技術の改善または法令の変更の可能性に基づく不確実性；および
（c） 近隣サイトへの移転リスクを含む，潜在的購入者を躊躇させる，またより狭い市場となる汚名効果から生じるリスク。

これらの要因のなかで注目されるのが，「UN 意見書」も考慮しなければならないと指摘している汚名効果である。「FEE 勧告書〔(1999)p. 7.〕」によれば，この汚名効果はつぎのように説明される。

「汚名」とは，可能性の高い公的債務や付加的な健康危機から未知の恐怖にまでわたる，さまざまな要因から生じる資産汚染の一側面であり，汚染の存在に基因する資産価値の減価が，資産の改善，将来の汚染予防，何らかの既知の罰金あるいは民事債務，保険および将来の監視などのコストを超える範囲とみなすことができる。

汚名効果についてのこのような配慮の必要性は，IAS 36 para. 78 において，資金生成単位の回収可能価額が時として資金生成単位の構成要素ではない資産，ないし既に計算書で認識された負債を考慮して決定され，そのような場合には，資金生成単位の帳簿価額はそれらによって増減されることが規定されているからである。だが国際会計基準は，このアプローチを土壌汚染用地のインパクトに拡張していない。

この汚名効果は，すべての予想改善コストを考慮した後の資産価値に対して，さらに割引控除を適用することによって実際に認識され得るが，「FEE 勧告書〔(1999)p. 7.〕」は，その効果が信頼をもって測定され得ない場合，たとえば比較できる汚染サイトの処理がなかった場合でも充分な開示がなされるべきであ

り，国際会計基準はこの問題に言及しなければならないと主張している。しかしながら，このような処理は環境汚染による他の資金生成単位への波及効果とでも呼ぶことのできるものであり，その測定・評価にはやはり曖昧さを残すことになろう。そのためか，「委員会勧告書」においても，汚名効果についての言及はなされていない。

2.4　環境情報の開示に関するフランスの動向

　個別と連結の営業報告書の記載事項に関する第4号指令の46(1)と(2)条ならびに第7号指令の36(1)と(2)条は，会社の予測可能な将来展望についての記載を規定している。したがって，環境問題が事業体の財務実績や財政状態ならびにその発展に関連している場合には，環境関連事項が開示されなければならないことになる。

　この規定を受けて「委員会勧告書［EC(2001)L156/40-42.］」は，環境問題が直接に影響を及ぼす事業体の活動や地位の発展について公平な見解を提供するために，個別・連結年次報告書での開示，貸借対照表での開示および個別・連結計算書の注記での開示に区分して，環境情報の開示項目を提示している。

　この「委員会勧告書」は，2001年5月30日に公表されたものであるが，フランスでは同年5月15日付 L.nº 2001-420 によって，企業の社会および環境への対処方法についての情報を開示する規定（L.225-102-1条）が商法典に挿入された[22]。また翌年，その適用デクレである新経済規制法（NRE：Nouvelles Régulations Économiques）第116条が，取締役会報告書ないし執行役会報告書において開示される環境情報として，つぎのような項目を定めた。

1　水，原材料およびエネルギーのような資源の消費，場合によっては，エネルギー効率や再生可能エネルギーへの依存を改善するためにとられる措置，土地の利用状況，環境に重大な影響をもたらす，またそのリストが環境・産業担当省のアレテによって決定されるであろう，空気，水および土地への放出，騒音・悪臭公害および廃棄物

2　生態的均衡，自然環境，保護動・植物に対する損傷を制限するためにとられる

措置
3 環境の分野で企図される評価ないし認証の措置
4 場合によっては，環境に適用される法律上ないし規則上の規定に対して，企業活動の適合を保証するために採られる措置
5 企業活動の環境に関する影響を予防するために充当された支出
6 環境に関する内部管理部門，環境に関する従業員研修および情報，環境リスクを低減するために用いられる措置，ならびに企業施設を超えて影響する汚染事故に対処するために設置された組織の企業内部での存在
7 この情報が係争中の企業に対して重大な損害の原因となる性質である場合を除いて，環境に関する危険引当金や保証金の金額
8 環境に関する判決の執行で当期中に支払われた賠償金額，またその原因である損傷の修復に至る行為
9 上の1から6の点について，企業が外国の子会社に対して指示する目標に関するすべての要素。

　これらの開示項目は，「委員会勧告書」によって示された個別・連結年次報告書での開示項目に対応するものである。この点について実際の開示状況を調べてみたところ，開示様式の違いはあるものの，社会情報と環境情報が個別の項目ごとに開示されている。また概して，財務領域に関わる環境要因については要約的に記述され，詳細については環境報告書（Rapport Environnemental）もしくは持続可能開発報告書（Rapport sur le Développement Durable）に譲り，「委員会勧告書」の開示規定で指示されているように，両者の連繋が図られている。

　このようにフランスでは，商法典のなかで環境情報の記載が義務づけられた。このことは，環境問題が企業の財務業績に対して重要な影響を及ぼすことの認識が高まり，投資者の意思決定をミスリードしないような情報提供を企図していることになる。しかしながら問題は，このような財務領域との関係からする環境会計のあり方を，環境会計の本来の狙いである環境保全との関係からどのように評価することができるかであろう。

2.5 む す び

ゴーイング・コンサーンを前提とすれば，環境問題は，もし企業がその対策について失敗するならば，そのコストに対処しなければならないのは，しばしば社会全体，またはその地域住民であるという点で，特有であることが銘記されなければならない。これに対して他の失敗，すなわち経済問題の失敗の事例では，損害を蒙るのは通常，債権者，株主および従業員などである〔FEE(1999) p. 6.〕。したがって，環境情報が投資者の意思決定にさいして不可欠な要素となり，環境問題は財務報告において重要な位置を占めることになるが，社会全体ないし地域住民の立場からすれば，環境会計本来の狙いが環境保全であることを想起する必要があろう。

欧州の環境政策は，企業の環境問題に関する意識を高揚させるために，企業の環境保全対策の促進を狙いとして「財務報告における環境問題」の会計処理規準について検討している。その目的は環境保全効果であることからすれば，手段である環境問題に関する会計処理は，その目的にとって有効な処理規準が要請されることになる。その有効な処理規準が財務報告の観点から問題を生じることになるのならば，それこそ財務会計とは別個の環境会計が必要とされる証左となるのであり，環境会計固有のシステムを財務会計と接合することによってその問題に応えてゆく必要がある。

欧州会計指令の修正では，環境情報や社会情報のような非財務情報の主要指標を開示することが推奨されている。ところが，この規定は財務と環境の相互浸透の領域についての分析を狙いとし，財務領域における環境情報の利用に視点を置いている。これに対して，マクロ的な環境保全の問題は，欧州の環境政策がイニシアティブをとり，それとの関係から具体的戦略，つまり目標ないし方針が決定されている[23]。それゆえ，環境保全の推進部門としての企業の役割は，欧州環境保全活動・支出分類 (CEPA) による環境要素に関するデータの提供の問題を回避することはできないであろう。そのために，「委員会報告書」における環境支出の分類に CEPA の分類理念が反映され，またフランスの動向にみられるように，環境要素ごとに財務と環境を連繋する開示様式がとられ

ている。環境会計の発展の方向性にとって，このようなマクロ的な環境保全の問題との連繋が不可欠であろう。

注

(1) 本節の環境報告とは，企業が自らの環境に対する取組について外部に向けて行う報告のことであるが，IPPC 指令（EUの「統合的汚染防止管理指令」）による環境情報公開制度にもとづいて開示される環境報告は含まない。
(2) 本節は上妻（2005）の改訂版であり，同稿執筆後に進捗した制度上の変更等を更新し，事実関係の再整理を行っている。
(3) ちなみに，オーストリアは GDP では9位（226,142百万ユーロ）にあたり，EMAS 登録組織数は257社，GRI 準拠で環境報告書を作成する企業数は11社である。
(4) 2005年4月11日現在の EMAS 統計から作成（europa.eu.int/comm/environment/emas/about/participate/sites_en.htm）
(5) 2005年5月27日現在の GRI データベースより作成（www.globalreporting.org/guidelines/reports/search.asp）
(6) 詳細は www.csreurope.org/aboutus/socialexclusion_page393.aspx
(7) デロールが設立した CSR を促進するための NPO で，EU 加盟国に18の国内下部組織を擁し，CSR 関係の出版や産業界に対する啓蒙活動を行っている。
(8) EU の重要な政策課題についてたたき台となる文章であり，ドキュメントとして刊行される。立法に際しての参考資料となる。
(9) EU 域内に単一金融市場を創設するための法的枠組みを整備する目的で策定された行動計画。金融関連法，会計法・税制等の調和化が盛り込まれている。
(10) 年次報告書の法定構成要素であり，年次報告書が適法で「真実・公正な概観」を提供している旨を取締役が宣言・署名する目的で作成する文書のこと。
(11) 環境上有害な活動には，環境上有害な活動を行う工場・施設等の建設・操業，廃水の土壌・地表水・地下水への放出，土壌・地表水・地下水の汚染を引き起こす固形廃棄物等の排出・貯蔵等が含まれる（環境保護法第9章第6条）。具体的にどのような活動が規制されるかについては，1998年制定の「環境上有害な活動および公衆衛生の保護に関する条例（Förordning (1998 : 899) om miljöfarlig verksamhet och hälsoskydd）」に一覧表が記載されており，監督機関別にA・B・Cの3区分に分けられている。
(12) 開示事項は，60日以上の欠勤者に占める病欠者の割合，男女別の病欠者数，年代別（29才以下，30～40才，50才以上）の病欠者数，正規の時間帯に勤務する従業員に対するこれら病欠者の割合等である。
(13) Uttalande om inneöbrden av begreppet medelantalet anställda
(14) 関連政令第148-2条によって開示すべき社会関連情報は，従業員関係（従業員数，短期・長期契約別の新規雇用者数，雇用確保が困難な場合はその分析，解雇従業員数・解雇理由，残業時間，社外労働に従事する従業員数，雇用削減計画，雇用維持計画，解雇従業員の就業支援策，再雇用者数・再雇用手段），勤務関係（勤務時間の構成，フルタイム・パートタイム別の勤務時間，欠勤率・欠勤理由），待遇関係（報酬・昇給，社会保障費，労働法第4編第4章適用者数，男

女雇用機会均等），集団的労働協定の状況および職務との関係，職場の衛生安全状況，教育訓練，障害者雇用，社会貢献活動，下請業者への依存状況，事業活動の地域的影響に関する配慮方針，雇用・地域発展への貢献活動，会社と社会活動団体（人種差別廃止団体，教育改革団体，環境保護団体，消費者団体，地域住民）との関係，下請業者に関するILO協定の遵守方針，海外子会社等の地域発展・地域住民に対する配慮方針である。
(15) 当該検証に関しては蟹江(2004)を参照されたい。
(16) 「真実・公正な概観（a true and Fair view)」と同義である。
(17) 会社法の改正経緯については上妻(2004)を参照されたい。
(18) 総登録組織数は3,116，総登録サイト数は4,178である。
(19) このような環境支出の定義と分類に関する観点は，後にみるマクロ環境会計におけるCEPAと同じものである。
(20) CEPAとは，環境保全のための包括的・多目的・機能的分類である。またその基本的な目的は，環境保全に関する取引や活動を分類することであり，自然資源管理や天災予防などは含まない。資源管理や天災予防は，SERIEE，SEEA 2000 ないし OECD/Eurostat 環境産業マニュアルでカバーされる。
(21) 第4指令第15条(2)：固定資産は企業活動のために継続的な使用が予定される資産からなる。
(22) ちなみに，EC法では，勧告（recommendation）は各国に対して拘束力をもつものではない。これに対して指令（directive）は，各国に法制化を要請するもので拘束力をもつ。この点を考慮すれば，欧州会計指令の修正が2003年で，修正案が2002年5月28日であることからしても，フランスの動きは相対的に早いものであったと評価できるであろう。
(23) 第6次環境行動計画では，温室効果ガスについて，京都議定書の目標である1990年水準に比較して，2008～2012年までに8％の排出削減が目標とされ，廃棄物について，その最終処分量を2010年までに20％，また2050年までに50％を削減することが目標とされている。

参 考 文 献

(第1節)

Baker, Neil (2004), "Tougher times : non-financial reporting", *CFO Europe.com*, July 2004 (www.cfoeurope.com/displayStory.cfm/2874657)

Council of Bars and Law Societies of the European Union (CCBE) (2003), *CSR Corporate Social Responsibility and the role of the Legal Profession : a guide for European Lawyers Advising on Corporate Social Responsibility Issues*, CCBE, september 2003

European Commission (EC) (2000), *Lisbon European Council : Presidency Conclusions*, EC, 24/March/2000

European Commission (EC) (2001a), *Stockholm European Council : Presidency Conclusions*, EC, 24/March/2001

European Commission (EC) (2001b), *Communication from the Commission : A Sustainable Europe for a Bettter World : A European Union Strategy for Sustainable Development*, COM (2001) 264final, EC, 15/May/2001

European Commission (EC) (2001c), *Commission Recommendation of 30 May 2001 : on the recognition, measurement and disclosure of environmental issue in annual accounts and annual*

reports of companies, EC, 31/May/2001
European Commission (EC) (2001d), *Green Paper : Promoting a European framework for corporate social responsibility*, COM (2001) 366final, EC, July 2001
European Commission (EC) (2002a), *Proposal for Directive of the European Parliament and of the Council amending Council Directives 78/660/EEC, 83/349/EEC and 91/674/EEC on the annual and consolidated accounts of certain types of companies and insurance undertakings*, COM (2002) 259/2final, EC, 9/July/2002
European Commission (EC) (2002b), *Communication from the Commission concerning Corporate Social Responsibility : new Commission strategy to promote business contribution to sustainable development*, COM (2002) 347final, EC, July 2002
European Commission (EC) (2005), *Gross Domestic Product 2003 (statistics in focus)*, 8/2005, EC 2005
The European Parliament and the Council (EU) (2003), *Directive 2003/51/EC of the European Parliament and of the Council of 18 June 2003 amending Directives 78/660/EEC, 83/349/EEC, 86/635/EEC and 91/674/EEC on the annual and consolidated accounts of certain types of companies, bank and other financial institutions and insurance undertakings*, L178, EC, 17/July/2003
European Multistakeholder Forum on CSR (CSR EMS Forum) (2004), "Round Table : Diversity, Convergence and Transparency of CSR practices and Tools", *Final results & recommendations, Final Report*, 29/June/2004
International Institute for Industrial Environmental Economics (IIIEE) (2002), *Corporate Environmental Reporting : Review of Policy Action in Europe*, Lund, February 2002
KPMG (2002), *KPMG International Survey of Corporatre Sustainability Reporting 2002*, KPMG, June 2002 (second print)
Hibbitt, Chris (2004), *External environmental disclosure and reporting by large European companies*, academisch proefschrift (Vrije Universiteit), Limperg Instituut, Feburary 2004
Larrinaga, C., F. Carrasco, C. Correa, F. Llena & J. Moneva (2002), "Accountability and accounting regulation : The case of the Spanish environmental disclosure standard" *The European Accounting Review*, Vol.11 No.4, pp. 723-740
蟹江　章 (2004)「フランスの現状」『環境報告書の保証―その現状と課題―最終報告書』日本監査研究学会「環境報告書の保証」研究部会，pp. 71-80
上妻義直 (2000)「デンマーク・オランダにおける環境報告書の制度化」『會計』第 158 巻第 6 号 (2000 年 12 月号)，pp. 95-110
上妻義直 (2004)「イギリス会計法の改正と CSR 情報開示の義務化」『會計』第 166 巻第 5 号 (2004 年 11 月号)，pp. 15-26
上妻義直 (2005)「EU における年次報告書の環境情報開示」『上智経済論集』第 50 巻第 1・2 号合併号 (2005 年 3 月)，pp. 55-68
八木裕之 (2004)「ドイツの現状」『環境報告書の保証―その現状と課題―最終報告書』日本監査研究学会「環境報告書の保証」研究部会，pp. 81-89

(第 2 節)
Accounting Advisory Forum [AAF (1995)]; *Environmental Issues in Financial Reporting*, Document

of the AAF, December 1995, Doc.XV/6004/94 cl rev4.

Canadian Institute of Chartered Accountants [CICA (1993)] ; *Environmental Costs and Liabilities : Accounting and Financial Reporting Issues*, CICA. (平松・谷口訳 (1995)『環境会計―環境コストと環境負債―』東京経済情報出版)

Conseil National de la Comptabilité [CNC (1994)] ; *Bulletin trimestriel du Conseil National de la Comptabilité*, n°101-4ᵉ trimestre.

Council of the European Communities [C-EC (1978)] ; "Fourth Council Directive of 25 July 1978 based on the Article 54 (3) (g) of the Treaty on the annual accounts of certain types of companies", *Official Journal of the European Communities*, 14/8/1978.

Council of the European Communities [C-EC (1983)] ; "Seventh Council Directive of 13 June 1983 based on the Article 54 (3) (g) of the Treaty on consolidated accounts", *Official Journal of the European Communities*, 18/7/1983.

European Parliament and the Council [EC (1993)] ; "Towards Sustainability—A European Community programme of policy and action in relation to the environment and sustainable development (the fifth environment action programme)", *Official Journal of the European Communities*, 17/5/1993.

European Parliament and the Council [EU (1998)] ; "Decision No 2179/98/EC of the European Parliament and of the Council of 24 september 1998 on the review of the European Community programme of policy and action in relation to the environment and sustainable development "Towards sustainability"", *Official Journal of the European Communities*, 10/10/1998.

European Commission [EC-COM (1999)] ; *Communication from the Commission to the European Parliament and the Council—Single Market and Environment*, Commission of the European Communities, COM (1999) 0263 final.

European Commission [EC (2001)] ; "Commission Recommendation of 30 May 2001 on the recognition, measurement and disclosure of environmental issues in the annual accounts and annual reports of companies, 2001/453/EC", *Official Journal of the European Communities*, 13/6/2001.

European Commission [EC-COM (2001)] ; *Communication from the Commission to the Council, the European Parliament, the Economic and Social Committee and the Committee of the Regions; On the sixth environment action programme of the European Community, "Environment 2010 : Our future, Our choice"*, Commission of the European Communities, COM (2001) 31 final.

European Commission [EC (2002)] ; *Environment DG—Information Brochure*, Office for Official Publications of the European Communities.

European Parliament and the Council [EU (2002a)] ; "Consolidated Version of the Treaty Establishing the European Community", *Official Journal of the European Communities*, 24/12/2002.

European Parliament and the Council [EU (2002b)] ; "Decision No 1600/2002/EC of the European Parliament and of the Council of 22 July 2002 laying down the Sixth Community Environment Action Programme", *Official Journal of the European Communities*, 10/9/2002.

European Commission [EC-COM (2002)] ; *Proposal for a Directive of the European Parliament and of the Council of amending Directives 78/660/EEC, 83/349/EEC, 86/635/EEC and 91/674/EEC on the annual and consolidated accounts of certain types of companies, banks and other financial institutions and insurance undertakings, Commission of the European Communities*, COM (2002)

259 final.

European Parliament and the Council [EU (2003)] ; "Directive 2003/51/EC of the European Parliament and of the Council of 18 June 2003 amending Directives 78/660/EEC, 83/349/EEC, 86/635/EEC and 91/674/EEC on the annual and consolidated accounts of certain types of companies, banks and other financial institutions and insurance undertakings", *Official Journal of the European Union*, 17/7/2003.

Statistical Office of the Europern Communities [EUROSTAT (2001)] ; *Classification of Environmental Protection Activities and Expenditure (CEPA 2000) with explanatory notes*, EUROSTAT, 15 November 2001.

Fédération des Experts Comptables Européens [FEE (1999)] ; *Review of International Accounting Standards for Environmental Issues*, FEE, 18 May 1999.

International Accounting Standards Board [IASB (2002)] ; *International Accounting Standards 2002*, IASB Publications Department.

United Nations [UN (1999)] ; *Accounting and Financial Reporting for Environmental Costs and Liabilities*, UNCTAD/ITE/EDS/4, United Nations Publication.

公認会計士協会国際委員会　訳 (2001)『国際会計基準書 2001』同文舘

小口好昭 (2002)『ミクロ環境会計とマクロ環境会計』中央大学出版部

河野正男 (1998)『生態会計論』森山書店

河野正男 (2001)『環境会計』中央経済社

(第1節・上妻義直　第2節・小関誠三)

第3章

北米における外部環境会計の展開

1 はじめに

　北米では，アメリカ環境保護庁（US EPA）を中心に早い段階から環境会計の研究・実践が進められてきたが，その内容は内部環境管理会計（環境管理会計）に焦点を当てたものであった（北米における内部環境会計については第8章を参照されたい）。外部環境会計について，北米の動向として特筆すべきは，財務会計基準の中に環境コストや環境負債に関連する規定が盛り込まれてきたことである（これを「財務会計領域における環境会計」とする）。また，企業が自主的に作成・公表している環境／サステナビリティ報告書の中で，環境コスト等に関する情報開示がなされているものもある（これを「環境／サステナビリティ報告書における環境会計」とする）。そこで，以下本章では，北米における外部環境会計を，財務会計領域における環境会計，および，環境／サステナビリティ報告書における環境会計に分けて順にみていくこととする。

2 財務会計領域における環境会計

2.1 北米における主要な動き

　財務会計領域における環境会計では，環境問題に関連して企業内で発生した費用や負債などを財務会計上でどのように認識・測定・開示するかという問題を扱う。例えば，環境対策のために既存の設備に追加の支出が要求される場合

や，排出権を購入する場合に，それは資産として計上されるのだろうか，あるいは当期の費用として会計処理されるのだろうか。また，企業が汚染土壌を保有している場合，その浄化債務は財務諸表上に計上すべきなのだろうか。

このような，環境問題に関わる費用や負債の財務会計上の取り扱いについて，北米では早くから研究が行われてきた。とりわけカナダ勅許会計士協会 (Canadian Institute of Chartered Accountants, CICA) が 1993 年という早い段階で公表した研究報告書『環境コストおよび負債－会計処理および財務報告の諸問題 (*Environmental Costs and Liabilities : Accounting and Financial Reporting Issues*)』は，財務会計領域における環境会計問題を包括的に論じた注目すべき報告書であった。この報告書の内容を継承して，後に，国連やヨーロッパ会計士連盟の報告書 (UNCTAD, 1999 ; FEE, 1999)，および，欧州委員会の勧告 (EC, 2001) や EC 指令案 (EC, 2002) も公表されている。

また，アメリカでは，財務諸表における環境費用や環境負債の取り扱いを定めた基準として，財務会計基準審議会 (Financial Accounting Standards Board, FASB) の財務会計基準書 (Statement of Financial Accounting Standards, SFAS)，FASB 緊急問題タスクフォース (Emerging Issues Task Force, EITF) の指針，FASB 解釈書 (FASB Interpretation, FIN)，アメリカ公認会計士協会 (American Institute of Certified Public Accountants, AICPA) の参考意見書 (Statement of Position, SOP)，および，証券取引委員会 (Security Exchange Committee, SEC) のスタッフ会計広報 (Staff Accounting Bulletin, SAB) などが公表されている。この背景には，スーパーファンド法に代表される環境法の存在があった。スーパーファンド法とは，包括的環境対策補償責任法およびスーパーファンド修正再授権法 (The Comprehensive Environmental Response, Compensation, and Liability Act of 1980/Superfund Amendments and Reauthorization Act) のことであり，土壌・地下水汚染の浄化責任と浄化費用の負担者を定める法律である。この法律は，厳格責任・無過失責任・連帯責任・遡及責任という特徴をもっており，浄化費用を負担することとなる潜在的責任当事者 (Potential Responsible Parties, PRP) が広範囲に及ぶ。そのため，アメリカでは，多くの企業で巨額の汚染修復費用や訴訟・

損害賠償費用が発生し，財務会計上でもその会計処理を明らかにする必要が生じてきたのである。

そこで以下本節では，CICA の研究報告書（CICA, 1993）の内容に沿って財務会計領域における環境会計の論点について述べた後，各論点について，アメリカで公表されてきた会計基準，および，FASB と共に会計基準の収斂作業を進めている国際会計基準審議会（International Accounting Standards Board, IASB）から収斂作業開始以降に公表された基準等を取り上げ，みていくこととする（阪，2001）。

2.2 財務会計領域における環境会計の論点

CICA（1993）では，環境コストを考察するにあたって，まず「環境」，「環境対策」，「環境対策活動」を定義している。環境とは「われわれを取り囲む自然の物的状況であり，大気・水・土壌・土地・植物・動物・および，化石燃料や鉱物等の再生不能資源を含む」としている。次に，環境対策とは「環境汚染の防止，削減もしくは浄化，または再生可能資源および再生不能資源の保全のために，企業によって，または企業のためにその他の者によってとられる処置」としており，さらに，企業の環境対策活動を「企業活動によって生じた環境影響に対して，責任ある方法で対処するために実施した，または，実施が要求される環境対策のための活動である」としている。この環境対策活動には，汚染の防止・除去・浄化を目的とした活動や，資源の保全を目的とした活動がある。なお，製品や製造工程，作業環境の安全・衛生のために実施される活動は環境対策に含められていない。その上で，環境コストは，環境対策活動のためのコストである「環境対策コスト」と，企業に支払いが要求され何ら便益をもたらさない「環境損失」から成るとし，その会計処理の概要を図表1のように示している。

図表1によれば，ある認識された環境コストが，以前に生じた環境コストの見積変更によって発生したものである場合，見積変更に関連する会計基準に基づいて適切な期間に賦課される。見積変更によって生じたコストでない場合に

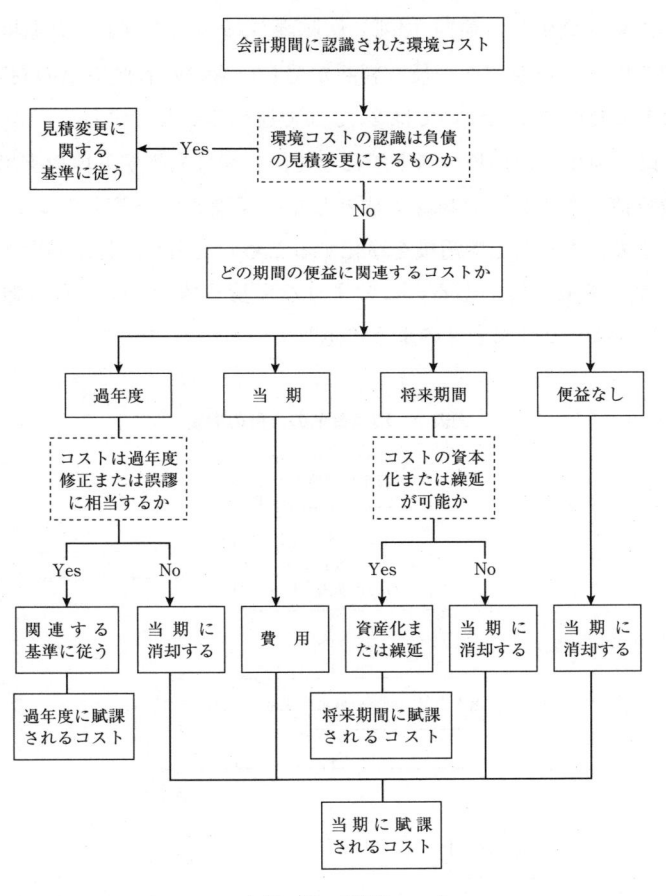

図表1　環境コストの会計の概要

```
会計期間に認識された環境コスト
          │
          ▼
環境コストの認識は負債の見積変更によるものか
   ──Yes──▶ 見積変更に関する基準に従う
          │No
          ▼
どの期間の便益に関連するコストか
    ┌─────┬─────┬─────┬─────┐
  過年度   当 期   将来期間  便益なし
    │      │      │      │
コストは過年度         コストの資本
修正または誤謬         化または繰延
に相当するか           が可能か
  Yes  No            Yes  No
   │    │    │      │    │      │
関連する 当期に  費用  資産化ま 当期に  当期に
基準に従う 消却する     たは繰延 消却する 消却する
   │         │      │
過年度に賦課        将来期間に賦課
されるコスト        されるコスト
              │
         当期に賦課
         されるコスト
```

（出典：CICA, 1993, p. 14（平松・谷口(阪)訳, p. 40）

は，そのコストがどの期間の便益に関連するかを判断しなければならない。コストが過年度の便益に関連し，重大な誤謬または会計方針の変更によって発生したものである場合は，関連する基準にしたがって過年度に賦課される。また，将来の便益に関連し，資産計上または繰延の基準を満たす場合は，将来期間に賦課される。このいずれでもないコストは当期に賦課されることとなる。

罰金やペナルティの支払といった環境損失は，そもそも企業にとって便益が存在しないため，発生した期間（当期）に賦課される。このような環境コストの会計処理の中で，重要でかつ最も判断が難しいものが資産計上の判断である。環境コストの資産計上については2.3節で述べることとする。

次に，既に発生した環境コストではなく，将来に発生する環境支出に関連して，環境負債，および，負債繰入額としての環境費用が発生することがある。例えば，過去に生じた土壌汚染を浄化するための支出や，将来必要となる閉鎖や撤去の際の環境支出である。このような環境負債の会計処理の概要について，CICA（1993）では図表2のように示している。

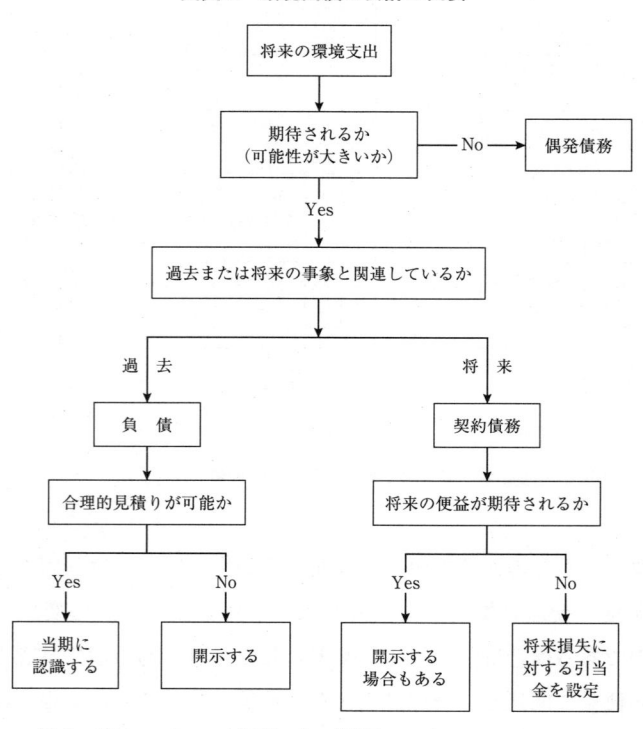

図表2　環境負債の会計の概要

```
           将来の環境支出
                │
          期待されるか
         （可能性が大きいか）──No──→ 偶発債務
                │
               Yes
                │
      過去または将来の事象と関連しているか
          ／              ＼
         過去              将来
          │                │
         負債            契約債務
          │                │
    合理的見積りが可能か   将来の便益が期待されるか
      ／      ＼           ／      ＼
    Yes      No          Yes       No
     │        │           │         │
   当期に    開示する    開示する   将来損失に
   認識する              場合もある 対する引当
                                    金を設定
```

（出典：CICA, 1993, p.42（平松・谷口（阪）訳，p.80）

図表2では，環境負債の会計処理を考えるにあたって，まず，将来の支出が要求される可能性を判断する。可能性が高くない将来の支出は偶発債務として開示する。可能性が高い将来の支出は，過去の事象に関連するものと，将来の事象に関連するものと分けられる。過去の事象に関連するものとは，過去の事業活動の結果生じた汚染を浄化するための支出などである。将来の事象に関連するものとは，現在の事業活動の結果として将来に生じる（または進行中の）汚染に対して将来必要となる閉鎖や除去にかかる支出などである。これらについては2.4節で述べることとする。

　また，環境問題に関連する財務会計上のもうひとつの論点としては，減損の問題がある。これについては2.5節で述べる。

　以上示した財務会計領域における環境会計の3つの論点，つまり，環境コストの資産計上，環境負債，環境問題に関連する減損について，以下2.3節，2.4節，2.5節で順にみていくこととする。

2.3　環境コストの資産計上
(1)　設備に関連する環境コストの会計

　環境コストを資産計上し将来期間に賦課するためには，図表1にあるように「環境コストが将来の便益に関連する」ことが必要となるが，「将来の便益に関連する」とはどのような状況を意味するのであろうか。これについて，CICA (1993) は次の2つのアプローチを示している。将来便益を増加させるコストのみを資産計上する「将来便益の増加アプローチ」と，将来便益の獲得に必要なコストであれば将来便益を増加させなくとも資産計上が可能とする「将来便益の追加コストアプローチ」である。

　例えば，FASBの緊急問題タスクフォース (EITF) が公表した指針 EITF 90-8「環境汚染処理コストの資産化 (Capitalisation of Costs to Treat Environmental Contamination)」では，環境汚染処理コストの費用化処理を原則としながらも，資産の改善をもたらすコストや当該資産の売却準備のために生じるコストについては資産計上できるとしていることから，「将来便益の増加アプローチ」が

採用されている。しかし，EITF 90-8 公表後に実施されたプライスウォーターハウスの調査 (Price Waterhouse, 1990) で，調査対象のアメリカ企業の83%が，「現行の実務は既に EITF 90-8 に沿っており会計処理を変更する必要がない」と回答していることからも，「将来便益の増加アプローチ」では資産計上の要件は従来とほとんど変わらない。

一方，2002年から FASB と共に会計基準の収斂作業を進めている IASB の IAS 第16号「有形固定資産 (Property, Plant and Equipment)」(2004年3月改訂版) では，環境保全目的で取得された有形固定資産について次のように述べられている。「例えば，化学会社が，危険化学物質の製造・貯蔵に関する環境規制に準拠するために化学物質処理設備を新設した場合，関連する設備の増設は資産として認識する。なぜなら，当該設備が存在しなければ，会社は化学物質を製造し販売することができないからである (IAS16, para. 11)」。ここでは「将来便益の追加コストアプローチ」が採られており，環境支出の経済的実態を反映するにはこのアプローチが望ましいといえる。

(2) 排出権の会計

環境問題，とりわけ温暖化対策の有力な柱とされているのが排出権取引である。これは市場原理を用いて排出量を削減するための手段であり，アメリカでは，環境保護庁 (EPA) が 1975 年に二酸化硫黄 (SO_2) の排出権取引制度を導入し，2003年にはシカゴ気候取引所も設立されている。しかし，これらは自主的な制度ということもあり，北米には排出権取引に関する会計基準は現在のところ公表されていない。

一方，国際的な動向に目を向けると，2005年1月に世界最大規模となる EU の排出権取引制度 (25カ国 12,000事業所対象) がスタートした。この制度に対応するために，2004年12月に，IASB の国際財務報告解釈指針委員会 (International Financial Reporting Interpretation Committee, IFRIC) から解釈指針第3号「排出権 (Emission Rights)」が公表されている。この解釈指針は，EU の排出権取引制度が採用するキャップ・アンド・トレード方式 (政府が総排出量を定めて排出枠 (キャップ) を配分し，主体間で排出枠の一部移転や獲得を認める制度) の会計処理に焦点

をあてたものである。これによると，企業が政府から受け取る排出権取引枠を無形資産として計上し，公正価値で評価することとしている。また，企業が排出するにつれて，排出に対応する排出枠を供出する義務を（IAS第37号に従って）引当金として認識することを求めている（IFRIC解釈指針案段階での会計処理の詳細は，中央青山サステナビリティ認証機構(2003, pp. 153-156)を参照のこと）。

わが国でも自主的な排出権取引制度が2005年4月に始動し（実際の取引は2006年4月から開始），これに対応するために，企業会計基準委員会（Accounting Standards Board, ASB）から，2004年11月に実務対応指針第15号「排出量取引の会計処理に関する当面の取扱い」が公表されている。この実務対応指針では，第三者に販売する目的で取得した排出クレジットについて，他社から購入する場合は商品等の購入と同様に「たな卸資産」として会計処理し，出資を通じて取得する場合は金融商品会計基準に従って会計処理される。また，自社使用を見込んで取得した排出クレジットは，他社から購入する場合は「無形固定資産」または「投資その他の資産」の購入として会計処理し，出資を通じて取得する場合は金融商品会計基準に従って会計処理するか，排出ファンドに対する出資の場合には無形固定資産等の購入と同様に会計処理される。ただし，この実務対応報告ではわが国において当面必要と考えられる会計処理のみを扱っており，EUのようなキャップ・アンド・トレード方式やトレーディング取引目的の会計処理は扱っていない。このように，排出権の会計処理を包括的に扱った会計基準は国際的にも未だ存在しておらず，さらなる検討が必要とされている。

2.4 環境負債の会計処理
(1) 過去の汚染に関連する環境負債の会計

アメリカでは，スーパーファンド法の影響もあって，過去の汚染に関連する環境負債の問題は深刻である。EPAによるとアメリカにおける27,000箇所の廃棄物処理用地の浄化コストは1兆ドルに達すると見積もられており，多くの企業の支払能力に影響を及ぼしている（Gray and Bebbington, 2001, p. 225）。しかし，アメリカにおける負債の会計基準，SFAS第5号「偶発事象の会計処理

(Accounting for Contingencies)」では，負債の認識要件を，(a)将来の支出が必要となる可能性が高く，かつ(b)債務の金額について信頼できる見積りができること，としているため，支出時期や金額に不確実性を伴うことが多い将来の浄化支出は，財務諸表上で適切に会計処理・開示がなされてこなかった。実際に，プライスウォーターハウスの調査（Price Waterhouse, 1992）では，調査対象となったアメリカの大企業523社のうち62％の企業で，環境負債の存在を認識しながらも財務諸表上に計上していないことが明らかとなった。

そこでその後，環境修復負債の会計処理を扱った基準として，FASBからEITF 93-5「環境負債の会計処理（Accounting for Environmental Liabilities)」と，AICPAからSOP 96-1「環境修復負債（Environmental Remediation Liabilities)」が公表された。EITF 93-5は，環境負債を開示する際の，保険による回収予定額や割引現在価値表示について扱っている。SOP 96-1は，スーパーファンド法による環境修復負債の認識・測定・開示に関する会計処理と監査について，既存の基準をどのように適用するかといった問題を詳細に扱っており，過去の汚染にかかる環境負債の会計についての包括的な指針を示した。

最近では，FASBと会計基準・解釈指針の収斂作業を行うIASBから，2004年12月にIFRIC解釈指針第5号「廃棄，原状回復及び環境復旧基金から生じる持分に対する権利」が公表されている。この解釈指針は，スーパーファンド法に代表されるような環境修復基金を扱っており，基金に拠出している企業は，その基金が連結・比例連結・持分法の対象にならない場合，廃棄コストを支払う義務を負債として認識し，基金に対する持分を別個に認識するとしている。

さらにIASBからは，ヨーロッパにおける電気・電子機器廃棄物に関する欧州連合指令を受けて，2004年11月にIFRIC解釈指針案第10号「特定の市場への参加から生じる負債―電気・電子機器廃棄物―」が公表されている。この指針案によると，一般家庭に販売された機器の廃棄物処理費用について，測定期間（市場占有率が廃棄物処理費用を配分する目的で決定される期間）に市場参入していた生産者は，過去の廃棄物費用についての負債を認識しなければならない。

このような製品回収・処理義務については，FASBからもFASBスタッフ

声明（FSP）案 143-a「電気・電子機器廃棄物の会計」が公表されている。
（2） 将来の閉鎖や撤去にかかる環境コストの会計
　次に，既に起こった汚染への対応だけではなく，現在使用中の設備を閉鎖あるいは撤去する際に環境コストが必要となる場合もある。従来のアメリカの会計基準では，長期資産の閉鎖にかかる将来の環境支出は減価償却を通じて時の経過と共に認識されていたが，SFAS 第 143 号「資産除却債務の会計（Accounting for Asset Retirement Obligations）」によって，有形長期資産の除却（売却，再生利用等）に関連する法的債務は，その公正価値を資産の取得日現在で負債として認識すると同時に，その金額を当該資産の帳簿価額に含めて資産計上し，資産の耐用年数にわたって減価償却することとなった。除却債務についての資産と負債の両建て計上が求められるようになったのである。さらに，SFAS 第 143 号が規定するうちの，債務決済の時期・方法が将来事象を条件とする債務について，多様な会計実務が行われていたことを受けて，FASB 解釈第 47 号「条件付資産除却債務の会計処理」も公表されている。この解釈では，公正価値が合理的に見積もられる限り負債を認識することが求められている。

　また，FASB からは SFAS 第 146 号「退出・処分活動に関連する費用の会計（Accounting for Costs Associated with Exit or Disposal Activities）」も公表され，退出又は処分活動に関連する費用を，退出又は処分活動計画を確約した時ではなく，発生時に公正価値で負債として計上することが求められた。

　一方，IASB からは，IFRIC 解釈指針第 1 号「廃棄，原状回復及びそれらに類似した既存の負債の変動」が 2004 年 5 月に公表されており，有形固定資産の廃棄等にかかわる見積費用が変動した場合，その変動は IAS 第 16 号により取得原価の一部として処理するとともに，IAS 第 37 号に従って負債を計上することが求められる。

　FASB や IASB から公表されたこれらの新しい会計基準の特徴は，債務を発生時（当初）に公正価値で認識することと，資産と負債が測定の問題を通して表裏一体として論じられていることである。公正価値による測定については，FASB の概念書（Statements of Financial Accounting Concepts：SFAC）第 7 号「会

計測定におけるキャッシュフロー情報および現在価値の使用（Using Cash Flow Information and Present Value in Accounting Measurements）」の影響が伺える。また，資産と負債の両建て計上については，費用配分による評価方式や引当金方式とは異なり，企業が将来弁済しなければならない債務を捉え，それをオンバランスしてはじめて負担すべきコストが明らかとなる，という考えに基づくものである。従来の例えばリース会計のように資産の金額から負債の金額が導かれるという方向から，SFAS 第 143 号では負債が資産の金額を既定するといった逆転が起っているのである。この背景には，将来の事象を会計がどのような視点からとらえるべきかという発想の転換がある（阪, 2002）。これらは，図表 2 の枠組みでは捉えきれない処理であり，将来の環境支出に関する会計についての注目されるべき進展である。

2.5 環境問題に関連する減損の会計処理

環境問題に関連する減損の問題として論じられることが多いのは汚染土壌のケースであろう。しかし，土壌汚染は原則として減損処理すべきではなく，環境負債として会計処理すべきである。減損とは，物理的理由や経済環境の変化により資産の帳簿価額の全額を回収することができなくなった状態であり，資産から獲得される将来の収入の減少を意味するが，負債は将来の支出を認識するものであり，この両者は会計上明確に区別しなければならない。土地は減価償却されないことからもわかるように，投下金額である帳簿価額を回収することが意図されていないため，また，汚染土地に減損を認識すれば，その土地を浄化・修復する義務が認識されないために，土壌汚染については原則的に減損処理ではなく浄化負債を計上すべきである。

ただし，処分予定資産にかかわる汚染で，売却後に当該企業が浄化責任を負うことがない場合には，継続使用する資産とは切り離して，減損の処理を行うこともありうる。環境問題を直接扱ったものではないが，関連するアメリカの会計基準としては，SFAS 第 144 号「長期性資産の減損又は処分の会計（Accounting for the Impairment or Disposal of Long-Lived Assets）」がある。SFAS 第

144号では，継続使用資産と処分予定資産とを区別して会計処理を規定している。そして，売却処分予定の資産については，帳簿価額が「公正価値－売却費用」を超えるときに，その超過額を減損損失とするとともに，以後減価償却は行わないこととし，貸借対照表上の区分表示を求めている（阪, 2004, pp. 199-203.）。

また，新しい環境法の制定によって既存の設備に陳腐化が生じた場合などに，減損処理が必要となることもある。これについて，SFAS第144号の継続使用資産に関する規定では，割引前将来キャッシュフローの総額が帳簿価額を下回る場合に減損を認識し，帳簿価額が公正価値（期待キャッシュフローの現在価値）を超える額を減損損失とすることとしている。

一方，IASBからは2004年3月に国際財務報告基準（International Financial Reporting Standards, IFRS）第5号「売却目的で保有する非流動資産及び廃止事業」が公表されている。これによると，売却予定の資産のうち特定の要件を満たすものについて，帳簿価額と売却費用控除後の公正価値のいずれか低い額で測定することを要求している。

以上述べてきた財務会計領域における環境会計の各論について，関連するアメリカの会計基準と，FASBとの収斂作業以降に公表されたIASBの会計基準を示したものが図表3である。図表3からも明らかなように，現時点における環境資産や環境負債の会計基準をめぐる動向は，従来CICAや国連等で研究がなされてきたような包括的な環境会計基準を目指すものではなく，既に企業等が直面している緊急の問題に対して，会計基準や解釈指針を相次いで公表することによって対応するという状況となっている。しかし，いずれ各基準や解釈指針間の首尾一貫性を確保するためにも，CICA（1993）の報告書に立ち返って環境会計基準の包括的な検討を行うことが必要となるかもしれない。

2.6 環境負債に関連する実証研究

上述したような会計基準の設定に並行して，アメリカにおける環境会計研究の1つの流れとして注目すべきは，実証研究の題材として取り上げられてきた

図表3 財務会計領域における環境会計の論点と関連する会計基準

		アメリカの会計基準	国際会計基準審議会(IASB)の会計基準
環境資産	設備に関連する環境コストの会計	EITF 89-13「アスベストの除去コストの会計処理」アスベスト除去費用の資産計上を認める。 EITF 90-8「環境汚染処理コストの資産化」費用処理を原則としながら，資産計上の条件を提示。	IAS 第16号「有形固定資産」環境規制に準拠するために設備を新設した場合，関連する設備の増設は資産として認識(para.11)。
	排出権の会計		IFRIC 解釈指針第3号「排出権」政府から受け取る排出権取引枠を無形資産として会計処理し公正価値で認識。排出枠の取得額と公正価値との差額は政府補助金（IAS20）に準じて処理。
環境負債	過去の汚染の修復等の会計	EITF 93-5「環境負債の会計処理」環境負債の開示における環境保険による費用回収予定額の扱いや割引現在価値表示を規定。 SOP 96-1「環境修復負債」環境修復負債の認識・測定・開示に関する包括的な指針。 FASBスタッフ声明(FSP)案143-a「電気・電子機器廃棄物の会計」	IFRIC 解釈指針第5号「廃棄，原状回復及び環境復旧基金から生じる持分に対する権利」基金が連結・比例連結・持分法の対象にならない場合，基金への拠出企業は廃棄コストを支払う義務を負債として認識し，基金に対する持分を別個に認識する。 IFRIC 解釈指針案第10号「特定の市場への参加から生じる負債—電気・電子機器廃棄物—」一般家庭に販売された機器の廃棄物処理費用について，測定期間に市場参入していた生産者には負債が生じる。
	将来の閉鎖や除去コストの会計	SFAS 第143号「資産除去債務の会計」負債認識時点で全額を負債に計上。公正価値によって負債を測定し，同額の資産も計上する。 FASB解釈第47号「条件付資産除却債務の会計処理」SFAS143のうち，債務決済の時期・方法が将来事象を条件とする債務について，公正価値を合理的に見積もられる限り負債を認識する。 SFAS146「退出・処分活動に関連する費用の会計処理」退出または処分活動に関連する費用は発生時に認識する。	IFRIC 解釈指針第1号「廃棄，原状回復及びそれらに類似した既存の負債の変動」有形固定資産の廃棄等にかかわる見積費用が変動した場合，その変動はIAS16により取得原価の一部として処理するとともにIAS37に従って負債を計上する。
減損	環境問題から生じる減損に関連する会計	SFAS 第144号「長期性資産の減損又は処分に関する会計処理」売却予定の資産について，資産の簿価と「公正価値－売却費用」との低い方で測定し，以後減価償却は行わない。貸借対照表で区分表示する。	IFRS 第5号「売却目的で保有する非流動資産及び廃止事業」売却予定の資産のうち特定の要件を満たすものについて，帳簿価額と売却費用控除後の公正価値のいずれか低い額で測定する。減価償却は行わず，貸借対照表で区分表示する。

ということである。特にスーパーファンド法に基づく環境負債は，その金額の大きさと見積もりの難しさのために注目されてきた。そして，関連する会計基準の公表を受けて，それらが会計実務に与えた影響などについてさまざまな側面から調査がなされてきた。本節で既に取り上げてきた内容に関連する実証研究としては，次のようなものがある。

(1) 基準公表が実務に与えた影響の研究

環境負債の開示実務の多様性を減少させ，タイムリーな認識を促すために，SECから公表されたスタッフ会計広報 (Staff Accounting Bulletin, SAB) 第92号「偶発損失の会計処理と開示 (Accounting and Disclosures Relating to Loss Contingencies)」が，実務にどのような影響を及ぼしたかについて調査した研究がStanny (1998) である。この研究は，継続的に環境負債発生額を開示していた企業について，SAB第92号が公表される以前の1991年～1992年と，SAB第92号公表以後の1992年～1993年の開示状況を比較したものである。その結果，SAB第92号公表以後に，環境負債の開示が増加したこと，また，企業あたりの平均負債計上額もわずかではあるが増加したことを示し，SAB第92号の公表が環境開示のレベルと環境負債の認識の両方の改善をもたらしたことを示した。

(2) 環境負債の見積金額に関する研究

環境負債の見積もりに関して，FASB解釈書 (FASB Interpretation, FIN) 第14号「損失金額の合理的見積 (Reasonable Estimation of the Amount of a Loss-An Interpretation of FASB Statement No.5)」やSAB第92号では，負債の最善の金額の見積もりが困難である場合には，少なくとも最低額を開示すべきことが定められている。この点について，Kennedy et al. (1998) がアメリカの上場企業で1993年または1994年のアニュアルリポートに環境負債を脚注開示している161社を調査した結果，うち18社が最高額，6社が最低額，28社が負債金額の範囲を開示し，54社が最善の見積額の推定値を開示していた。これらの開示に対して，情報利用者は，最高額を開示した企業に対してはより高い不確実性を感じ，最低額を開示した企業に対してはより低い不確実性を感じていた。

この研究は環境負債について，最善の見積額，最高額，最低額のいずれかを企業が選んで開示する場合，選択された金額によって情報利用者の判断をミスリードする可能性があるということを示した。

（3） 環境負債の不確実性に関する研究

環境負債の不確実性に関する研究としてはCampbell et al.（1998）がある。この研究は，スーパーファンド法に基づく環境負債について，特に化学産業では，サイトの浄化金額や負担金額の不確実性が大きいほど，その債務が株価に与える追加的なマイナスの影響が大きいことを示した。加えて，サイトレベルの非財務情報の開示が，財務諸表利用者にとって有用であることを指摘した。

また，Campbell et al.（2004）は，スーパーファンド法に基づく偶発債務の評価にあたり，会計情報が不確実性を下げる役割をもっているかどうかについて調査したものである。その結果，発生主義ベースの開示が偶発債務評価における浄化金額や負担金額の不確実性を下げ，さらに，財務諸表の注記による捕捉情報の開示が浄化金額の不確実性を下げ，株価に与えるマイナスの影響を緩和するのに効果的であることを示した。

（4） 未計上の環境負債に関する研究

貸借対照表に未計上の環境負債に関する株価の反応を調べた研究はBarth and McNichols（1994）である。この研究は，スーパーファンド法の潜在的責任当事者（PRP）に指定された企業を対象として，まず，サイトの特徴と修復コストの関係について調べ，一般に入手できる情報からスーパーファンド・サイトに関連する修復債務の認識にあたって必要な情報を明らかにした後，それらの情報が株価にどのような影響を及ぼしているか，について調査したものである。その結果，PRPとなっているサイト数，公表データから得られる企業の負担金額についての見積もり，企業の全PRPサイトの見積浄化コストを含む7つの情報が，いずれも株価に対してマイナスの影響を与えており，市場は，既に財務諸表で認識されている負債以外の未計上の環境負債についても，株価のマイナス材料として織り込んでいることを示した。

（5） 環境負債の強制開示に関する研究

環境負債情報の強制開示について調査した研究は Freedman and Stagliano (2002) である。この研究は，アメリカの証券市場への当初上場時点において，スーパーファンド法の潜在的責任当事者 (PRP) である企業 (26社) とそうでない企業で，アニュアルレポートと SEC の Form10-Ks における環境情報の開示レベルに差があるかどうかを調査したものである。結果は，両者の間に重要な差はなく，環境負債に関して，厳格な強制開示や株式公開は会計情報開示レベルを高めることにはならないこととし，スーパーファンド債務の適切な開示のためにまず必要なことは，既存の開示規制を徹底させることであると結論づけている。

また，Milne and Patten (2002) では，アメリカで要求されている (EITF 90-8, EITF 93-5, SOP 96-1 などの) 有害廃棄物サイトに関する環境負債の強制開示をめぐる企業の開示行動が，投資家の意思決定にどのような影響を与えているかを調べたものである。この研究では，アメリカ企業72社の MD & A における環境情報を調査した結果，化学産業のアニュアルレポートでは，開示が要求されている環境負債の情報に，企業がポジティブなメッセージを併記することによって，負債情報によって生じるマイナスの影響を緩和し，長期的投資戦略をとる投資家のポジティブな投資行動に結びつけていることを示した。

(6) 企業による環境負債の開示行動に関する研究

Li et al. (1997) は，企業が環境負債を開示するかどうかという意思決定を，企業・資本市場・(企業に政治的コストを課すことのできる) 利害関係者が関わるゲームに見立て，企業は政治的コストを加味した企業価値を最大化するために，どの情報を開示するか (あるいは開示しないか) といった開示戦略をとる，という認識からスタートしている。そして，カナダ・オンタリオ州の企業を対象とした調査の結果，負債の存在や金額に関する不確実性について，企業経営者がその情報を知っていると企業の外部者が確信できないとき，企業は期待されるレベルを越える負債情報を開示しないことを示した。その上で，①情報開示に関して企業の裁量が認められるときには，全ての企業が開示基準を遵守するとは限らないこと，②環境パフォーマンスに関する非会計情報を開示させることで，

経営者による情報の独占についての外部者の関心を高め，負債情報の自主的開示が向上すること，③ステイクホールダーの汚染に対する許容度が低下するとき，企業にとっての開示の（政治的）コストが上昇し，企業の開示レベルが下がること，という含意を提示した。

このような実証研究は，実務の現状を知るとともに，基準設定や理論への還元という意味で重要な意味をもつ。北米，特にアメリカでは，基準設定と実証研究が車の両輪となって，厚みをもった議論・研究を生み，財務会計領域における環境会計の進展を後押ししており，これは，他地域では見られない特色といえる。

3 環境／サステナビリティ報告書における環境会計

3.1 北米における環境／サステナビリティ報告

環境報告について，アメリカ企業にとっては，1990年代はじめから，法律によって強制されるもの以外にも自発的とは言い難い状況下で実施せざるを得ない場合が多かった。例えば，経済優先度評議会（CEP），投資家責任研究センター（IRRC），環境に責任をもつ経済のための連合（CERES）といった企業外部の団体が環境報告を主導する一方で，企業主導で環境報告の標準を確立しようとする動きとして，化学製造業協会（CMA）のレスポンシブル・ケア，世界環境管理発議（GEMI），公表環境報告発議（PERI）などがみられ（倉阪，1995, pp. 177-179），このようなさまざまなしくみが環境報告を着実に進展させてきた。

現在の状況を他国との比較でみると，世界19カ国それぞれのトップ企業100社の環境報告についての調査（KPMG Global Sustainability Services, 2002）によれば，環境・社会報告書を作成している企業の割合は，アメリカが3位，カナダが11位となっている（図表4参照）。ただし，公表されている報告書の中の（内容的に十分な）サステナビリティ報告書の割合は，トップがカナダ（19社中8社）で，次いでアメリカ（36社中7社）となっており，北米企業がサステナビリティ報告

図表4　国別トップ企業100社の環境報告

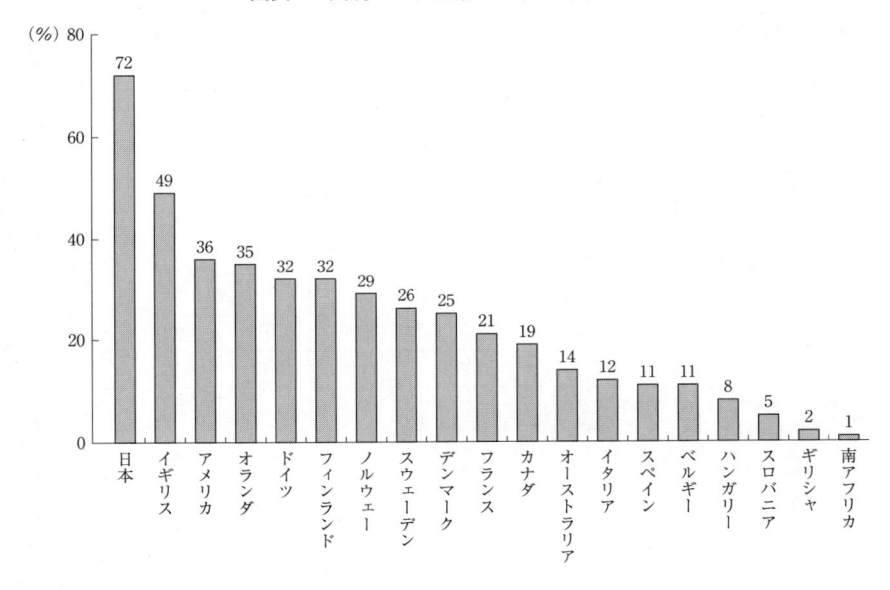

国	%
日本	72
イギリス	49
アメリカ	36
オランダ	35
ドイツ	32
フィンランド	32
ノルウェー	29
スウェーデン	26
デンマーク	25
フランス	21
カナダ	19
オーストラリア	14
イタリア	12
スペイン	11
ベルギー	11
ハンガリー	8
スロバニア	5
ギリシャ	2
南アフリカ	1

（出典：KPMG Global Sustainability Services, 2002, p. 2）

の実践に高い関心を払っていることがわかる。

さて，図表4のトップにあがった日本では多くの環境報告書の中で環境会計情報が開示されているが，北米企業の環境／サステナビリティ報告書ではどのような情報が開示されているのであろうか。以下では，サステナビリティ報告を主導するグローバル・リポーティング・イニシアティブ（Global Reporting Initiative, GRI）のホームページでGRIガイドライン利用企業として掲載されている北米企業の中から，環境会計情報開示の実状をみていくこととする。

3.2 環境／サステナビリティ報告書における環境会計情報

環境／サステナビリティ報告書において，包括的な環境会計情報を独立したセクションとして早くから開示し，わが国でも以前から注目されてきた企業がバクスター・インターナショナル（Baxter International）である。バクスター・

図表5　バクスター・インターナショナルの環境財務諸表（2003年）

連結見積環境コストおよび節約額　　　　　　　　　　　　　　　　（単位：百万ドル）

	2003	2002	2001
環境コスト			
基本プログラムのコスト			
企業の環境全般その他のコスト	0.8	0.9	0.8
監査人・弁護士への支払	0.3	0.4	0.3
企業環境・エネルギー──技術系	0.7	0.7	0.5
企業環境──IT	0.5	0.6	0.3
地域・施設の環境部門・環境プログラム	5.2	5.0	5.2
包装部門・包装削減プログラム	1.0	1.3	1.1
汚染コントロール──運用・整備	2.8	3.0	2.6
汚染コントロール──減価償却	0.8	0.9	1.0
基本プログラムのコスト合計	12	13	12
修復・廃棄物および対応コスト			
（事前環境対策によってこれらのコストは減少する）			
浄化請求・違反通知に対する弁護士への支払	0.7	0.5	0.1
政府の支払請求の清算	0.0	0.0	0.0
廃棄物処分	7.8	7.7	8.3
包装に対する環境支払金	1.0	0.6	1.0
修復・浄化──サイト内	0.4	0.4	0.5
修復・浄化──サイト外	0.1	0.0	0.0
修復・廃棄物および対応コスト合計	10	9	10
環境コスト合計	22	21	22
環境節約額			
2003年の活動による収入・節約額・コスト回避額			
有害排気コスト削減	0	0	0
有害廃棄物処分コスト削減	0.3	(0.1)	(0.3)
有害廃棄物マテリアルコスト削減	1.3	(0.7)	(0.7)
非有害廃棄物処分コスト削減	0.7	1.0	(0.5)
有害廃棄物マテリアルコスト削減	10.3	3.2	0.8
リサイクル収入	2.3	1.1	1.0
エネルギー保全コスト節約	3.9	3.1	2.2
包装コスト削減	1.7	2.4	2.5
水保全コスト節約	0.7	0.2	0.1
当期の環境節約額合計	21	10	5
──基本プログラムのコストに対する割合	175%	77%	42%
節約額の要約			
当期環境節約合計額	21	10	5
過去6年の活動の結果、当期に達成したコスト回避額	48	53	60
当期の収入・節約額・コスト回避額の合計	69	63	65

（出典：Baxter International, 2003）

インターナショナルでは現在も継続して図表5に示すような環境会計情報を開示している。

　バクスター・インターナショナルは，「環境財務諸表」という名称で，環境コストおよび節約額を開示している。環境コストは，基本プログラムのコストと，修復・廃棄物および対応コストに分類されている。修復・廃棄物および対応コストは，事前環境対策の実施によって削減されるコストとしている。2003年における基本プログラムのコストの合計は1,200万ドル，修復・廃棄物および対応コストの合計は1,000万ドルで，環境コストの合計額は2,200万ドルである。次に環境節約額については，まず当期の活動の結果として生じた収入・節約額・コスト回避額を示し，それは基本プログラムの諸活動に起因する成果であるとして，基本プログラムのコストに対する割合が表されている。さらに，当期の環境節約額と，過去6年間の活動の結果として当期に達成されたコスト回避額の合計額（つまり，当該年度も含めて7年間の活動によって得られた節約額・コスト回避額の合計額）が示されている。これは，環境活動の効果が対策年度にすぐに発生するよりは将来期間の経済的効果として表れることに着目したものである。7年という期間については，バクスター・インターナショナルにおける新設備プロジェクトの平均期間が7年であることに基づくものである。このような環境財務諸表は，環境活動の実態とその経済的貢献を示す非常に興味深い事例であるが，他に開示している企業は見られない。

　北米企業の環境／サステナビリティ報告書で開示されている環境コストに関連する情報のほとんどは，汚染土壌の修復コストに関する記述である。例えば，IBM（2002）では，「浄化が必要とされるとき」というセクションで，1ページにわたってスーパーファンド法に基づく汚染土壌の数や浄化の状況，汚染土壌・地下水の浄化活動の概要，修復費用の会計処理などについて述べている。その中の，修復費用の会計処理に関するパラグラフは次のとおりである。

IBM の環境負債の記述

　浄化プログラムが実施される可能性が高くなり，そのコストを合理的に見積もることが可能になった時点で，IBM では環境修復コストを環境負債として計上している。閉鎖後の活動（化学物質貯蔵施設の撤去や修復など）に関連した見積環境コストは，施設閉鎖の決定がなされた時点で計上している。2002 年 12 月 31 日時点の計上金額は，2 億 4,700 万ドルである。この金額には，調査準備段階で，浄化の範囲や負担割合が確定していないサイトは含まれていない。

(出典：IBM, 2002, p. 70)

　なお，IBM の英語版の報告書では上記のパラグラフで浄化活動の記述が終了しているが，日本語版の報告書（日本 IBM, 2002）では，最後に「この引当金計上については，67 ページの環境会計の項目でも詳しく説明しています」として，別に「環境会計」のセクションを設けて，2 ページにわたって環境会計についての詳細な記述がなされている。IBM の環境会計システムは日本だけのものではなく世界中の IBM の工場・研究所を結ぶシステムであるが，日本語版のみに記載がみられることは興味深い。他に，フォード（Ford, 2003），ゼネラルモーターズ（General Motors, 2003），BC ハイドロ（BC Hydro, 2004）などでも IBM と同様の修復活動や浄化コスト（負債）についての開示がみられる。

　環境支出に関しては，アボット・ラボラトリーズ（Abbott Laboratories, 2000）が報告書の冒頭で図表 6 に示す情報を開示していた。ただし，この図表の説明としては，「アボットの環境支出は，排出削減，廃棄物処分，排水処理，その他の環境コントロールおよび環境マネジメントシステムを目的とした資本的支出や活動費用である」と記述されているのみであった。また，1999 年の報告書と 2000 年の報告書では図表 6 に示すようなグラフを開示していたが，以後 2001 年の報告書からはこのような環境支出の情報は開示されていない。直近の 2003 年の報告書（Abbott Laboratories, 2003）では，他の北米企業にみられるように，「修復」というセクションで，13 箇所で修復・調査活動を実施してい

図表6　アボット・ラボラトリーズの環境資本的支出・環境活動費用（2000年）

年	資本的支出	活動費用
1991	25	20
1992	19	27
1993	32	31
1994	20	41
1995	18	43
1996	29	50
1997	25	44
1998	28	49
1999	20	54
2000	23	59

（出典：Abbott Laboratories, 2000, p. 2）

る旨，調査・修復コストが数億ドルにのぼり，数年間にわたって支払われる旨などが記載されているのみであった。

　他に，北米企業の環境／サステナビリティ報告書における環境コストに関する開示としては，罰金・ペナルティの支払（Johnson & Johnson, 2002 ; Ford, 2003），環境投資の内容と金額（Petro-Canada, 2003）などがみられるが，これらのほとんどが1～2パラグラフの記述による開示であった。

4　おわりに

　以上，アメリカを中心とする北米における外部環境会計を，財務会計領域における環境会計と，環境／サステナビリティ報告書における環境会計情報についてそれぞれみてきた。

　財務会計領域における環境会計について，アメリカでは環境問題が既にさまざまな会計基準に織り込まれ，企業の財政状態に与える影響が部分的にではあるが着実に財務会計に反映されつつある。また，2002年のノーウォーク合意

によって，アメリカの会計基準設定当局であるFASBと国際会計基準審議会（IASB）は，会計基準を中長期的に統合し，会計基準の解釈についても共通化することに合意している。現在，その作業が急ピッチで進められており，IASBからは国際財務報告基準（IFRS）や国際財務報告解釈指針委員会（IFRIC）による解釈指針の新設および改訂にかかわる草案が相次いで公表されている（第2節参照）。しかしそれらの会計基準の多くが，わが国では未だ整備されていないため，今後のわが国の対応を検討する上で重要なテーマとなろう。また，財務会計基準を整備することで，企業が直面している環境負債やリスクを明らかにし，浄化をはじめとする環境対策を促進する効果も期待される。これは，会計ビッグバンにみられる会計制度改革が，企業活動のあり方や利害関係者の意識に大きな影響を及ぼしていることからも明らかである。もちろん，財務会計は，主として投資家を対象とした独自の概念フレームワークをもつため，環境の問題を取り込むにはある程度の限界をもっている。しかし，批判があるにも関わらず，財務会計は弾力性をもち，将来構築される可能性のある会計システムの基盤となるような利点を間違いなく有している（Schaltegger and Burritt, 2000, p. 72）。今後も，財務会計領域における環境会計の進展を見る上で，北米の動向は注目されるところである。

　一方，環境報告における環境会計情報の開示については，その現状から，特に北米において環境報告からサステナビリティ報告に移行しつつある中で，日本企業に見られるような独立したセクションとして開示される「環境会計」または「環境コスト」といった情報が，報告書の中で位置づけにくくなってきているのではないか，と推測される。サステナビリティ報告として，社会的側面や経済的側面の内容を含めた時には「コスト」の範囲が広くなり，ましてや「効果」を計ることは非常に難しくなる。現に，アボット・ラボラトリーズでは，2001年以降環境コストの記載がなくなっている。日本においても，サステナビリティ報告が普及しつつあるが，その動向を視野に入れて，環境会計のあり方を再検討する必要があろう。

参 考 文 献

Abbott Laboratories (2000) *The 2000 Environmental, Health and Safety Update- Improving Lives Around the World*

Abbott Laboratories (2003) *Global Citizenship Report*

Barth, M.E. and M.F. McNichols (1994) "Estimation and Market Valuation of Environmental Liabilities Relating to Superfund Sites," *Journal of Accounting Research*, Vol.32, Studies on Accounting, Financial Disclosures and the Law, pp. 177-209

Baxter International (2003) Environmental Financial Statement accessed at http://www.baxter.com/images/about_baxter/sustainability/2003/E16-EnvStateTop-Page.pdf

BC Hydro (2004) *BC Hydro Annual Report- Reporting on Triple Bottom Line Performance*

Campbell, K., S. E. Sefcik and N. S. Soderstrom (1998) "Site Uncertainty, Allocation Uncertainty, and Superfund Liability Valuation," *Journal Accounting and Public Policy*, Vol 17, pp. 331-366

Campbell, K., S. E. Sefcik and N. S. Soderstrom (2004) "Disclosure of Private Information and Reduction of Uncertainty : Environmental Liabilities in the Chemical Industry," Presentation Paper at the Annual Conference, Environmental Management Accounting Network Europe, Germany, 4-5 March 2004, pp. 1-51

Canadian Institute of Chartered Accountants, CICA (1993) *Environmental Costs and Liabilities : Accounting and Financial Reporting Issues*, CICA 平松一夫・谷口（阪）智香訳（1995）『環境会計―環境コストと環境負債』東京経済情報出版

European Commission, EC (2001) *Commission Recommendation on the Recognition, Measurement and Disclosure of Environmental Issues in the Annual Accounts and Annual Reports of Companies*, EC

European Commission, EC (2002) *Proposal for a Directive of the European Parliament and of the Council : On Environmental Liability with regard to the Prevention and Remedying of Environmental Damage*, EC

Fédération des Experts Comptables Européens, FEE (1999) *Review of International Accounting Standards for Environmental Issues*, FEE

Ford Motor Company (2003) *Ford Corporate Citizenship Report*

Freedman, M. and A.J. Stagliano (2002) "Environmental Disclosure by Companies Involved in Initial Public Offerings," *Accounting, Auditing & Accountability Journal*, Vol. 15 No. 1, pp. 94-105

General Motors (2003) *General Motors Corporate Responsibility & Sustainability Report*

Gray, R. and Bebbington, J. (2001) *Accounting for the Environment- Second Edition-*, SAGE Publications

IBM (2002) *Corporate Responsibility Report 2002*

Johnson & Johnson (2002) *Environmental, Health and Safety Sustainability Report*

Kennedy, J., T. Mitchell and S.E. Sefcik (1998) "Disclosure of Contingent Environmental Liabilities : Some Unintended Consequences?" *Journal of Accounting Research*, Vol. 36 No. 2, pp. 257-277

KPMG Global Sustainability Services (2002) *Preview of KPMG's International Survey of Corporate Sustainability Reporting 2002*, KPMG

Li, Y., G.D. Richardson and D.B. Thornton (1997) "Corporate Disclosure of Environmental Liability Information : Theory and Evidence" *Contemporary Accounting Research*, Vol. 14 No. 3, pp. 435-474

Milne, M. J. and D. M. Patten (2002) "Securing Organizational Legitimacy- An Experimental Decision Case Examining the Impact of Environmental Disclosures," *Accounting, Auditing & Accountability Journal*, Vol. 15 No. 3, pp. 372-405

Petro-Canada (2003) *Report to the Community- Petro-Canada A Commitment to Caring*

Price Waterhouse (1990) *Environmental Accounting : The Issues, the Developing Solutions*, Price Waterhouse

Price Waterhouse (1992) *Accounting for Environmental Compliance : Crossroad of GAAP, Engineering, and Government, A Survey of Corporate America's Accounting for Environmental Costs*, Price Waterhouse

Schaltegger, S. and R. Burritt (2000) *Contemporary Environmental Accounting- Issues, Concepts and Practice-*, Greenleaf Publishing　宮崎修行監訳 (2003)『現代環境会計』五絃舎

Stanny, E. (1998) "Effect of Regulation on Changes in Disclosure of and Reserved Amounts for Environmental Liabilities," *Journal of Financial Statement Analysis*, Summer 3, 4, pp. 34-49

United Nations Conference on Trade and Development, UNCTAD (1999) *Accounting and Financial Reporting for Environmental Costs and Liabilities*, UNCTAD

倉阪智子 (1995)「アメリカの環境報告」山上達人・菊谷正人編著『環境会計の現状と課題』所収，同文舘，pp. 175-185

阪　智香 (2001)『環境会計論』東京経済情報出版

阪　智香 (2002)「環境会計基準の必要性―環境コスト・環境負債の評価基礎と会計処理―」『社会関連会計研究』第 14 号，pp. 111-124

阪　智香 (2004)「土壌汚染と会計」勝山進編著『環境会計の理論と実態』所収，中央経済社，pp. 197-212

中央青山サステナビリティ認証機構 (2003)『排出権取引の仕組みと戦略』中央経済社

日本 IBM (2002) IBM コーポレート・レスポンシビリティー・レポート

　　　　　　　　　　　　　　　　　　　　　　　　　　　　　　　　　　（阪　　智香）

第4章

韓国における環境会計の展開

1 はじめに

　地域および地球規模での環境問題への関心の高まりと，20世紀型の大量生産・大量消費によって生じてきた問題に対処するために，韓国においても，経済的効率のみを追及するのではなく，企業の環境配慮や社会的責任が求められるようになってきた。そして，企業経営における環境負荷を最小限にし，環境面の競争優位を確保し，ステイクホルダーと良好な関係を築くことは，企業価値の最大化に結びつくと認識されるようになってきた。その際に，企業の環境パフォーマンスと企業価値を結びつける重要な役割を果たすのが，環境報告と環境会計である (Korean Ministry of Environment, 2004)。

　韓国は，わが国をはじめ欧州や米国などの環境会計の研究成果をいち早く取り込み，外部環境会計を中心とした環境会計の基盤づくりと実務への導入に取り組んできた。2000年以降は，持続可能な発展を目指して，韓国政府が環境会計を産業界に導入するために主導的役割を果たしてきた (Lee, B.-W., Jung, S.-T. and Kim, J.-H., 2004, p. 1)。本章では，韓国における環境会計の取り組みと現状を紹介することとし，今後の国際協力も視野に入れた相互理解の一助としたい。

2 韓国における環境会計の調査・研究状況

2.1 韓国・世界銀行環境協力委員会（KWECC）のプロジェクト

　本節では，韓国における環境会計の主な調査・研究を，時期を追ってみていくこととする。最初の取り組みは，まず2000年1月に，韓国環境省（Korean Ministry of Environment, KMOE）が，世界銀行の資金援助のもと，韓国・世界銀行環境協力委員会（Korea-World Bank Environmental Cooperation Committee, KWECC）を設立したことから始まる。そして，韓国とアジアの発展途上国における環境会計を促進するため，環境会計システムと環境パフォーマンス指標に関する特別プロジェクトに着手した。このうちの環境会計プロジェクトは，POSCO研究所（POSCO Research Institute, POSRI, 浦項総合製鐵研究所）において，2000年3月から2001年2月まで実施され，その成果は，2001年2月に韓国で開催された世界銀行環境フォーラム（World Bank Environmental Forum）で「環境コストの測定・報告ガイドライン」として報告された。

　このガイドラインは，韓国やアジアの発展途上国で利用可能な環境コストの一般的概念と測定・報告手法を提供することを目的としている。ガイドラインでは，環境会計の定義を「企業の環境影響と，その環境影響を削減または排除することによるコスト・ベネフィットを測定するプロセスである」としている。この環境会計は，物量単位による環境影響と，貨幣単位によるコスト・ベネフィットの両方を対象としており，そのコスト・ベネフィットは，会計システムを通して，適切な方法で生産プロセスや製品に配賦されることが意図されている（Korean Ministry of Environment / World Bank, 2001, pp. 167-168）。なお，この「環境コストの測定・報告ガイドライン」の構成は，図表1のとおりである。

　このガイドラインでは，環境コストを2つの観点から分類している（Korean Ministry of Environment／World Bank, 2001, pp. 172-175）。まず1つめの観点は，環境活動別によるコスト分類であり，汚染防止コスト，汚染処理コスト，環境マネジメントシステム（EMS）コスト，ステイクホルダーコスト，環境損傷コス

図表1　KWECC プロジェクトの「環境コストの測定・報告ガイドライン」の構成

1. 目的	
2. 定義と範囲	①環境コスト ②環境目標とパフォーマンス ③環境投資 ④研究開発費 ⑤社会的コスト
3. 環境コストの分類	①環境活動の分類 ②環境影響の種類別分類
4. 環境コストの測定	①環境コストの範囲 ②環境コスト算定の期間 ③伝統的コストと環境コストとの区分 ④伝統的コストおよび環境コストの集計表（付表１）
5. 環境投資	①環境投資の分類（付表２） ②環境投資および費用
6. 環境ベネフィット	①物量単位で測定した環境ベネフィット ②貨幣単位で測定した環境ベネフィット（付表３）
7. 開示	（付表４）
8. ガイドラインの適用	①他の入手可能な情報全ての統合 ②環境コスト数値の意味の理解 ③環境活動のコスト・ベネフィットの評価 ④環境コストの漸増的性質
付表１　環境コスト集計表	①汚染防止コスト集計表 ②汚染処理コスト集計表 ③環境マネジメントシステムコスト集計表 ④ステイクホルダーコスト集計表 ⑤環境損傷コスト集計表
付表２　環境投資集計表	①環境投資集計表 ②環境投資および費用集計表
付表３　環境ベネフィット集計表	①環境活動による副産物の売却額集計表 ②環境改善集計表
付表４　環境コスト・投資・ベネフィットの開示フォーマット	①環境コストとベネフィットの開示フォーマット ②環境投資の開示フォーマット（要約表） ③環境改善の開示フォーマット

トの5つに区分している。汚染防止コストとは，汚染源からの汚染発生を防止するためのコストである。汚染処理コストとは，既に起こった汚染について，敷地外（工場の外）が汚染される前に，処理または処分するためのコストである。環境マネジメントシステム（EMS）コストとは，環境マネジメントシステム全体の設計・構築・実施・監視・評価・改善にかかるコストである。ステイクホルダーコストとは，外部のステイクホルダーと良好な関係を維持するためのコストである。環境損傷コストとは，自然環境の損傷を修復または回復するためのコストや，環境法規制の違反に伴う罰金・ペナルティ，第三者の傷害または財産の損害に対する補償である。

　2つめの観点による分類は，環境インパクト別のコスト分類であり，大気汚染防止・処理コスト，水質汚濁防止・処理コスト，廃棄物削減・処分コスト，土壌汚染防止・修復コスト，持続可能資源保全コスト，騒音・悪臭防止等，その他のコスト，の7つに区分している（Korean Ministry of Environment／World Bank, 2001, pp. 178-179）。これらの環境コストの測定方法については，差額集計と按分集計があげられており，わが国の環境会計ガイドラインと同様の考え方が用いられていることがわかる。

　また，環境投資とは，企業の環境パフォーマンスを改善し，環境上の効果が長期にわたって持続する支出で，資産として計上することが可能なものとしている。ただし，計上する金額は，貸借対照表日における資産の金額とし，減価償却の金額は投資の金額には含めない。

　環境コストと対比させるベネフィットについては，不確実であることが多く，測定することがほとんど不可能であるため，合理的に測定可能な範囲のコスト削減額を開示することが望ましい，としている（Korean Ministry of Environment／World Bank, 2001, pp. 180-181）。

　このガイドラインの中で付表4として添付されている環境コスト・投資・ベネフィットの開示フォーマットは，図表2に示すとおりである。開示フォーマットは，図表2－①，図表2－②，図表2－③に示す3つから成っている。

　図表2－①は，環境活動別コスト分類と環境インパクト別コスト分類のマト

図表２−①　環境コストと対応するベネフィットの開示

	汚染防止コスト	汚染処理コスト	EMSコスト	ステイクホルダーコスト	環境損傷コスト	コスト額合計	副産物の売却額	コスト節約額	貨幣的ベネフィット額合計
1. 大気汚染									
2. 水質汚濁									
3. 廃棄物									
4. 土壌汚染									
5. 資源保全									
6. 騒音，悪臭等									
7. その他のコスト									
合　　計									

図表２−②　環境投資（要約）

	汚染防止・処理設備	R&D投資	投資額合計	環境資産への投資			
				期首残高	当期投資額	減価償却費	期末残高
1. 大気汚染							
2. 水質汚濁							
3. 廃棄物							
4. 土壌汚染							
5. 資源保全							
6. 騒音，悪臭等							
7. その他							
合　　計							

リックスの形をとっており，さらに，関連する経済的ベネフィット（副産物の売却，コスト節約額）を対比するようになっている。図表２−②は，環境投資の開示フォーマットであり，各環境インパクトに対応する汚染防止・処理の設備の金額と，R&D投資額について，期首残高＋当期投資額−減価償却費＝期末残高，のそれぞれの金額を記入する表となっている。図表２−③は，環境改善に関する物量情報の開示フォーマットであり，前年度の数値，当年度の数値，（前年度の当年度の）増減，達成値，法的要求値，達成値／要求値の比率，を記載する表となっている。環境改善の開示フォーマット上の項目は，あくまで例示であり，企業の実状に応じて重要な項目を追加することができる，としている。

図表2－③　環境改善

	前年度	当年度	増減	達成値	法的要求値	比率 (達成値／要求値)
1. 大気汚染						
1.1　SOx						
1.2　NOx						
1.3　その他						
1.4　合計						
2. 水質汚濁						
2.1　BOD						
2.2　COD						
2.3　pH						
2.4　Cu						
2.5　その他						
2.6　合計						
3. 廃棄物						
3.1　産業廃棄物						
3.2　一般廃棄物						
3.3　合計						
4. 資源の消費						
4.1　主要原材料						
4.2　電気						
4.3　化石燃料						
4.4　水						
5. 有害化学物質						
5.1　青酸塩						
5.2　石炭酸						
5.3　フォルムアルデヒド						
5.4　その他						
6. その他						
6.1　騒音						
6.2　粉塵						
6.3　その他						

　このようにして開示された環境コスト等の情報を用いて，企業の環境効率を比較または評価するためには，何らかの指標が必要である。環境コストはその金額の大小からは環境活動の善し悪しを判断することができないため，金額情報だけではなく環境負荷改善の結果とあわせて評価しなければならないからである。そこで，このガイドラインでは，環境会計を，環境／財務パフォーマンス指標と併用することで，企業のエコ・エフィシェンシーを向上させ，収益性・生産性と持続可能性を達成するための手法と位置づけている。企業は環境／財

務データを用いて,非効率な要因を発見して効率性を高めると同時に,環境パフォーマンスを改善することが重要であるとしている。

2.2 財務会計の枠内における環境会計

韓国会計協会 (Korea Accounting Institute, KAI) は,財務会計の枠内における環境会計の研究を実施し,その検討結果を 2001 年に報告書「環境コストと環境負債の会計基準 (*Accounting Standard for Environmental Costs and Liabilities*)」として公表した。

この報告書は,環境会計の定義と範囲,環境財務会計の概念フレームワーク,韓国における環境会計の実務,環境会計基準の草案といった,財務会計の枠内における環境会計に関する幅広い問題を扱うものである (Lee, 2001, pp. 53-54, 70-71 ; Lee et al, 2002, pp. 176-177)。

2.3 環境省の環境報告・環境会計等プロジェクト
(1) 環境省のプロジェクトの概要

環境省は,韓国・世界銀行環境協力委員会のプロジェクトの後,2 回にわたって国家環境プロジェクトを実施した。第 1 回は環境報告書のプロジェクトで,2001 年 7 月から 2002 年 4 月まで実施された。その後,第 2 回のプロジェクトでは,環境パフォーマンス評価,環境会計,環境パフォーマンス測定の 3 つのテーマが扱われ,2002 年 8 月から 2003 年 4 月まで実施された。なお,環境省のプロジェクトにおける環境会計は,外部環境会計に焦点を当てたものであり,次項で述べる通商産業エネルギー省のプロジェクトは内部環境会計 (環境管理会計) に焦点を当てている。

環境省のプロジェクトでは,図表 3 に示すように,環境報告や環境会計のガイドラインの作成,環境パフォーマンス指標の開発や試験的適用の調査・検討がなされた。

(2) 環境報告ガイドライン

第 1 回のプロジェクトの成果として,環境省は 2002 年 6 月に「環境報告ガ

イドライン 2002（*Environmental Reporting Guidelines*）」を公表した。このガイドラインは，環境省の主導のもと韓国を代表する6業種11社（図表4参照）が参加し，1年間の試験適用を含む2年間の検討を経て公表されたものである。このプロジェクトの目的は，企業の環境コストをより正確に測定・分析するための有用な手法を開発し，韓国の産業界にベストプラクティスを普及させることであった。

「環境報告ガイドライン2002」は，既に2000年に公表されていたガイドラインの改訂版であり，その内容は，環境報告が要求される背景，環境報告の利用者（消費者，投資家・金融機関，規制当局，地域のステイクホルダー，従業員），環境報告の一般的原則（目的適合性，信頼性，明瞭性，比較可能性，適時性，検証可能性），環境報告書作成の手順，および，環境報告に含めるべき項目から構成されている。

図表3　環境省の国家環境プロジェクト

	プロジェクト名	期間	参加企業数	内　容
第1回	環境報告	2001.7～2002.4	11	環境報告ガイドラインの作成および公表（2002年6月）
第2回	環境パフォーマンス評価	2002.8～2003.4	10	指標および重み付け手法の開発
第2回	環境会計	2002.8～2003.4	6	環境コスト会計ガイドラインの開発 そのガイドラインの試験的適用
第2回	環境パフォーマンス測定	2002.8～2003.4	11	6分野（水，廃棄物等）の指標の開発 その指標の試験的適用

図表4　環境省環境報告プロジェクト参加企業

業　種	企業数	企　業　名
電機・電子	4	サムスン電子，サムスン電機，サムスン・コーニング，LG電子
化　　学	2	LG化学，アモレ・パシフィック
製　　紙	1	ユハンキンバリー
自 動 車	1	ヒュンダイモーター
航　　空	2	コリアンエアー，アシアナ航空
ホ テ ル	1	ホテルシーラ

（出典：Korean Ministry of Environment, 2002, p. 1）

環境報告に含めるべき項目については，図表5に示す項目があげられており，各項目についてはさらに詳細な解説がなされている。図表5の他に，業種に応じて開示すべき項目も別に記載されている。

図表5　環境省環境報告ガイドライン2002の枠組み

分　　類	報告すべき項目
組織の概要	1. 経営者の緒言 2. 組織のプロフィール 3. 環境報告の概要
ビジョン及び方針	環境方針及び目標
マネジメントシステムおよびプログラム	1. 環境マネジメントシステム 2. 環境事故に対する臨時計画 3. 環境監査
環境影響およびパフォーマンス	1. 資源の利用 2. 汚染の排出 3. 健康・安全 4. 環境影響評価 5. 騒音・振動 6. 環境配慮製品及び消費 7. 環境配慮包装 8. 環境配慮流通 9. 環境会計
ステイクホルダーとのパートナーシップ	1. 生態系保護の取り組み 2. コミュニティ・パートナーシップ 3. 規制遵守 4. 認証・受賞歴
今後の環境報告の計画	サステナビリティ報告

(出典：Korean Ministry of Environment, 2002, p. 6)

この環境報告ガイドラインでは，開示項目の1つとして環境会計が取り上げられている。ガイドラインでは，環境会計について「環境省から環境会計の項目や開示フォーマットについての正式なガイドラインが公表されるまでは，企業独自の規準に従って環境に関連する費用を開示すべきである」とし，環境会計として開示すべき情報には次の項目が含まれるとしている。

- 環境会計に関連して収集した情報の範囲および期間
- 研究開発費を含む環境保全のための費用
- 企業努力によって達成された環境改善の経済的効果，等

また，環境会計情報の開示フォーマットの例示として図表6が掲載されている。

図表6　環境報告ガイドラインにおける環境会計情報の開示例

費　　用	1997	1998	1999	2000	2001
環境マネジメント費用　①					
環境投資　②					
費用合計　①+②					
当社の作業所における環境改善のために費やした費用は約20億ウォンであり，その金額は昨年と比較して約18%増加した。2005年までに，水保全と大気汚染削減技術への投資を合計約30億ウォンに増加させる　当社の投資計画の詳細は次のとおりである。…					

（出典：Korean Ministry of Environment, 2002, p.17）

(3)　環境コスト会計ガイドライン

その後，環境省によって「環境コスト会計ガイドライン（案）」が2004年7月に公表され（2004年10月末時点で韓国語版のみ），現在は導入企業によるフィードバックの収集がなされている。このガイドラインでは，環境コストの測定および環境会計情報の開示が扱われており，企業7社のケーススタディも含まれている。その後，ケーススタディは10社に拡大して実施されている。

環境コスト会計ガイドラインでは，環境コストを「環境影響を最少化して環境効率を最大化するための活動によって，一定期間に消費された資源」と定義している。そして環境コストを，①汚染処理活動コスト，②汚染防止活動コスト，③ステイクホルダー活動コスト，④環境コンプライアンス・修復活動コスト，の4つに区分し，それぞれのコスト項目の詳細について解説がなされている。また，図表7のような開示フォーマットが提案されている（Lee, B.-W., Jung, S.-T. and Kim, J.-H., 2004, pp.5-8）。

2.4　通商産業エネルギー省の環境管理会計プロジェクト

環境省の環境会計プロジェクトが外部環境会計に焦点を当てていたのに対して，通商産業エネルギー省（Ministry of Commerce, Industry & Energy of Korea）は，

図表7　環境コスト会計ガイドラインで提案されている環境コスト開示フォーマット

活動		大気	水	廃棄物	土壌	その他	合計
1. 汚染処理活動コスト							
1.1 汚染処理設備の運転	設備運転コスト						
	外注コスト						
	その他						
2. 汚染防止活動コスト							
2.1 EMSの実施	EMS認証						
	トレーニング						
	モニタリング						
	その他						
2.2 省資源・リサイクル	設備運転コスト						
	省エネ・温暖化防止						
	流通経路の改善						
	外注コスト						
	その他						
2.3 R&D	プロセス改善						
	エコプロダクト						
2.4 その他	植林						
3. ステイクホルダー活動コスト							
3.1 外部との関係	寄付・支援						
	地域パートナーシップ						
3.2 その他	環境保護						
	コミュニケーション						
4. コンプライアンス・修復活動コスト							
4.1 法律のコンプライアンス	税金・課金						
	ペナルティ						
4.2 汚染修復	修復						
	補償						
	その他						
環境コスト総額							

（出典：Lee, B.-W., Jung, S.-T. and Kim, J.-H., 2004, pp. 7-8）

内部環境会計（環境管理会計）に焦点を当てたプロジェクトを3年間（2002年10月から2004年9月まで）にわたって実施した。参加企業は図表8に示す13社であり，プロジェクトの実施にあたってはLG環境戦略研究所（LG Environmental Strategy Institute）が主導的役割を果たした。

　このプロジェクトの目的は，企業の環境コストを正確に測定・分析するため

の有用な手法を開発し，韓国産業界にベストプラクティスを普及させることであった。この環境管理会計プロジェクトの詳細とケーススタディについては，Lee, B.-W., Jung, S.-T. and Kim, J.-H. (2004, pp. 8-19) に詳しい。

図表8 通商産業エネルギー省の環境管理会計プロジェクト参加企業

業　種	企業数	企　業　名
製　　鉄	1	POSCO
電子・半導体	2	サムスン電子，ハイニックス
化　　学	2	LG化学，ハンファ化学
製　　紙	1	ユハンキンバリー
自　動　車	1	ヒュンダイモーター
航　　空	2	コリアンエアー，アシアナ航空
ガ　　ス	1	コリアガス
水	1	コリアウォーターリソース
石　　油	1	SK
ホームケア	1	エギョン

(出典：Lee, B.-W., Jung, S.-T. and Kim, J.-H., 2004, p. 4 をもとに作成)

3　韓国主要企業における環境会計の事例

本節では，韓国政府の環境会計プロジェクトに参加していた企業が，環境報告書で環境会計情報をどのように開示しているのかについてみていくこととする。事例として取り上げるのは，LG化学，コリアンエアー，サムスン電機，サムスン電子，ヒュンダイモーター，POSCO (50音順) の6社である。

3.1　LG化学

LG化学 (LG Chemicals) は，1997年に環境安全委員会を設立し，環境方針を作成したが，それに先だつ1996年には既に，環境コスト測定プロセスを標準化することを目的として，環境コスト集計プロジェクトを開始していた。このプロジェクトは，環境コストの分類，環境コストとそれ以外のコストとの区分，環境コストの集計と体系的な管理に焦点をあてており，1999年には清州

(Cheongju) 工場をはじめとする8つの工場で導入された。図表9は1999年の清州工場での環境コスト算定結果である。

LG化学は，早い段階から環境会計に取り組んでいたこともあって，環境省の環境コスト会計ガイドラインとは若干異なる用語や分類方法を使用している。図表9にあるように，LG化学では環境コストを大きく事前環境コストと事後環境コストに分類し，事前環境コストについては，さらに汚染防止コスト，

図表9　LG化学・清州工場の環境コスト（1999年）

（単位：1000韓国ウォン）

	コスト項目		大気	水	廃棄物	土壌	騒音	有害物質	その他	合計
事前コスト	汚染防止コスト	R&D								
		クリーン生産プロセス取替								
		設備取替								
		EMSの確立								35,700	35,700
	処理／処分コスト	設備の購入								
		防止設備	1,591,300				143,700			1,735,000
		監視設備								
		環境影響測定								
		測定手数料	27,000	14,800						41,800
		装置の購入	5,250							5,250
		設備の維持								
		維持費	234,300	7,700	41,425					283,425
		修繕費	15,000	151,700	80,760					247,460
		人件費	76,000	48,000	191,711					315,711
		設備コスト	3,283,608	3,400	47,799					3,334,807
		処理コスト								
		手数料		5,500	160,650					166,150
		収集と輸送			163,352					163,352
		管理費							377,000	377,000
	ステイクホールダーコスト	遵守コスト	11,700	500						12,200
		PRコスト								
		広告費							1,500	1,500
事後コスト	税金および課徴金	課徴金		142,200						142,200
		税金	16,000							16,000
		預託金								
	罰金およびペナルティ	罰金およびペナルティ								
	第三者への補償									
	機会原価									
	合計		5,260,158	373,800	685,697		143,700		414,200	6,877,555

環境影響の処理／処分コスト，ステイクホルダーコストに，事後環境コストについては，税金および課徴金，罰金およびペナルティ，補償などに分類している。ただし，ガイドラインと分類方法は違っても，概ね同様のコスト項目はカバーされている。

図表9によれば，清州工場では，1999年に，大気汚染の防止と対策に52.6億ウォン（1ウォン＝約0.1円）と最も多くのコストを費やしており，次いで廃棄物処理に6.9億ウォン，排水処理に3.7億ウォンとなっている。環境投資は別に手作業で集計され，23億ウォンであった。LG化学は，このプロジェクトを通して，環境コストや環境投資の集計は複雑であり，特に環境コストとそれ以外のコストを区分することが難しく，環境コストの利用や製品への配賦のためにはさらなる努力が必要であることを認識した。

その後もLG化学は環境コスト把握の取り組みを継続し，経営意思決定のための情報提供を目的として，環境コストの識別・見積・分類を行い，その結果をステイクホルダーに公表している。LG化学の2003年の「RCレポート―環境報告書（*RC Report-Environmental Report*）」では，「環境コスト」のセクションで，直近の2002年における環境コストについて，「事前環境コストは345億ウォン，事後環境コストは45億ウォン，環境コスト合計は390億ウォンであった。事前環境コストの内訳は，環境汚染防止のためのコストが49億ウォン，環境影響削減のためのコストが291億ウォン，ステイクホルダーコストが5億ウォンであり，事後環境コストの45億ウォンは汚染に関連する追加的環境支出であった」（LG Chemicals, 2003, p. 26）と説明している。

加えて，図表10に示すように，1999年からの環境投資金額の推移と，2002年における支出対象別の環境投資の金額および環境コストの金額のグラフを開示している。LG化学では，環境会計を導入することで，エコ・エフィシェンシーの向上と同時に，環境投資分析，正確な製品原価の決定，環境配慮企業としてのイメージアップにも役立つとしている。

3 韓国主要企業における環境会計の事例　147

図表10　LG化学の環境投資と環境コスト（2002年）

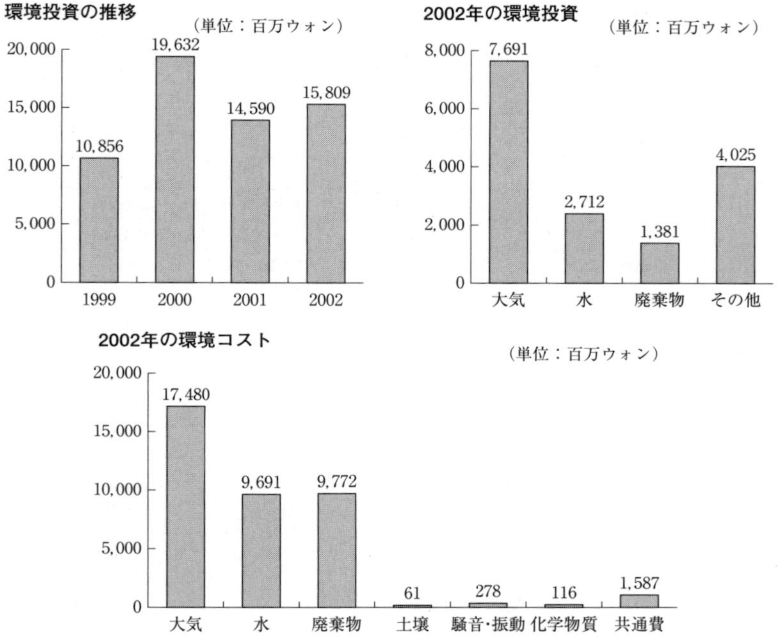

環境投資の推移　（単位：百万ウォン）
- 1999: 10,856
- 2000: 19,632
- 2001: 14,590
- 2002: 15,809

2002年の環境投資　（単位：百万ウォン）
- 大気: 7,691
- 水: 2,712
- 廃棄物: 1,381
- その他: 4,025

2002年の環境コスト　（単位：百万ウォン）
- 大気: 17,480
- 水: 9,691
- 廃棄物: 9,772
- 土壌: 61
- 騒音・振動: 278
- 化学物質: 116
- 共通費: 1,587

（出典：LG Chemicals, 2003, p.26）

3.2　コリアンエアー

　環境省の「環境コスト会計ガイドライン」に従って開示している旨を環境報告書上で明記しているのがコリアンエアー（Korean Air, 大韓航空）である。コリアンエアーでは，環境コストを，汚染統制コスト，汚染防止コスト，ステイクホルダーコスト，法的コストに分類している。法的コストには，飛行機騒音支払金と環境改善課金が含まれている（図表11参照）。

　2002年のコリアンエアーの環境コストは84.7億ウォンで，総コストの0.14％を占めている。コリアンエアーの「環境年次報告書（*Environmental Annual Report*）」に記載されている説明によると，環境投資については2001年の金額が59億ウォンと大きくなっているが，これは仁川（Incheon）国際空港の環境

図表11　コリアンエアーの環境コスト

環境コストの状況　　　　　　　　　　　　　　　　　　　　（単位：百万ウォン）

分　類	2000年	2001年	2002年
汚染統制活動	3,634	3,915	3,915
汚染防止活動	611	896	889
ステイクホルダー活動	53	29	26
法的活動	6,989	4,523	3,641
環境コスト合計	11,278	9,363	8,471
全社コスト*	5,536,353	5,879,263	5,954,459
比率（%）	0.20	0.16	0.14

*全社コスト：当該年度の費用合計

環境投資の金額　　　　　　　　　　　　　　　　　　　　（単位：百万ウォン）

分　類	2000年	2001年	2002年
環境投資	470	5,900	480
投資総額	555,000	436,600	254,000
比率（%）	0.08	1.35	0.19

環境コストの構成割合

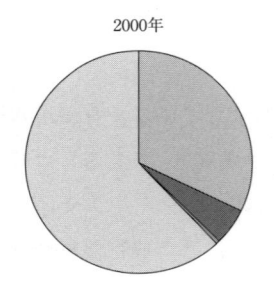

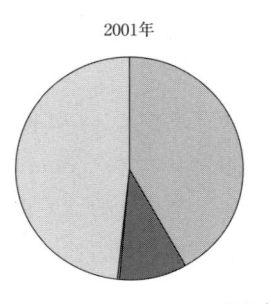

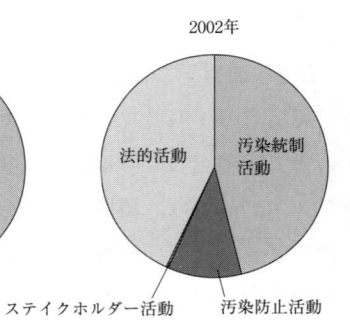

2000年　　　　　　　2001年　　　　　　　2002年

法的活動　　汚染統制活動

ステイクホルダー活動　　汚染防止活動

環境投資の金額と総投資に対する割合

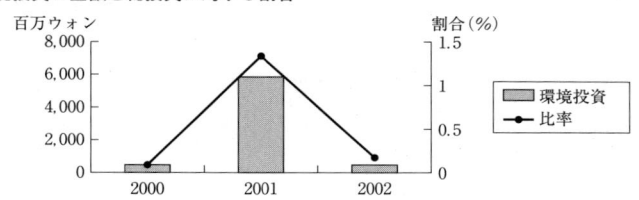

環境コストの金額と総費用に対する割合

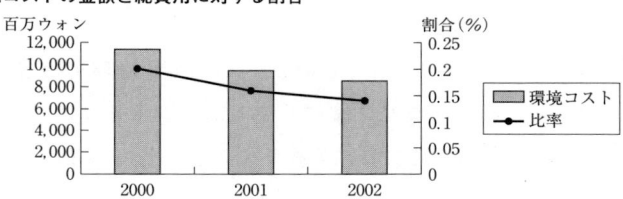

2002年の環境コスト

(単位:百万ウォン)

分 類		大気	水	廃棄物	その他	共通	合計
汚染統制活動	減価償却費	326	227	164	26		743
	人件費					576	576
	電気料金	188	96				284
	施設管理費	140	209	111	7	189	656
	廃棄物処分費			1,650			1,650
	その他			3		3	6
	小計	654	532	1,928	33	768	3,915
汚染防止活動	EMS運営費					26	26
	人件費					851	851
	その他					12	12
	小計	0	0	0	0	889	889
ステイクホルダー活動	外部協力費					5	5
	環境宣伝費					21	21
	小計	0	0	0	0	26	26
法的活動	騒音支払金				3,496		3,496
	環境改善課金					143	143
	基本課金	2					2
	小計	2	0	0	3,496	143	3,641
合 計		656	532	1,928	3,529	1,826	8,471

(出典:Korean Air, 2003, pp.44-46)

施設・設備のための投資である。2002年の環境投資4.8億ウォンはテレビ測定システムの設置のためのもので，その金額は2002年の総投資の0.19%である。

現在，コリアンエアーでは，環境管理会計の指針づくりをめざし，より信頼性ある環境コストの把握のために，海外の先進的事例の研究を進めているところである。

3.3 サムスン電機

サムスン電機（Samsung Electro-Mechanics, 三星電機）は環境投資方針を作成しており，この方針では，汚染発生後に対処するエンドオブパイプ型投資から，汚染発生そのものを削減する投資に転換することとしている。この方針に基づき，サムスン電機は，1995年に環境基盤インフラ（自動操作の下水・排水処理場の建設，大気・水の排出測定装置の設置など）の大規模投資を行い，2000年には最新設備の導入とクリーンテクノロジーに積極的に投資している。

サムスン電機の2003年の「環境報告書（*Environmental Report*）」における「環境投資および統制のコスト」のセクションでは，図表12に示すような環境投資の金額情報が開示されている。水原（Suwon）・大田（Daejeon）・釜山（Busan）の各工場における環境投資の金額が，売上高や研究開発投資の金額と対比され，また，環境投資の内容についても開示されている。この開示からも，サムスン電機では，環境投資方針に基づく投資活動に重点が置かれていることが推測される。

3.4 サムスン電子

サムスン電子（Samsung Electronics, 三星電子）は，1992年に環境方針を公表し，1998年には温陽（Onyang）の半導体工場に環境コスト集計システムを導入した。温陽工場では，独自のガイドラインを作成し，次の項目を環境コストとした。

- 汚染防止と損傷改善設備の両方を含む環境設備に関連するコスト
- 廃棄物処理関連コスト
- 汚染防止設備の効率を改善するコスト

図表12 サムスン電機の環境投資および統制コスト（2002年）

分類		1998年	1999年	2000年	2001年	2002年
売上高 （億ウォン）	水原	18,979	26,740	31,232	24,966	28,271
	大田	2,920	3,360	3,520	3,180	3,970
	釜山	64	25	2,392	2,874	3,449
環境投資 （億ウォン）	水原	13	11	15	16	15
	大田	8.7	43	27	8.6	4.8
	釜山	3.8	130	11.6	5	4
R&D投資 （億ウォン）	水原	0.5	1	1.6	3	3.5
	大田	5	3	2	3	6
	釜山	2	1.5	0.5	1	1

環境投資の具体的な内容

水原工場
- 自動乾燥装置の設置と運用
- 非常用回収水タンクの新設
- 悪臭除去装置の設置
- RTOの設置
- 廃棄物処理設備（圧縮機）の設置
- 事故防止と環境監視用のテレビ設置

大田／釜山工場
- 排出ゼロ設備の設置
- 揮発性有機化合物の除去のための吸収タワーの設置
- 大気汚染防止設備の追加
- リサイクルシステムの設置
- 排水処理設備の追加
- 副産物処理場の拡張

（出典：Samsung Electro-Mechanics, 2003, p. 26）

なおこの時点では，コスト項目には，容易に測定でき，環境安全衛生部門の活動に直接関連するもののみが含められていた。これらのコストは，水質，大気，廃棄物関連のコストに分類されている。温陽工場における1999年の環境コストと，各環境コストの構成比を示したものが図表13である。なお，温陽工場で算定された環境コストは，各コスト部門に配賦されておらず，また，これらの環境コスト情報は上級管理職に報告されたが，意思決定には用いられていなかった。

その後，サムスン電子は，環境関連費用のより効率的なマネジメントのために段階を追って環境コストの範囲を拡大し，2001年10月に始まる会計年度に本格的に環境会計を導入した。サムスン電子では，図表14のような環境会計導入のスケジュールを作成しており，既に，第2段階（2003年1月～9月）を完

図表13　サムスン電子・温陽工場の環境コスト（1999年）

図表13-①　支出総額・エネルギーコスト・環境コスト（1998〜1999年）

(単位：億ウォン)

年	工場支出総額	エネルギーコスト	環境コスト			
			合計	水	大気	廃棄物
1999	6,759（100%）	168（2.55）	27.0（0.41）	11.4（0.17）	8.1（0.12）	7.5（0.11）
1998	6,875（100%）	182（2.65）	31.3（0.45）	13.6（0.19）	8.6（0.12）	9.1（0.13）

図表13-②　環境コストの構成比

	項目	水質	大気	廃棄物	合計
直接コスト	減価償却費	33.5%	25.14%	10.66%	24.67%
	労務費	27.39	4.78	16.72	17.64
	エネルギー	7.56	29.72	4.60	13.39
	修繕費	9.29	1.85	5.84	6.10
	化学物質	12.25	0.39	0	5.28
	水質	0	3.22	0	0.97
	汚水処理	0	18.48	2.71	6.30
	委託費	0	0	51.26	14.23
	小計	90.03%	83.58%	91.79%	88.58%
間接コスト	間接技術労務費	1.12	1.58	6.16	2.66
	TMS管理	2.88	6.63	0	3.21
	労務計画	4.41	5.34	0	3.46
	分析	0.21	0.66	0	0.29
	証明/管理	1.35	2.21	2.05	1.80
	小計	9.97%	16.42%	8.21%	11.42%
	合計	100%	100%	100%	100%

図表14　サムスン電子の環境会計導入の段階的スケジュール

第1段階　基礎作りと試験適用（2002年）
- ◇環境管理会計手法の開発
  - 環境会計の理論及び手法に関するガイドラインの開発
- ◇工場への試験適用
  - ガイドラインを適用した際の環境費用のチェック
  - 工場での適用とガイドライン作成の問題点のチェック
- ◇政府の環境会計パイロットプロジェクトへの参加

第2段階　ガイドラインの作成と環境会計専門家の育成（2003年）
- ◇ガイドラインの作成と専門家の育成
  - 企業内ガイドラインの作成と適用
  - コスト分類の隠れた費用のチェック
- ◇各工場での環境会計専門家の育成
  - 政府主導の環境会計パイロットプロジェクトに参加し、専門家を育成
- ◇環境会計のモデルシステムの開発促進

第3段階　環境会計システムの開発（2004-2005年）
- ◇環境会計システムの試験適用と確立
  - システム開発と工場への適用
- ◇政府主導の環境会計パイロットプロジェクトへの参加
  - 環境会計システムの開発

(出典：Samsung Electronics, 2004, p.52)

了している。その後，第3段階（2003年10月～2004年9月）を前倒して実施し，環境会計システムのコンピュータ化などに取り組んでいる。また，サムスン電子では，ライフサイクルアセスメント（LCA），エコデザイン，環境会計，グリーン調達，カスタマーサービスの5つを総合環境評価ツールとして構築し，データを共有して体系的な評価のために用いている。

なお，図表15は，「グリーンマネジメントレポート2004（*Green Management Report*）」の中で，2003年のサムスン電子の環境会計として開示されているものである。2003年の環境会計は，水原（Suwon）・亀尾（Gumi）・光州（Gwangju）の事業所毎に算定されており，概ねコリアンエアーと同様，環境コストガイドラインのコスト分類に沿っているが，環境コスト情報に加えて，環境効果及びベネフィットが算定されていることが特徴である。環境報告書では，環境効果・ベネフィットに関する研究を実施した旨は述べられているが，環境効果及びベネフィットの内容や算定方法等についての詳しい説明はない。しかし，韓国企

図表15　サムスン電子の環境会計（2003年）

環境費用（単位：百万ウォン）					
コスト分類		水原	亀尾	光州	合計
汚染処理活動	汚染処理設備の活動費用	5,927	2,722	3,725	12,374
汚染防止活動	環境・安全・健康の関連費用	6,053	718	7,742	14,513
	資源保全及びリサイクルに関連する活動の費用（汚染を根源で削減する活動）				
	研究開発関連費用				
	その他の汚染予防活動関連費用				
ステイクホルダー活動	外部組織との協力のための費用	167	26	69	262
	その他の関連する活動の費用				
修復及び法規制遵守活動	法規制遵守のための費用	688	0	0	688
	汚染対象の修復のための費用				
環境費用		12,835	3,467	11,536	27,838
投資		8,673	1,200	137	10,010
環境効果及びベネフィット		7,794	3,823	2,819	14,436

（出典：Samsung Electronics, 2004, p. 52）

業で環境効果やベネフィットについて開示している企業は未だ限られていることから（次に取り上げるヒュンダイモーターで「リサイクル収入」が計上されている程度である），今後のこの項目がどのように取り扱われていくのかが一つの注目点である。

3.5 ヒュンダイモーター

ヒュンダイモーター（Hyundai Motor, 現代自動車）は，2001年から，環境コストの認識・測定を目的とした環境省の環境会計パイロットプログラムに参加している。現在は環境費用の識別を行っている段階であり，2004年の報告書でその結果を報告する予定としている。そのため，2003年の「サステナビリティ報告書（*Sustainability Report*）」では，「環境会計システム」というセクションの中で，図表16に示す環境費用情報を簡潔に開示しているのみである。環境費用の中に投資の金額も含まれているようであるが，各費目についての説明がないため詳細は不明である。リサイクル収入が開示されていることが特徴である。

図表16　ヒュンダイモーターの環境費用（2002年）

（単位：百万韓国ウォン）

分 類	費 用
社会的環境投資コスト	13,455
廃棄物処理・リサイクルコスト	9,872
環境リスクマネジメントコスト	800
環境汚染削減（間接コスト）	1,721
環境汚染削減（直接コスト）	32,506
リサイクル収入	33,713

（出典：Hyundai Motor, 2003, p. 19）

3.6 POSCO

POSCO（Pohang Iron and Steel Co., Ltd., 浦項綜合製鐵）は，1995年に「POSCO環境方針」を作成し，1999年には環境会計スキーム開発プロジェクトを開始

した。このプロジェクトの目的は，段階ごとに，環境コストの識別・集計→環境コストの配分→環境ベネフィットと環境負債の集計と報告→環境会計情報と経営意思決定への統合，を達成することであった。

環境コストは，図表17に示すように，大きく汚染処理活動と汚染防止活動に分けられ，さらに詳細な区分が設定されている。またこれらの区分は，環境省の環境コスト会計ガイドラインにも沿ったものとなっている。環境資産については「環境汚染を除去し，予防するためのすべての施設・設備」と定義し，

図表17　POSCOの環境コスト分類

環境コスト			環境省ガイドライン
レベル1	レベル2	レベル3	
汚染処理活動	大気	大気汚染処理	汚染処理コスト
	水	廃水処理	
	廃棄物	回収・配送	
		廃棄物処分	
	コンプライアンス	税金・課金	コンプライアンス損害コスト
		ペナルティ	
	環境損害・修復	修復	
		環境補償金	
	その他	土壌	汚染処理コスト
		有害化学物質	
		その他	
汚染防止活動	大気	燃料代替	汚染防止コスト
	水	水リサイクル	
	廃棄物管理資源リサイクル	廃棄物削減	
		スラグリサイクル	
		副産物リサイクル	
		その他	
	エネルギーリサイクル	電気	
		蒸気	
		ガス	
		湯	
	造林	造林	
	環境報告・社会活動	環境報告	ステイクホルダーコスト
		外部との関係	
	R&D	R&D	汚染防止コスト
	EMS活動等	EMS活動等	

(出典：Lee, B.-W., Jung, S.-T. and Kim, J.-H., 2004, p. 12)

設備や施設を主として（50%超）環境保全目的で取得した場合には環境資産と認識されている。

　POSCOでは，1995年から，環境会計の結果を同社の環境プログレス・レポートで開示をしている。1997年7月には，POSCO研究所（POSRI）と共同で環境会計改革を行い，環境予算の効率的配分のために活動基準マネジメント（ABM）を環境部門に部分的に導入した。2002年からは，エネルギー回収と副産物リサイクルの環境影響を測定する基準作成に取り組んでおり，2004年までに環境会計の適用範囲を環境部門から企業全体に拡大する予定である。現在，ABMの第2段階プロジェクトと統合した新たな環境会計システムも構築中である。

　POSCOの2003年の「環境プログレス・レポート（*Environmental Progress Report*）」では，冒頭の「エグゼクティブ・サマリー」の箇所で，環境投資・環境コスト・環境研究開発費・環境パフォーマンス指標の推移を示すグラフが掲載されている（図表18-①参照）。冒頭のサマリーの箇所に環境会計情報を含んでいる企業は，POSCOの他には見られなかった。なお，環境パフォーマンス指標については，1997年～1999年までの3年間の平均の環境パフォーマンスを100ポイントとして算定したものである。

　さらに，「環境プログレス・レポート」の「環境投資および環境コスト」のセクションでは，浦項（Pohang）事業所と光陽（Gwangyang）事業所における環境投資の内容と，環境コストの詳細を開示している（図表18-②参照）。

　POSCOでは，設立（1968年）以来2.4兆ウォンを環境投資に費やし，その金額は設備投資累計の9.1％にのぼる。2002年の環境設備投資は1,767億ウォンであり，前年比較では655億ウォン増加し，2002年の設備投資合計の11.7％を占めている。環境投資の内容は，汚染処理型から発生源対策型に転換している。

　環境コストについては，運用コストや減価償却費を含む2002年の金額は5,181億ウォンである。大気汚染防止設備の運用コストが，環境コストの中で最も大きな割合（34％）を占めている。なおこの金額には，電気代，人件費，修

図表18　POSCOの環境投資および環境コスト（2002年）

図表18－①　環境投資・環境コスト等の推移

環境設備投資（単位：億ウォン）
- 2000: 501
- 2001: 1,112
- 2002: 1,767

環境コスト（単位：億ウォン）
- 2000: 4,712
- 2001: 5,126
- 2002: 5,161

環境R&D（単位：億ウォン）
- 2000: 113
- 2001: 148
- 2002: 104

環境パフォーマンス指標（単位：ポイント）
- 2000: 浦項事業所 118、光陽事業所 113
- 2001: 浦項事業所 120、光陽事業所 122
- 2002: 浦項事業所 120、光陽事業所 134

（出典：POSCO, 2003, p.4）

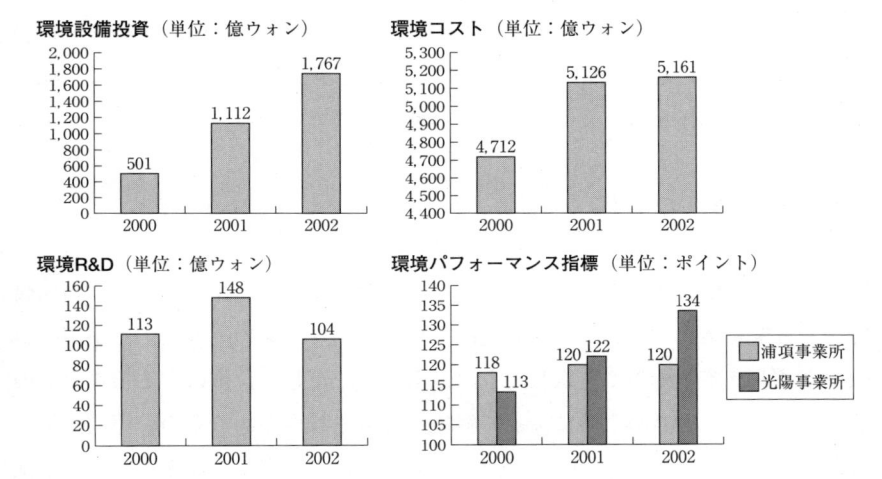

図表18－②　環境設備投資の内容および環境コストの内訳（2002年）

環境設備投資（2002年）

分類	浦項事業所	光陽事業所
大気	・コークス炉工場No.3におけるガイドカーとフードカーの取替 ・製鉄所No.2スラグ冷却場における集塵機の改修	・小型圧延機における電機アーク燃焼加熱炉の設置 ・コークス炉工場における排水の生物的処理のための除臭設備の設置 ・石炭入れNo.1, 2における集塵機設置 ・焼結工場No.2, 3における集塵部品取替
水質	・コークス炉工場における活性化炭素吸着排水処理システム ・STSにおける排水脱窒設備の設置 ・製鉄所No.2スラグ冷却場における排水処理設備の改修 ・製鉄所No.1における排水処理設備の改修	・原材料貯蔵場における流出水処理施設の設置 ・コークス炉工場No.2における排水脱窒設備の設置
リサイクル	・焼却炉廃棄物供給設備の改修	・溶鉱炉No.1における高炉スラグ微粉末施設設置 ・リサイクル工場複合施設の分工場の建設

環境コストの内訳（2002年）

分類	内容	コスト（億ウォン）
設備運用コスト	電気・化学物質・維持コスト，作業者の人件費	2,583
リサイクルコスト	副産物加工，輸送，焼却，埋め立て，外注加工，等	1,336
減価償却費	環境設備の減価償却費	1,143
一般管理費	環境部の人件費，環境報告書作成コスト，等	119

（出典：POSCO, 2003, p.20）

理・修繕費，集塵機の減価償却費などが含められている。水質汚染防止の設備運用コスト（排水処理，リサイクル施設の維持，修繕費など）が環境コストの15%，副産物処理（輸送，処理工程，リサイクルの費用など）が環境コストの26%を占めている。「環境プログレス・レポート」では，環境会計の導入によって環境パフォーマンス全体が著しく改善した，と述べられている。

4 おわりに

　以上，韓国における環境会計の動向と実務の現状を中心にみてきた。韓国政府による環境会計プロジェクトの進め方やガイドラインの内容は，わが国の経験やガイドラインを強く意識したものである。ただし，企業による環境会計の導入の実態は，主導的企業によって経験が蓄積されつつあるものの開示事例は未だ少なく，開示内容も比較的簡潔で，開示項目や内容に差がみられ，わが国企業の実態と比較すると未だ初期段階にあるといえる。しかし，環境省によるガイドライン作成等の取り組みは，韓国における環境会計の促進とレベルアップに貢献するものと期待される。今後の環境会計の発展のために，一層の普及活動と，わが国の環境会計ガイドラインをめぐる動きにみられるように，理論上・実務上の発展・普及状況にあわせたガイドラインの段階的改訂が必要となろう。

　また韓国では，わが国と比較すると，企業の環境会計や環境報告の試みを支援するための環境配慮市場が未成熟である。わが国で，多数の企業が環境報告書を公表し環境会計に取り組んでいるのは，それらの企業の取り組みを促進・支援するためのインセンティブが存在することが誘因となっている。それは，環境報告書の表彰制度，エコファンド，環境格付をはじめとする様々なしくみであり，これらは，企業の環境報告・環境会計の発展に大いに寄与する。韓国においてもこれらのしくみを社会全体で作り上げていく努力が今後必要となろう。

参 考 文 献

Korean Ministry of Environment (2002) *Environmental Reporting Guidelines 2002*, Korean Ministry of Environment

Korean Ministry of Environment (2004) Environment-friendly Management, http://eng.me.go.kr

Korean Ministry of Environment/World Bank (2001) *Environmental Accounting Systems and Environmental Performance Indicators (World Bank-Korea Environmental Management Research Final Report 2001)*

Korean Air (2003) *Environmental Annual Report*

Hyundai Motor (2003) *2002/2003 Sustainability Report*

Lee, B.-W. (2001) "Environmental Accounting in Korea : Cases and Policy Options," Handouts for International Workshop on Environmental Accounting

Lee, B.-W., Jung, S.-T. and Chun, Y.-O. (2002), "Environmental Accounting in Korea : Cases and Policy Recommendations," in Bennett, M., Bouma, J.-J. and Wolters, T. (Eds.), *Environmental Management Accounting : Informational and Institutional Developments*, Kluwer Academic Publishers, pp. 175-186

Lee, B.-W., Jung, S.-T. and Kim, J.-H. (2004), "Development of Corporate Environmental Accounting in Korea : Cases Studies and Policy Implications," Presentation Paper at 12th International Conference of the Greening of Industry Network-Partnerships for Sustainable Development, 7th-10th Nov. 2004 in Hong Kong

LG Chemicals (2003) *2003 RC REPORT-Environmental Report*

Samsung Electronics (2004) *Green Management Report 2004*

Samsung Electro-Mechanics (2003) *Samsung Electro-Mechanics Environmental Report*

POSCO (2003) *Environmental Progress Report 2003*

阪智香 (2002)「韓国における環境会計」『商学論究』関西学院大学商学研究会, 第49巻第3号, pp. 111-128

(阪　智香)

第5章

日本の外部環境会計
―環境報告書における環境会計の開示―

1 はじめに

　1990年代後半から，環境会計は日本企業の間に急速な勢いで普及している。その背景として，さまざまな要因が指摘されるが，まず，環境会計を企業の環境保全対策を実践するための有力なツールの1つとして位置づける観点からは，日本企業への環境マネジメントもしくは環境戦略の導入があげられる。たとえば，日本企業の環境保全活動を最も詳細かつ長期にわたってサーベイしている環境省「環境にやさしい企業行動調査」によれば[1]，1991年度には15%に過ぎなかった有効回答率が2004年度には40%に上昇し，環境マネジメントの具体的な目標を設定している企業の割合も30%から75%に増加しているが，同時に，これを効率的に達成するためのツールである環境会計も歩調をあわせるように注目を集めてきており，2004年度には全体の28%に当たる712社が導入を行っている。また，環境会計は利害関係者とのコミュニケーションツールもしくは企業評価ツールとしての機能も有しているが，この観点からは，環境報告書発行企業数の増加と環境省による環境会計ガイドラインの公表が普及の要因として挙げられる。既述の調査によれば，1997年度には169社であった環境報告書発行企業数が2004年度には801社に増加し，これらを用いて環境会計情報を公表している企業数も533社に上っているが，既にいくつかの調査でも明らかにされているように[2]，これらの企業の環境会計ガイドライン準拠率はきわめて高く，同ガイドラインが環境会計情報の公表を推進する大きな

力となっていることが指摘されている。

本章では，こうした要因を念頭に置き，日本企業への環境会計導入の最も重要な契機となったと考えられる環境省ガイドラインのフレームワークとその変遷およびこれをベースにした業界環境会計ガイドラインについて考察すると同時に，4年間の時系列調査を行い，日本企業の環境報告書および持続可能性報告書上での環境会計情報に，これらのガイドラインが及ぼした影響を明らかにしていく。

2 環境会計に関するガイドラインの展開

2.1 環境省の環境会計ガイドライン

環境省（当時環境庁）は，環境保全コストの把握が環境保全活動さらには健全な事業活動にとって不可欠な要素となり，また同時に，開示された環境情報が企業評価のひとつの尺度として利用され始めていることから，環境保全コスト情報を把握・公表するためのガイドラインの必要性が企業の内外で高まっているとの認識にたち，1996年に「環境保全コストの把握に関する検討会」を設置している。既述の「環境にやさしい企業行動調査」の1998年版は，調査回答企業の約8割が同ガイドラインの必要性を認めていることを示しており，環境省の論拠を裏付けた結果となっている。

同検討会は数年間にわたる審議の成果を1999年に『環境保全コストの把握及び公表に関するガイドライン～環境会計の確立に向けて～（中間とりまとめ）』として公表し[3]，環境保全コストの把握と環境マネジメントでの利用，同情報の外部公表を行うためのフレームワークを提示した。ここでは，環境保全上の支障の原因となるおそれのある環境負荷を低減する取り組みにかかった環境保全コストの把握に主眼が置かれており，同コストの定義，分類，集計範囲，集計方法，公表方法などが提示されている。また，これらの情報は各組織の環境マネジメントに利用されるだけでなく，企業外部の利害関係者に公表されることが想定されている。

こうした成果は,「環境会計に関する企業実務研究会」や日本公認会計士協会・専門部会との共同研究会などとの意見交換を経て,1999年に発足した「環境会計システムの確立に関する検討会」によって,2000年に環境会計ガイドライン(2000年版)としてまとめられた。同ガイドラインでは,環境会計システムを「事業活動における環境保全のためのコストとその活動により得られた効果を可能な限り定量的(貨幣単位又は物量単位で表示)に把握(測定)し,分析し,公表するための仕組み」と定義していることからもわかるように[4],環境保全コストの把握に加えて,同活動がもたらす環境保全効果および経済効果を測定の対象としている。また,2002年には環境会計ガイドライン(2002年版)が出され[5],外部報告機能の明確化,環境保全コストの精緻化,環境保全効果・経済効果の体系化が行われた。

同ガイドラインで示されている環境保全コスト,環境保全効果・経済効果を示した総合的効果対比型外部公表用のフォーマットは図表1の通りである。こ

図表1　総合的効果対比型フォーマット(公表用C表)

環境保全コスト				
分類		主な取組の内容	投資額	費用額
(1) 事業エリア内コスト				
内訳	(1)-1 公害防止コスト			
	(1)-2 地球環境保全コスト			
	(1)-3 資源循環コスト			
(2) 上・下流コスト				
(3) 管理活動コスト				
(4) 研究開発コスト				
(5) 社会活動コスト				
(6) 環境損傷対応コスト				

項目	内容等	金額
当該期間の投資額の総額		
当該期間の研究開発費の総額		

環境保全効果		
効果の内容	環境保全効果を表わす指標	
	指標の分類	指標の値
(1) 事業エリア内コストに対応する効果		
(2) 上・下流コストに対応する効果		
(3) その他の環境保全効果		

環境保全対策に伴う経済効果—実質的効果—	
効果の内容	金額
収益	
費用低減	

(出典:環境省(2002A),33頁)

こで，環境保全コストは6種類のコストとこれに対応した投資額と費用額から構成され，環境保全効果は保全活動のパフォーマンス指標ごとに物量単位によって表示されている。また，経済効果は，ある程度正確に把握可能なもの，すなわちリサイクルなどから得られる収益と省エネ，省資源およびこれらに付随する処理費用の削減などが貨幣単位によって示される。

また，2005年には，普及が進んだ2002年ガイドラインの枠組みに基づきながら，環境会計情報の有用性を高めるための改定が行われている。そこでは，環境保全コスト分類の個別企業の状況に応じた多元化，付属明細表による環境問題別環境会計の展開，環境保全効果の環境負荷絶対量と変化量による表示，企業集団を対象とした環境会計の導入などが行われている[6]。

2.2 業界団体の環境会計ガイドライン

環境省が作成したガイドラインは，業種を特定しない一般モデルであるが，環境保全活動は業種や個別企業によって大きく異なることから，建設，ガス，ゴム，石油，食品製造，民営鉄道，機械，化学などの業界団体では，環境省のガイドラインをベースにした業界独自の環境会計ガイドラインを公表している[7]。本章では環境省環境会計ガイドラインとこれらの業界環境会計ガイドラインを合わせて環境会計ガイドラインと呼ぶ。業界環境会計ガイドラインでは，図表1の6種類の環境保全コストの具体的な内容を，業界独自の環境保全活動に従って詳細に分類しているが，さらに，いくつかのガイドラインでは，こうした個々の環境保全コストの減価償却費，人件費，電力費といった具体的な発生形態や活動によってもたらされる環境保全・経済効果を例示している。

また，日本機械工業会のガイドラインでは，業界独自の環境パフォーマンス評価チェックリストをベースにした環境保全活動分類表にしたがって環境保全コストの集計を行った上で，同コストの集計表を図表1へと変換している。そこでは，他のガイドラインが環境省の外部公表用フォーマットをベースに環境保全コストの集計を行っているのに対して，環境マネジメント目的と外部公表目的のそれぞれに対応したコスト表が展開されている[8]。

2.3 その他の関連ガイドライン

環境会計ガイドラインでは，環境会計情報は企業外部への公表と企業内部の環境マネジメントでの利用を想定しているが，外部公表情報のほとんどは個別企業の環境報告書もしくは持続可能性報告書で公表されている。環境報告書については，世界各国でさまざまなガイドラインが公表されているが，環境省でも，事業者が社会的説明責任を果たして利害関係者とのコミュニケーションを図ると同時に自らの環境保全活動を推進するためのツールとして，またよりマクロの観点からは，環境保全型社会構築の重要なツールとして環境報告書を位置づけ，1997年，2001年，2004年に環境報告書ガイドラインを公表している。そこでは，環境会計情報は事業者の環境保全活動の効率性と有効性を費用対効果分析によって示す機能を期待されており，環境保全コスト，環境保全効果，経済効果，準拠ガイドライン，環境会計の導入目的・利用方法などの情報が求められている。また，公表以来国際的な広まりを見せている GRI（Global Reporting Initiative）ガイドラインでも環境会計情報は取り上げられているが，その報告指標体系の中にまだ明確な形で位置づけられていない[9]。

環境会計で取り扱われる環境保全活動や環境保全効果を把握するためには，それらを測定するための測定単位すなわち環境パフォーマンス指標が必要である。環境省では，環境マネジメントにおける評価・意思決定や企業外部利害関係者の当該活動についての理解・評価に有効な情報を提供することや，政府・自治体の環境政策と事業者の環境マネジメントについて共通の情報基盤を構築することを目的として，2001年と2003年に事業者の環境パフォーマンスガイドラインを公表している[10]。環境パフォーマンス指標は，環境負荷を捉えるオペレーション指標，環境保全活動に関わる環境マネジメント指標，これらに影響を及ぼす経営関連指標から構成されるが，それぞれの指標はマテリアルバランスの中心をなすエネルギー，物質，水資源，温室効果ガス，化学物質，製品，排出廃棄物，最終処分廃棄物，排水からなるコア指標とそれ以外のサブ指標に分類される。環境会計情報は環境マネジメント指標を構成するサブ指標として位置づけられている。

環境省が公表する環境会計ガイドライン,環境パフォーマンスガイドラインは環境マネジメントの経済・経営的側面と環境的側面に関する情報をそれぞれ提供しており,環境マネジメントの環境保全効果については情報を共有する。また,環境報告書ガイドラインではこれらの情報の公表するための枠組みを示しており,三者は互いに関連する情報を共有することになる。

3 環境会計情報のタイプ別分類

環境省の環境会計ガイドラインが公表されて以来,日本企業の環境会計公表数は着実に増加しているが,同ガイドラインが個別企業の環境会計情報に及ぼしている影響の大きさは必ずしも明確ではない。そこで,本章では,環境保全活動に関連するコストデータを環境会計情報と定義し,2000年度から2003年度にわたって環境報告書を公表している東証1部上場企業191社の中で環境会計情報を開示している企業を対象として,それぞれの環境会計情報の開示タイプ,開示内容およびその変化を分析することによって,環境会計ガイドラインと日本企業の環境会計情報との関係を明らかにしていく。なお,ここでは,環境方針(理念,基本姿勢,宣言など),環境目標・目的,取り組みに関する定性的・定量的情報が記載されているものを環境報告書として定義する[11]。

環境会計ガイドラインの開示内容は,環境保全のための費用,同投資,これらによってもたらされた環境保全効果および経済的効果という4つの主要な要素によって構成されるが,本章でも,同ガイドラインの影響を分析するために,これらの要素を組み合わせた12種類の環境会計情報開示タイプを設定した[12]。図表2では,個別企業ごとに,該当する環境会計情報開示タイプと環境会計ガイドライン(環境省および業界団体)への準拠状況が示されている。ただし,環境会計ガイドライン(2005年版)は本章の調査以降に公表されていることから,準拠の対象となっていない。

環境会計情報開示企業数は4年間で99社から178社に増加し,調査対象企業の約9割の企業が環境会計情報を開示しているが,そのガイドライン準拠率

図表2　環境会計タイプ開示状況

開示内容		開示企業数	2000年度		2001年度		2002年度		2003年度	
環境保全コスト	効果	開示タイプ	開示企業数	ガイドライン準拠企業数	開示企業数	ガイドライン準拠企業数	開示企業数	ガイドライン準拠企業数	開示企業数	ガイドライン準拠企業数
環境費用 環境投資	ア・イ	A	10	8	69(23)	63(22)	107(9)	104(9)	121(6)	118(5)
	ア	B	1	1	8(4)	5(2)	9(2)	8(2)	13(1)	11(0)
	イ	C	12	9	21(7)	20(7)	22(1)	21(1)	14(1)	14(1)
	－	D	29	12	24(7)	17(7)	19(4)	16(3)	10(1)	9(1)
環境費用	ア・イ	E	2	2	1(0)	0	1(0)	1(0)	10(0)	9(0)
	ア	G	0	0	0	0	0	0	4(0)	4(0)
	イ	F	2	1	0	0	0	0	2(0)	2(0)
	－	H	7	2	7(0)	0	6(3)	2(1)	2(1)	2(1)
環境投資	ア・イ	－	0	0	0	0	0	0	0	0
	ア	I	0	0	1(1)	1(0)	0	0	0	0
	イ	K	0	0	0	0	1(1)	0	0	0
	－	J	36	0	20(4)	0	6(1)	0	2(0)	0
合　計			99	35	151(52)	105(37)	172(21)	152(16)	178(10)	169(8)

注1）ア：環境保全効果，イ：経済的効果，－：該当なし
注2）（　）内の数字は当該年度に新しく環境会計情報を公開した企業数
注3）開示タイプは次のタイプを示す．
　　A：（環境費用＋環境投資）＋環境保全効果＋経済的効果　　B：（環境費用＋環境投資）＋環境保全効果
　　C：（環境費用＋環境投資）＋経済的効果　　D：（環境投資＋環境費用）
　　E：（環境費用）＋経済的効果＋環境保全効果　　F：（環境費用）＋経済的効果
　　G：（環境費用）＋環境保全効果　　H：環境費用
　　I：（環境投資）＋環境保全効果　　J：環境投資
　　K：（環境投資）＋経済的効果

も35%から95%へと伸びている．開示タイプの中では，すべての要素を含んだタイプAの開示企業が増加している．開示企業数にタイプAが占める割合は10%から68%まで上昇しており，そのガイドライン準拠率は96%（2003年度）となっている．また，タイプA～Dすなわち環境保全費用額と同投資額を同時に公表する企業数は，2003年度には全体の9割に及んでおり，そのガイドライン準拠率も96%と高い数字となっている．

これに対し，環境投資額のみを公表しているタイプJの企業数は年々減少し，その多くはタイプA～Dへ移行している．この状況は，調査対象企業が4年間にわたって環境報告書を公表している相対的に環境意識の高い企業に限定されていることから，必然的な結果とは言えるが，2000度年にタイプJの大半を占めていた化学業界の企業が，業界の多くの企業が準拠するレスポンシブル・

ケアの指針だけでなく[13]，環境会計ガイドラインに準拠したタイプA～Dの情報開示を行うようになったことがタイプJの減少に大きく影響している。

4 効果情報の開示

4.1 環境保全効果

図表2にしたがえば，タイプA・B・E・I・Gが個別企業の環境保全活動がもたらす環境保全効果を公表していることになるが，その内容は図表3に示される。2003年度の公表企業148社のうち，142社が環境会計ガイドラインに準拠している。個別項目ごとの開示企業数は全体の開示企業数の増加に伴って増えてきているが，開示率はそれほど大きく変化していない。たとえば，②省エネルギー，③環境負荷物質排出削減，④廃棄物排出削減については，環境保全効果情報の開示を行うほとんどの企業がいずれの年度でも高い開示率を示している。ただし，①の省資源については，2002年度以降に開示率が高くなってきており，循環型社会形成推進基本法などの影響がうかがえる。

⑤グリーン調達，⑥製品関連の環境負荷削減，⑦社会貢献活動の公表企業数は増加しているが，絶対数はまだ少ない。グリーン調達は，グリーン調達法の影響などもあり，企業において一般化しつつあるが，コストと環境保全効果と

図表3 環境保全効果開示状況

環境保全項目	開示企業数			
	2000年度	2001年度	2002年度	2003年度
①省資源	12	28	67	88
②省エネルギー		50	94	123
③環境負荷物質排出削減	12	59	104	127
④廃棄物排出削減		53	95	138
⑤グリーン調達	3	7	15	32
⑥製品関連の環境負荷削減（材料，使用，リサイクル）	5	22	30	72
⑦社会貢献活動	2	16	17	26
⑧輸送効率量			−	22

注1）開示企業数：2000年度13社，2001年度79社，2002年度117社，2003年度148社
注2）ガイドライン準拠企業数：2000年11社，2001年69社，2002年113社，2003年142社

の関係が必ずしも明確でないことから，環境会計での扱い方についてはさらに検討が必要である。

製品の材料，使用，リサイクルなどの環境負荷を示す項目⑥は，ガス業界の環境会計ガイドラインが参考表示として製品の消費者である「お客様先」での環境負荷削減を取り上げていることに象徴されるように[14]，一般の消費者に製品やサービスを提供している企業を中心に公表企業数が年々増えているが，こうした環境保全措置は売上などに直接的に影響を及ぼすだけに，消費者の環境意識の高まりや製品LCAデータの利用が進むに従って公表企業数は着実に増加することが予想される。また，ボランティア活動やNGOへの寄付などを示した社会貢献活動については，既述のGRIガイドラインが普及するにしたがって注目度が高まっていく可能性が高い。たとえば，本調査対象企業の同ガイドライン準拠企業数は2001年度の16社から2003年度には64社に増加している。

⑧は環境会計ガイドライン（2002年版）改定に合わせて導入した項目で，まだ公表数は多くないが，モーダルシフトはCO_2削減に向けた重要な対策の1つであることから，今後は開示が進んで行くことが予想される。

4.2 経済効果

個別企業の環境保全活動がもたらす経済効果は図表2の開示タイプA・C・E・F・Kの企業が公表している。2003年度に対象となる147社のうち，143社が環境会計ガイドラインに準拠しており，準拠率は100％に近い。同ガイドラインでは，経済効果を実質的効果と推定的効果に分類しているが[15]，前者は過去に負担していた環境保全コストの削減といった確実な根拠に基づいて計算される効果であり，後者は環境保全活動と将来起こる可能性のある事故，広告宣伝効果，製品売上などとの関係を確率や代替値を用いて推計する効果である。具体的な開示内容を示した図表4では，①〜⑤が実質的効果，⑥〜⑩が推定的効果である。

実質的効果は，金額的に必ずしも大きくない⑤を除いて，①〜④の項目の開

4 効果情報の開示

図表 4　経済効果開示状況

経済効果項目	開示企業数			
	2000 年度	2001 年度	2002 年度	2003 年度
①リサイクルによる有価物の売却益	18	67	86	111
②省エネルギーによって削減された費用	18	72	113	137
③省資源によって削減された費用	9	43	94	104
④廃棄物の減少によって削減された費用	16	52	88	113
⑤環境管理効率化によって削減された費用	3	17	21	53
⑥回避された環境リスク費用	4	10	9	11
⑦付加価値貢献額	2	3	4	6
⑧環境調和型製品売上高	5	9	12	9
⑨広告宣伝効果	1	3	6	7
⑩使用者回避コスト	−	5	7	9

注1）開示企業数：2000年度26社，2001年度90社，2002年度131社，2003年度147社
注2）ガイドライン準拠企業数：200年度18社，2001年度83社，2002年度127社，2003年度143社

示率が70％〜93％に達しており，特に②〜④の項目については開示率が上昇してきている。実質的効果は欧米の環境保全に先進的に取り組んでいる企業のケーススタディなどでもその重要性が指摘されており，把握の確実性も高いことから，経済効果の中心項目となっていくことが予想される。

推定的効果については，2002年のガイドラインで，算定方法が十分に確立されていないことが指摘されており，具体例も示されていない。調査でも，同効果を公表している企業数は必ずしも多くない。

⑥としては，環境保全活動によって回避された保険料，操業停止損失，浄化費用，補償金などが公表されており，たとえばサンヨーでは事故防止リスク回避額と汚染防止リスク回避額を以下のように算定している[16]。

事故防止リスク回避効果＝(売上高−売上原価)×想定操業停止日数／稼働日
汚染防止リスク回避額＝重金属流失量×単位当たり賠償費用
　　　　　　　　　　＋土壌汚染量×浄化単価

⑦は環境保全活動がもたらしたと推定される付加価値額であるが，コスモ石油，積水化学，デンソー，東洋紡，富士通，リコーなどが公表している[17]。項目⑧はまだ公表企業数が少ないが，環境負荷の大きさは製品の社会や市場で

の評価に大きく影響することから，グリーン調達の普及によって重要な情報となっていく可能性がある。また，⑩は製品使用者の経済効果であるが，製品使用時・廃棄時の環境負荷は循環型社会を推進していく際の重要なキーワードの一つであり，製品ライフサイクルの観点は環境会計においても不可欠なことから，環境保全効果である図表3の⑥製品関連の環境負荷削減とともに，情報の開示が進んでいくことが予想される。

5 環境負荷統合指標・環境経営指標の開示

5.1 環境負荷統合指標

環境コスト，環境保全効果，経済効果に関するデータは企業の環境経営を有効かつ効果的に行っていく上で不可欠なデータであるが，その有効性や効率性を測定する尺度として，3つのデータ間の関係および環境負荷間の関係やこれらと売上高，付加価値などの他の経営データとの関係を明らかにするための指標を導入する企業が徐々に増加してきている。ただし，環境省環境会計ガイドラインが積極的にこうした情報に言及していないこともあり，絶対数は必ずしも多くない。2000年度，2001年度の調査では，環境保全活動とその影響を分析する環境経営指標として環境効率指標，環境保全経済指標を設定した。ここで，前者は環境保全コスト単位あたり環境負荷削減量といった環境負荷削減の効率性，後者は環境負荷単位あたりの売上高，環境保全コストあたりの経済効果といった環境保全コストとその経済的効果との関係を測定している。

2002年度以降の調査では，各企業が公表するこれらの指標が多様化し，明

図表5 環境負荷統合指標・環境経営指標開示状況

指　標　項　目		開示企業数			
		2000年度	2001年度	2002年度	2003年度
環境負荷統合指標（環境評価指標）		2	8	16	28
環境経営指標	環境効率指標	2	4	25	48
	環境保全経済指標	－	4		

注1）調査対象企業数：2002年度172社，2003年度178社

確な区分が難しくなってきたことから，両指標を環境経営指標として集計し，指標の内容に基づいたより詳細なタイプ分類を行うことにした。また，環境経営指標に導入されている環境負荷量については，多くのケースで環境負荷量間の何らかの換算もしくは重み付けが行われているが，本章では，こうした重み付けがなされた，環境負荷共通の測定単位を環境負荷統合指標と呼び，環境経営指標と併せてその開示実態の分析を行った。

環境負荷統合指標は，図表5で示されているように2003年度では28社が開示を行っているが，指標として最終的に用いられている測定単位は図表6で分類されている。ただし，貨幣単位を用いている場合でも，CO_2，資源，水といった物質ごとに貨幣換算を行っているケースと[18]，物質ごとの環境負荷の大きさを評価単位によって換算した後に貨幣換算を行っているケースがあり[19]，後者は後述する評価単位による測定にも分類されている。また，CO_2による換算を行う企業の場合でも，同様に両方のアプローチが行われている[20]。

図表6　環境負荷統合指標開示状況

使用単位	開示企業数	
	2002年度	2003年度
物理単位	5	8
貨幣単位	9	11
評価単位	4	11

注1）調査対象企業数：2002年度16社，2003年度28社
注2）物理単位はCO_2換算を指す

評価単位としては，外部の機関によって公表されているEPS (Environmental Priority Strategies in Product Design)，エコインジケータ99，スイス環境庁のエコファクター，ELP (Environmental Load Points)，CRA (Comparative Risk Assessment) やいわゆるLCAのインベントリーデータに自社の環境負荷状況などを加味した独自の重み付けを行ったアサヒビールのAGE，宝酒造の緑字，イトーヨーカ堂の統合指標，東洋インキの統合環境負荷指標などが公表されている[21]。たとえば，横河電機では産業総合技術研究所ライフサイクルアセスメント研究センターのLCAデータとエコファクターを用いて以下のような計算式で統合

指標エコポイントを算定している[22]。

エコポイント＝Σ(LCA インベントリ分析結果)×(エコファクター)

このように，環境負荷統合指標は企業によってさまざまな手法が採用されているが，測定対象としては，排出量の規制が予想される CO_2 がすべてのケースで対象となっており，この他にも廃棄物が多くの企業で取り上げられている。また，今後，企業の負担する環境保全コストが大きくなっていくことを仮定すると，環境予算の編成といった環境政策にかかわる意思決定を行う際には，環境負荷間の重み付けが必要となることが予想され，開示するかどうかは別としても，こうした指標の企業への導入は不可欠になっていくものと思われる。

5.2 環境経営指標

環境経営指標の公表企業数は図表5で示される。調査対象企業に占める割合はまだ必ずしも高くないが，いずれの指標も2002年度以降に急増しており，環境マネジメントの現状把握だけでなく，その有効的かつ効率的な運用への関心が高まると同時に，そのために必要な指標の模索が始められていることがわかる。

環境経営効率指標の具体的な内容と開示企業数は図表7で示される。環境会計の3つの主要構成要素を用いた指標は指標①②⑨であるが，指標①②は環境保全コストとその効果との関係すなわち環境保全活動のコストパフォーマンスを，環境保全面と経済面のそれぞれについて示し，指標⑨は両効果間の関係を示している。必ずしもサンプル数は多くないが，環境保全活動の効率性については，まず環境負荷削減に焦点が当てられていることが伺える。最も多くの企業で導入されている指標⑤は，企業全体もしくは部門・製品ごとの環境負荷生産性を示した最も基本的な経営指標であり，導入企業数も環境会計情報開示企業全体の2割に達している。ただし，現在では企業の活動内容自体が絶えず変化していることから，今後は同指標も部門・製品といった個別の活動内容に応じた展開が必要である。

図表7　環境経営指標の内容

環境経営指標	開示企業数	
	2002年度	2003年度
①環境負荷削減量／環境保全コスト	7	17
②経済効果／環境保全コスト	2	9
③環境保全コスト／売上高	2	7
④環境保全コスト／総コスト	4	9
⑤売上高または生産量／環境負荷量	18	32
⑥売上利益／環境負荷量	1	1
⑦付加価値／環境負荷量	1	5
⑧環境負荷量／売場面積	1	1
⑨経済効果／環境保全効果	1	0
⑩環境配慮型商品売上高／売上高	2	2
⑪環境事業利益率／事業利益率	1	1
⑫環境負荷量／エネルギー消費量	0	1

注1）対象企業数：2002年度25社，2003年度48社
注2）①と⑤は分母と分子が逆のケースも含む。

　また，環境負荷量は，個別の環境負荷物質ごとに測定・集計して指標に用いるケースとさまざまな環境負荷物質を環境負荷統合指標によって測定・集計しているケースがあり，環境負荷統合指標を開示している企業のほとんどが同指標を環境経営指標に適用している。
　環境経営指標は環境負荷統合指標と同様に絶対数としては必ずしも多くないが，半数以上の項目が増加傾向にあり，今後の動向が注目される。もちろん，多くの企業が同指標を導入し始めたばかりであり，年度ごとの結果だけを示しているケースがほとんどであるが，これを環境経営のなかで有効に機能させていくためには，次年度以降の環境保全計画に導入することが不可欠となる。

6　環境会計情報の拡張可能性

　本章では，日本企業の環境報告書における環境会計情報の開示状況をタイプ別および項目別に考察してきた。図表2～4から明らかなように，日本企業の環境会計情報の開示には環境省の環境会計ガイドラインが大きな影響を及ぼしており，本章でも基本的には同ガイドラインで扱われている範囲を主な分析対

象としてきた。そこで，2003年度は，同ガイドラインでまだ詳細に扱われていない環境会計の測定対象で，今後，同ガイドラインや企業の実践で取り扱われていく可能性が高い，企業集団での環境保全活動と環境領域以外の社会責任領域とのリンクについて追加調査を行った。

前者についての調査では，サイト（企業内の事業所，研究所など），全社（企業本体），企業集団（子会社，関連企業からなる企業グループ）の3種類の範囲に基づいて調査対象企業を分類した。各々の範囲について環境会計情報を公表している企業数は図表8の通りである。企業集団の範囲は必ずしも一定ではないが，企業集団単位で公表している企業は③と⑥を合わせて79社であり，③では7社が企業集団と全社の両範囲について公表を行っている。企業集団やサプライチェーンを対象とした環境会計は，環境管理会計においても重要な課題であり，今後も研究と実践が進められていくことが予想される。ただし，情報開示の際には，③で示されているように，親会社，子会社，関連会社などのいずれの組織で費用が負担され，そこでどのような効果を挙げているかが明らかにされなければならない。また，こうした分析や情報は，さらに事業所などのサイト単位に詳細化することも必要である。

環境と他の社会責任領域とのリンクの可能性を探る調査項目としては，環境報告書や持続可能性報告書が準拠しているガイドラインに着目した。調査対象企業が準拠している報告書ガイドラインとしては，環境省・環境報告書ガイド

図表8　測定範囲の状況

測定範囲	企業数
①全社・サイト・集団	0
②全社・サイト	0
③全社・集団	7
④全社	56
⑤サイト	15
⑥集団	72
⑦範囲設定なし	28
合計	178

注1）集団：企業集団

ライン（2000年度版），GRIガイドライン，レスポンシブルケア・ガイドラインが挙げられる。3つのガイドラインへの準拠状況は図表9で示されるが，178社の内，102社が何らかの報告書ガイドラインに準拠していることがわかる。

レスポンシブルケア・ガイドラインについては，既に述べたようにレスポンシブル協議会が環境省の環境会計ガイドラインに基づいた化学企業のための環境会計ガイドラインを作成しており，環境会計については環境省の環境会計ガイドラインと歩調を合わせていくことが予想される。

GRIガイドラインは，図表9からもわかる通り，①③⑥に分類された64社がこれに準拠している。GRIガイドラインでは，開示情報の中に環境会計情報はまだ明確な形で位置付けられてはいないが，今後の動向によっては，日本企業の環境会計情報の開示状況に大きな影響を及ぼすことが予想される。また，イトーヨーカドーでは，2003年度からCSR会計を開示しており[23]，そこでは，同社の付加価値の構成要素として環境保全コストが組み込まれている。同会計の仕組み自体は1970年代に欧米企業で公表されていた企業社会会計や社会貸借対照表と大きな違いはないが，CSR経営が企業の重要な経営戦略として注目を集め始めていることから，CSRにおける環境保全活動の位置づけやCSR会計と環境会計とのリンクの方法およびその開示方法なども考えていく必要がある。

図表9　準拠ガイドラインの状況

報告書ガイドライン	報告書作成企業数	環境会計情報開示企業数
①環境省・RC・GRI	5	5
②環境省・RC	4	4
③環境省・GRI	50	48
④環境省	29	29
⑤RC	9	9
⑥GRI	11	11
⑦準拠ナシ	83	72
合　計	191	178

注1）RC：レスポンシブル・ケア
注2）GRI：グローバル・レポーティング・イニシアティブ

7 まとめ

　本章では，日本企業における環境会計の発展の経緯を，環境会計ガイドラインを中心としながら，4年間に渡る環境報告書における環境会計情報開示の実態調査に基づいて分析した。環境会計ガイドライン公表以前には，日本企業において環境会計情報が体系的に把握されているケースは少なく[24]，企業外部への公表はほとんど行われていなかったことを考えると，同ガイドラインの公表をきっかけとして，日本企業の環境会計は，まさにドラスティックな発展を遂げてきている。そこでは，同ガイドラインに基づいた環境会計公表フォーマットの標準化が進展し，環境会計情報を測定・公表するための枠組み作りが進んでいる。ただし，開示される環境会計情報には多様な情報利用者が想定されることから，情報の標準化が求められる一方で，情報利用の観点に立った開示内容の検討も必要であり，この点についてはまだ多くの議論の余地が残されている。たとえば，企業や製品の環境格付け，環境ブランド評価，グリーン調達さらには企業が環境報告書や持続可能性報告書について行うステークホルダーミーティングなどでの利用を念頭に置いて，環境保全コストと環境負荷および経済効果のより詳細な対応関係の把握とこれに基づいた環境経営指標の開発・導入などを考える必要がある。

　また，環境会計情報の利用は環境管理会計においても重要な課題であるが，そこでは，個別企業の環境戦略に応じた環境会計の展開が不可欠である。本調査でも，環境経営指標や環境負荷統合指標などの展開から，日本企業における環境管理会計の動向の一端を窺うことができたが，環境保全活動をめぐるステークホルダーからの要求や法律・制度が求める条件は今後ますます厳しくなっていくことが予想されることから，環境会計ガイドラインとのリンクを念頭に置きながら，各企業は独自の環境管理会計を展開することが不可欠となってくる。また，こうした環境管理会計の浸透が開示される環境会計情報の充実にもつながっていくことになる。したがって，各企業の経営戦略，財務予算，原価

企画，業務予算などに環境会計が導入され，意思決定ツールとなると同時に，そのエッセンスが環境報告書や持続可能性報告書に開示されることが必要となる。

　日本企業の間に環境会計は急速に普及しつつあるが，その本格的な活用の試みはまだ緒に就いたばかりである。企業が循環型社会のなかで存続していくためには，環境保全コストをはじめとする環境関連コストとその影響の把握が不可欠であり，企業活動のあらゆる局面でこうした情報に基づいた意思決定とその情報の開示が求められることになる。また，そこでは，環境会計の企業への浸透が，個別企業を存続・発展させると同時に，自治体・地域・国レベルでの環境会計の導入と同じように，活動や情報開示を通じて循環型社会形成を推し進める大きな力となっていくことも忘れてはならない。

注

（1）　環境省（2005B）対象は東京・大阪・名古屋証券取引所1・2部上場企業および従業員500人以上の非上場企業および事務所で2004年度は6,383社。
（2）　日本会計研究学会特別委員会報告（2000），八木裕之（2002B）等参照。
（3）　環境省（1999）。
（4）　環境省（2000A），6頁。
（5）　環境省（2002A）。
（6）　環境省（2005）。なお，各環境会計ガイドラインについては，ケーススタディや実務的な運用方法を解説した以下のガイドブックなどが発刊されており，環境会計ガイドラインの普及を推進する大きな力となっている。環境省（2000B），環境省（2001B），環境省（2002B），環境省（2003A）。
（7）　石油産業活性化センター（2000），（社）日本ガス協会（2001），（社）食品需給研究センター（2001），（社）日本機械工業連合会（2001），（社）日本建設業団体連合会，（社）日本土木工業協会，（社）建築業協会（2002），日本ゴム工業会（2003），（社）日本民営鉄道協会（2003），（社）日本化学工業会・レスポンシブル協議会（2003）。
（8）　（社）日本機械工業連合会（2001）および河野正男（2001），61-70頁参照。
（9）　環境省（2001A），32-33頁，環境省（2004），24頁，Grobal Reporting Initiative（2002）。
（10）　環境省（2002B）。
（11）　本調査は2000年6月に環境報告書の送付を受けた194社について（合併などにより2003年度は191社），毎年6月〜10月に送付依頼を行って環境報告書を収集している。また，一部の企業の環境報告書はホームページからダウンロードしている。2000年度，2001年度の調査については，八木裕之（2002A）および八木裕之（2002B）。

(12) 調査企業が実際に開示しているタイプはこのうちの 11 種類である。
(13) 日本レスポンシブル・ケア協議会「レスポンシブル・ケアのパフォーマンス指標管理作成指標」
(14) (社)日本ガス協会 (2001), 6-7 頁。
(15) 環境省 (2002A), 22-23 頁。
(16) 三洋電機(株) (2003), 15 頁。この他では, (株)リコー (2003), 富士通(株) (2003) など参照。
(17) 富士通およびリコーの付加価値貢献額の計算式は以下の通りである。

　　　　付加価値貢献額＝付加価値×事業エリア内環境費用×製造経費

　　上掲書および(株)デンソー (2003), 積水化学工業(株) (2003) 参照。
(18) CO_2 削減効果については, 欧州の排出権取引市場価格, 環境省の試算, 世銀の試算などが用いられている。ソニー(株) (2003), 53 頁, 松下電器産業(株) (2003), 52 頁, (株)堀場製作所 (2003) 13 頁, 田辺製薬株式会社 (2003), 24 頁参照。
(19) 東芝は, 米国産業衛生専門家会議が定めた物質ごとの許容濃度に基づいて, カドミウムに対する環境負荷物質の許容度を求め, これにカドミウム公害訴訟で支払われた排出カドミウム単位あたりの賠償費用をかけた数値で環境負荷削減効果を算定している。また, リコーは, EPS (Environmental Priority Strategies in Product Design) Version 2000 に基づいた物質ごとの CO_2 に対する環境負荷の大きさに, 自社の単位あたりの CO_2 削減費用を掛け合わせた数値で物質ごとの社会的コストの大きさを測定している。(株)東芝 (2003), 10 頁。(株)リコー (2003), 32 頁。
(20) コスモ石油は EPS にもとづいて SOx, NOx, ベンゼン, COD などの環境負荷量を CO_2 に換算している。コスモ石油(株) (2003), 42 頁。
(21) エコインジケータ 99 は東京電力(株) (2003), デンソー (2003), EPS はリコー (2003), コスモ石油 (2003), ELP は九州電力(株) (2003), 東北電力(株) (2003), CRA は三菱化学 (2003), AGE はアサヒビール(株) (2003), 緑字は宝酒造(株) (2003), 統合指標は(株)イトーヨーカ堂 (2003), 統合環境負荷指標については東洋インキ製造(株) (2003) 参照。
(22) インベントリ分析結果は, 環境負荷として, 投入された電力, 都市ガス, 水, 紙, 化学物質, と排出物 (鉛はんだ, VOC 物質, 廃棄物原料) を把握すると同時にこれらの消費や排出に伴って発生する自然界への直接的影響を当該物質ごとに換算して求める。横河電機(株) (2002), 6, 14 頁。
(23) (株)イトーヨーカ堂 (2003), 同 (2004) 10-11 頁。
(24) 環境省 (1998) では, 決算時に環境保全投資額と環境保全費用額を把握している企業は, 調査回答上場企業 978 社の 14.8% である。

参 考 文 献

アサヒビール(株) (2003)『アサヒグループ環境コミュニケーションレポート 2003』。
(株)イトーヨーカ堂 (2003)『企業の社会的責任報告書──社会・環境活動報告 2003』。
(株)イトーヨーカ堂 (2004)『社会・環境活動報告 2004』。
河野正男 (2001)『環境会計──理論と実践──』中央経済社。
環境省 (1998)『平成 9 年度環境にやさしい企業行動調査結果』。
環境省 (1999)『環境保全コストの把握及び公表に関するガイドライン～環境会計の確立に向けて～ (中間とりまとめ)』。
環境省 (2000A)『環境会計システムの確立に向けて (2000 年報告)』。

環境省（2000B）『環境会計ガイドブック』．
環境省（2001A）『環境報告書ガイドライン（2000年版）』2001年2月．
環境省（2001B）『環境会計ガイドブックⅡ』．
環境省（2002A）『環境会計ガイドライン（2002年版）』．
環境省（2002B）『環境会計ガイドブック2002年版〜環境会計ガイドライン2002年版の理解のために〜』．
環境省（2003A）『環境保全コスト分類の手引き2003年版』．
環境省（2003B）『事業者の環境パフォーマンス指標ガイドライン―2002年版』．
環境省（2004）『環境報告書ガイドライン（2003年版）』．
環境省（2005A）『環境会計ガイドライン2005年版』．
環境省（2005B）『平成16年度環境にやさしい企業行動調査結果』．
（社）食品需給研究センター（2001）『食品製造業のための環境会計マニュアル　ファースト・ステップガイド』
九州電力（株）（2003）『2003九州電力環境アクションレポート』．
コスモ石油（株）（2002）『コスモ石油環境報告書2003』．
三洋電機（株）（2003）『2003年環境保全活動報告書』．
積水化学工業（株）（2003）『環境レポート2003』．
石油産業活性化センター（2000）『石油産業への環境会計導入に関する調査報告書』．
（株）デンソー（2003）『環境社会報告書2003年』．
ソニー（株）（2003）『社会・環境活動報告書2003』．
宝酒造（株）（2003）『TAKARA緑字決算報告書2003』．
田辺製薬株式会社（2003）『2003年版環境報告書』．
東京電力（株）（2003）『地球と人とエネルギー TEPCO環境行動レポート2003』．
（株）東芝（2003）『東芝グループ環境報告書』．
東北電力（2003）『東北電力環境行動レポート2003』．
東洋インキ製造（株）（2003）『環境・社会報告書2003』．
日本会計研究学会特別委員会報告（2000）『環境会計の発展と構築』．
（社）日本化学工業会・レスポンシブル協議会（2003）『化学企業のための環境会計ガイドライン』．
（社）日本ガス協会（2001）『都市ガス事業における環境会計導入の手引き（2000年版）』．
（社）日本機械工業連合会（2001）『機械工業における環境会計ガイドライン』．
（社）日本建設業団体連合会，（社）日本土木工業協会，（社）建築業協会（2002）『建設業における環境会計ガイドライン2002年版』．
日本ゴム工業会（2003）『日本ゴム工業会における環境会計のガイドライン』．
（社）日本民営鉄道協会（2003）『民鉄事業環境会計ガイドライン（2003年版）』．
日本レスポンシブル・ケア協議会「レスポンシブル・ケアのパフォーマンス指標管理作成指標」
　　（www.nikkakyo.org/jrcc/kijyun/index.html）
富士通（株）（2003）『2003富士通グループ環境経営報告書』
（株）堀場製作所（2003）『Gaiareport2003』．
松下電器産業（株）（2003）『松下電器グループグループ環境報告書2003』．
三菱化学（株）（2003）『レスポンシブル・ケアレポート2003』．
八木裕之（2002A）「日本企業の外部環境会計の現状と展開の方向性」小口好昭編著『ミクロ環境会

計とマクロ環境会計』中央大学出版部，2002年。
八木裕之（2002B）「日本企業における環境会計の標準化と機能的展開」『経済学論纂』第42号第5号。
横河電気(株)（2003）『YOKOGAWAグループ環境報告書2003』。
(株)リコー（2003）『リコーグループ環境経営報告書2003』。
Grobal Reporting Initiative（2002）*Sustainable Reporting Guidelines 2002*,（環境監査研究会訳『GRIサステナビリティリポーティングガイドライン2002』GRI日本フォーラム2002年）

（八木裕之）

第3部　内部環境会計の展開

第6章

環境管理会計の国際的展開と日本の動向

1 はじめに

　環境会計は，企業外部への情報開示を主目的とする外部環境会計と，企業内部での活用に焦点を当てる内部環境会計に分類できる。このような分類は，日本国内において環境会計を論じる場合には，外部環境会計としては環境省の「環境会計ガイドライン」を，内部環境会計としては経済産業省の「環境管理会計ワークブック」を想定すればよいので，比較的理解しやすいが，国際的な文脈では必ずしも適合しない。なぜなら，日本のように，外部環境会計として，環境報告書上での環境会計情報の開示が十分に普及していないからである。

　国際的に環境会計を論じる場合には，制度会計である財務会計と非制度会計である管理会計の区分が優先され，財務諸表もしくは財務報告書上での環境問題（environmental issues in financial accounting）と，企業内部で経営管理目的に活用される環境管理会計（environmental management accounting: EMA）に分類される場合が多い[1]。このような区分にもとづけば，環境省の環境会計ガイドラインは，外部報告目的が重視されているものの，強制力のない非制度会計という点では環境管理会計として理解されることになる。

　したがって，内部環境会計の国際的展開を論じるためには，日本の文脈で理解されるところの外部環境会計と内部環境会計の相違とは異なる財務報告書上での環境問題と環境管理会計の区分が一般的であることを最初に理解しておかねばならない。本章では国際的な文脈で環境管理会計として理解されている実務

を対象に，その展開についての特徴と，日本での動向の意義付けを行うことにしたい。ただし，環境省の環境会計ガイドラインに関しては，国際的に見れば環境管理会計の一部として理解されるが，すでに第2部で議論されているので，ここでは必要な範囲での言及にとどめたい。

本章では，まず次節で環境管理会計の体系について，国連持続可能開発部の見解を中心に検討し，環境管理会計の2大中心であるアメリカとドイツの環境管理会計の特徴を比較する。続いて，日本での環境管理会計の動向をこれらの国際的な展開の中に位置づけて論じることにしたい。

2 国連持続可能開発部による環境管理会計の体系

環境管理会計の体系は世界的なレベルでさまざまに主張されているが[2]，環境管理会計の主要な研究者・実務者間である程度合意された見解として，国連持続可能開発部が編集した『環境管理会計：手続きと原則』(UNDSD, 2001)[3]がある。同書は，国連持続可能開発部が1999年より開始した環境管理会計に関する調査・研究・普及プロジェクトの一環として発行されたもので，そのための専門家会合には，アメリカからD. サベージ（環境管理会計情報研究センター），イギリスからM. ベネット（グロセスターシェア・ビジネススクール），ドイツからS. シャルテッガー（リューネブルク大学），オーストリアからC. ヤッシュ（環境経済研究所代表），オーストラリアからはR. バリット（オーストラリア国立大学），そして日本からは國部（神戸大学）らがエキスパートメンバーとして参画し，各国政府機関の代表者とともに3回にわたる会合での議論の末にまとめたものである。

UNDSD (2001) における環境管理会計の特徴は，貨幣ベースの環境管理会計 (Monetary EMA: MEMA) と物量ベースの環境管理会計 (Physical EMA: PEMA) に分け，包括的な体系を提示している点にある。図表1は，MEMAとPEMAの相違を軸に，他の手法との関連性も示した国連持続可能開発部が想定する環境管理会計の体系である。

図表1　国連持続可能開発部による環境管理会計の体系

貨幣単位の会計			物量単位の会計	
伝統的会計	環境管理会計			他の評価手段
	貨幣ベースの環境管理会計（MEMA）	物量ベースの環境管理会計（PEMA）		
企業レベルのデータ				
伝統的簿記	簿記・原価計算からの環境部分の転記	エネルギー・水のフローについての企業レベルのマテリアルフローバランス		生産計画・在庫会計システム
製造プロセス・コストセンターおよび製品・コスト要因レベルのデータ				
コスト会計	活動ベースのマテリアルフローコスト会計	プロセス・製品レベルのマテリアルフローバランス		他の環境アセスメント，測定評価ツール
ビジネスへの応用				
統計・指標・節約計算・予算・投資評価の内部利用	環境コストの統計・指標・予算・投資評価の内部利用	環境マネジメントシステム・パフォーマンス評価，ベンチマーキングの内部利用		他の環境負荷低減型生産プロジェクト，エコデザインの内部利用
外部財務報告	環境支出・投資・負債の外部情報開示	外部報告（環境管理会計報告書，環境報告書，サステナビリティ報告書）		他の統計局地方政府等への外部報告
国レベルへの応用				
統計局による国民所得計算	投資および産業の年間環境コスト，外部コスト計算などの社会会計	資源会計（国，地域，セクターのマテリアルフローバランス）		

（出典：UNDSD（2001）p. 10）

　図表1では，真中の2つの縦の列が環境管理会計の内容を示しており，貨幣ベースの環境管理会計と，物量ベースの環境管理会計に分けて，その内容が示されている。そこでは，環境コスト情報の外部情報開示も貨幣ベースの環境管理会計として認識されている。また，マテリアルフローバランスに代表される物量ベースの手法も環境管理会計の構成要素とされている。

　このような環境管理会計の体系に対する考え方は，環境管理会計の領域をできる限り幅広く捉えることで，その影響力を確保したいという意味合いが込められていることは確かであるが，学問的には環境管理会計の包括的な範囲を示す考え方として評価することができよう。そこでは，物量ベースの環境管理会

計が体系図の半分を占めているが,この領域に関してはLCAのように環境管理会計以外の専門分野で研究が進んでいるので,国連のプロジェクトにおいても,環境管理会計の関心は貨幣ベースの環境管理会計が中心となる。

環境管理会計の具体的な側面に関しては,UNDSD (2001) では,企業環境総コスト (total corporate environmental costs) という概念を提示し,このコスト範囲を主たる対象として環境管理会計の具体的な手法を議論している。企業環境総コストは下記のように計算される。

　環境保全コスト (廃棄物処理や公害防止)
　＋廃棄原材料費
　＋廃棄物に賦課されるべき資本コストおよび労務費
　＝企業環境総コスト

この計算式の特徴は,従来の環境会計の対象として認識されてきた環境保全コストに加えて,廃棄物となる原材料費,廃棄物に賦課されるべき資本コスト (主に減価償却費) および労務費を,環境コストの構成要素として識別したことにある。廃棄物になる原材料費とは,製品に体化されることなく製造工程で排出される廃棄物を構成する原材料費のことであり,廃棄物に賦課されるべき資本コストおよび労務費とは,廃棄物もひとつの製品と考えれば,設備や人手を使用しているのであり,その部分に関して適切な費用配分額を意味する。

上記の計算式が提案された背景には,ヨーロッパではEU統計局の要請のもとで環境保全コストに限定した環境会計が普及していたが (EUROSTAT, 2001；川原,2004),環境保全コストの計算だけでは,企業経営に対して有効な情報を提供しえないという批判があった。それに対して,UNDSD (2001) は,廃棄物処理費だけでなく,廃棄物原価そのものを対象とすることによって,環境管理会計の内容を大幅に拡張することを提案しており,このことは実務ベースにおいて環境管理会計の有効性を飛躍的に向上させたのであった。

さらにUNDSD (2001) は,企業環境総コストの概念を展開し,環境問題別にコスト項目を配分する「環境支出／コストおよび収益／収入表」[4] 図表2を提

案している。この表は，先に示した企業環境総コストを計算項目として展開すると同時に，環境問題が生じる場所を環境メディア（媒体）として示し，それぞれの問題領域別にどれだけのコストが投下されたのかが分かるようになっている。

図表2　環境コスト・支出/収入・収益

環境コスト・支出/ 収入・収益カテゴリー	環境媒体 大気気候	廃水	廃棄物	土壌地下水	騒音振動	生物多様性景観	放熱	その他	合計
1. 廃棄物および排出物処理									
1.1 関連設備の減価償却									
1.2 維持及び運転資材・サービス									
1.3 人件費									
1.4 手数料，税，課金									
1.5 罰金・科料									
1.6 環境負債の保険									
1.7 浄化・修復の引当金									
2. 公害防止と環境マネジメント									
2.1 環境マネジメントのための外部サービス									
2.2 一般環境マネジメントのための人件費									
2.3 研究開発									
2.4 浄化技術への追加支出									
2.5 その他の環境マネジメントコスト									
3. 非製品アウトプットの材料購入価値									
3.1 原材料									
3.2 梱包									
3.3 補助材料									
3.4 運転資材									
3.5 エネルギー									
3.6 水									
4. 非製品アウトプットの加工コスト									
Σ環境支出									
5. 環境収入									
5.1 助成金，賞									
5.2 他の収益									
Σ環境収入									

（出典：UNDSD (2001) p. 19）

国連持続可能開発部は，現在も環境管理会計手法の調査・開発・普及プロジェクトを積極的に推進しており，2004年には国際会計士連盟に対して，環境管理会計のガイダンスドキュメントを提案し，2005年8月に正式に発行された（IFAC, 2005）。その主内容はUNDSD（2001）を継承するものであり，国連持続可能開発部の見解は今後，環境管理会計に関する基本的な理解を示すものとして国際的に普及すると想定される。

国連のプロジェクトは各国のエキスパートが集まって議論し，その大枠が示されるものであるが，環境管理会計の具体的な実務はそれぞれの国や地域で実践されている。環境管理会計の理論と実務は，1990年代を通してアメリカとドイツでそれぞれ特徴的な発展が見られ，その成果が統合されて1990年代末ごろより日本，イギリス，オーストラリアなどに展開し，さらに最近はアジア地域にも浸透しつつある。それぞれの地域での環境管理会計の展開については，第2部の各章で詳細に議論されているところであるが，以下では，アメリカ型の環境管理会計とドイツ型の環境管理会計の特徴を分析して，日本の動向を国際的な文脈から解釈することにしよう。

3 アメリカの環境管理会計：意思決定指向型

アメリカにおける環境管理会計の動向については第8章に詳しい。そこでは1960-70年代，1980-90年代，1990年代以降の3つの時代に区分して，環境管理会計が論じられている。そのなかでもアメリカにおいて，環境管理会計が急速に発展したのは，アメリカ環境保護庁（USEPA）が環境会計プロジェクトを開始した1990年代以降である。

USEPAは汚染予防プログラムと連携させて1992年に「環境会計プロジェクト（environmental accounting project）」を開始した。その目的は，「企業に対して，環境コストの全体像を理解し，意思決定に統合することを奨励し，動機付けることである」とホームページ上で明記されている。1992年当時は，「環境管理会計」という用語が一般的ではなかったため，「環境会計プロジェクト」

と名づけられたが，内容は環境管理会計そのものである。

　USEPAの環境管理会計の特徴は，「環境会計ネットワーク」という産業界との連携組織を背景にして，実践に役立つツールを開発し，多くのケーススタディを蓄積したことにある。すなわち環境管理会計は特定の問題を解決するための意思決定支援ツールとして，実践的に研究されたのである。したがって，USEPAにおいて展開されたアメリカ型の環境管理会計は，具体的な意思決定との関連性を重視する点において，意思決定指向型環境管理会計として特徴付けることができる。

　アメリカではこのような方針のもとで多くの環境管理会計ツールが開発されたが，そのなかでも特に大きな成功を収めた手法はトータルコストアセスメントと呼ばれる環境設備投資決定手法である。USEPAの環境会計プロジェクトは汚染予防プロジェクトを支援する立場にあり，汚染予防のためには設備投資が必要である。しかし，汚染予防のための設備投資は，目に見えるキャッシュインフローを生み出すわけではないので，多くの企業はその導入に消極的になる傾向がある。この問題を克服するために，USEPAでは，環境コストの概念を拡大し，設備投資意思決定を段階的に拡張することによって，汚染予防のための投資がコスト対効果からみて合理的なものであることを示そうとしたのである(5)。

　トータルコストアセスメントは，環境コストを，通常コスト（階層0），隠れたコスト（階層1），負債コスト（階層2），無形コスト（階層3）(6)に分け，設備投資の意思決定において，対象とするコストおよびコスト節約額を含むベネフィットの算定範囲を上記の4つの階層の順番に拡張することを提唱している。すなわち，通常コストのレベルでは却下される設備投資案であっても，環境関係の隠れたコストの節約効果（階層1）や，将来の汚染リスクの削減効果（階層2），さらには環境保全企業としての名声を高める効果（階層3）などのベネフィットを考えることによって意思決定が逆転しうることを示し，汚染予防設備投資の投資効果を正しく判断することを求めている。

　トータルコストアセスメントは，USEPAが汚染予防プロジェクトを進める

上で，汚染予防が財務的にもプラスになることを示す点で重要な手段であった。その後に提案されたフルコスト会計も，トータルコストに外部不経済としての社会的コストを追加して，設備投資決定を行うことが重視された（USEPA, 1996）。

アメリカにおいて環境設備投資決定手法が発展した背景には，第8章で指摘しているように，スーパーファンド法の施行によって土壌汚染浄化義務が極めて高額になる可能性があったことと，もともとアメリカ企業が設備投資決定においてNPVやIRRにもとづく標準化された投資決定手法を用いていたことがあげられる。すなわち，USEPAの開発した手法は，アメリカ企業がそれまで標準的に使用していた設備投資決定手法における対象コスト・効果の範囲を環境面に拡充する手法であったため，企業にとっても受け入れられやすかったと想定される。

USEPAの環境会計プロジェクトは2002年にその歴史的使命を終え，その後の研究は，USEPAの資金援助で設立された環境管理会計研究情報センター（Environmental Management Accounting Research Information Center: EMARIC）に引き継がれ，そこでは設備投資決定手法だけでなく，グリーンサプライチェーンマネジメントや環境配慮型生産手法と環境管理会計手法の関係などが主要テーマとして研究されているが，いずれの場合も，具体的な意思決定問題が想定され，それに対する解決手法として環境管理会計ツールが位置づけられている。

4　ドイツの環境管理会計：システム指向型

ドイツにおける環境管理会計は第7章で詳しく議論されているとおり，アメリカ型の環境管理会計とはかなり内容を異にする。ドイツの環境管理会計はその原点をエコバランスにもち，意思決定指向のアメリカ型の環境管理会計とは違った発展経緯をたどっている。

エコバランスとは，企業や工場へのインプットとアウトプットを物質ベースで捉えて，物量単位で示す手法である。エコバランスは，1980年代から，ド

イツやスイスを中心にさまざまな手法が開発され，実際に企業でも活用された。たとえば，ドイツでは，アウグスブルク大学教授のB.ワグナーの指導の下，クネルト社が1990年代前半に詳細なエコバランスを環境報告書上で開示している[7]。エコバランスは，LCAの基礎情報としても活用可能であり，1990年代には新しい環境会計として英語圏でも注目を集めた。国連持続可能開発部の環境管理会計体系の中に，物量ベースの環境管理会計（具体的には主にエコバランスを指す）が入っているのも，スイス，オーストリアを含むドイツ語圏の実務の影響が大きい。

エコバランスは，企業へのインプットとアウトプットに関する物量計算であるため，そこでは特定の意思決定目的が想定されているわけではなく，物質のインプット・アウトプット情報の正確な計算が目的であり，その点において，システム指向の特徴を持つと考えられる。このようなシステム指向はその後の展開の中でも維持されることになる。

しかし，エコバランスは，企業への物質のインプットとアウトプットを物量ベースで表現するだけであるため，企業の経営意思決定に結びつかないという欠点があった。この欠陥を克服するために，エコバランスとコストを連結させる研究がさかんとなってきた。環境原価計算の研究である。その成果のひとつとして，1996年にはドイツ環境省・環境庁から「環境原価計算ハンドブック」(BUM und UBA, 1996) が刊行された。

エコバランスと原価計算の統合の方法には，さまざまな手法が考えられるが[8]，システムベースにおいて両者を統合した最も完成度の高い方法は，アウグスブルク大学のB.ワグナーとIMUのM.ストローベルが開発したマテリアルフローコスト会計である。

マテリアルフローコスト会計は，企業へのインプットであるマテリアルを，物質としての側面（物量単位）と原材料としての側面（貨幣単位）で捉え，工程ごとのマスバランスを捕捉すると同時に，製品および廃棄物の原価を正確に計算することを可能にしたシステムである。マテリアルフローコスト会計の詳しい内容については別著（中嶌・國部, 2002）に譲るが，ドイツで開発されたマテ

リアルフローコスト会計の最大の特徴は，企業の ERP システムと連携させて情報システムとして構築する点にある。マテリアルフローコスト会計は，ドイツバイエルン州を中心に 30 社程度のドイツ企業への導入実績があり[9]，理論面だけでなく，実践面でも大きな成果をあげている。

マテリアルフローコスト会計は，工場内でのマテリアルのフローを物量と金額で追跡するシステムであり，インプットとアウトプットの物理的な差額をロスとして認識する点において，従来の標準管理（標準の中に正常ロスが埋没している）とは根本的に発想を異にするものである。このため究極の生産管理手法として理解することができる。マテリアルフローコスト会計は基本的には情報提供システムであるため，それだけでは経営改善に結びつかないが，従来の会計システムでは看過されてきた廃棄物の原価が正確に示されるため，的確な廃棄物削減政策を考案・実施する点で大いに効果がある。

5　日本の環境管理会計：経済産業省プロジェクトを中心に

本章では，アメリカの環境管理会計を意思決定指向型，ドイツの環境管理会計をシステム指向型と特徴付けた。もちろん，アメリカにおいても R. ポジャセックが提唱するシステムアプローチのようなシステム指向型の廃棄物削減手法（USEPA, 2001；大西, 2003）や，ドイツでもファクターのようにシステム指向というよりも，意思決定のための目標設定のような手法も開発されている。しかし，両国の環境管理会計のこれまでの業績の中で，最も影響力のあった手法を比較するならば，アメリカのトータルコストアセスメントは意思決定指向型であるのに対して，ドイツのマテリアルフローコスト会計はシステム指向型という特徴を見出せるのである。

さて，日本では環境庁（現・環境省）を中心に外部情報開示を主目的とする環境会計ガイドラインの策定プロジェクトが 1997 年より始まっており，1999 年 3 月には環境会計ガイドラインの原型となる「中間とりまとめ」を公表し，2000 年には正式にガイドラインを発行した（その後，2002 年と 2005 年に改訂）。これに

対して，通商産業省（現・経済産業省）は，1999年から企業の内部利用を目的とした環境管理会計の手法開発調査を開始し，2002年に「環境管理会計手法ワークブック」を公表した。環境省のプロジェクトは経済産業省のプロジェクトに対して，2年程度先行していたため，日本企業には「環境会計＝環境報告書での情報開示手段」というイメージが定着することになってしまったが，経済産業省の調査研究成果が公表されるにしたがって，環境管理会計への関心も高まっている（國部・梨岡，2004；國部，2004b 参照）。

経済産業省の環境管理会計プロジェクトで研究・開発した手法は下記のとおりである（経済産業省，2002；國部，2004a）。

① 環境配慮型設備投資決定手法
② 環境コストマトリックス（後に，環境予算マトリックスと改称）
③ 環境配慮型原価企画
④ 環境配慮型業績評価
⑤ マテリアルフローコスト会計
⑥ ライフサイクルコスティング

これらの手法の中で，環境配慮型設備投資決定手法は，アメリカのトータルコストアセスメントの成果もふまえながら，環境への物量面での成果も取り入れた包括的な手法である。また，マテリアルフローコスト会計はドイツで開発された手法をもとに日本企業でも簡単に展開できるように工夫したものである。環境配慮型原価企画と環境配慮型業績評価については，特定の手法を開発したというよりも，ケーススタディ中心である。環境コスト（予算）マトリックスは，環境予算を編成する際の費用対効果を分析するツールである。ライフサイクルコスティングは，LCAの成果も踏まえて，製品の廃棄・リサイクルに至るまでのコストを計算する手法である。

これらの6つの手法はいずれも理論研究だけでなく企業の協力を得て，実際に導入実験を行い，その有効性を検証している。そのなかで企業側から最も注目を浴びた手法がマテリアルフローコスト会計であった。経済産業省は2004年度に，マテリアルフローコスト会計に絞った日本企業への普及業務を開始す

るに至っている。

　経済産業省が提案するマテリアルフローコスト会計は，ドイツで開発されたマテリアルフローコスト会計よりも簡易なシステムで，ERPシステムとの連携を必要条件とせず，1製品1製造ラインから導入できるように工夫されている。情報システムというよりも，特定の意思決定目的に資する特殊原価調査的に活用される場合が多い。ドイツでは，SAP R/3などのERPシステムとマテリアルフローコスト会計の連携が重要課題であるが，日本ではエクセルベースでの計算が中心である[10]。

　日本でマテリアルフローコスト会計が注目を集めるようになった理由は，その目標が廃棄物の削減という具体的なターゲットを示し，実際にその効果をいろいろなケーススタディで実証したためであろう。経済産業省プロジェクトでマテリアルフローコスト会計の導入実験に参加した各社（日東電工，キヤノン，田辺製薬，タキロン）では，その後，同手法を社内展開するための努力を積極的に継続している。

　ここで注意しておかねばならないことは，日本におけるマテリアルフローコスト会計の成功は，システム型環境管理会計としての成功ではなく，廃棄物削減という意思決定目的を重視した手法としての側面が評価されたという点である。この点で，ドイツでの展開とは特徴を異にする。一方，環境配慮型設備投資決定手法はこれまでマテリアルフローコスト会計ほど日本企業の関心を引いていないが，これは日米企業間のニーズの差として理解することができるであろう。

　ドイツで開発されたマテリアルフローコスト会計は情報システムとして理解されているため，特定の問題を解決する手段を内包しておらず，たとえば，単独では設備投資意思決定手法のように代替案間の評価をすることはできない。したがって，意思決定への有効性を要求する企業へ導入する際には，導入目的（廃棄物削減）に対して，具体的にどのような手法があるのかをあらかじめ想定し，そのベストな対策を導出できるようにマテリアルフローコスト会計情報を活用するしくみを同時に構築しておくことが必要である。日本における導入成功事例は，いずれもこの点に十分な配慮を行っている。

6 環境管理会計の今後の展開：むすびにかえて

　環境管理会計には，アメリカを中心とする意思決定指向型とドイツを中心とするシステム指向型があり，日本では本来システム指向型のマテリアルフローコスト会計が，意思決定目的を明示することによってその有効性を高く評価され，普及しつつあることが示された。環境管理会計はまだ歴史が浅く，大きな発展可能性が残されているが，最後に今後の展開の方向として2つの可能性を示して，本章の結びとしたい。

　環境管理会計の発展方向の可能性として第一に考えられるのは，企業の枠組みを超えて発展させる方向である。国連の環境管理会計体系でも，アメリカのトータルコストアセスメントでも，ドイツのマテリアルフローコスト会計でも，環境コストの拡張が環境管理会計の飛躍的な発展を可能にした。しかし，その拡張の大部分は原材料費や廃棄物に配分される加工費であり，企業コストの枠内での拡張であった。今後は，企業コストの枠組みを超えて，ライフサイクルやサプライチェーンを対象とした環境管理会計の発展が想定される。すでに，ライフサイクルコスティングやサプライチェーンに関する研究は世界的にも展開しているので，今後はすでに実用化レベルにある環境管理会計手法の中にいかに取り込んでいくかが課題となる。

　第二の発展可能性としては，環境管理会計の枠組みに社会やサステナビリティの視点を取り入れる方向が考えられる。第7章でイギリスのSIGMAプロジェクトにおいて，サステナビリティ会計が提案されていることが紹介されているが，社会・環境・経済の調和は現代企業にとって避けて通れない課題であり，環境管理会計もこの新しい課題に対して何らかの有効な情報を提供することが求められているのである。

　環境管理会計は，環境マネジメントシステムやLCAなどの伝統的な環境管理手法とは根本的に異なるところがある。それは，企業の本業である経済活動と環境保全活動の両立を第一に目指している点である。環境保全に対して過剰

なコストをかけすぎることは,社会的資源の無駄であり,一種の環境破壊である。環境保全はともすれば不可侵の目的とされやすいが,コスト対効果を的確に捉えて促進しなければ,かえって社会的な富を浪費することになる。環境管理会計は経済目的の遂行と環境保全の両立を具体的に追求する数少ない有力手法の一つであり,今後一層の発展が期待される。

注

(1) 国連持続可能開発部が中心となって執筆し,国際会計士連盟(IFAC, 2005)において2005年8月に公表された環境管理会計に関するガイダンスドキュメントでは,このような分類を採用している。
(2) たとえば,環境会計を含む環境管理会計の体系を論じている著書として,Bennett and James (1998), Gray and Bebbington (2001), Schaltegger and Burritt (2002) などがある。また,筆者が考える環境管理会計の体系については,國部 (2004a) 第1章,第2章を参照されたい。
(3) 国連持続可能開発部は,同書以外に環境管理会計と政策のリンケージを議論した報告書 (UNDSD, 2002) もまとめている。
(4) この図表の基本的なアイデアは,オーストリア環境青年家庭省が1997年に出した報告書 (BMUJF, 1997) を引き継ぐものである。
(5) 詳細については USEPA (1992) および國部 (2000) 第3章参照。
(6) 第8章では,USEPA (1995) の用語に基づいているが,ここでは USEPA (1992) の用語法に基づいているため若干の相違があるが,基本は同じである。
(7) 國部 (2000) 第4章参照。なお,エコバランスについての総合的な解説は宮崎 (2001) に詳しい。
(8) ドイツの環境原価計算の内容に関しては,湯田 (2001) および宮崎 (2001) 参照。
(9) ストローベルによれば,コスト計算を必ずしも必要としないフローマネジメントを含めれば,IMU は2004年9月の時点ではほぼ100社程度への導入実績があるという。
(10) ただし,田辺製薬では ERP システムとマテリアルフローコスト会計の連携を前提にシステム構築を行っており,これは日本企業の事例としては唯一システム指向型のマテリアルフローコスト会計の特徴を生かした導入事例である。

参 考 文 献

Bennett, J. and James, P. (eds.) (1998) *The Green Bottom Line*, Greenleaf Publishing [國部克彦監訳 (2000)『緑の利益』産業環境管理協会].

Bundesministerium Fur Umwelt, Jugend und Familie (BMUJF) (1997), *Entwicklung Eines Methodischen Ansates zur Ableitung von Umweltkosten aus dem Betrieblichen Rechnungwesen*, BMUJF.

Bundesumweltministerium und Umweltbundesamt (BUM und UBA) (1996) *Handbuch*

Umweltkostenrechnung, BUM und UBA［宮崎修行監訳（2000）『環境原価計算』日本能率協会マネジメントセンター］.
EUROSTAT（2001）*Definition and Guidelines for Measurement and Reporting of Company Environmental Protection Expenditure*, EUROSTAT.
Gray, R. and Bebbington, J.（2001）*Accounting for the Environment*（second edition）, Sage.
IFAC（2005）*Environmental Management Accounting*, International Federation of Accountants.
Schaltegger, S. and Burritt, R.（2000）*Contemporary Environmental Accounting*, Greenleaf Publishing［宮崎修行監訳（2003）『現代環境会計』五絃社］.
United Nations Division for Sustainable Development（UNDSD）(2002)*Environmental Management Accounting : Policies and Linkages*, United Nations.
United Nations Division for Sustainable Development（UNDSD）(2001)*Environmental Management Accounting : Procedures and Principles*, United Nations.
United States Environmental Protection Agency（USEPA）(2001)*An Organizational Guide to Pollution Prevention*, USEPA.
United States Environmental Protection Agency（USEPA）(1996)*Environmental Accounting Case Studies : Full Cost Accounting for Decision Making at Ontario Hydro*, USEPA.
United States Environmental Protection Agency（USEPA）(1995)*An Introduction to Environmental Accounting as a Business Management Tool*, USEPA.
United States Environmental Protection Agency（USEPA）(1992)*Total Cost Assessment*, USEPA.
大西靖（2003）「マテリアルフロー情報を活用した環境管理会計の構成要素：会計情報と物量情報の連携」『六甲台論集』第49巻第3号，1-15頁．
川原千明（2004）「環境会計制度の比較分析：環境省ガイドラインと EUROSTAT ガイドライン」『六甲台論集』第51巻第2号，41-56頁．
環境省（2005）『環境会計ガイドライン2005年版』環境省．
経済産業省（2002）『環境管理会計手法ワークブック』経済産業省．
國部克彦編（2004a）『環境管理会計入門』産業環境管理協会．
國部克彦（2004b）「環境管理会計の普及と展開：日本企業の動向」『国民経済雑誌』第190巻第6号，53-65頁．
國部克彦（2003）「環境会計の現状と課題：企業経営に役立てるためには何が必要か」貫隆夫他編『環境問題と経営学』中央経済社．
國部克彦（2001）「国連の環境管理会計プロジェクト」『企業会計』第53巻第5号，78-84頁．
國部克彦（2000）『環境会計（改訂増補版）』新世社．
國部克彦・梨岡英理子（2004）「環境管理会計の促進要因」『會計』第166巻第3号，84-97頁．
中嶌道靖・國部克彦（2002）『マテリアルフローコスト会計』日本経済新聞社．
産業環境管理協会（2004）『平成15年度経済産業省委託環境ビジネス発展促進等調査研究（環境管理会計）報告書』産業環境管理協会．
宮崎修行（2001）『統合的環境会計論』創成社．
湯田雅夫（2001）『ドイツ環境会計』中央経済社．
山上達人・向山敦夫・國部克彦編（2005）『環境会計の新しい展開』白桃書房．

（國部　克彦）

第7章

EUにおける内部環境会計の展開

1 英国における内部環境会計

1.1 環境会計をめぐる英国における制度的背景

　英国は，環境会計や環境報告に関する研究と実践の蓄積が多いところである。その特徴は，勅許公認会計士協会（ACCA）や勅許管理会計士協会（CIMA）等の職業会計士団体が，環境会計研究者の協力の下で環境会計の研究と普及に尽力しているところにある。英国の環境会計研究者と職業会計士団体は，欧州連合（EU），国連およびグローバル・リポーティング・イニシアティブ（GRI）等の国際機関における環境会計の研究に積極的に関わっていることからも，環境会計の研究において，英国における取組みを検討する必要がある。

　本節では，北米と欧州の双方から影響を受けた制度的背景を有する英国における環境会計の展開状況を明らかにし，主として内部環境会計，すなわち環境管理会計の側面を中心とした議論を行う。そして，英国における環境会計の展開の方向性を見定めようとするものである。

　環境会計は，企業に代表される経済主体がその必要性を認識した上で展開しているため，当該経済主体が主として経済活動の舞台とする国の社会・経済的，および法律的な背景，つまり制度的背景の影響を強く受けると考えられる。本項では，環境問題の解決に向けた英国の取組みを制度面から明らかにし，こうした制度が企業経営に及ぼす影響および環境会計に及ぼす影響について明らかにする。

(1) 英国における環境法規制の動向と会計問題

英国における環境関連の法規制は，1990年環境保護法（Environmental Protection Act 1990：EPA1990）およびその後の1995年環境法（Environment Act 1995）の制定によって，従来の公害対策の趣が強かった環境法規制から，地球規模の環境問題への対応へとシフトした。特に環境法では，環境庁（Environmental Agency）の設置[1]や，汚染土壌の浄化のための基金を創設し，汚染土壌の所有者に対する厳格な浄化コスト負担を求める条項が盛り込まれている[2]。

さらに，英国ではEC指令1996/61/EC（汚染防止・管理指令）[3]やEC指令2003/87/EC（排出権取引指令）[4]に対応する法律や制度が形成され，汚染への事後的対応から予防的対応にシフトするとともに，温室効果ガス排出権取引が制度化され，英国においてより一層環境法規制や企業の環境配慮に向けた自主的取組を推進する政策がとられるようになった[5]。代表的な制度として，気候変動課徴金（Climate Change Levy）と英国自主的排出権取引制度（UK Voluntary Emissions Trading Scheme）がある。前者は，中小企業を除くエネルギーを利用する産業に適用される一種の環境税であり，その税収は，後者の排出権取引のための資金とされる。一方の排出権取引制度は，運用後5年以内の排出削減目標に企業が同意し，その目標を達成した場合には財務的インセンティブ（気候変動課徴税の減免）を受け，反対に目標達成ができない場合にサンクションを受けるというものである[6]。

次に，省資源のための制度として，埋立税（Landfill Tax）と原料課徴金（Aggregates Levy）がある。前者は，事業者に対し廃棄物1トン当たりの税金を課す制度であり，EC指令1999/31/EC[7]を国内法化したものである。後者は，原料採取にあたってバージン原料を使用した場合の課徴金である[8]。また，省エネルギー技術を促進するための制度として「集中資本割当制度」（Enhanced Capital Allowances）が導入されている。これは，省エネルギー技術の開発，特に二酸化炭素排出を抑制する技術開発に対して英国政府が資本助成を行う制度である[9]。

以上，英国における環境法規制の動向を概観してきたが，これらの政策は，

企業に対していわば「飴と鞭」の両面を有している。つまり，資金を投入して二酸化炭素(CO_2)や廃棄物といった排出削減に意欲的に取組む企業に対しては，税金や課徴金の減免という誘因を付与する一方で，これらに対応しきれない企業に対しては，多額のコスト負担を強いるものと理解することができる。比較的強力な法規制を実施しながらも，企業の自主的な取り組みを促進するという経済的誘因を与える政策であるが，企業においては，遅かれ早かれコスト負担を余儀なくされるものであり，当該法規制の遵守と自主的な取り組みに要するコストと環境パフォーマンスとを正確に測定し，意思決定に役立てる仕組みとして環境管理会計が必要とされる。

(2) 英国における社会的責任投資と法規制の動向と会計問題

次に，環境問題への対応のみならずより広範な企業の社会的責任（corporate social responsibility：CSR）の高まりが及ぼした企業への影響という観点から，英国の動向を考察する。エンロンやワールドコムといった企業による会計不正事件以降の世界的な企業統治（corporate governance）の動向，および近年普及しつつある社会的責任投資（Socially Responsible Investment：SRI）の動向が，英国の法制度にも多大な影響を及ぼしている。こうした動向に対処するための英国の対応は，①統合規範（Combined Code）[10]の制定，②年金法（Pensions Act）の改正，および③会社法（Company Law）の改正である。統合規範は1998年6月に制定され，企業活動のゴーイング・コンサーンの報告，および財務上，業務上および法律遵守上の統制ならびにリスク管理を包含する内部統制システムの有効性のレビューを求めている[11]が，その中に，環境リスクや持続可能性の問題が包含されている[12]。

また，2000年7月に施行された1995年年金法の改正では，年金基金に対し，投資意思決定における，社会，環境および倫理面に関する考慮の有無，およびその程度について情報開示すべきことが規定された[13]。この改正により，英国におけるSRIの投資規模は，2001年に2,245億ポンド（1ポンド＝約201円：2005年10月17日現在）となり，1997年に比して約10倍，1999年に比して約4倍の成長を遂げている[14]。年金法の改正と統合規範の制定を受け，機関投資

家の業界団体である英国保険協会（Association of British Insurer：ABI）[15]では，SRIに関するガイドラインを公表し，社会，環境および倫理的なリスクに対する企業や投資機関の注意を喚起するとともに，企業に対してこれらのリスクを通常のリスク管理に統合するよう求めている[16]。

　英国における3つ目の対応として会社法の改正がある。目下，会社法は，21世紀に見合う現代化と改革を目的とした改正のプロセスの途上にあるが，改正案として議会に提出されたホワイト・ペーパーでは，取締役の責任の一貫として，自社の活動に起因する短期的および長期的な結果について考慮しなければならないとし，当該責任の範疇には，従業員との関係および企業活動の地域社会と環境への影響等についても考慮すべきことが指摘されている[17]。さらに改正案では，当初英国の会計基準審議会（ASB）が提唱した「営業・財務概況」（Operating and Financial Review：OFR）[18]を制度化することが柱のひとつとされ，その中に環境に対する企業活動の影響や社会的責任と持続可能な発展に関連する事項が包含されることを示唆している[19]。

　以上，CSRをも包含した面から英国における法規制等を概観してきたが，これらが企業の経済活動に及ぼす影響は大きい。上記の3つの事柄は，企業の経済活動が及ぼす社会的・環境的影響を開示することを求めているが，その開示に際しては，既に開示すべき社会・環境に関連する事柄について体系的に情報収集する仕組みが企業内部において構築されている必要があろう。そうでなければ，「場当たり的な」情報開示となり，結果として社会一般からの企業に対する信頼が揺らぐことになりかねない。例えば，「統合規範」においては，情報開示とともに内部監査の仕組みを強固なものにすることが求められている。その中で，あらゆるリスクの中に社会・環境的要素が包含されていることを考慮すれば，企業内部において，自社の経済活動が及ぼす社会的・環境的影響を測定するシステムが構築されている必要があろう。

　以上から，英国企業では，環境やCSRに関する規制等への対応の必要性から，自社の及ぼす環境影響について識別し，定量的に測定し，伝達する環境管理会計が求められるようになると推察される。

1.2 英国における環境管理会計の潮流

英国では，前項で指摘した制度的背景から環境管理会計の展開がみられるようになってきたが，これには，貿易産業省（Department of Trade and Industry：DTI）や環境・食糧・地域事象省（Department of Environment, Food and Rural Affair：DEFRA）をはじめとする英国政府機関が資金援助する取組みが寄与している。これらの取組みは，ACCAやForum for the Future等の職業会計士団体やシンクタンク等によって推進されている。これらの取組みには，企業の利益と環境負荷を同時に低減することを目的とする"win-win"型環境会計と，企業活動がもたらす外部不経済を内部化することを目的としたフルコスト会計（Full Cost Accounting：FCA）という2つの潮流があるように思われる。以下ではそれぞれについて概観し，検討することにしたい。

1.3 "win-win"型環境管理会計

"win-win"型環境管理会計は，Envirowiseプロジェクト[20]が発行している環境管理会計に関するガイドブック[21]（以下，EMAガイドと記す）とそれを利用したケース・スタディにおいて提案されている[22]。EMAガイドは，主として原材料費，エネルギー関連費および廃棄物コストの識別と分析を通じて意思決定に役立つ情報を収集すること，そのために環境コストの適切な配賦を行うこと，製品の環境コストを比較すること，そして投資意思決定に環境要因を組み入れること等を目的とし[23]，これらの目的に対応する環境管理会計が提案されている[24]。

EMAガイドは，企業の会計担当者が環境会計情報を体系的に収集し，コスト削減に役立てる方法について非常に平易に解説している。その方法は，以下のようなステップを踏まえて記されている[25]。

① 元帳から環境関連の費目を抽出する。
② 証憑類や原価計算表などの情報源から環境に関連する情報を収集する。
③ 廃棄物処理，水利用と排水，およびエネルギー消費などの各コストを単位コストで除して物量データを算出する。

④ 環境マネジメントシステム（EMS）や規制当局への報告資料の作成を通じて得られる情報を収集する。
⑤ 廃棄物やエネルギー等の特定の項目に関するコスト削減目標を見積もる。
⑥ 原材料の流れを記したマスバランスを作成し，廃棄物の発生状況を概観する。
⑦ 自社のプロセスをフローチャートに表し，各活動にインプットとアウトプットを表示する一覧表を作成する。
⑧ 環境コストを集計し，各活動に環境コストを配賦するための表（環境コスト配賦表）を作成する（図表1参照）。
⑨ 環境コスト配賦表にもとづいて各活動の環境コストを計算する。

以上のプロセスを経て，環境コストが体系的に収集されるが，EMAガイドが提唱している会計手法は，以下の図表1に集約される。

図表1　主要な活動への環境コストの配賦ワークシート

環境コスト	原材料消費				水道光熱消費			廃棄物と流出物					
	鋳型	裁断液	油圧オイル	裁断工具	電力	水	車両走行マイル	廃棄鋳型	金属屑	裁断廃液	空きドラム缶	廃棄ボックス	廃水
年間の元帳記載のコスト	£1.75m	£120,000	£22,800	£72,000	£160,000	£40,000	£60,000	£162,500	£1,500	£80,000	£1,000	£1,500	£23,400
物量単位	鋳型	リットル	リットル	裁断工具	kWh	m³	マイル	鋳型	kg	リットル	ドラム缶	ボックス	m³
単位価格	£7.00	£2.40	£1.90	£300.00	£0.07	£0.75	£0.20	£13.00*	(£0.03)**	£0.08	£0.25	£0.05	£0.45
年間物量	250,000	50,000	12,000	240	2,286,000	53,000	300,000	12,500	50,000	1,000,000	4,000	30,000	52,000
製品あたりコスト	£7.00	£0.48	£0.09	£0.29	£0.64	£0.16	£0.24	£0.65	(£0.07)**	£0.32	£0.004	£0.006	£0.09
活動に配賦される環境コストの配賦率	鋳型	裁断液	油圧オイル	裁断工具	電力	水	車両走行マイル	廃棄鋳型	金属屑	裁断廃液	空きドラム缶	廃棄ボックス	廃水
金属鋳型受取	100%												
金属鋳型開封												90%	
穴あけ		25%	30%	45%	30%			10%	55%	25%	15%		
裁断		75%	70%	55%	60%			20%	45%	75%	30%		
洗浄						100%					10%		100%
塗装					10%			10%			45%		
検査								60%					
包装												10%	
配送							100%						

*製造した鋳型の売却価値の喪失　**リサイクル会社への売上収益

（出典：Envirowise (2002a) p. 19.）

図表1は，環境コストと企業の主要な活動を行列形式で表示したものであり，割合に応じて各環境コストを各活動に賦課するのに活用される。例えば，塗装活動（塗装工程）の環境コストは，電力コストの10%，廃棄鋳型コストの10%，空きドラム缶コストの45%で構成される。したがって，製品単位あたりの環境コストは，以下の図表2のように計算することができる。

図表2　塗装活動の環境コスト

環境コスト項目	環境コストの割合	製品あたりコスト	塗装コスト
電力消費	10%	£0.64	£0.064
廃棄鋳型処理	10%	£0.65	£0.065
空きドラム缶処理	45%	£0.004	£0.0018
合計			£0.1308

（出所：Envirowise（2002a）p. 20 の表にもとづいて，p. 203（本節図表1）のデータを用いて筆者作成。）

図表2から，塗装活動の環境コストは，電力消費，廃棄鋳型処理および空きドラム缶処理の3つから構成され，製品あたりのコストに環境コストの割合を乗じて各環境コスト項目の環境コストを合計して，塗装コストを計算する。これらを活動ごとに計算し，各活動のコストを合計すれば製造工程における環境コストの総額を把握することができる。これらの環境コストは，物量とリンクして発生していることから，特定の活動の物量による環境負荷の低減を通じて結果としての環境コストの低減につなげていくことができる。

環境コストの配賦に至るまでに活動を峻別し，各活動に対する原材料やエネルギーのインプットと製品や廃棄物といったアウトプットとをマスバランスを通じて把握するという点で，物量とコストとを関連づけ，それを経営意思決定に応用する手法として位置づけることができる。環境負荷低減とコスト削減の同時達成のための優れたシステムとしては，ドイツや日本で展開してきている「マテリアルフローコスト会計」がある。この手法は，マスバランスを出発点とする点でEMAガイドにおける手法と類似しているものの，マスバランスが単に現状把握のためのツールに過ぎないこと，および製造プロセスがブラックボックス化されていることなどから，環境対策の優先順位の設定や企業内部で

の環境負荷の発生プロセスを把握することはできない[26]。こうした問題を解決するために提案されたのがマテリアルフローコスト会計である。これは，マスバランスを生産プロセスにも導入することを通じて，インプットからアウトプットに至る物質フローとストックとを把捉し，それに貨幣価値を付与することで環境負荷の低減とコスト削減の同時達成を促す経営管理システムとして捉えられる[27]。

マテリアルフローコスト会計は，「マスバランスと原価計算を統合したシステム[28]」といわれるが，EMA ガイドは，原価計算システムとの関連性が明確化されていない。また，EMA ガイドにおいて捉えられている環境コストの範囲は，インプット時点の廃棄物コスト，エネルギーコストおよび水利用コストに限定されているため，製造プロセスやアウトプットにおいて発生する廃棄物などのロスについて把握することができない。さらに，図表1において各環境コストを各活動に配分する割合が記されているが，その割合算定の根拠が示されていない点で精緻さに欠ける。以上のように EMA ガイドはまさに「ガイド」であることから，環境コストの厳密な定義や測定基礎に関する説明はあまりなく，掲載されている仮説例も非常に単純であることから，主として中小企業が想定されているように思われる。大企業において類似の EMA を導入しようとする場合，さらなる精緻化が求められよう。その際に，マテリアルフローコスト会計に展開することがひとつの方策として考えられうる。

1.4 フルコスト会計と環境管理会計

上記の EMA ガイドでは，環境負荷の低減と利益の増大の両立を図る環境管理会計を提唱したものであったが，もうひとつの潮流として，CIMA と Forum for the Future が提唱する環境コスト会計（Environmental Cost Accounting）をあげることができる。その内容は，CIMA 発行のガイドブック（以下，CIMA ガイド）にまとめられている。CIMA ガイドでは，環境会計を「環境と経済パフォーマンスを向上させるために環境に関連する貨幣情報を収集，分析および利用すること[29]」と定義し，環境管理会計と外部環境会計の双方について検

討を行っている。そのうえで，環境負荷の低減を目指す企業は，内部で発生する「環境関連内部コスト」(internal environmental cost) と，自社の活動の結果として企業外部で生ずる「環境関連外部コスト」(external environmental cost) の両者を削減する必要があると指摘する。そして，「環境関連内部コスト会計」(以下，内部コスト会計と記す) と「環境関連外部コスト会計」(以下，外部コスト会計と記す) の2つの仕組みを提案している。

内部コスト会計は，環境に関連して発生する企業内部のコストを認識・測定し，それを企業内部および外部に伝達することが想定されている。現状のような誤った環境コストの配賦により誤った製品価格設定や製品ミックス決定がなされているため，それを改善するための仕組みとして内部コスト会計が役立つと考えられている。さらに，コスト削減機会や不適切な投資意思決定を通じた将来コストの削減にも寄与すると指摘されている[30]。

さらに，内部コスト会計を通じて環境財務諸表 (Environmental Financial Statement：EFS) の作成が提案されている。これは，環境コストとその節約額とを一覧表示した計算書であり，外部へ開示することが勧告されている。開示するという点では，本書で定義した外部環境会計の範疇に属するものの，当該計算書を作成するプロセスにおいてコスト削減機会を発見したり，不適切なコスト配賦を発見したり，さらに環境面での優先順位の設定に寄与することが指摘され，内部管理への役立ちも視野に入れられている。

次に，CIMA ガイドでは，企業の活動が外部に環境影響を及ぼし，それに起因するコストを社会が負担しているにもかかわらず，現在の会計システム上では全く考慮していないことを問題視し，これらの外部コストを反映した計算書の作成を提案している[31]。具体的には，貨幣換算された環境パフォーマンスデータを企業の財務・管理会計システムの主流に関連づけることによって，環境に関連する持続可能な利益を考慮した定量化を意図している。それは，①勘定に含めるべき企業の主要な環境影響の識別，②適切な「持続可能性目標」の設定，③識別された影響を回避するコストの評価（それが困難な場合にはあらゆる損傷を復元するコストの見積り），④外部コストを考慮した環境計算書の作成，と

いう4つのステップをたどる[32]。

①のステップでは,「汚染者負担の原則」を適用し,外部コスト[33]の見積もり範囲を自社の活動に限定する。次に,企業は,さまざまな科学的知見にもとづいて排出削減目標といった「持続可能性目標」を設定する[34]。そして③のステップにおいて,外部コストを貨幣評価する。その評価方法として「浄化・回避コスト」(abatement/avoidance costs),「復元コスト」(restoration costs)および「被害コスト」(damage costs)が検討され,浄化・回避コストを最善の評価法とし,それが困難な場合に復元コストによって評価することを提案している[35]。①〜③のステップをそれぞれ大気,土壌,水といった環境媒体について行い,環境負荷の物量に単位あたりの「持続可能性コスト」(持続可能な水準に達するまでのコスト)を乗じて各環境媒体の「持続可能性コスト」を算出する。次に,それらを合計して総額の「持続可能性コスト」を計算し,それを税引後当期純利益から差し引いて「環境・持続可能性調整済み利益」(environmentally-sustainable/adjusted profit)が計算される[36]。

CIMAガイドでは,外部コスト会計において作成される計算書の公表を勧めている[37]が,そのほかに,企業経営者が,自社の将来の環境リスクや環境負債にさらされる危険性を削減するための戦略的計画の策定において外部コスト会計が寄与すると指摘している[38]。したがって,CIMAガイドで提案されている環境会計モデルは,本書で用いている外部環境会計の範疇にも,環境管理会計(内部環境会計)の範疇にも入りうるものである。

ここまで議論してきた外部コスト会計はFCAの範疇に属するが,そこで対象とされる環境コストは以下の図表3のように階層的に捉えられる。

1990年代初頭から英国におけるFCAを推進しているBebbingtonらは,1996年に米国環境保護庁が提唱したFCAが,図表3の階層0〜3までしか考慮しないことを批判した上で,階層4までを環境コストの測定対象とすることがFCAであると指摘している[39]。CIMAガイドで提唱されているFCA,すなわち外部コスト会計は,図表3の階層4を見積計算して「持続可能性コスト」を測定するが,当該情報は,自社の活動を持続可能にするためには,どれだけ

図表３　フルコスト会計で対象とするコストの諸階層

階層０：通常のコスト 　資本的支出と収益的支出の双方に関連して通常発生する直接費と間接費を含む。
階層１：隠れたコスト 　間接費勘定等において一般に発見される追加的コストである。それらは，環境マネジメントシステム，監視および安全に関連する通常のコストを含む。
階層２：偶発コスト 　伝統的会計の場面においては現在顕在化しない「偶発コスト」である。（法規制の変更等の）状況の変化により生ずる可能性があり，その発生可能性が見積もられうる。これらのコストは，あるプロジェクトに関連する罰金，将来の浄化コストおよび規制遵守コストを含む。
階層３：無形コスト 　環境マネジメントを改善することによって，財務的数値で評価されるコストとベネフィットを発生させうる。これらのコストとベネフィットは，あるプロジェクトから得られる暖簾の損失や利得，サプライヤー，顧客および従業員の態度の変化，およびプロジェクトの環境パフォーマンスから生ずる広告イメージ問題を含む。
階層４：環境重視コスト 　環境重視アプローチがとられている場合，あるプロジェクトで発生するコストが見積もられる。あるプロジェクトが環境影響を全く及ぼさないことを保証するためのコストが見積もられる。法規制環境や営業環境における革新的変化が伴わない限り，こうしたコストが実際のコストになることはなさそうである。

（出典：Bebbington and Thomson（1996）pp. 53-54.）

の努力を払わなければならないかという一種のベンチマークを表す。したがって，製品設計や戦略計画等の企業内部の意思決定に際し，外部コストを低減するための情報を提供することになろう。その意味で，環境管理会計の範疇に入りうるものと理解することができる。

　FCAにおける環境コストの見積もりは，環境経済学の領域で用いられている環境の経済評価で試みられている手法を援用しているが，しばしば算出された数値（この場合「持続可能性コスト」）の信頼性が問題となる。しかし，仮に公表を前提としなければ，信頼性よりも企業内部において外部コストを低減していることが情報として理解できるところに，FCAの意義があると考えられる。

　CIMAガイドは，DTIが資金拠出する「管理者のための持続可能性統合ガイドライン」（SIGMA）プロジェクトにおいて「持続可能性会計」と「環境会計」という２つのツールとして取り込まれている。SIGMAプロジェクトは，英国規格協会（BSI），Forum for the FutureおよびAccountAbility社という３つの組織による共同プロジェクトであり，企業の中核となるマネジメントシステム

に持続可能性問題を統合するためのマネジメントシステムを提案している(40)。SIGMA プロジェクトに BSI が関わっていること，および ISO14001 の母体が BSI の作成した BS7750 という英国国内規格に求められることから，環境や持続可能性に関する内部管理を重視したプロジェクトといえる。そのプロジェクトに CIMA ガイドで提唱されている環境コスト会計が取り入れられているということは，外部への情報開示ということのみならず，内部管理への役立ちを重視している表れとみなすことができる。

1.5 おわりに—英国における環境会計の特色と展望

英国では，1990年代後半以降の環境法規制の強化や SRI の拡大や企業統治に対応するための法規制の強化等を背景として，環境会計の外部報告の側面が発展した。外部に報告するためには企業内部において体系的に情報が収集されていること，および環境法規制の強化に伴って発生するコストを管理する必要性から，環境管理会計が展開し始めている。それは，DETR（現 DEFRA）が発行した環境報告書ガイドラインにおいて，"win-win"型の環境会計の重要性が指摘され，Envirowise プロジェクトが有用であると記述されている(41)ことからうかがい知ることができる。

本節では，英国における内部環境会計（環境管理会計）の特徴を表す2つの潮流として，"win-win"型環境管理会計に属する試みとして Envirowise プロジェクトを，そして FCA を推進する試みとして CIMA ガイドを検討してきた。両イニシアティブの検討を通じて英国における環境管理会計を総括するならば，最終的に外部への情報開示が求められており，環境管理会計と外部環境会計とが密接に関わっているところに特徴を有しているといえる。しかし，本節で議論した2つの取組みは，環境管理会計のツールとしての精緻さが欠けていることも指摘しておかなければならない。

しかし，Collison et al. (2003) による調査(42)では，英国の環境法規制等に起因して環境コスト等を識別・測定している企業が30％弱に上っており，そのうちの約8割程度が管理会計システムを活用していると回答している(43)。さ

らに，環境パフォーマンスの向上に管理会計システムが役立つと回答した企業が 74 件（約 47%）に上っている(44)。以上のことから，英国においては，潜在的に環境管理会計がさらに展開する土壌がある程度整っていると指摘することができる。したがって，英国企業において環境管理会計が展開する可能性は十分にあると捉えることができ，そのためには今後も英国における環境会計の展開を注視していく必要があろう。

2 ドイツにおける内部環境会計

2.1 社 会 的 背 景

　ドイツ連邦共和国（以下ドイツと略称する）の内部環境会計すなわち環境管理会計の発展は政府の環境政策と深くかかわっており，本節では，まずドイツ企業の環境管理会計導入の社会的背景を明らかにし，これに基づいて，環境管理会計の類型化と代表的モデルの分析を行う。

　ドイツでは，1970 年代以降，環境問題が大きな社会問題となり，その動向はドイツ版エコマークであるブルーエンジェルの普及に代表されるような草の根運動による市民の環境問題への関心の広まり，反原発運動などの反テクノロジー思想の高まり，これらの社会的動向が政治的パワーとなって結集した「緑の党」の躍進などに象徴される(45)。

　循環型経済社会の構築を目指した最初の環境法である廃棄物処分法が制定されたのは 1986 年であるが，そこでは，廃棄物ゼロを達成することがまず規定されており，その次の段階としてリサイクル，残さ物の無害化を行うことが掲げられている。92 年の地球環境サミット後は，持続可能な発展を念頭において，ドイツの環境法体系は更に進展し，94 年には，国に「次世代のために自然を守る責任があること」を規定した条項がドイツ基本法に加えられている(46)。

　既述の廃棄物処分法も，持続可能な発展へ向かうこうした流れを受けて，94 年に改正され，循環経済・廃棄物法となった。同法では，廃棄物処理にかかわる資格，規格などを定める一方で，企業の製造物責任を強化したいわゆる拡大生

産者責任が規定されている。周知の通り，拡大生産者責任は製品のライフサイクルから発生するすべての環境負荷にかかわる責任を生産者に課しており(47)，たとえば，自治体が税金や手数料を使って処理してきた廃棄物の処理費用を生産者が負担し，生産者の負担は製品価格を通して消費者に転嫁されることから，市場に環境負荷を削減するためのすべてのコストが反映されることになる。現在，拡大生産者責任は，廃包装材，廃車，廃バッテリー，廃家電，廃建材などに適用されている。

2.2 環境管理会計発展の経緯

ドイツにおける環境管理会計の導入は，環境法体系の整備と同様に，環境問題に対する社会の関心や政府の政策を反映する形で行われてきた。70年代には，企業活動が引き起こす社会的影響を取り扱った社会貸借対照表の一領域として登場すると同時に，連邦統計局の製造業を対象とした環境保全投資調査や，化学工業協会の会員を対象とした環境保全投資・費用調査が開始され，ドイツ技術者協会（Verband deutsher Ingenierure : VDI）からは環境保全コスト把握のためのVDI-3800ガイドラインが公表されることによって，企業の間で環境保全コストの把握が進んでいった(48)。また，こうした流れは，環境統計法に基づいて96年度からドイツの代表的製造業約1,500社に，環境保全投資額，環境保全費用額，環境負荷物質排出量に関する情報の連邦統計局への報告が義務付けられることで，さらに多くの企業へと広がっていった。

環境保全コストの把握から循環型経済社会に対応した環境管理会計への展開は，80年代後半から始まり，チェックリストを用いた環境パフォーマンス評価や企業へ投入される資源と産出される製品・排出物を測定・管理するエコビランツ（Ökobilanz）もしくはエコバランスが開発され，普及して行った。90年代では，EUの環境管理・監査スキーム（Environmental Management and Auditing Scheme : EMAS）やISO14000シリーズが環境マネジメントの進展に大きな影響を及ぼしている。特に，EMASへの参加数は1527組織（2005年9月現在）と国別では最も多く(49)，その認証取得はドイツで経営活動を行う上での必要条件

となっている。

環境管理会計は，こうした動向と歩調を合わせる形で展開されてきており，80年代後半から循環型経済社会に対応したモデルの提唱が行われるようになったが，連邦環境省や環境庁でも企業の環境保全活動と環境関連コストに関するプロジェクトが開始され，その成果は，環境マネジメントシステムのなかで環境管理会計が果たすべきさまざまな機能が提示された環境管理ハンドブックや[50]，環境保全活動を考慮した原価計算システムが体系的に提示された環境原価計算ハンドブックに結実している[51]。そこでは，エコバランスに基づいて環境保全活動のためのコストが把握され，環境負荷の低減とコストダウンの両立が試みられており，ドイツ政府が企図している循環型経済社会におけるこうした試みの実現可能性の高さが，多くの参加企業のケーススタディによって明らかにされている。エコバランスに基づいた環境管理会計は，自治体政府が推進している環境効率プロジェクト（バイエルン州），「製品・生産に統合された環境保全」(Prudukt-und produktionsintegrierter Umweltschutz：PIUS) プロジェクト（NRW州など）などで，開発・実践が進められており，前者は2003年に発行されたドイツ環境省・環境庁『企業環境コストマネジメントガイドライン』でも代表的環境管理会計モデルとして取り上げられている[52]。

2.3 企業の環境戦略と環境管理会計

ドイツの環境管理会計は，その根底に環境保全はコスト削減や収益増加につながるという考えが流れており，政府の環境政策の進展に伴って，企業の環境負荷削減の継続的推進，汚染者負担の原則もしくは拡大生産者責任の実効性の向上などに貢献していくことが期待されており，循環型経済社会を実現するための有力なツールとして位置づけられている。

ただし，個別企業が環境管理会計を導入する際の状況はさまざまであることから，各々の環境戦略に合ったモデルが導入されることになる。たとえば，既述のガイドラインでは，持続可能な社会もしくは循環型経済社会に向けた政策に対応する形で，企業の環境戦略のいくつかのステップを想定し，これに対応

した環境管理会計を提示している(53)。

図表4は，環境管理会計の利用目的に照らし合わせて考えられる環境管理会計モデルとその適用領域を示している。ここで，設定されている3つの環境目的は，最も基本的なコンプライアンス効率からマテリアル・エネルギーの削減を通じて環境負荷とコストの削減を企図するエコ効率，そして持続可能な経済社会に対応した戦略支援へと進むにしたがってより高いレベルが設定されているが，これらは同時に，ドイツ政府の環境政策やドイツの社会的動向に対応して発達してきた環境管理会計の歴史的展開を表している(54)。すなわち，70年代から導入された直接規制を中心とした環境施策はコンプライアンス効率に，循環型経済社会を目指した法体系はエコ効率に，持続可能性に関する規定は戦略支援に対応することになる。

図表4　環境管理会計の利用目的と適用モデル

利用目的	コンプライアンス効率	エコ効率	戦略支援
適用モデル／適用領域	環境保全投資を経済効率的に計画・実行 ・VDI-ガイドライン3800 ・代替案の体系的比較	フローコストマネジメント（FKM） ・エコバランスと購入／処理費用のリンク ・ロス原価計算 ・ERPによる包括的FKM	投資意思決定支援 ・規制強化などによって内部化される社会的コストの考慮
	環境保全費用の把握とコミュニケーション ・VDI-ガイドライン3800 ・環境統計法 ・環境報告書（任意）	投資意思決定と資源効率の改善 ・マテリアル／エネルギー投資計算	エコパイオニア：市場での地位とイメージの向上 ・社会的費用内部化の効果の表示

（出典：Bundesumweltministerium/Umweltbundesamt［2003］S. 7より作成。）

また，取り扱われる環境コスト概念もこれに対応して拡大されてきており，それぞれの目的に対応して，環境負荷削減のための環境保全コスト，マテリアル・エネルギーの購入・投入・処理などにかかわるマテリアル・エネルギーフローコスト，そしていわゆる社会的コストが登場してきている。

このように，ドイツの環境管理会計はドイツ社会で求められる企業の環境保全機能に対応する形で発展してきているが，既述の環境管理ハンドブックなどで示されているように，同様の要請に従って発展してきた他の環境マネジメン

ト手法，すなわち環境監査，エコバランス，環境パフォーマンス指標などと有機的にリンクした形で機能させることが重視されている[55]。

本節では，図表4に従いながら，代表的な環境会計モデルの考察を行う。

2.4 コンプライアンス効率と環境管理会計

コンプライアンス効率は環境規制や自社の環境目標を達成する際の効率性を意味する。用いられる会計モデルとしては，VDI-3800ガイドラインモデル[56]，環境統計法モデル，化学工業会調査モデルなどが考えられる。ここでは，多くのドイツ企業が年度ごとの作成・報告義務を負うと同時にマクロ環境会計や外部環境会計とも関連性の深い環境統計法モデルをとりあげる。同モデルで把握される環境保全コスト項目は，図表5で示されるように，主に環境保全のために行われた措置にかかったコストであり，生産に組み込まれている環境保全措置や製品設計での環境保全への配慮などは算入されない。報告義務をおっている製造企業は約15,000社に上るが，これらの企業では，必然的に環境原価計算の導入が必要となる。

同モデルで取り扱われる環境保全コストは，規制を遵守する環境保全措置の効率性を高めるためには有効であるが，エンドオブパイプ型の環境保全コストが中心であるために，当該企業の環境保全活動の全体像を把握し，エコ効率を高める可能性を分析するためには十分な情報を提供していない。ただし，対象企業によって報告されたデータは国全体のマクロデータとして集計されることから，国の環境政策に有用な情報が提供されると同時に，当該企業にとっても，業界などにおける自社の環境保全活動の相対的な位置づけを知ることが可能となる。また，情報内容は限定されるが，情報が標準化されていることから，各社の環境報告書上で公表し，環境コミュニケーションツールとすることも可能である[57]。

2.5 フローコスト会計

エコロジーとエコノミーの両立を目指すエコ効率では，環境負荷の削減とコ

図表5　製造業の経常的環境保全コスト調査（単位 DM）

Ⅰ　対象領域―廃棄物経済，水質保全，騒音対策，大気保全

コストの種類	廃棄物経済	水質保全	騒音対策	大気保全
1. 環境保全装置稼働コスト				
1.1　人件費（賃金，給与，福利厚生費）				
1.2　補助材料および消耗品				
1.3　エネルギー				
1.4　減価償却				
1.5　支払利子				
1.6　支払サービス料およびその他				
2. 環境保全装置と関係なく発生するコスト				
2.1　政府への支払料金および負担金				
2.2　支払サービス料およびその他				
3. 環境負荷物質の排出				
3.1　排水				
3.2　州法で定められている排出物				

Ⅱ　環境領域―自然・環境保全

コストの種類	自然・環境保全
1.1　政府への支払料金および負担金	
1.2　支払サービス料およびその他	

Ⅲ　環境領域―土壌保全

コストの種類	土壌保全
1. 土壌保全装置稼働コスト	
1.1　人件費（賃金，給与，福利厚生費）	
1.2　補助材料および消耗品	
1.3　エネルギー	
1.4　減価償却	
1.5　支払利子	
1.6　支払サービス料およびその他	
2. 土壌保全装置と関係なく発生するコスト	
2.1　政府への支払料金および負担金	
2.2　支払サービス料およびその他	

（出典：Fichter, K., Loew, T., Seidel, E.［1997］SS. 162-163.）

ストダウンが図られる。循環型経済社会の構築が進められているドイツでは，90年代半ばごろから，その購入コストが製造業のコスト構造の中で大きな割合を占め[58]，かつそのフローが環境負荷発生の主要因となっているマテリアルとエネルギーに着目したフローコストマネジメントがエコ効率を高める手法として注目されるようになってきたが，その中で，エコバランスと原価計算をリンクさせた環境管理会計手法の開発が行われた。本節では，その代表的なモデルとしてフローコスト会計（Flußkostenrechnunng：FKR）を取り上げる。

　FKRは，Kunert社，アウグスブルグの研究機関であるIMU（Institute für

Management und Umwelt），コンサルティング会社 Kienbaum 社が 1995 年に共同プロジェクトによって開発した環境管理会計ツールであり，同プロジェクトはドイツにおけるエコ効率向上のパイオニア的存在として位置づけられている[59]。その後，FKR は様々な企業に導入されながら進化してきているが，現在ではバイエルン州が 2000 年からはじめている環境効率プロジェクトで展開されているフローマネジメントの中心的ツールとなっており[60]，エコ効率の改善に着実な成果を上げてきている。さらに，FKR は国連持続可能開発部の環境管理会計プロジェクトにおいても注目を集めており，日本をはじめとする他の国々でも導入が試みられている[61]。

FKR では，以下の①〜⑤の目的からもわかるように，従来の原価計算システムでは見過ごされがちであったマテリアルとエネルギーのロスに関する情報をマテリアルとエネルギーのインプットからアウトプットにいたる一連の流れの中で把握・分析することによって，エコ効率性の高いマテリアルフローおよび情報システムの構築を図る[62]。

① 製品への投入から製品・包装や廃棄物処理までのマテリアルフローの把握
② 組織全体のマテリアルフローについて，量，価値，コストを把握
③ 経営諸部門（購買，生産，開発，販売，輸送など）の意思決定者へのフロー量／コストに関する有用な情報の提供
④ マテリアルロスの削減や省マテリアル製品／包装の開発といったマテリアルフロー削減のための経済的手法として機能
⑤ 保全措置の転換による製品やマテリアルフロー上での環境負荷の削減

これらの目的を達成するためには，フローモデルの構築，フローコストの把握が必要である。まず，図表 6 に示されているような形で，特定のマテリアルが製品と製品にならないマテリアルロスに変換される流れおよびその量が，分岐点ごとに設定された物量センターを通じて測定され，フローモデルが作られる。フローモデルはすべてのマテリアルを包含する必要はなく，個別企業の環境戦略に応じて，インプット・アウトプット，残余物などに焦点を絞ったモデ

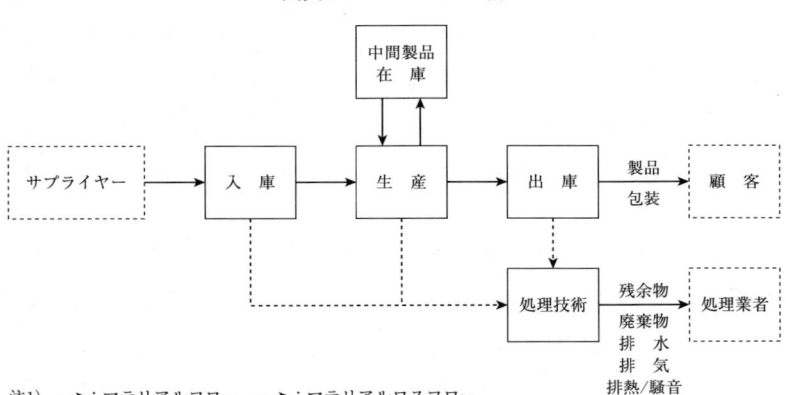

図表 6　フローモデル例

```
                    ┌──────────┐
                    │ 中間製品  │
                    │   在 庫  │
                    └──────────┘
                       ↓  ↑
┌────────┐   ┌──────┐   ┌──────┐   ┌──────┐  製品  ┌──────┐
│サプライヤー│→│入 庫 │→│生 産 │→│出 庫 │─────→│顧 客 │
└────────┘   └──────┘   └──────┘   └──────┘  包装  └──────┘
                          ⋮           ↓
                          ⋮         ┌──────┐  残余物  ┌────────┐
                          ⋯⋯⋯⋯⋯→│処理技術│────────→│処理業者│
                                    └──────┘  廃棄物  └────────┘
                                              排 水
                                              排 気
                                              排熱/騒音
```

注1)　──→：マテリアルフロー，⋯⋯→：マテリアルロスフロー
注2)　□：物量センター（組織内部），⌐ ¬：物量センター（組織外部）

（出典：Bundesumweltministerium/Umweltbundesamt［2003］SS.22, Germann, E., Müller, U., Peiler, J., Redmann, C., Sommer, H.［2003］S. 9 を参照して作成。）

ル形成も可能である。フローモデルが形成された後は，マテリアルフローおよびマテリアルロスフローに付随して発生するフローコストが把握される。すなわち，マテリアルの購入コストであるマテリアルコスト，マテリアルを加工する際に発生するシステムコスト，輸送および残余物処理の際に発生する輸送・残余物コストである。フローコスト会計はフローモデルにフローコストを導入する形で形成されるが，これを機能させていくためにはデータベースの構築が必要である。もちろん，データベースの構築コストは FKR の経済性を大きく左右することから，設定されたフローモデルと現存する情報システムを勘案して構築方法が選択される。

2.6　リソースコスト会計

環境効率プロジェクトの他にも，ドイツでは循環型経済社会形成に向けた多くのプロジェクトが実施されている。ここでは，エコ効率の向上を図る管理会計のもう1つの代表的モデルとして，ドイツ環境庁，ドイツ連邦環境財団，EFA（Die Effizienz-Agentur）など環境保全にかかわる約20の組織が参加して発

足した PIUS プロジェクトで展開されている環境管理会計を取り上げる。PIUS では，生産プロセスのインプット・アウトプット時，製品使用・廃棄時における資源効率の向上によって環境負荷削減とコスト削減を達成し，企業の競争力を高めることが企図されており，技術開発と併せて環境マネジメントおよび環境管理会計ツールの開発が行われている。たとえば，これらの目標を念頭において，技術とマテリアルフローの現状を調査し，改善点を明らかにする PIUS チェックは，NRW 州では，2000 年から 3 年間で 280 社で実施され，内 85 社で生産構造の変革のための投資が行われると同時にコスト節減効果を上げている[63]。

PIUS で展開されている代表的管理会計手法としては，リソースコスト会計 (Ressourcekostenrechnung：RKR) が挙げられる。RKR は中小企業へ環境会計システムを導入するための基本モデルとして位置づけられており，EFA によって，モデルの構築と化学，繊維，金属などの業種に属する数社への導入が試みられ，その成果が公表されている。そこでは，既存の会計システムを環境配慮型会計システムへ展開し，コスト構造の透明性を高めることでエコ効率の向上が図られている[64]。

RKR では，用いられる環境管理会計ツールだけでなく，各企業が設定した目標水準を達成するための RKR の構築および運用プロセスが特に重視される。RKR のプロセスは，以下の 7 つのステップから構成される[65]。

① 活動プロセスの現状分析
② 目標達成に必要なデータと現状の比較分析
③ RKR の基礎構造の構築
④ RKR の構築
⑤ 評価の実施
⑥ 意思決定プロセスの実装
⑦ 実施される PIUS ツールの管理・統制

ステップ①では，対象となる重要な活動プロセスの設定，同プロセスの分析および同プロセスに関する情報システム（量，価値，コストなど），既存の原価計

算システムの把握などが行われると同時に，個別企業ごとにRKRレベルが選択される。RKRで把握されるマテリアルコストとエネルギーコスト情報は，以下に示すように，インプットからアウトプット，活動プロセスへとより詳細になっており，5つのレベルに分けられる[66]。これらのレベルは，各企業の戦略や必要性に応じて設定されることになる。

レベル1：投入されたマテリアルの部門別原価としての把握
レベル2：マテリアルフローと製品・半製品・仕掛品原価との関連付け
レベル3：活動プロセスごとのマテリアルフロー・エネルギー消費の把握
レベル4：活動プロセスごとに把握されたマテリアルフロー・エネルギー消費と当該製品総原価内のコストウエイトとの関連付け
レベル5：活動プロセスごとに把握されたマテリアルフロー・エネルギー消費と当該製品総原価のプロセス計算との関連付け

ステップ②では，設定されたRKRレベルに必要なデータと収集されている現状データとの比較によって，不足しているデータが明らかにされ，補充すべきデータベースや原価計算システムなどが示される。

ステップ③④では，ステップ②で示された不足データを収集するためのシステム構築が行われ，生産プロセスやそこで製品を組成していく価値の流れなどと原価計算とのリンクが図られていくと同時に，原価部門内および原価部門間の関係が定義され，コンピュータシステムに組み込まれることになる。

ステップ⑤では，さまざまなPIUS手法を計画していくために，評価方法が導入される。導入された手法によって経済と環境の両面からの最適化が行われることになるが，たとえば，製品，装置，残余物などを対象として，計画と実績の比較分析を物量単位と貨幣単位によって行うことなどが考えられる。

ステップ⑥⑦では，ステップ⑤で行われた評価の結果が，企業の計画設定や意思決定プロセスに統合され，個別企業の目標システムや評価基準に基づいて分析・運用されるが，そこでは，代替マテリアル，新技術，リサイクル，モーダルシフトなどさまざまなPIUSツールが適用される。また，PIUSツール導

入の可能性と最適なツールを明らかにするために，既述の PIUS チェックが行われる。

　以上のように RKR では，個別企業が目標に応じて RKR レベルを設定し，既存の情報システムと原価計算システムに基づきながら，PIUS の実現が図られている。また，運用ステップは年度ごとの分析だけでなく資本予算などへ適用することも可能である[67]。ただし，RKR の開発は始められたばかりであり，今後，多くのケーススタディを積み重ねることによって，データベースを充実させていくことが必要となってくる。

2.7　社会的コストと環境管理会計

　FKR や RKR では明示されていないが，企業活動の環境負荷評価を行う際には，環境負荷が社会や第三者にもたらす損失すなわち社会的コストが考慮されなければならない。また，図表4の戦略支援目的の環境管理会計では，社会的コストが将来にわたって漸次内部化されていくことやエコパイオニアとして位置づけられる企業がマーケティングや情報開示の中で社会的コストの削減量を示していくことなどを考慮する必要があり，対象期間が長期にわたる場合には，社会的コストは不可欠な意思決定要因となっている。ただし，ドイツの環境コストマネジメントガイドラインでは，貨幣単位もしくは共通単位によって同コストを測定することには積極的でなく，個別企業の場合には必要に応じて既存の研究成果を援用することが，また政府や自治体がインフラ整備の判断や環境法を作成する際には最低限の社会的コストの大きさを提示したりすることなどが提案されているにとどまっている[68]。

　ここでは，ドイツの環境政策にも大きな影響を及ぼしているいわゆるファクター 10 を提唱し，社会的コストを製品やサービスに投入されたすべての投入資源量で把握するエコロジカルリュックサック概念を展開する Wuppertal 研究所が開発したリソース効率会計（Resource-Efficiency Accounting：REA）について考察する。エコロジカルリュックサックは，当該製品のライフサイクルで投入されたすべての必要不可欠なマテリアルを意味し，kg や t といった重量単

位で測定される。したがって，ここでは，サービス単位あたりのマテリアル集積量（Material Intensity per Service-Unit：MIPS）が重視されることになる。

REAでは，まず企業内でのマテリアル・エネルギーフローがインプット，アウトプット，ストックなどの側面から把握される。次に，こうしたマテリル・エネルギーフローが企業内の生産プロセスにリンクさせられ，どの生産プロセスでマテリアルとエネルギーが消費されているかが明らかにされる。さらに，個別生産プロセスごとに，マテリアル・エネルギーフローがエコロジカルリュックサックに基づいたMIPSで評価されると同時に，各々のMIPSが原価計算システムによって集計された生産プロセス単位の生産コストと対比される。したがって，生産プロセスごとにMIPSと生産コストの対比と分析を行うことによって，MIPSと生産コストがより低くなる生産プロセスの構築が目指されることになる[69]。

REAは生産プロセスだけでなく，製品単位にも活用することができる。もちろん，製品のMIPSを考える際には，製品使用，リサイクル・廃棄においてインプットされるマテリアルを加味したMIPSが用いられ，製品単位のMIPSとコストの対比と分析によって，より環境効率の高い製品の開発が目指されることになる。

社会的コストの測定については多くの議論があるが，MIPSの測定は既存のLCAデータなどを用いることで比較的容易に可能であり，分析手法も明快なことから，天然資源のドラスティックな削減を環境政策の大きな柱とするドイツにおけるREAの展開は注目に値する。

2.8 おわりに

本節では，ドイツの環境政策，法制度，環境問題に対する社会的認識などの社会的背景を明らかにした上で，これらの影響下で発展してきた環境管理会計について考察を行った。そこでは，時代ごとに考えられるエコロジーとエコノミーの最良の組み合わせが模索されており，環境保全はコスト削減や収益増加につながるという方針が政府サイドにも企業サイドにも強く浸透している。

環境管理会計が発展していく中で，個別企業の環境戦略に対応したさまざまな環境管理会計が展開されているが，現在最も注目されているのは，本節でも取り上げた，マテリアルフローとフローコストに着目し，その削減によって環境負荷削減とコスト削減を企図する環境管理会計モデルである。これらのモデルは，循環型経済社会を目指し，資源消費の削減を目指す政府や自治体の環境政策のなかでも重要視されており，大企業だけでなく，中小企業も対象とした導入プロジェクトが進められていることから，環境管理会計がドイツ企業の間に着実に浸透し始めていることがうかがえる。

ただし，戦略支援目的の環境管理会計の開発は，ドイツでもこれからの課題であり，そこでは，社会的コストを環境管理会計の中にどのように組み込んで意思決定していくかといった問題を明らかにする必要がある。また，こうした問題は，企業や製品が，財務諸表や価格だけでなく，環境効率や持続可能性などの観点から評価されるに従って，企業にとっても重要な課題となってくることから，ドイツでも，近い将来，環境管理会計領域における重要な論点となることが予想される。

注

(1) 1995年環境法第1部第1章に，環境庁の設置とその権限等が規定されている。
(2) 1995年環境法第2部セクション57-60にかけて規定されている。これは，米国のスーパーファンド法と類似した内容を有するものであり，英国で活動する企業に対して多額の環境負債の発生リスクを生じせしめる法律といえる。
(3) 当該EC指令は，「統合型汚染防止・管理の考慮」(concerning integrated pollution prevention and control) というものであり，1999年汚染防止・管理法 (Pollution Prevention and Control Act) として英国国内法化された。
(4) 当該EC指令は，「域内における温室効果ガス排出権取引制度の構築とEC指令96/61/ECの改正」(establishing a scheme for greenhouse gas emission allowance trading within the Community and amending Council Directive 96/61/EC) というものであり，EU域内における温室効果ガスの排出権取引制度を規定し，96年指令を改正したものである。
(5) 京都議定書では，2012年までに1990年水準で12.5％削減することを誓約しているが，英国政府はより意欲的な目標を掲げ，2010年までに二酸化炭素 (CO_2) の排出を1990年に比して20％削減することを誓約している。
(6) 気候変動課徴金については，ACCA (2003) pp.16-17，排出権取引制度については，pp.18-19

を参照。
(7)　当該指令は,「廃棄物の埋立」（landfill of waste）というものである。
(8)　ACCA（2003）pp. 20-21.　　　　　　　(9)　ACCA（2003）pp. 22-23.
(10)　統合規範は,キャドベリー報告書,グリーンベリー報告書およびハンペル報告書という企業統治に関する3つの報告書を基礎として,公表されたものである。これは,ロンドン証券取引所の上場規則の改正をもたらすなど,英国の企業統治の基礎を形成したといわれる。以上八田進二,橋本尚（2000）pp. 270-271 参照。
(11)　八田,橋本（2000）pp. 259-260.
(12)　ACCA（2003）p. 30 および八田,橋本（2000）p. 260.
(13)　谷本寛治（2003）p. 18, 75,および ACCA（2003）p. 28.
(14)　Sparkes（2002）pp. 348-349.
(15)　ABI に加盟する保険会社は約400社にのぼり,加盟企業の投資規模はロンドン証券取引所の約20％に相当する。以上 ABI の URL（www.abi.org.uk）より入手（アクセス日：2004年7月20日）。
(16)　ABI（2001）p. 10.
(17)　Secretary of State for Trade and Industry（2002a）pp. 26-27.
(18)　会社法改正法案では,OFR は,「会社の将来業績や財政状態に影響を与える主要な要因について,取締役自らが行う説明や分析」（上妻,2004, pp. 16-17）である。OFR における CSR 情報については,上妻（2004）を参照されたい。
(19)　Secretary of State for Trade and Industry（2002a）p. 38 および pp. 140-141。これらの事項については,監査人による検査（check）を受けるよう規定されている（pp. 144-145.）。
(20)　Envirowise は,DTI と DEFRA が資金援助をして英国企業において廃棄物の最小化とコスト効率的な環境にやさしい技術を促進することを目的とするプロジェクトである。貿易産業省（DTI）の URL（www.dti.gov/support/etbp.htm）（アクセス日2004年7月28日）参照。
(21)　Envirowise（2002a）。なお,EMA ガイドは,英国における職業会計士団体である ACCA, CIMA, ICAEW および ICAS,環境会計研究者のネットワークである環境管理会計ネットワーク欧州（Environmental Management Accounting Network-Europe：EMAN）,および環境庁の助言を受け,作成されたものである。以上,Ibid., p. 4 参照。
(22)　小規模印刷会社の Bovince 社におけるケース・スタディを行い,環境会計の実施により年間で£181, 200 が節約された。以上,Envirowise（2002b）p. 2, 23.
(23)　Envirowise（2002a）p. 4.
(24)　EMA ガイドの提案する環境管理会計は,経常的な内部意思決定に役立つシステムと設備投資等の投資意思決定に役立つシステムとの2つを提唱しているが,後者については,わずか2ページしか言及されていないので,本節では前者についてのみ取り上げる。
(25)　Envirowise（2002a）pp. 6-19.
(26)　中嶌道靖,國部克彦（2002）pp. 56-64 参照。マテリアルフローコスト会計については,次節,第6章および第10章で取り上げられているので,そちらを参照されたい。
(27)　中嶌,國部（2002）p. 66, 69-70 参照。
(28)　中嶌,國部（2002）p. 67.
(29)　CIMA/Forum for the Future（2002）p. 4.
(30)　CIMA/Forum for the Future（2002）pp. 8-9.
(31)　CIMA/Forum for the Future（2002）p. 15.

(32) CIMA/Forum for the Future (2002) pp. 26-29.
(33) CIMA ガイドでは，外部コストを「持続可能性コスト」(sustainability cost) と称している。
(34) 具体的には，現在の排出状況を把握し，持続可能な排出水準を考慮し，両者の比較を通じて目標を設定することが勧告されている。CIMA/Forum for the Future (2002) pp. 33-36.
(35) 「浄化・回避コスト」とは，「環境被害を防止するための実際コスト」を意味し，「復元コスト」とは，現在や過去の活動に起因して生じた環境影響を改善するためのコストを意味し，そして「被害コスト」とは，「環境影響によって引き起こされた被害の価値」を意味する。以上 Ekins and Simon (1998) p. 160. なお，マクロレベルの環境会計に多大な影響を及ぼした United Nations (1993) において提案されている「引き起こされた費用」(costs caused) と「負担された費用」(costs borne) という2つの視点のうち，前者の視点による「浄化・回避コスト」による評価法（「維持コスト」）が，CIMA ガイドにおいて支持されている。CICA (1997) においても同様の評価法が支持されており，後者に対応する「被害コスト」は，その仮定や主観的判断の多さからあまり支持されていない。
(36) CIMA/Forum for the Future (2002) p. 27, pp. 30-31.
(37) AWG 社，Wessex Water Service 社等では，持続可能性報告書において公表している。
(38) CIMA/Forum for the Future (2002) pp. 19-20.
(39) Bebington, et al. (2001) pp. 23-25.
(40) SIGMA プロジェクトについては，www.projectsigma.com を参照（アクセス日 2004 年 7 月 2 日）。なお，Forum for the Future 社は，英国の持続可能な発展を志向する慈善団体かつシンクタンクであり，AccountAbility 社は，アカウンタビリティの観点から持続可能な発展を支える職業専門家団体である。なお，CIMA ガイドは，Forum for the Future の持続可能性経済プログラム・ディレクターの Rupert Howes 氏が中心となって執筆したものであることから，SIGMA プロジェクトにおいて環境コスト会計が取り入れられたと考えられる。
(41) DEFRA et al. (2001) p. 8.
(42) なお，当該調査は，1998 年 1 月現在の "Scottish Business Insider Magazine" のデータベースにあるスコットランドの大企業 500 社と，ロンドン証券取引所上場の上位 200 社を母集団としたアンケート調査を，郵送調査法により実施したものである。有効回答数は 164 社（26.4％）であった（Collison et al. (2003) pp. 192-193）。
(43) Collison et al. (2003) pp. 224-225.　　　(44) Collison et al. (2003) p. 230.
(45) Heinz (1974) 参照。
(46) 大阪・神戸ドイツ連邦共和国領事館 (2002) 3-25 頁。
(47) 林 (2000) など参照。
(48) Coenenberg, Baum, Güntner, Wittmann (1994) S. 92.
(49) www.europa.eu.int/comm/environment/emas 参照
(50) Bundesumweltministerium/Umweltbundesamt (1995).
(51) Bundesumweltministerium/Umweltbundesamt (1996).
(52) Bundesumweltministerium/Umweltbundesamt (2003).
(53) Ebd. S. 6-9.　　　(54) Ebd. S. 6.　　　(55) Ebd. S. 9.
(56) Verband deutscher Ingenierure (2001).
(57) Bundesumweltministerium/Umweltbundesamt (2003) S. 14-16.
(58) ドイツの製造業の総コストに占めるマテリアル・エネルギー購入コストが占める割合は平均

で約57％と推計される。ZWW/IMU（2003）S. 9.
(59) 八木（1998），Gege, M（1997）参照
(60) 國部・中島（2002）51-56。現在のエコ効率プロジェクト参加企業は11社。
(61) UNDSD（2002），國部・中島（2002）等参照。
(62) Bundesumweltministerium/Umweltbundesamt（2003）. SS. 21, Germann, E., Müller,U., Peiler, J., Redmann, C., Sommer, H.（2003）S. 8.
(63) www.pius-info.de/，大阪・神戸ドイツ連邦共和国領事館（2002）参照。
(64) Die Effizienz-Agenture NRW（2003）SS. 24.www.efanrw.de 参照。
(65) Ebd. SS., 8-21, Letmathe, P., Strüznickel, Tschesche（2003）S. 52-54.
(66) Ebd. S. 9, Letmathe, P., Strüznickel, Tschesche（2003）S. 55-56.
(67) エコバランスに基づいた資本予算については，Bundesumweltministerium/Umweltbundesamt（2002）第6章第3節参照。
(68) Bundesumweltministerium/Umweltbundesamt（2003）S. 39.
(69) Orbach, T., Liedtke, C.（2002）pp. 85-90.

参 考 文 献

(第1節)

ABI (The Association of British Insurer)（2001），*Investing in Social Responsibility : Risks and Opportunities*, ABI.
ACCA (The Association of Chartered Certified Accountants)（2003），*The Big Picture : How the Environment Influences Corporate Profit*, Certified Accountants Educational Trust.
Bebbington, J. and Thomson, I.,（1996），*Business Conceptions of Sustainability and Implications for Accountancy*, Certified Accountants Educational Trust.
Bebbington, J., Gray, R., Hibbit, C. and Kirk, E.,（2001），*Full Cost Accounting : An Agenda for Action*, Certified Accountants Educational Trust.
CICA (The Canadian Institute of Chartered Accountants)（1997），*Full Cost Accounting from an Environmental Perspective*, CICA.
CIMA (The Chartered Institute of Management Accountants) and the Forum for the Future（2002），*Environmental Cost Accounting : An Introduction and Practical Guide*, CIMA.
Collison, D., Clark, R., Barbour, J., Buck, A., Fraser, R., Lyon, B., Magowan, A. and Sloan, A.（2003），"Environmental Performance Measurement Through Accounting Systems : A Survey of UK Practice", in *Environmental Management Accounting-Purpose and Progress*, Bennett, M., Rikhardsson, P. M. and Schaltegger, S., eds., Kluwer Academic Publishers.
DEFRA (The Department for Environment, Food and Rural Affairs), DTI (The Department of Trade and Industry), the Scottish Executive and the National Assembly for Wales（2001），*Environmental Reporting : General Guidelines*, DEFRA.
Ekins, P. and Simon, S.（1998），"Determining the Sustainability Gap : National Accounting for Environmental Sustainability", in *UK Environmental Accounts 1998*, Vaze, P., eds., The Stationery Office, pp. 147-163.
Envirowise（2002a），*Increase Your Profits with Environmental Management Accounting*, Envirowise.

＿＿＿＿＿＿＿(2002b), *Worked Example : Accounting for Environmental Management Improvements at Bovince Limited*, Envirowise.
The Secretary of State for Trade and Insustry (2002a), *Modernising Company Law*, HMSO.
＿＿＿＿＿＿＿(2002b), *Modernising Company Law-Draft Clauses*, HMSO.
The SIGMA Project (2003a), *The SIGMA Guidelines : Putting Sustainable Development into Practice-A Guide for Organisations*, The SIGMA Project.
＿＿＿＿＿＿＿(2003b), *The SIGMA Guidelines-Toolkit : Sustainability Accounting Guide*, The SIGMA Project.
＿＿＿＿＿＿＿(2003c), *The SIGMA Guidelines-Toolkit : SIGMA Environmental Accounting Guide*, The SIGMA Project.
Sparkes, R. (2002), *Socially Responsible Investment*, John Wiley & Sons.
United Nations (1993), *Handbook of National Accounting : Integrated Environmental and Economic Accounting*, United Nations.
www.abi.org.uk
www.dti.gov/support/etbp.htm
www.projectsigma.com
上妻義直 (2004)「イギリス会社法の改正と CSR 情報開示の義務化」『會計』166(5), pp. 15-26。
谷本寛治編著 (2003)『SRI 社会的責任投資入門―市場が企業に迫る新たな規律―』日本経済新聞社。
中嶌道靖，國部克彦 (2002)『マテリアルフローコスト会計―環境管理会計の革新的手法―』日本経済新聞社。
八田進二，橋本尚共訳 (2000)『英国のコーポレートガバナンス』白桃書房。
www.abi.org.uk
www.dti.gov/support/etbp.htm
www.projectsigma.com

(第 2 節)
Bundesumweltministerium/Umweltbundesamt (1995), *Handbuch Umweltcontrolling*, Verlag Vahlen.
Bundesumweltministerium/Umweltbundesamt (1996), *Handbuch Umweltkostenrechnung*, Verlag Vahlen (宮崎修行監訳『環境原価計算』日本能率協会マネジメントセンター 2000 年)。
Bundesumweltministerium/Umweltbundesamt (2002), *Handbuch Umweltcontrolling II*, Verlag Vahlen.
Bundesumweltministerium/Umweltbundesamt (2003), *Leitfaden Betriebliches Umweltkostenmanagement*.
Coenenberg, A. G., Baum, H. G., Günther, E., Wittman, R. (1994), "Unternehmenspolitik und Umweltschutz", *Zeitschrift für betriebswirtschaftliche Forschung*, 46Jg.
Die Effizienz-Agenture NRW (2003), *Ressourcenkostenrechnung RKR® Die beste Verbindung zwischen Betriebswirtschaft und Technologie*, www.efanrw.de.
Die Effizienz-Agenture NRW (2003), *Umweltkostenrechnung-EinBlick in die Praxis*, www.efanrw.de.
Fichter, K., Loew, T., Seidel, E. (1997), *Betriebliche Umweltkostenrechnung*, Springer.
Germann, E., Müller, U., Peiler, J., Redmann, C., Sommer, H. (2003), *Methodek der Materialflussrechnung*, IMU.
Germann, E., Müller, Uta., Würdiger, E. (2003), *Methode der materialflussmodellierung*, IMU.
Gege, M. hrsg. (1997), *Kostensenken durch Umweltmanagement*, Franz Verlag (今泉みね子『環境マネ

ジメントにおけるコスト削減』白水社,1999年)。
Heinz, S. (1974), "Die Sozialbilanz der STEAG Aktiongesellschaft," *Betriebswirtschaftliche Forschung und Praxis*, 26Jg., July.
Letmathe, P., Strüznickel, Tschesche J. (2002), "Ressourcenkostenrechnung," *Umweltwirtschaftsforum*, 10Jg. H.4., Dez..
Loew, T., Fichter, K., Müller, U., Schulz, W. F., Strobel, M. (2003), *Ansäatze der Umweltkostenrechnung im Vergleich*, Umweltbundesamt Forschungsbericht.
Orbach, T., Liedtke, C. (2002), "Resource-Efficiency Accounting," in *Environmental Management Accounting : Information and Institutional Developments*, Benett, M., Bouma, J. J., Kluwer Academic Publishers.
Schaltegger, S., Burrit, R. (2000), *Contemporary Environmental Accounting-Issues, Concepts and Practice*, Scheffield.
Strobel, M., Redmann, C. (2002), "Flow Cost Accounting, an Accounting Approach Based on the Actual Flows of Materials," in *Environmental Management Accounting : Information and Institutional Developments*, Benett, M., Bouma, J. J., Kluwer Academic Publishers.
Verband deutscher Ingenierure hrsg. (1979), *VDI-3800 Kostenermittlung für Anlagen und Maßnahmen zur Emissionsminderung*.
Verband deutscher Ingenierure hrsg. (2001), *VDI-3800 Ermittlung der Aufwendungen für Maßnahmen zum betrieblichen Umweltschutz*.
ZWW (Zentrum für Weiterbildung und Wissenstransfer)/IMU (2003), *Flow Management for manufacturing Companies-Sustainable Reorganisation of Material and Information Flows*.
UNDSD (United Nations Division of Sustainable Development) (2002), *Environmental Management Accounting Metrics-Procedures and Principles*.
www.eco-effizienz.de
www.efanrw.de
www.europa.eu.int/comm/environment/emas
www.pius-info.de
www.un.org./esa/sustdev/sdissues/technology/estemal.htm
大阪・神戸ドイツ連邦共和国領事館(2002)『環境先進国ドイツ』。
國部克彦,中島道靖(2002)『マテリアルフローコスト会計』日本経済新聞社。
林哲裕(2000)『ドイツ企業の環境マネジメント戦略』三修社。
八木裕之(1998)「環境情報システムと会計情報システム」『商大論集』第50巻第2・3号。

(第1節・大森　明　第2節・八木裕之)

第8章

北米における内部環境会計の展開

1 はじめに

　世界の最先進地域のひとつであり，世界有数の経済力を誇る北米地域は，高度に工業化され大きな比重を占める第一次産業から，世界経済を日々刻々と動かす巨大マネー市場で活躍する金融・サービス産業に至るまで，その経済的スケールの大きさにおいても，あるいはスコープの広さにおいても，圧倒的なプレゼンスを世界に対して示している地域である。と同時に，豊富な資源と多様な文化，そしてまた，美しい自然に恵まれた地域でもある。それゆえ，環境問題に対する取り組みは，地元の自然保護運動から，全米ないしは国際的な規模で活動する各種NGO／NPO団体に至るまで，さまざまなレベルで，多種多様なアプローチによって行われてきている。

　このような経済社会的背景を有する北米地域において，その内部環境会計は，さまざまな利害関係のバランスの中で成立している。そこで，本章では，環境問題に対する会計アプローチの変遷を基軸にすえて，北米地域（特に米国）における内部環境会計の，今日に至るまでの方向性や特徴，現在的な意義を浮き彫りにすることを試みることとする。その方法としては，戦後の大きな社会問題となった公害の時代から現在に至るまでの約半世紀を，環境会計アプローチ手法の視点から3つの時期に分け，それぞれの区分の特徴を探ることによって，北米地域での内部環境会計の方向性や今日の現状に対する教訓（lessons）を抽出することに取り組むものである。

2 内部環境会計アプローチの時代区分

環境問題に対する会計アプローチや内部管理手法をメルクマールとしてこの半世紀を振り返ってみると，大まかにいって，①第Ⅰ期（1960-70年代），②第Ⅱ期（1980-90年代），③第Ⅲ期（1990年代以降），の3つの時代区分が可能と思われる。もちろん，この区分は，あくまでも北米における内部環境会計の方向性や展開を分析し理解するために用いる作業仮説的時代区分である。それゆえ，これがすべての企業にあてはまるものではない。また，社会動向が環境会計や具体的な企業行動に反映されるまでのタイムラグもあるので，時代的に重複する場合も存することを，あらかじめ断っておく。

2.1 第Ⅰ期 (1960-70年代)——企業社会会計の試み
(1) 社会的背景

第2次大戦後の冷戦構造を背景とした経済発展は，超大国としての米国の国力基盤を形成する米国企業の巨大化と多国籍化を促したが，同時に，生産性の向上，経済効率の優先を至上命題とするような社会的風潮をも生み出していった。市民生活のあらゆる側面において工業技術的な便利さが追求され，それを旺盛な消費活動が支え，それがまた企業のさらなる生産活動を促していったのである。"豊かさ"の中身が"生産力"で表された時代であった。

しかしながら，社会生活が"生産力"によって規定されるような価値観が社会全体に蔓延するようになると，必然的に，生産性を上げることを最優先するために生ずる資源浪費，大量廃棄，それらによる自然破壊，さらには生産性の劣る者に対する蔑視・冷遇などの社会問題を生み出されることになる。とりわけベトナム戦争による米国社会の疲弊は，人間性への回帰を求める運動へと社会的関心が寄せられる契機となった。そのひとつの流れが生産性重視の企業経営に向かい，企業に対して，社会を構成する一員としての価値観の提示と社会問題への対応を求めるようになっていった。いわゆる「企業の社会的責任

(Corporate Social Responsibility：CSR)」論の台頭である。

このような流れは，企業会計の分野にも及んだ。企業会計の本旨である損益報告だけではなく，当該企業が社会的課題に対してどのように取り組んでいくのかを報告する会計が提案されたのである。「社会責任会計（Socially Responsible Accounting）」「企業社会会計（Corporate Social Accounting）」などと呼ばれる会計アプローチがそれである。

（2） 企業社会会計の提案

企業社会会計は，その取り扱う社会問題の範囲といい，そのアプローチの方法といい，多種多様のものが提案された。取り扱う社会的テーマを見ても，環境問題はもとより，少数民族や女性の雇用問題，従業員の福利厚生，地域貢献など，さまざまな社会的課題が俎上にのせられた上に，それをどのように公表するのかを，各企業がそれぞれに工夫を凝らし，競って公表した。

例えば，Dilly, S. C., J. J. Weygant, (1973) では，企業社会会計の報告形式にもとづいて次の4つの分類を試みている。

① inventory approach（取り組み活動の一覧表の作成）
② cost or outlay approach（費用ないし支出額の計算）
③ program management approach（活動プログラムの進捗管理）
④ benefit-cost approach（コスト／便益分析）

分類とはいうものの，それぞれのアプローチは互いに排他的なアプローチというわけでもないので，Estes, R. W. (1976) の提案する企業社会会計モデルのような包括的会計モデルも提示された。

しかしながら，実際のところ，その後，企業社会会計は一時のブームが去ったかの如く，社会からも，また，その一番の担い手たる企業経営者からも，次第に関心をもたれなくなってしまう。その理由として，河野正男 (1998) は，まず企業外部的な観点から，第一にオイル・ショックに端を発する経済状況の変化，第二に当面の社会問題の沈静化，第三に企業業績の悪化に伴う雇用不安の発生などにより企業の社会的責任を追及する運動が下火になったことを挙げる。加えて，会計的な視点から，企業社会会計を企業内部の管理システムとし

て構築されることがなかったし、また事実上できなかったであろうことを指摘している。また、Epstein, M. J. (1996a) は、「(企業) 社会会計の失敗 (the failure of social accounting)」と称して、企業社会会計が企業による過度の"自己PR"に陥ってしまい、企業内文化 (社風；corporate culture) の根本的な変革を惹起するようなものではなかった点を指摘する。その原因は、企業内部に環境パフォーマンスを管理するシステムが存在しなかったことにあるとしている。

(3) 分析とまとめ

河野正男 (1998)、Epstein, M. J. (1996a) ともに、企業内部における管理 (会計) システムの不在を指摘する。この観点に立てば、外部報告形式としての企業社会会計は存在したが、それは具体的な (環境) 管理システムにもとづくものではなく、いわば、内実のない"ハリボテ"の社会報告であったことになる。

しかし、先の Dilly, S. C. J. J. Weygant, (1973) が示した4分類を見ると、企業社会会計の報告形式の分類にもかかわらず、その内容として示されたアプローチは、今日的に見れば、いずれも内部環境会計を行う上での基本的な要素を表している。すなわち、社会環境問題への取り組みの一覧表 (上記①) を示し、その支出額を計算 (上記②) し、具体的な活動プログラム (上記③) を作成し、その費用便益 (上記④) を分析する、という内部管理プロセスとしてみることができるのである。ここから、次の2点を指摘することが可能となる。

第一に、企業社会会計は、外部に対する社会報告目的に作成された報告書であったので、内部管理会計システムを必要としなかった。と同時に、外部報告としての様式や手法についての社会的な合意もなかったので、個々の企業においては、内部報告に使用される報告形式が流用された。そのため、企業社会会計は、図らずも後の内部環境会計に必要となる基本的要素を表出していたのであった。

第二に、内部報告ツールは、経営者がその目的とするところによって、容易に外部報告目的に転用することができるということである。企業社会会計に取り組んだ企業の経営者や担当者の誠意や熱意を疑うものではないが、報告形式に現れてきた内部管理ツールが、直ちに企業内部で実際に用いられているもの

とは限らず，何らかの意図にもとづいて数値を作成し，それを特定の目的のために利用することも可能であることを例証してしまったということもできる。その意味では，経営上の実体のない会計数値が一人歩きする危険性を警告するものとして考えるべきであろう。

結果論ではあるが，企業社会会計が CSR 運動の盛り上がりに対処するという経営上の目的によって生み出されたものだとするならば，CSR 運動の沈静化により，その目的は事実上果たされたことになった。もはや経営者は企業社会会計に対する関心を失ったし，社会もまたその継続を求めなかった。企業社会会計は次第に忘れられていったのである。

2.2　第Ⅱ期（1980-90年代）―環境コストの顕在化
（1）社 会 的 背 景

1970 年代以降，財政収支と貿易収支における「双子の赤字」に直面した米国経済であったが，1980 年代に入ると「強いアメリカ」の回復を目指すレーガン政権の登場により，積極的な経済振興・景気回復政策が施された。これにより，民間企業における事業投資意欲は増していった。とりわけ情報技術関連産業やバイオ・テクノロジー産業などは，その後の米国経済の新たな世界戦略の主要な柱にも位置づけられて，大きく躍進していった。

しかし，その一方で，以前から抱えていた社会問題についてより具体的な対策が講じられ始められた時代でもあった。環境問題が従来型の公害防止対策から地球環境問題の予防へと展開するにつれて，環境責任についての基本的な認識が大きく進展し，過失責任主義から予防責任主義へ，製造物責任から拡大生産者責任へと，責任範囲も責任内容も，実質的に拡大・加重されていった。

政治的にも，有力な NGO／NPO 団体等が中心となって環境法規制の整備強化を求める運動が連邦ならびに州議会に対して激しく繰り広げられ，その結果，大気，水質，騒音，振動，等の各種法規制が強化されるとともに，規制違反に対する制裁金（penalty）や裁判上の賠償額が高額化していった。特筆すべきは 1980 年の土壌汚染対策のための包括的環境対処・補償・責任法（Comprehensive

Environmental Response, Compensation and Liability Act：CERCLA, スーパーファンド法）の制定である。新たな費用負担を背負う可能性（potential responsible parties：潜在的責任当事者）を織り込んだ同制度の実施は，産業界に大きな財務的インパクトを与えた。とりわけ，先の次世代産業として期待を集めた情報技術関連産業やバイオ・テクノロジー産業等は，大量の水資源や，ごく微量ではあっても長期にわたって潜在的な環境汚染を引き起こす可能性を有する化学物質等を使用していたため，早急な対策を講じることが経営上の大きな課題となっていった。

(2) 環境コストの認知

こうした動きは，企業経営において財務的な影響を直接的に及ぼし始めた。汚染の予防や防止対策のための投資，汚染物質の適正管理や浄化にかかる費用，環境破壊が生じた場合の制裁金，損害賠償，原状回復費用など，実際の費用・支出額，ならびに今後将来にわたって予想される支出見積額が膨らみ始め，財務管理ならびに企業会計上の大きな課題となってきたからである。事実，環境費用／環境負債に関する規定や解釈は，この期に財務会計上の問題として浮上してきている（第3章参照）。

このように環境汚染に関する支出が企業利益に影響を与えるようになると，必然的に，その適正な管理と削減が経営上の重要な課題となってくる。まさに，環境コストが内部（環境）会計上の問題として直接的に認識されるようになったのである。ここにいたって初めて，環境問題は，"社外の"問題ではなく，"社内の"問題となった。だからこそ，多くの米国企業において，環境問題担当部署は，広報部などのような渉外関係のセクションではなく，労働安全衛生担当部署の中に（あるいは並列して）置かれた。その意味では，北米地域での「環境会計」はここから始まると言うことができる。

ここで次の2点を指摘することができる。

第一に，北米地域の環境会計は，企業内部の環境関連費用・支出の増加に伴って，その管理・削減を最優先課題として認識したということである。企業社会会計で見られたような，経営内部に実体のない会計数値が問題になったのではないし，日本のように，そもそも環境コストがあまり認知されていない状況

で生まれた（環境）会計でもない。実際に認知された具体的な"環境コスト"の管理・削減こそが第一の目的であった。

そのため，その内部管理ツールとしては，特別な環境会計ツールを開発して用いるというよりは，既存の管理会計ツール，たとえば各種原価管理や原価削減手法，活動基準原価計算（Activity-Based Costing：ABC），活動基準マネジメント（Activity-Based Management：ABM）を応用した環境コストの配賦など用いて取り組むことが現実的であったし，また企業担当者にとってわかりやすかった。Ditz, D., Ranganathan, J. R. D. Banks（1995）は，その多くの事例を紹介している。その意味では，この時点での内部環境会計ツールは，基本的に環境会計に特殊なものではなかった。

第二に，内部環境会計の目的が，環境コストの管理・削減にあるとはいっても，その管理・削減対象たる"環境コスト"概念が広がっていったことである。規制の強化や新たな法規制の制定により，環境コスト概念は，現時点で発生しているコストだけではなく，過去の投資行為の結果として予想される将来費用や，将来の規制強化によって生じると見込まれる追加的コスト（将来リスク）の管理までをも含む，時間的にも空間的にも幅広いコスト管理概念となった。そのため，この環境コストの管理・削減を行うためには，それが企業活動のいつ，どこで，どのように，なぜ発生するのかといった，発生メカニズムの解明を避けて通ることはできなくなった。この点を解明するために重要な役割を果たした手法が「環境監査（environmental audit）」である。

（3） 環境監査の特質──リスク・アプローチ

環境監査は，簡単に言ってしまえば，企業の有する環境関連機能が適切に維持・管理され，有効に働いているのかどうかをチェックするための業務監査のひとつである。その一番の目的は，環境リスクの発見と回避にあるが，米国では，先に指摘したスーパーファンド法の制定に伴って，土地取引の際に予想外の費用負担を背負うことがないようにするために実施した企業が多い。それゆえ，例えば日本では，環境監査と会計監査（財務諸表監査）とはまったくの別物として理解されたが，監査の方法論においては共通のアプローチが採用された。

一般に「リスク・アプローチ（risk approach）」と呼ばれるものがそれである。この手法は，日本の財務諸表監査においては，2002年の監査基準改正によって明示的に導入されたものであるが，手法それ自体は以前から欧米の業務監査ですでに用いられていたものである。

その仕組みを，まず判りやすい会計監査の方から説明すると，財務諸表監査におけるリスク・アプローチとは，リスクの評価と重要性の基準を基礎として，内部統制の有効性評価を中心に監査を行う手法である（山浦久司（2002）参照）。

具体的には，監査人が財務諸表における重要な虚偽表示を看過してしまうリスクを監査リスク（audit risk：AR）とし，それを合理的に低い水準に抑えるために，固有リスク（inherent risk：IR）と統制リスク（control risk：CR）を暫定的に評価して発見リスク（detective risk：DR）の水準を決定するとともに，監査上の重要性を勘案して監査計画を策定し，これにもとづいて監査を実施する，というものである。これを等式化すると次のようになる。

$$AR = IR \times CR \times DR$$

環境監査において監査リスクとして認識するものは，重大な環境影響（環境被害）を生じさせるリスク，いわゆる環境リスクである。これを，企業活動が本来的に負っている固有のリスク（IR）と，それが内部統制によっても防止されないリスク（CR）とによって危険水準を検討し，その危険性にもとづいて環境監査の密度，すなわち環境監査によって発見し得るリスク水準（DR）を決定して，環境監査が実施されることになる。これをリスク評価方法としてみれば，今日では日本企業においても環境マネジメントシステムで行われている環境影響評価（Environmental Impact Evaluation：EIE）の中にいくらでも実例を見出すことができる。

かかるリスク・アプローチによる環境監査の実施が広がるにつれて，監査の有効性のカギとなる内部統制の重要性が強く認識されるようになり，これが各種環境マネジメントシステム（EMS）規格の開発や，さまざまな団体によるEMSガイドラインの策定につながっていった。欧州における環境管理・監査

制度（Eco-Management and Audit Scheme：EMAS（1993））や ISO・EMS 規格（1996）などがその典型であるが，北米地域の内部環境会計においては，環境リスクにもとづく費用・支出の認識・測定において，このリスク評価の考え方が反映された。この点については，次の米国環境保護庁（United States Environmental Protection Agency：USEPA）による環境会計の考え方に顕著に現れてくる。

（4）ま と め

環境法規制の制定・強化による環境リスクならびに環境コストの増大に対処するために，ⓐ環境コストの管理・削減のために既存管理会計手法が応用・展開され，また，ⓑリスク・アプローチにもとづく環境監査が導入され普及していった。ここから，北米地域の内部環境会計においては，次の2つの特徴が見られることとなった。

第一に，環境法規制の制定・強化を前提とした個別・具体的な環境リスク及び環境コストの管理・削減を求める以上，その成果も具体的な環境パフォーマンスで表されなければ意味がない。環境マネジメントは，一般的な環境配慮や社会的な是認を得るために行うのではなく，具体的な改善成果を出すためのものとされた。欧州や日本が，具体的な環境パフォーマンスの改善を必ずしも要件としない EMS 規格を受け入れたのに対して，北米地域の NPO／NGO が環境パフォーマンスの改善を要求事項とする環境マネジメント規格を強く要求した理由も，このような考え方によるものと思われる。

第二に，環境パフォーマンス評価における具体的なリスクとして，経済的リスク（financial risk）が強く認識された。一般に，環境リスクとしては，人の生命・身体・財産に対する危険のほか，環境被害に伴う物質的あるいは科学的な不確実性が念頭におかれることが普通であるが，北米地域では，それらに伴う経済的リスクも認知され，環境マネジメントの重要な項目の一つとなった。そのため，例えば，環境対策とそれに伴う経済的負担との関係について，「環境には金がかかる」という通常の認識を覆し，環境対策と経済的負担の削減が両立する，いわゆる win-win の関係になることが重視された。

いずれにしても，個別・具体的な環境リスク・環境コストに対応した，実効

性のある内部環境会計が，経営者に，また，企業内部の担当責任者に必要とされた。また，環境リスク・環境コストのマネジメントいかんによって企業業績が左右されるので，投資家をはじめとする社外の利害関係者も大きな関心を寄せた。企業社会会計とその後の環境会計との最大の相違がここにあった。

2.3　第Ⅲ期（1990年代以降）—USEPAによる汚染予防プロジェクト
(1)　社 会 的 背 景

環境保全対策が進むにつれて，環境汚染や環境被害発生後の事後的な救済よりも，汚染や被害の予防に力を注いだ方が，経済的にも環境的にも政策的にも社会的にも優れていることが明らかになっていった。そこで，USEPA（米国環境保護庁）は，「汚染予防プログラム（Pollution Prevention Programs：P2 プログラム）」を策定し，予防的見地からの取り組みを始めた。

また，個別・具体的な環境リスク・環境コストに対応した実効性のある内部環境会計を，経営者（並びにその他の利害関係者）は必要とした。それには，学術的な研究論文による解説や厳格な基準にもとづく実務強制よりも，実際に取り組まれた個別・具体的なケーススタディを積み重ね，実務の手懸かりとした方が近道となる。特に，厳しい会計基準にもとづく財務会計と異なり，その目的や状況に応じてさまざまな管理会計ツールをいかようにも応用できる内部環境会計においては，実際の企業による到達点（benchmarking）を示した方がわかりやすい。長きにわたって判例法の伝統文化を持つ英米においては，ケーススタディによる学習は非常に効果的である。そこで，USEPAは，汚染予防（P2）プログラムの中にケーススタディを充実させた環境会計プログラム（Environmental Accounting Project）を採り入れることとした。

環境問題に関するシンクタンクとして名高いストックホルム環境研究所（Stockholm Environment Institute：SEI）の米国の拠点であるテラス研究所（Tellus Institute）の支援を受けたこの環境会計プロジェクトは，環境助成制度（Environmental Justice through P2 grant program）やグリーン購入（Environmentally Preferable Purchasing），永続的な生物蓄積性及び中毒性化学物質プログラム

(Persistent Bio-accumulative and toxic Chemical program), 環境に配慮した化学産業 (Green Chemistry), 環境に配慮した会合の設営法 (Green Meeting), 環境ラベル (Environmental Labeling), 環境配慮設計 (Design for Environment) などと並ぶプロジェクトとしてスタートした。

（2） USEPA 環境会計プロジェクト概要

USEPA 環境会計プロジェクトは，概説書ならびにケーススタディ報告書として，以下のような研究報告を公表している。

〈入門・概説書〉

01. An Introduction to Environmental Accounting as a Business Management Tool : Key Concepts and Terms (June 1995)「経営管理手法としての環境会計入門─基本概念及び用語」

02. Valuing Potential Environmental Liabilities for Managerial Decision-Making : A Review of Available Techniques (December 1996)「内部管理意思決定のための潜在的環境負債評価─利用可能な手法総覧」

03. Full Cost Accounting for Municipal Solid Waste Management : A Handbook (September 1997)「自治体の固形廃棄物管理のためのフルコスト会計ハンドブック」

04. The Lean and Green Supply Chain : A Practical Guide for Material Managers and Supply Chain Managers to Reduce Costs and Improve Environmental Performance (January 2000)「効率にも環境にも配慮したサプライチェーン─原材料管理責任者とサプライチェーン管理責任者向けの，コスト削減ならびに環境パフォーマンス改善のための実践ガイド」

〈ケーススタディ及びベンチマークの報告書〉

05. Environmental Cost Accounting for Capital Budgeting : A Benchmark Survey for Management Accounting (September 1995)「資本予算のための環境原価計算─管理会計のためのベンチマーク調査」

06. Environmental Accounting Case Studies : Green Accounting at ATT&T (September 1995)「環境会計ケーススタディ─AT&T 社における環境配慮会計」

07. Environmental Accounting Case Studies : Full Cost Accounting for Decision Making at Ontario Hydro (May 1996)「環境会計ケーススタディ—オンタリオ・ハイドロ社における意思決定のためのフルコスト会計」

08. Applying Environmental Accounting to Electroplating Operations : An In-Depth Analysis (May 1997)「電気鍍金作業への環境会計の応用—詳細分析」

09. Environmental Cost Accounting for Chemical and Oil Companies : A Benchmarking Study (June 1997)「化学会社及び石油会社のための環境原価計算—ベンチマーキング研究」

10. Searching for the Profit in Pollution Prevention : Case Studies in the Corporate Evaluation of Environmental Opportunities (April 1998)「汚染予防による利益研究—環境配慮による企業評価ケーススタディ」

11. Healthy Hospital : Environmental Improvement Through Environmental Accounting (July 2000)「健全な病院—環境会計による環境改善」

12. Enhancing Supply Chain Performance with Environmental Cost Information : Examples from Commonwealth Edison, Andersen Corporation, and Ashland Chemical (December 2000)「環境コスト情報を用いたサプライチェーン・パフォーマンスの向上—3社の事例」

ここで留意すべき点がいくつかある。

第一に，USEPAが環境会計 (environmental accounting) というとき，これは実質的に環境管理会計 (Environmental Managerial Accounting : EMA) を指している。USEPAが想定する環境会計体系は資料01.で説明されているが，上記資料11.の中では図表1のように簡略に図解されている。

この資料11.における病院のほか，上記資料03.のように自治体を扱うケースもあるが，いずれにせよUSEPAの対象はミクロ・レベルのものであり，しかも，財務会計分野については証券取引委員会 (the U.S. Securities and Exchange Commission : SEC) や財務会計基準審議会 (Financial Accounting Standards Board : FASB) による法規制があるため，これもはずされる。したがって，ミクロ・レベルの環境管理会計 (EMA) がその直接の対象となる。

図表 1　USEPA による環境会計フレームワーク

環境会計			
地域／国家（マクロ経済領域）		企業／組織（ミクロ経済領域）	
自然資源会計 (Natural Resource Accounting)	国民所得会計 (National Income Accounting)	財務会計 (Financial Accounting) ※法規制有	管理会計 (Managerial Accounting) ※法規制なし
資源ストックの評価	GNP／GDP の見積り	外部への財務報告	内部における意思決定

(出典：USEPA (July 2000), *Healthy Hospital*. (上記資料 11.) p. 4 注記参照

　このことは同時に，北米地域で"環境会計"といえば，そのメインストリームが"環境管理会計（EMA）"にあることも示している。そしてまた，環境管理会計の世界的な潮流の中で，北米地域が指導的役割を果たしていることも事実である。その意味では，USEPA 環境会計プロジェクトが果たした意義はきわめて大きい。

　第二に，先に見たように，北米地域の環境会計は，リスク・アプローチにもとづく環境リスク・環境コストの適正管理・削減を基盤として生成した側面が強いが，それは，単に現時点における環境リスク・環境コストに対するマネジメントだけでなく，将来に予想される環境リスク・環境コストへの対応を視野に置く。そのため，現在のみならず将来を見越した環境配慮を経営上の意思決定プロセスに取り込むといった形での議論が多い。上記図表1において，環境管理会計のメインテーマを「内部における意思決定（internal decision-making）」としているのもこれが故のことである。

　この側面は，環境会計プロジェクトが USEPA の汚染予防（P2）プログラムに位置づけられたことによって，いっそう強まっている。そのため，USEPA 環境会計プロジェクトに表れる環境管理会計は，一般的（教科書的）な環境管理会計手法全般について調査・検討するものとはなっていない。

　第三に，他の汚染予防（P2）プログラムとの関係から，実際に多くの有害物質を扱い生態系への影響が懸念される化学産業やメッキ工業，あるいは医療系廃棄物の排出源としての病院，廃棄物処理に責任を持つ自治体などがケースス

タディとして紹介されている。これは，USEPA の規制当局としての立場から，環境規制対象業種の環境管理会計開発・導入を支援しようという意図があるものと考えられる。

（3） USEPA 環境管理会計（EMA）の特徴

USEPA 環境管理会計研究の基礎と展開は，最初に公表された上記資料 01.「経営管理手法としての環境会計入門—基本概念及び用語」（June 1995）においてほぼ方向付けられている。

同資料 01. では，最初に環境会計を行う意義が述べられた後，環境会計の内実として，①環境コストの範囲，②環境会計の意義や手法，③環境コストの配分，④資本予算への応用，⑤工程や製品設計への環境会計の応用，といった流れを示している。

（イ）環境コストの拡張

環境コストは次のように分類されて例示されている（同資料 01. pp. 7-17）。

（ⅰ）伝統的コスト（Conventional Costs）

（ⅱ）隠れたコスト（Potentially Hidden Costs）

　　（a）事前管理コスト（Upfront Costs）

　　（b）規制対応及び自主的対応コスト（Regulatory and Voluntary Costs）

　　（c）事後環境コスト（Back-end Costs）

（ⅲ）偶発コスト（Contingent Costs）

（ⅳ）イメージ・広報コスト（Image and Relationship Costs）

（ⅴ）社会的コスト（Social Costs）

ここで示される環境コスト分類は環境リスク評価による分析にも対応する。すなわち，（ⅰ）既知の環境コストだけでなく，環境監査にもとづいて見出される（ⅱ）隠れたコスト並びに（ⅲ）偶発コスト，さらに，無形の企業価値形成に役立つ（ⅳ）イメージ・広報コスト，そして，負担すべきコストとして認識するというよりは，その削減額が費用便益分析のデータとして利用可能な（ⅴ）社会的コストである。これらは，リスク・アプローチ環境監査によって，その事業が本来的に有する固有のリスク/コストであるか，さらに管理可能なリスク/コス

トであるのかが評価されて監査による是正が実施され，その結果の重大性に照らしてコスト管理・削減水準の見直しや新たな投資意思決定に結び付けられる。

　もっとも，(i)から(v)に至るまでの環境コストの拡張には，認識・測定に関して事実上の限界があるので，このすべてを包括・網羅することが環境会計の要件となるわけではない。

(ロ)　環境会計の拡張

　環境会計手法としては，フルコスト会計（Full Cost Accounting），ないしはトータルコスト会計（Total Cost Accounting）といった会計手法が推奨される。用語法はともかく，要は伝統的な原価計算における全部原価計算に，上述の環境コストや環境リスク評価を加味した会計を総称したものといってよい。

　環境コスト概念の拡張によって，環境コスト自体に時間疑念が組み込まれているため，ここでいうフルコスト会計の拡張性が問題となる。ライフサイクルという視点（Life Cycle Thinking）が導入されるのはこのためである。製品・サービスや事業プロセス，システムのライフサイクルを検討することにより，拡張された環境コストと，それを取り込む環境管理会計の認識・測定範囲の可能な限りの整合をとることが意図されている。と同時に，サプライチェーン・マネジメント（Supply Chain Management：SCM）に代表されるように，企業実務がより広範な価値連鎖をとらえて全体最適を視野に置き始めたことを受けて，それに合わせた会計境界（accounting boundary）の拡張も検討されている。

　もっとも，USEPA 環境会計プロジェクトは，最初からフルコスト会計の導入を図ったわけではない。資料 01. に示されている通り，まずは①認識された環境コストの配賦方法について活動原価計算（ABC）手法等を用いて再検討し，ついで，②環境コストや環境リスクを反映した資本予算の策定を試み，最終的に③工程や製品設計への環境コスト・環境リスク配慮を組み込んでゆく，という環境管理会計の段階的な応用・展開が想定されている。

(ハ)　環境管理会計ケーススタディ

　前掲資料 01.-12. においても，その時系列展開を見る限り，環境管理会計プロジェクト・ケーススタディが段階的に展開されたことがわかる。

資料05.では，環境コストを資本予算へ反映した149社の事例を概観し，資料06.ではABC/ABMの導入プロジェクトとしてAT&T社の取り組んだ"Green Accounting"を紹介している。

フルコスト会計は，資料07.で発電会社であるオンタリオ・ハイドロ社の事例で取り上げられ，資料08.並びに資料09.，資料11.では，それぞれの業種特性に応じた環境管理会計が検討される。資料03.では，自治体の廃棄物管理のためのフルコスト会計がハンドブック形式でまとめられている。

サプライチェーン・マネジメントを視野に入れた環境管理会計は，資料04.で実務担当者向けのガイドを示し，資料12.では，家電会社コモンウェルス・エディソン社の廃棄物対策，アンダーセン社の有害化学物質の排出対策，アッシュランド社の活動基準会計（Activity Based Accounting）によるSCMアプローチ，といった3社のケーススタディを紹介している。

(4) まとめ—EMARICの方向性

汚染予防（P2）プログラムに所定の目標を一応達成した現在，USEPA環境管理会計プロジェクトは，テラス研究所（the Tellus Institute）に引き継がれ，その後の実質的な研究は，EMARIC（Environmental Management Accounting Research and Information Center）で行われている。

EMARICでは，さらなる環境パフォーマンスの向上を支援するために，従前から環境コスト情報に，さらにマテリアルフロー／エネルギーフロー情報を，民間企業のみならず公共機関における日常の経営管理意思決定に統合することを目的として活動している。この理念を，これまでのフルコスト会計の更なる拡張と見るか，あるいはマテリアルフロー会計やエコバランス会計をも取り込んだ新たな環境管理会計ステージへの飛翔と見るかは，いまのところ定まらない。

しかしながら，その活動は，よりいっそう幅広くかつ多様なものとなっていることは確かである。例えば，

・資本予算及びプロジェクトの利益性評価（Capital Budgeting and Profitability Assessment）

・汚染予防及び生産のクリーン化（Pollution Prevention and Cleaner Production）

- 環境面から見たサプライチェーン・マネジメント（Environmental Supply Chain Management）
- グリーン購入（Environmentally Preferable Purchasing）
- 環境マネジメントシステム（Environmental Management Systems）

などがその主なものである。一見すると，これまでのUSEPA環境会計プロジェクトの延長と見えるが，これらの活動を実務レベルで実践していくために，それを支援するさまざまなソフトウェア開発を行っている点で，特長が表れる。すでに開発され活用されているものとしては，次のようなものがある。

- LEAP：Energy-Environment Policy Analysis
- WEAP：Integrated Water Planning
- Waste Plan：Integrated Solid Waste Planning
- PoleStar：Sustainability Analysis
- P2/FINANCE：Pollution prevention Financial Analysis and Cost Evaluation System
- E2/FINANCE：Energy & Environmental Financial Analysis and Cost Evaluation System
- EXMOD：Environmental Externalities
- EXMOBILE：Vehicle Environmental Strategies

　管理会計のファイナンス化がすでに指摘されて久しいが，ここでも環境管理会計（EMA）をファイナンスの側面から捉える傾向が伺える。このようなEMARICソフトウェア開発によって予感される環境管理会計（EMA）のひとつの方向性は，"環境マネジメント"の時代から"環境ファイナンス"の時代への展開といえるのかもしれない。

3　その他の内部環境会計の展開

3.1　その他の手法

　これまでみてきたように，北米地域での内部環境会計は，増大する環境コス

ト・環境リスクに対処するためのマネジメント技法として生成し，USEPAの支援のもとで環境管理会計（EMA）として大きく発展してきた。しかしながら，この発展の過程において，その重要性を認識され，指摘されながらも明示的には環境管理会計の中に組み込まれてこなかった内部環境会計ツールがある。バランス・スコアカード（Balanced Score Cards：BSC）の環境会計への応用や，プロジェクト・マネジメント（Project Management：PM）ないしはプロジェクト・プログラム・マネジメント（Project & Program Management：PPM）における環境配慮，ライフサイクル・コスティング（Life Cycle Costing：LCC）やライフサイクル・アセスメント（Life Cycle Assessment：LCA），排出権取引会計（Accounting for Tradable Permits）などがその例である。

これらの多くは，それぞれの管理会計手法研究において環境要素を取り込むという形で行われているもので，環境管理会計として独立したツールとなるまでには未だ発展していない。また，排出権取引会計については，排出権取引自体は1970年代から市場が成立していたものの，環境政策として具体的に着目されたのがごく最近であることから，環境会計研究としての蓄積は少ない。

これに対して，LCCについては，戦前からの長きにわたって米国行政当局において独自の研究が積み重ねられてきており，USEPA環境会計プロジェクトにおいても重要性が指摘されている。そこで，最後に岡野憲治（2003）他の研究に依拠しながら，LCCの環境管理会計との接点について簡単に触れておく。

3.2 ライフサイクル・コスティング（LCC）
（1） 生成と展開

米国におけるLCCの萌芽は，合衆国連邦政府の政府調達をめぐる紛争において会計検査院が示したトータルコスト概念についての判定に始まる。これが1970年代に国防総省の軍事関連物資の調達プログラムに採り入れられて利用が拡大した。

1980年代に入ると，これまで見てきたように，汚染予防（P2）プログラムを掲げるUSEPAによって，これまで認識されてこなかった環境コストを組み込

む"フルコスト会計"が登場し、ライフサイクルにもとづく思考法はその重要な一翼を担うこととなった。とりわけ、トータルコスト・アセスメント（Total Cost Assessment：TCA）は LCC が汚染予防プログラムに適用される際の基礎を形成するものとして重要性を指摘された（前出資料 01.参照）。個別のケーススタディにおいては、設備投資意思決定や有害廃棄物の最小化（Waste Minimization）のために LCC 手法が応用され、製品 LCA と合わせて、民間企業のみならず、自治体会計における環境配慮型マネジメントの一つの柱となっている。製品 LCA については、環境ラベルによって表示する情報の一つとして、あるいはその基礎データとして注目されるものである。

岡野憲治（2003a, b）は、これらの点を踏まえて、トータルコスト・アセスメントを、プロジェクトの真の利益率を正確に見積もる資本予算管理法であると同時に、汚染予防プログラムの包括的な財務分析法と位置づけている。

（2） 新たな理論モデルの展開

従来の製品・システムについてのライフサイクル・コスト分析だけでなく、環境マネジメントや外部利害関係者へのアカウンタビリティとの関係性から、新たにライフサイクル思考（Life Cycle Thinking）の重要性を認識する研究が開始されている。

この点につき、岡野憲治（2003b）は、国連の研究分野をもとに、その推進国を比較しながら、新しい理論モデルの整理を試みている（下記図表2参照）。

これみると、今後将来にわたって米国の LCC 分野における研究の重要性が認識されると同時に、LCC を環境管理会計へ適用することのみを考えればよいというものでもないことが理解されるであろう。

4　むすびにかえて

北米地域の内部環境会計の特徴を明らかにするために、ここ半世紀にわたる環境問題をめぐる会計アプローチについて考察を進めた。

まず、企業の社会的責任（CSR）を厳しく問い質しながらも、具体的な実体

4　むすびにかえて

図表2　LCCにおける新しい理論モデル比較

	LCC理論モデル	国連研究分野	国
1	System Engineering Management	Design to Cost/Management	USA
2	Life Cycle Product Costing	Product Costing	USA
3	Activity Based Life Cycle Costing	Activity Based Costing Monte Carlo Methods	USA
4	Life Cycle Management (LCM) 　a) LCM 　b) Integrated LCM 　c) LC Cost Management 　d) LC Engineering	マネジメント理論 LCC分析 LC Assessment 製品構造分析 エンジニアリング	USA
5	Total Cost Assessment	資本予算管理	USA
6	Full Cost Accounting	原価計算基準	USA
7	Product LCC	Target Costing	GER
8	Lebenszykluskostenrechnung	ドイツ部分原価計算	GER
9	LC Target Costing	Target Costing	GER
10	Capital Asset Management Control System	Terotechnology	UK
11	LCC Standards	原価計算基準	AUS
12	環境会計	会計学	JPN
13	環境管理会計	管理会計　環境監査	JPN

（出典：岡野憲治［2003b］「ライフサイクル・コスティング—その特質に関する一考察—」『會計』（第164巻第6号）p. 87.（一部表記を変更））

を必ずしも導くことができなかった企業社会会計の姿が，最初に映し出された。企業社会会計が利用した管理会計ツールが世論対策に使われたのではないかとの疑義を感じさせた時代であった。

しかし，そこに現われたのが，厳しい環境法規制の実施を出発点にしながらも，それに伴って増大する環境コスト・環境リスクについては適切な管理と削減の手法があることをケーススタディによって例証し，経済産業界全体を汚染予防（P2）の方向へ引き上げていこうとするUSEPAである。その汚染予防に向けた強い信念とリーダーシップが，単なるコスト管理・削減のレベルから，資本予算や経営意思決定における環境配慮，さらには，環境サプライチェーン分析，環境管理ソフトウェアの活用等へと，北米地域の環境管理会計（EMA）を世界のトップ水準に押し上げた原動力であった。また，他面では，環境経済学者がよく指摘する見解，すなわち，環境保全対策を実効性のあるものとする

ためには企業の自主的な環境保全努力だけでは困難であり，何らかの環境規制による強制が必要であるとの指摘を実証するかの如き展開でもあった。

　今日，企業は再び企業社会的責任（CSR）を問われ始めている。しかも，今度は，そこでの評価が社会的責任投資（Socially Responsible Investment：SRI）の動向と相俟って，企業評価や資金調達に直接的に関係してくる。そのため，かつてのような管理会計ツールを用いた対症療法的な報告会計ではなく，企業の環境戦略に裏打ちされた，ファイナンス・ツールとしての環境管理会計（EMA）が要請され始めているのではないかと思われる。

参 考 文 献

本文中に示した USEPA 資料のほか，以下のものがある。

Benett, M., P. James, [1998], *The Green Bottm Line : Environmental Accounting for Management*, GreenLeaf Publishing.（國部克彦監修　海野みづえ訳『緑の利益―環境管理会計の展開―』(社)産業環境管理協会，2000 年）

Brown, R. J., R. Y. Rudolph, [1985], *Introduction to Life Cycle Costing*, Prentice-Hall.

Canadian Institute of Chartered Accountants (CICA), [1997], *Full Cost Accounting from an Environmental Perspective*, CICA.

Committee of Sponsoring Organization of the Treadway Commission, [1992], *Internal Control-integrated Framewaork.*（鳥羽至英・八田進二・高田敏文訳『内部統制の統合的枠組み（理論編）（ツール編）』白桃書房，1996 年）

Curvan, M. (ed.) [1995], *Life-Cycle Assessment*, McGraw-Hill.

Dilly, S. C. J. J. Weygant, [1973], "Measuring Social Responsibility : An Empirical Test", *Journal of Accountancy*, 136(3). Sep. 1973, pp. 62-70.

Emblemsvag, J., [2003], *Life Cycle Costing using Activity Based Costing and Monte Carlo Methods to manage future costs and risks*, John Wiley and Sons, Inc.

Epstein, M. J., [1996a], *Measuring Corporate Environmental Performance : Best Practies for Costing and managing an Effective Environmental Strategy*, McGraw-Hill.

Epstein, M. J., [1996b], *Tools and Techniques of Environmental Accounting for Business Decisions, Management Accounting Guideline No.40.*, Society of Management Accounting of Canada.

Estes, R.W. [1976], *Corporate Social Accounting*, Wiley Interscience.（青柳清『企業の社会会計』中央経済社，1979 年）

Fabrycky, W. J., B. S. Blanchard, [1991], *Life Cycle Costing and Economic Analysis*, Prentice-Hall.

Freeman, H.M. (ed.), [1995], *Industrial Pollution Prevention Handbook*, McGraw-Hill.

General Service Administration, [1977], *Life Cycle Costing Workbook ; A Guide for the Implementation of Life Cycle Costing in the Federal Supply Service*, General Service Administration.（中神芳夫翻訳監修，米国連邦政府調達庁編『VE 資料 30LCC Work Book』日本 VE 協会，1977 年）

Groenwegen, P., K. Fischer, E. Jenkins, J. Schot (ed.) [1995], *The Greening of Industry : Resource Guide and Bibliography*, Earth Island.
OECD [1999], *Implementing Domestic Tradable Permits for Environmental Projection*. (小林節雄・山本壽訳『環境保護と排出権取引：OECD 諸国における国内排出権取引の現状と展望』技術経済研究所, 2002 年)
Ranganathan, D.D., R.D. Banks, (ed.) [1995], *Green Ledgers : Case Studies in Corporate Environmental Accounting*, World Resource Institute.
Stringer, K. W., T. R. Stewart, [1986], *Statistical Techniques for Analytical Review in Auditing*, John Wiley and Sons, Inc. (監査法人トーマツ訳『統計的手法による分析的監査手続』中央経済社, 1993 年)
Tellus Institute [1991], *Alternative Approaches to the Financial Evaluation of Industrial Pollution Prevention Instruments*, Tellus Institute.
Tellus Institute [1992], *Total Cost Assessment : Accerating Industrial Pollution Prevention through Innovative Project Financial Analysis. With Application to the Pulp and Paper Industry*, USEPA.
Tellus Institute [1997], *Strengthening Corporate Commitment to Pollution Prevention in Illinois : Concepts and Case Studies of Total Cost Assessment*, Tellus Institute.
USEPA [1989], *Pollution Prevention Benefits Manual*, USEPA.
USEPA [1993a], *Life Cycle Assessment : Inventory Guidelines and Principles*, USEPA.
USEPA [1993b], *Life Cycle Design Guidance Manual : Environmental Requirements and the Product System*, USEPA.
岡野憲治 [2003a],『ライフサイクル・コスティング―その特質と展開―』同文舘。
岡野憲治 [2003b],「ライフサイクル・コスティング―その特質に関する一考察―」『會計』(第 164 巻第 6 号) pp. 79-92。
石原俊彦 [1998],『リスク・アプローチ監査論』中央経済社。
河野正男 [1998],『生態会計論』森山書店。
谷本寛治編著 [2003],『SRI：社会的責任投資入門』日本経済新聞社。
中央青山監査法人・中央サステナビリティ研究所編 [2002],『排出権取引の実務：温室効果ガスを効果的に削減する仕組みと手続』中央経済社。
山浦久司 [2003],『会計監査論 (第三版)』中央経済社。

（千葉貴律）

第9章 オーストラリアにおける内部環境会計の展開

1 はじめに

　環境会計が国際的な広がりをみせ，世界各国で環境会計に関するガイドラインや報告書などが次々と公表されてきたが，オーストラリアでは，まとまった公表物が最近までほとんどみられなかった。そのため，オーストラリア環境省（Environment Australia）が中心となって，2000年頃から環境報告や環境管理会計に関するプロジェクトの実施を進めてきた。なお環境省は，最近の組織変更で環境・遺産省（Department of the Environment and Heritage）となっている。

　本章では，まず，オーストラリアの環境管理会計をめぐる背景として環境報告の動向を取り上げ，次に企業における環境管理会計の導入プロジェクト，地方自治体における環境管理会計導入のプロジェクトについて，順にその概略をみていくこととする。なお，ここで述べる環境会計とは，オーストラリア統計局（Australian Bureau of Statistics）等によって実施されている環境会計とは異なるものである。オーストラリア統計局等の環境会計の取り組みは，地域または国家の環境および自然資源資産の状況について，貨幣単位および物量単位の統計を作成しようとするものであり（Department of the Environment and Heritage, 2004a)，これらの詳細については第12章を参照されたい。

2 環境報告の動向

2.1 環境報告のフレームワーク

　オーストラリアでは，1990年代前半から鉱業や公益事業が牽引役となって環境報告が始まり，その後は製造業・運送業，通信サービス業などの業種にも広まってきた。このような実務の進展を受けて，環境省は2000年に，自主的な環境報告のガイドラインとして，「環境報告書開示のフレームワーク：オーストラリアのアプローチ（A Framework for Public Environmental Reporting：An Australian Approach）」を公表した。このフレームワークでは，環境報告（Public Environmental Reporting, PER）について，「特定の期間，通常は会計期間における組織の環境パフォーマンスについての情報を自主的に公表することである。組織のPERは，独立した報告書として，または，ウェブサイトや年次報告書の一部として公表される」（Environment Australia, 2000, p. 2.）とし，PERのフレームワーク，作成手順，構成要素についての詳細が示されている。

　なお，オーストラリアには，環境情報の強制開示規定として，2001年会社法のセクション299(1)(f)や，1999年環境保護生物多様性保全法（Environmental Protection and Biodiversity Conservation Act）のセクション516による開示要求，また，財務会計基準・監査指針書等で環境問題に関連する規定が若干みられる（詳細は，阪（2004）を参照のこと）。特に，会社法セクション299の強制開示規定が発効した後には，環境情報を開示する企業の数が大幅に増加している（Frost, 2001）など注目されているが，PERは，これらの強制的な環境報告とは異なり，さまざまな利害関係者の関心を盛り込んだものとなっている。

2.2 トリプルボトムライン報告のガイドライン

　その後，グローバル・レポーティング・イニシアティブ（Global Reporting Initiative, GRI）のガイドラインの影響もあって，環境の側面だけではなく社会的側面・経済的側面をも含めたトリプルボトムライン報告が国際的な広がりを

みせてきた。これを受けてオーストラリア環境・遺産省は2003年に「オーストラリアにおけるトリプルボトムライン報告：環境指標を用いた報告のガイド(Triple Bottom Line Reporting in Australia: A Guide to Reporting Against Environmental Indicators)」(Environment Australia, 2003) を公表した。これは，トリプルボトムライン報告の背景，オーストラリア独自の事情をふまえた上でのトリプルボトムライン報告を行うことのベネフィット，環境マネジメント指標・環境パフォーマンス指標の利用方法，各種指標とGRIガイドラインの指標との対応関係，などを解説したものである。

2.3 実務の動向

オーストラリア企業の環境情報開示実務については，オーストラリア環境・遺産省が実態調査を実施し，2つの報告書「オーストラリア企業における環境報告の状況」(Centre for Australian Ethical Research and Deni Greens Consulting Services, 2003)，「オーストラリア企業におけるサステナビリティ報告の状況」(Department of the Environment and Heritage, 2004b) を公表している。それによると，環境報告を実施する企業数は図表1のように推移している。

図表1から，1990年代後半から環境報告が急速に増加していることがわかる。2003年時点で環境報告を行う企業数は116社であり，うち32社で第三者

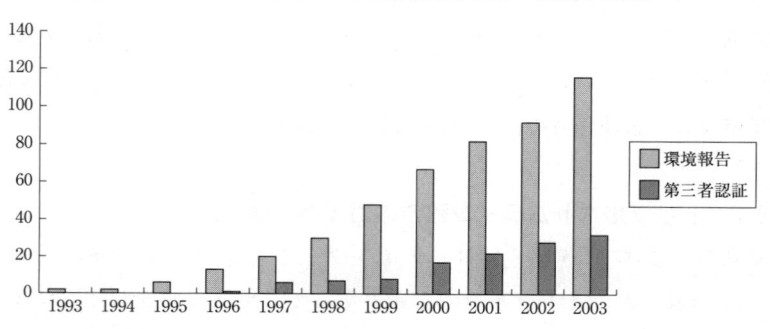

図表1　オーストラリアにおける環境報告と第三者認証の推移

(出典：Department of the Environment and Heritage, 2004b, p. 15)

認証を既に受けているかまたは受ける予定としている。環境報告を実施する企業を業種別にみると，製造業（41社）と鉱業（20社）に属する企業で過半数（53%）を占めている。なお，この116社には，独立した環境報告書・サステナビリティ報告書を開示する企業（85社），アニュアルレポートで環境情報を開示する企業（21社），ウェブ上でのみ開示する企業（10社）が含まれている。オーストラリア企業が公表する独立した環境報告書・サステナビリティ報告書については，環境・遺産省の報告書ライブラリー（http://www.deh.gov.au/settlements/industry/corporate/reporting/）から閲覧することができる（2005年10月現在で122社分が掲載されている）。

また，図表2は，環境報告を行う企業の種類と，それぞれの種類の企業に占める環境報告実施企業の割合を示したものである。

図表2　企業の種類別の環境報告

企 業 の 種 類	企 業 数	環境報告実施企業の割合
上場企業	42	14%
オーストラリア企業が親会社の企業	2	5%
外国企業が親会社の企業	32	46%
非上場企業―オーストラリア企業	5	18%
非上場企業―外国資本企業	35	45%
合　　計	116	―

（出典：Department of the Environment and Heritage, 2004b, p. 17）

図表2によると，オーストラリアの上場企業トップ300社のうち，環境報告を行っている企業の割合は14%であるのに対し，外国企業が親会社の企業が環境報告を実施している割合は46%となっている。オーストラリア資本の企業よりも，外資企業の方が環境報告を実施している割合が格段に高くなっているのである。

この調査から，オーストラリアでは環境報告に対する圧力が他国と比べて少ないといえる。実際，他国との比較でみると，世界19カ国それぞれのトップ企業100社の環境報告についての調査（KPMG Global Sustainability Services, 2002）

によると，環境・社会報告書を作成している企業の割合は，日本がトップで，次いでイギリス，アメリカ，オランダと続き，オーストラリアは12位にとどまっている（本書126頁第3章図表4参照）。また，トリプルボトムライン報告についても，それを考慮した報告書を作成する企業が増加しつつあるものの，そのほとんどは外国資本の企業であり（Department of the Environment and Heritage, 2004b, p. 21），普及のスピードは緩やかである（Centre for Australian Ethical Research and Deni Greens Consulting Services, 2003, p. 28）。

これらのことから，オーストラリアでは，内発的動機よりも外資企業に牽引されて環境報告が普及してきている現状が垣間見える。オーストラリア企業からは，「取引先の日本企業から環境配慮を要請されているが，オーストラリアの消費者の意識が高くない現状では，コストをかけて環境活動をすることは難しい」（National Environment Roundtable, 2004）といった声も聞かれる。

さらに，環境報告を実施している企業が，環境報告によって得られた効果としてあげている項目としては，業種間でばらつきがみられるものの，最も多かった回答は「企業イメージの向上（70%）」であり，続いて，「投資家や金融機関からの信頼向上（61%）」，「活動・経営上の改善（59%）」，「リスクマネジメントの改善（55%）」（複数回答）であった。一方，環境報告にあたっての障害としては，「コストと資源の制約（57%）」，「測定・報告の枠組み構築のために追加的資源が必要なこと（56%）」，「指標の入手可能性（34%）」，「第三者認証のためのコスト（26%）」，（複数回答）があげられた（Department of the Environment and Heritage, 2004b, pp. 19-20）。さらに，多くの企業が「効果は環境報告のコストや人的資源の配分を正当化するほどには十分ではない」と回答している。このことから，環境報告の効果として「活動・経営上の改善」や「リスクマネジメントの改善」があげられているものの，環境会計が企業内部の意思決定手段として充分に活用されていないと推測される。このような背景もあって，次に述べるような環境・遺産省による環境管理会計のプロジェクトの必要性も理解される。

3 環境管理会計のプロジェクト—企業編—

3.1 企業における環境管理会計の2つのプロジェクト

　オーストラリアの環境・遺産省では，企業のサステナビリティを支援するためにいくつかのテーマを扱っており，環境会計はその1つとして取り上げられている。環境・遺産省では，企業の環境会計を「会計システムや報告において環境コストの透明性を高めること」とし，環境会計を導入して環境関連コストに着目することで，これらのコストを削減・回避するとともに，環境パフォーマンスを改善する機会をもたらすことができるとしている。そして，環境会計を，環境支出や外部コストも考慮に入れた外部報告目的の環境コスト会計と，企業で実際に生じる私的環境コストのマネジメントに焦点を当てた環境管理会計に区分している。その上で環境・遺産省は，環境管理会計が企業に環境会計を導入する際の現実的なステップとなるとして，環境管理会計手法の発展を支援してきた（Department of the Environment and Heritage, 2004a）。具体的には，オーストラリアの電力業界における環境管理会計の導入プロジェクトと，企業4社における環境管理会計のケーススタディ・プロジェクトを実施した。これらのプロジェクトは，環境管理会計の国際的な研究・実務面の進展の成果を，オーストラリア企業に取り入れようとするものであった。

　1つめの電力業界における環境管理会計の導入プロジェクトは，オーストラリア電力供給協会（Electricity Supply Association of Australia, ESAA）と（当時）環境省が実施したものであり，環境管理会計に対する認知を広め，環境管理会計システムを導入するにあたっての問題点を明らかにすることが目的であった。その成果は「オーストラリア電力業界における環境管理会計」（Environment Australia and Electricity Supply Association of Australia, 2002）として公表されている。この報告書では，まず，環境管理会計の意義や目的，環境管理会計システム構築の手順が示され，次に，環境コストの説明として「伝統的コスト」「隠れたコスト」「偶発的コスト」「関係づくり・イメージコスト」「社会的コスト」の

内容が述べられた後，それぞれの項目について電力業界に特有のコストを事例をあげて列挙している。また，ロイ・ヤング電力 (Loy Yang Power) で実際に算定された環境コストの事例も掲載されている。このプロジェクトは，その内容から，アメリカ環境保護庁の環境管理会計の入門書 (US EPA, 1995) の成果を広く取り入れたものであることがわかる。

2つめの環境管理会計のプロジェクトは，ビクトリア州環境保護局 (Victorian Environment Protection Authority)，オーストラリア環境省 (Environment Australia) およびオーストラリア勅許会計士協会 (Institute of Chartered Accountants Australia, ICAA) が協力して行ったものである。このプロジェクトの目的は，オーストラリア企業において，環境パフォーマンスと財務パフォーマンスの両方を向上するためのツールとして利用できるような環境管理会計を開発することであった。そして，ケーススタディを実施し，オーストラリア企業で環境管理会計がどのように導入されたか，および，導入によってどのように実務が改善されたか（環境面の成果が上がると同時に，コストの削減や機会利益の認識によって利益率が改善したか）を明らかにしている。

このケーススタディは，異なる業種に属する4つの組織，①AMP，②コーマック製造 (Cormack Manufacturing)，③GHミシェル＆サンズ (GH Michell & Sons)，④メソヂスト女学校 (Methodist Ladies College) において，それぞれ異なるコンサルティング機関の協力のもと，2002年3月～9月までの6ヶ月間にわたって実施された。その成果として，4つのケーススタディ毎に報告書 (KPMG, 2002 ; PricewaterhouseCoopers, 2002 ; Craig Deegan, 2002 ; BDO, 2002) が公表されている。以下ではそれぞれのケーススタディの概要をみていくこととする。

3.2 AMPサービス部門のケーススタディ

AMPは金融サービスの多国籍企業であり，オーストラリア，ニュージーランド，イギリスを含め世界各国で企業活動を行い，約14,500人の従業員を抱えている。オーストラリアでは，全域で活動を展開しており，AMP International, Henderson Global Investors, AMP Financial Services の従業

員合計は約5,000人である。このケーススタディは，AMPのサービス部門（AMP Financial Services）がKPMGと共同で実施したものである。ケーススタディを実施するにあたってのAMPの目的は，管理会計システムを変更し，主な環境影響のコストと物量の情報を改善し，コスト削減と環境負荷削減の潜在的機会を見いだすことであった。

AMPではこれまで，図表3に示すように，環境コストを総勘定元帳上でオフィスサービスコストとして一括処理し，各コストセンターへは，電気・水の実際の使用量ではなく，オフィスの使用面積で配賦していた。オフィスサービスコストには，賃料，整備，看板，清掃，電気代，水道料金，排水，廃棄物のコストが含まれていた。また，納入業者からの購入価格は把握していたが，購

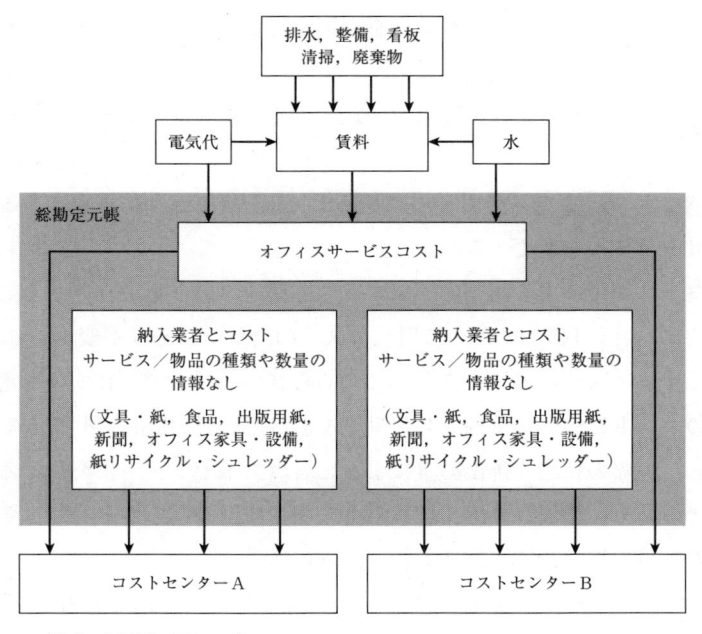

図表3　AMPのこれまでの会計システムにおける環境コストの処理

(出典：KPMG, 2002, p. 9)

入した物品やサービスの量については把握していなかった。さらに，清掃サービスには，廃棄物収集や処分も含まれており，排水処理の費用も AMP が負担していた。そのため，総勘定元帳上では，特定の物品やサービス（電気使用など）の正確なコストがわからず，また，購入した資源の物量情報や発生した廃棄物の量，リサイクル回収量なども把握できていなかった（結果的に，電気消費量とコストの関係などがわからない）。このような情報が存在しない状況では，環境対策の必要性も認識されないため，環境情報収集に追加的コストをかけることにも消極的となり，環境パフォーマンスの改善の障害となっていた。

AMP にとって必要なことは，主な環境影響に関連するコストと物量の情報が入手できるように，管理会計システムを変更することであった。そうすることで，コスト削減と環境影響改善の潜在的機会を得ることができるようになる。そこで，次のような検討が行われた。

- 特定の物品・サービスのコストを把握するために会計システムを変更・追加する。
- 特定の物品・サービスの物量を記録するために会計システムを変更・追加する。
- 環境にかかわるインプット・アウトプットを賃料と別に把握できるように会計システムを変更する。
- オフィス面積による画一的配賦から環境関連コストを独立させる。

結果的に，図表4に示すように環境コストの会計システムが変更された。「賃料」や「オフィスサービスコスト」に含められて一括処理されていた電気代と廃棄物のコストについては独立した勘定を設け，同時に物量情報（使用量，排出量）も把握し，実際の使用・排出の量によって各コストセンターに配賦するようにした。その結果，環境コストや環境負荷の発生状況が明らかとなり，その削減のための対策の検討や納入業者の絞り込みにも役立った。

このケーススタディを通して得られた教訓は次のようなものであった（KPMG, 2002）。

① 環境コストは他のコストの中に埋もれていることが多い。環境コストを把握

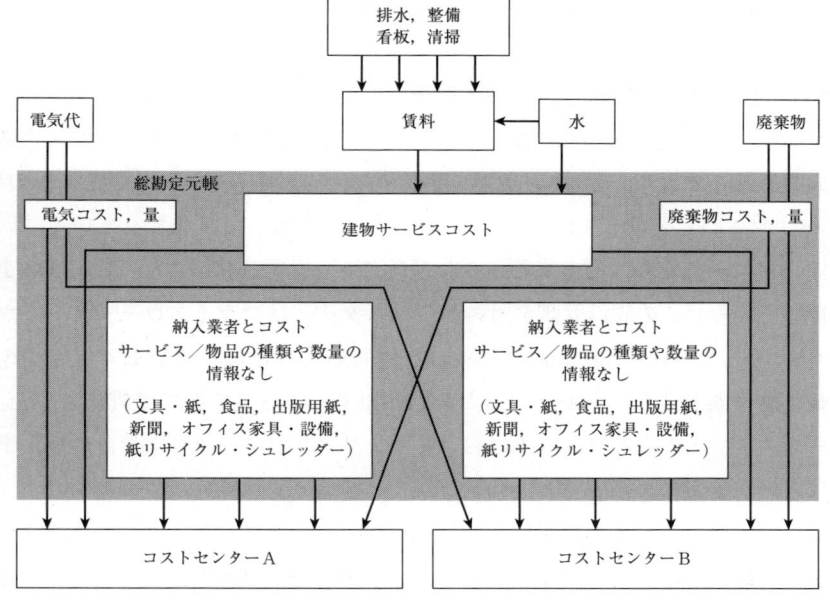

3　環境管理会計のプロジェクト　259

図表4　AMPにおける会計システム変更後の環境コストの処理

```
         排水,整備
         看板,清掃
            ↓↓↓
  電気代 → 賃料 ← 水          廃棄物
  ─────────────────────────────────
  総勘定元帳
  電気コスト,量   建物サービスコスト   廃棄物コスト,量

     納入業者とコスト              納入業者とコスト
   サービス/物品の種類や数量の     サービス/物品の種類や数量の
         情報なし                      情報なし
   (文具・紙,食品,出版用紙,       (文具・紙,食品,出版用紙,
    新聞,オフィス家具・設備,       新聞,オフィス家具・設備,
    紙リサイクル・シュレッダー)    紙リサイクル・シュレッダー)

        コストセンターA                コストセンターB
```

(出典：KPMG, 2002, p. 11)

し，幅広いコスト分析を取り入れ，事業プロセスやシステムを改善するならば，環境コストの削減に成功するであろう。

② 人件費の制約が環境コストを見直す上で障害となりうる。これを解決するには，コスト削減を含むコスト・ベネフィット分析が必要である。

③ AMPのようなサービス業種では環境コストの割合が他業種に比べると少ないため，コスト削減等の財務上の理由だけで環境会計を導入するのは難しいかもしれない。しかし，環境会計は，企業のイメージアップや環境コンプライアンス，従業員の意識向上や企業文化の構築にも役立つものである。

④ 多くの企業がAMPのような企業にオフィスサービスを外部委託するようになっており，その部分は外注企業にとって隠れたコストとなっている。AMPのような企業が受注サービスにかかる環境負荷の物量情報と環境コストを明らか

にすることで，発注企業とともに環境負荷と環境コストの削減に向けた取り組みを行い「グリーンオフィス」を実現するチャンスが生まれる。

3.3　コーマック製造のケーススタディ

　コーマック製造（Cormack Manufacturing Pty Ltd）は，プラスチック注入式塑造事業を営んでおり，化粧品・食品・薬品・スポーツ関連のボトルや蓋など（材質はポリプロピレン，ポリスチレン，ポリエチレン）を製造・組み立てしている。同社はシドニーにあり，売上高約4,000万豪ドル，従業員90人で，ISO 9002を取得している。この環境管理会計のケーススタディはプライスウォーターハウスクーパース（PricewaterhouseCoopers）と共同で行われたものであり，2つの比較可能な製造工程（高温塑造工程と低温塑造工程）に焦点をあてて実施された。ケーススタディの内容は，日本におけるマテリアルフローコスト会計の導入事例に近い。

　コーマックのこれまでの管理会計では，間接費のコストセンターへの配賦が仮想の配賦割合に基づいてなされており，また，売上原価勘定の内訳情報が把握されていなかったため，事業活動から生じる環境コストや環境影響に関する情報を管理者が入手することができなかった。そこで，以下の2つのステージを経て改善を行うこととなった。

- ステージ1：売上原価の内訳としての原材料・包装，塑造工程における照明・エネルギー，在庫陳腐化分を把握するとともに，廃棄物に関する発生源や物量データの情報を収集し，それを意思決定情報に組み込む。
- ステージ2：製品に関する原材料，包装，エネルギー，直接労務費を把握するとともに，新たに廃棄物の勘定を設ける。

　これによって，既存の（製品別の）製品コストセンターを残したまま，そこに製造にかかるコストが全て折り込まれ，その内容が明らかになる。図表5は，改善の各ステージにおける管理会計システムと環境コストの処理の状況を示している。

3 環境管理会計のプロジェクト　261

図表5　コーマックにおける管理会計システムと環境コストの処理

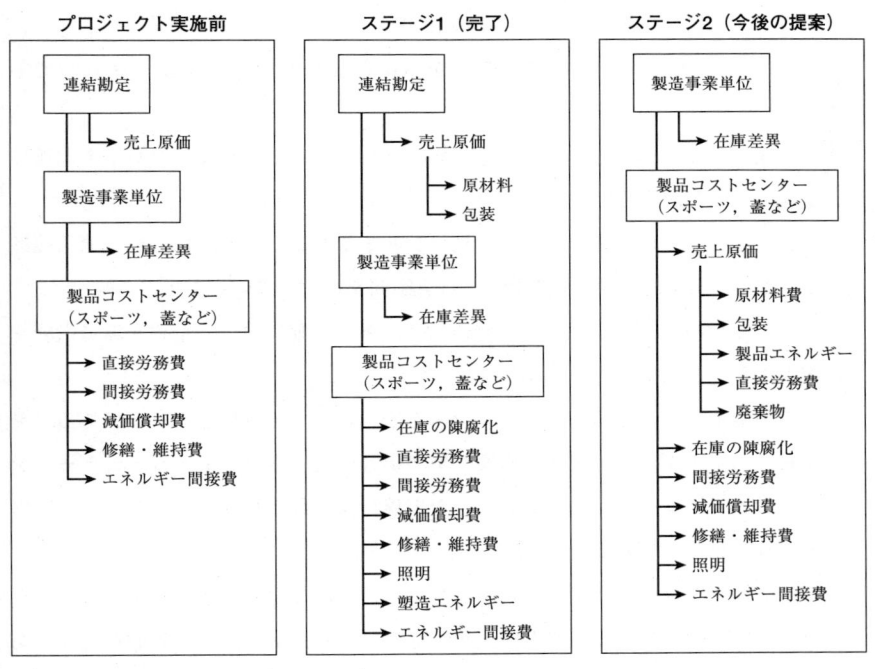

プロジェクト実施前
- 連結勘定
  - → 売上原価
- 製造事業単位
  - → 在庫差異
- 製品コストセンター（スポーツ，蓋など）
  - → 直接労務費
  - → 間接労務費
  - → 減価償却費
  - → 修繕・維持費
  - → エネルギー間接費

ステージ1（完了）
- 連結勘定
  - → 売上原価
    - → 原材料
    - → 包装
- 製造事業単位
  - → 在庫差異
- 製品コストセンター（スポーツ，蓋など）
  - → 在庫の陳腐化
  - → 直接労務費
  - → 間接労務費
  - → 減価償却費
  - → 修繕・維持費
  - → 照明
  - → 塑造エネルギー
  - → エネルギー間接費

ステージ2（今後の提案）
- 製造事業単位
  - → 在庫差異
- 製品コストセンター（スポーツ，蓋など）
  - → 売上原価
    - → 原材料費
    - → 包装
    - → 製品エネルギー
    - → 直接労務費
    - → 廃棄物
  - → 在庫の陳腐化
  - → 間接労務費
  - → 減価償却費
  - → 修繕・維持費
  - → 照明
  - → エネルギー間接費

(出典：PricewaterhouseCooper, 2002, p. 17)

　上記のようにしてコスト情報を把握した結果，コーマックは，コストを削減するために下記の事項の検討・実施を行うことができた。
- 高温塑造工程と低温塑造工程におけるコスト比較。
- 環境コストを組み込んだ製品価格決定。
- 廃棄物リサイクルに関するコスト・ベネフィットの把握。
- 陳腐化を防ぐための発注予想の改善。
- 在庫コントロールの改善。
- 包装コストの削減。
- 圧縮装置を変更した場合の潜在的なエネルギーコスト削減額の見積もり。
- 照明効率の改善。

- エネルギー間接費の管理。
- 災害防止（環境事故の潜在的コストの把握）。

以上のコーマックのケーススタディから得られた教訓は次のようなものであった（PricewaterhouseCoopers, 2002）。

① 首尾一貫した処理を行い，意思決定へ活用するために，環境コストを明確に定義することが必要である。

② 必ずしも全ての環境コストを識別し分類する必要はなく，限られた適用範囲から始め，段階的に環境管理会計の導入範囲を拡大していくことができる。

③ 隠れた環境コストを認識するためには，事業活動における重要な環境影響を識別することがまず必要である。

④ 環境管理会計は環境パフォーマンスを明らかにする有用なツールである。廃棄物・エネルギー・包装等の重要な環境影響に関するコストと収入のデータを得たことで，コーマックは最も大きな環境負荷を最少化するためのコスト効率的な方法を見いだすことができた。

⑤ 最も優先順位の高い事業単位やプロセス，製品を定め，そこにターゲットを絞ることが重要である。そのターゲットが，当該企業が扱う代表的な製品であるならば，効果も大きいであろう。

⑥ 事業単位における環境コストを把握して別勘定で管理することで，資本投資意思決定をはじめ各種意思決定に用いることができる。そして，経営者は環境効率的でかつコスト削減につながる数々の戦略を立てることができる。

⑦ 可能ならば環境コスト会計を既存の管理会計や情報収集システムに組み込むことが重要である。

3.4 GHミシェル＆サンズのケーススタディ

GHミシェル＆サンズ（GH Michell & Sons Pty Ltd）は，オーストラリアで最大の羊毛・皮加工会社であり，その製品はオーストラリア国内や海外で販売されている。会社はアデレードにあり，従業員は約800人である。このケーススタディは，RMIT（旧ロイヤルメルボルン工科大学）のクレイグ・ディーガン（Craig

Deegan) 教授と共同で実施されたものである。環境管理会計の導入は，南オーストラリア州・ソールズベリーにある工場での羊毛化炭工程の一工程を対象に実施された。なおこのケーススタディも，コーマックのケースと同様，マテリアルフローコスト会計に近いものである。

対象となった羊毛化炭工程は，高級ウールとしては使えない低品質のウールを加工する工程であり，高級ウールを扱う工程よりも複雑である。低品質ウールには汚れや植物などが付着しており，これを取り除くために，化炭工程に様々なインプット（水，洗剤，酸，重炭酸ナトリウム，過酸化水素，エネルギー，労働力，機械の利用）が必要となる。化炭工程で羊毛は様々な機械装置を通って処理され，最終的に混合ウール製品として包装される。

ウールの処理に伴い，化炭工程では様々な副産物が発生し，以前はそれらを廃棄物として処分していたが，現在では再利用されている。また，化炭工程では大量の沈殿物も発生し，以前は埋め立て処理されていたが，現在では外部の業者にトンあたり15豪ドルを支払い，コンポストされるようになった。化炭工程で生じるウールの切れ端は，一部は再利用し，残りは回収して下級品として販売している。この工程では，羊毛の脱脂のために大量の水を使用しており，回収された油脂は販売されている。このケーススタディでは，時間とコストの制約をふまえ，環境影響が大きく，かつ，コスト削減の可能性がある4つの環境コスト（電気，水，洗剤使用，輸送）に対象を絞ることとした。

化炭工程では，コストの配賦が投入予定量の体積または重量に基づいて行われ，また，全ての羊毛油脂に同額のコストが賦課されていた。この見積コストデータは製品価格決定にも用いられていた。予定量と実際の差異は，定期的に製造コストに振り替えられていた。このしくみでは，特定の種類のウールが他に比べて多くのエネルギーや水や洗剤を使っている場合であってもそれが認識されず，また，環境負荷の高いウールの環境コストを，環境負荷の低いウールが負担する結果となっていた。そこで，工程における投入原材料・エネルギー等の流れを把握した上で，ウールの種類毎に実際のエネルギー・水・洗剤の使用量を算定し，そのコストを配賦するようにした。輸送コストについては，投

入量による配賦をやめ，産出量に基づく配賦とした。

　これらの変更の結果，各製品の利益率が変わり，経営上の意思決定にも影響を与えた。この他に，高品質ウールからの羊毛油脂回収作業のコスト効果が非常に高いことが明らかとなり，このことは当初は予想していないことであった。

　GH ミシェル＆サンズのケーススタディから得られた教訓は次のようなものであった（Craig Deegan, 2002）。

① 会計システムは必ずしも実際の使用量や資源の流れを反映しておらず，会計システムを単純化するために様々な仮定が用いられていることで，一部の製品が多くの資源やコストを消費している事実が把握できない。
② 会計システムと原材料の物量フローとの比較は，会計情報を扱う従業員と物量情報を扱う従業員との間で議論してはじめて意味をもつ。会計情報を扱う従業員と物量情報を扱う従業員は，通常，組織内の別々の場所におり，あまりコミュニケーションがない。
③ 企業は既に，会計システムの変更に必要な情報を持っている可能性があり，このケーススタディで行ったような変更を実施するのに必ずしも多額の投資やコストが必要になるわけではない。

3.5　メソヂスト女学校のケーススタディ

　メソヂスト女学校（Methodist Ladies College）は，パースに位置し，7ヘクタールの面積を有する初等・中等教育機関である。学生（幼稚園から12歳まで）数は約1,000人，教職員数は240人である。このケーススタディは，コンサルティング機関のBDOと共同で実施されたものである。メソヂスト女学校の主たる環境影響は，エネルギーの使用，紙の使用，水の使用，廃棄物管理などサービス業に典型的なものであり，それらを管理会計システムにどのように取り入れるかが目的であった。

　メソヂスト女学校では，まず環境コストを洗い出し，一般管理費勘定に含められていた費目（照明・電気代，コピー代，水道料金，廃棄物費用）を，18の責任センターに，活動内容に応じて配賦した。その結果，この環境コストデータを用い

て下記の事項の検討を行うことができた。
- コピー：コピー印刷にかかる電気代・用紙・リース料・人件費等の検討。
- ニュースレター：学生の家庭に郵送されるニュースレターの用紙・封筒・印刷費等の検討。
- プリントアウト：学生のプリントアウト用紙・印刷費等の検討。
- 水使用：各場所での水使用量や使用状況とコストの把握。
- 廃棄物管理：これまで行われていなかった廃棄物コストの配賦。
- 冷暖房：冷暖房設備の耐用年数終了時までのコストを把握し，投資意思決定目的に利用。
- 教室：教室新設にあたり，建築費の他にエネルギー・清掃・維持にかかる追加的コストも把握。
- 水泳プール：現状では学校協会の要求規準を満たしていないプールを改築するか，既存のプールを処分して地域のプールを利用するかについてのコスト・ベネフィット分析。

メソヂスト女学校のケーススタディから得られた教訓は次のようなものであった（BDO, 2002）。

① 他のケーススタディと同様に，環境に関連するコストが間接費勘定に紛れてしまっているために，環境コスト削減の機会が失われている。環境コストをコントロールするためには，まず間接費勘定の内容を見直し，各プロセスやコストセンターに配賦することが重要である。

② 運用費用やエネルギーコストを考慮しない資本投資意思決定は，誤った意思決定を導く可能性がある。当初の投資額を抑えたことで，後になって多額の環境コストが必要になることもある。

③ このケーススタディでは，水やエネルギー等のコストの合理的な配賦規準を見いだすことから始めたが，このような情報が外部（例えば水の使用量については水道供給会社）から得られる場合には，もっと簡単に環境管理会計を導入することができるであろう。

3.6 ケーススタディ・プロジェクトの総括

以上で取り上げた4つのケーススタディで分析対象としたコストは図表6のとおりである。

図表6　環境管理会計のケーススタディで分析対象とした環境コスト

分析対象 組　　織	エネルギー	水	紙	原材料	包　装	輸　送	廃棄物
AMP	○	○	○				○
Cormack Manufacturing	○			○	○		○
GH Michell & Sons	○	○		○		○	
Methodist Ladies College	○	○	○				○

(出典：Institute of Chartered Accountants Australia, 2003, p. 20)

図表6が示すように，このケーススタディで対象としているのは，US EPA (1995) の分類による伝統的コストと隠れたコストのみであり，偶発的コストや社会的コストなどは対象としていない。また，すべてのケースで分析対象とされたのはエネルギーコストのみであり，その他のコストについては間接費勘定に紛れてしまっているケースもみられた。

業種・規模共に異なる4つの組織を対象に実施したケーススタディの結果，環境管理会計の実施にあたっては組織によって異なるアプローチが必要であり，また，いずれの組織でも効果が得られたがその内容は様々であることが明らかとなった。ただし，既存のシステムにどのような限界があるか，また，どのような改善が必要か，についてはすべてのケースに多くの共通点がみられた。その内容は次のようなものである (Institute of Chartered Accountants Australia, 2003, pp. 23-24)。

- エネルギーや水の利用，その他の資源消費に関連して生じる環境コストは，既存の会計システムでは間接費勘定に紛れてしまっていることが多く，結果として，製品や工程へのコスト配賦が実際の資源消費を反映しておらず歪められている。たとえば，GHミシェル＆サンズの化炭工程では，羊毛の全種類に同額の工程コストが配賦されていたが，調査した結果，特定の

種類の羊毛の環境負荷が多く，その工程でより多くの資源を消費していることがわかった。しかし，これまでのコスト配賦方法では，環境負荷の少ない羊毛が，環境負荷の多い羊毛の分もコストを負担していたことになる。
- 廃棄物コストは，通常，廃棄物を処分するためにかかったコストとして理解されており，資源の原材料費が廃棄物コストに含められていない。また，AMPのケースでは，廃棄物コストがAMPに支払われた賃貸料の中に含められていたため，廃棄物コストを管理することが困難であった。メソヂスト女学校のケースでは，廃棄物コストが一般管理費の中に含められていた。
- 資本予算の意思決定にあたって，電気代や原材料費といった環境コストが適切に配賦されていない。コーマックでは，予想される将来の環境コストの見積もりが，新規投資などの意思決定に影響を与えることがわかった。メソヂスト女学校では，空調設備の資本投資の際に，将来のエネルギーコストなどが意思決定に影響を与えた。
- 環境コストを考慮することで，代替可能な機械を利用している製造工程の意思決定を改善することができる。コーマックでは，環境コストを認識するようになって，工程の変更が行われた。メソヂスト女学校では，書類を配布するか電子メールで送信するかの決定が，資源コストを考慮しない不適切な意思決定によってなされていた。

これらのケーススタディ全体を通して得られた教訓は次のようなものであった (Institute of Chartered Accountants Australia, 2003, pp. 4-5, 24-25.)。

① **環境コストの明確化**　環境管理会計において，環境コストをどのように定義し，どの範囲の環境コストを扱うのかを明確にしておく必要がある。環境コストを決定するためには，まず組織が環境にどのような影響を与えているか，そして，どの環境コストが最も重要かについて検討しなければならない。環境管理会計は，初期段階では範囲を限定して適用し，徐々に適用範囲を拡大していく方が成功しやすい。

② **間接費勘定の問題**　間接費勘定の存在が，環境コストを監視・統制するた

めの大きな障害となっている。環境負荷の少ない環境効率的な製品や工程にも，間接費勘定を用いて配賦する方法には問題がある。環境コストの適切な勘定が存在しないために，財務・環境パフォーマンスを改善する多くの機会が見過ごされてしまっている。

③ **廃棄物コストの適切な把握**　組織内で，廃棄物コストが適切に認識・測定されておらず，このことが会計システムの大きな限界となっている。間接費勘定の使い方や廃棄物コストの計算・表示方法を変更することによって，戦略の伝達や意思決定の支援，財務上の節約効果を生むことが明らかになった。

④ **環境管理会計システムの構築**　環境管理会計の導入にあたっては，環境コストの認識を可能にするために，まずは既存の管理会計システムを手直しすることから始めるべきである。そして，可能ならば既存の管理会計システムのデータ収集プロセスと統合させるべきである。環境影響や関連するコストの算定の方法にもよるが，既存の会計システムにほとんど投資をしなくとも，わずかな変更を加えることによって大幅な改善を得ることができた。たとえば，電気代や水道代に，消費した電気や水資源の物量情報を追加するというように，会計システムに非財務情報を追加することで，資源消費の監視に役立てることができる。

⑤ **製品への配賦方法の見直し**　環境コスト（エネルギーの利用，水消費，原材料消費，廃棄物にかかるコスト）の製品への配賦方法が，実際の資源の消費やフローを反映していないことが多い。環境影響をもたらしている資源についての原材料ベースの情報を認識することが重要である。このような情報は資本投資意思決定にも役立つ。財務上の観点からも，環境コストを無視した投資は長期的にはコスト高となる。

⑥ **活動基準原価計算（ABC）の活用**　すべてのケースにおいて，既存の会計システムを用いて環境コストを認識し，そのコストを製品や工程に対して，実際の資源の利用を反映した配分を行うためには，活動基準原価計算（ABC）が役立った。

⑦ **管理職の支援と従業員教育**　管理職の支援を得ることと，環境管理会計に携わる全ての従業員が情報を共有することが不可欠である。環境配慮の重要性と

その効果についての従業員教育も重要である。

⑧ **環境管理会計チームの結成**　チームで環境管理会計システムの構築と運用にあたることが重要である。このチームには，会計の知識や既存の会計システムに精通している者，環境に関する知識を持ち企業がどのような環境影響を与えているかについて詳しい者，事業活動においてどのような資源が利用されているかについて理解している者が加わるべきである。

⑨ **外部委託サービスの環境負荷の把握**　AMPの外部委託サービス（清掃，ごみ処理，電力提供）ように，管理情報の外部におかれている情報も存在する。外部委託している場合はその活動の環境負荷を低減させる機会を見逃しがちであるが，受託企業は課金内容や環境負荷の詳細を把握し，発注企業とともに環境負荷と料金の両方を低減させるような努力をすべきである。

これらのケーススタディについては，対象が組織内に限定されておりライフサイクルの観点からの分析がなされていないこと，扱ったデータは過去のものであり将来志向ではないこと，環境パフォーマンス指標の発展に寄与するような何らかのフレームワークを提供するものではないこと，といった課題も抱えており，今後のさらなる展開が期待される（Institute of Chartered Accountants Australia, 2003, pp.20-21.）。

4　環境管理会計のプロジェクト―地方自治体編―

4.1　地方自治体における環境管理会計プロジェクトの概要

オーストラリアでは，上述した環境管理会計のプロジェクトの他に，地方自治体に環境管理会計を導入するプロジェクトが2001年に実施されている。このプロジェクトは，地方自治体の環境パフォーマンスと財務パフォーマンスを改善するために，オーストラリア環境省の資金援助のもと実施されたものである。このプロジェクトの目的は次の4つであった。
- 6つのオーストラリアの地方政府，レイクマクアリー（Lake Macquarie），ユーロボダラ・シャイア（Eurobodalla Shire），キアマ自治区（Kiama Municipal），

ホーンスビ・シャイア（Hornsby Shire），ゴールドコースト市（Gold Coast City），サーフコースト・シャイア（Surf Coast Shire）が環境管理会計をどのような文脈・方法で用い，その結果がどうであったかについてのモデルケースを示すこと。
- ニューサウスウェールズ州のユーロボダラ・シャイア議会（Eurobodalla Shire Council）において環境管理会計がどのように「良い政府，よりよい生活」に貢献できるかを示すこと。なお，ユーロボダラ・シャイア議会では，環境保護サービスに関する運営費用と収益，その正味コストも算定された。
- ビクトリア州のサーフコースト・シャイア議会（Surf Coast Shire Council）において環境管理会計がどのように「快適な場所」に貢献できるかを示すこと。
- オーストラリアの地方自治体における経験から，地方自治体における環境管理会計の可能性を探ること。

上記の4つそれぞれについて，プロジェクトの成果をまとめた報告書（Green Measures, 2001a, Green Measures, 2001b, Green Measures, 2001c, Green Measures, 2001d）が公表されている。これらの内容は，環境コストの把握と意思決定への活用に主眼が置かれたものとなっている。

なお，このプロジェクトに先立って，1999年から2000年にかけて，オーストラリア統計局（ABS）によって，オーストラリアの12の地方政府において，国連の「環境保護活動分類」を利用して環境コストを集計する取り組みが行われた。この取り組みは，国家地方政府局の資金援助とオーストラリア統計局の環境エネルギー統計部の協力のもとキャンベラ大学によって実施されたものである。

環境管理会計のプロジェクトでも，自治体はオーストラリア統計局のプロジェクトによって得られたデータを活用しており，環境コストの把握に関する部分については重複する部分も多い。オーストラリア統計局の取り組みや自治体における環境コスト算定（環境費用・環境収益等の把握）の詳細については第12章で述べられているため，以下では，環境コスト情報の意思決定への活用状況

とプロジェクトによって得られた教訓のみ取り上げることとする。

4.2 環境管理会計の活用状況と教訓

このプロジェクトに参加した6つの地方自治体において，把握された環境コスト情報がどの程度意思決定に利用されているかのレベルは図表7のとおりであった。地方自治体間でその達成レベルにかなりの差があることがわかる。

図表7　6つの自治体における環境管理会計の達成レベル

環境コスト情報の意思決定への活用レベル	環境管理会計の達成レベル
1　個人の知識習得レベル	キアマ自治区では，環境サービスの管理者が環境管理会計に関心を持っているが，具体的なプロジェクトとの関連はまだない。
2　作業グループメンバー間の情報交換レベル	ゴールドコースト市では，上級環境科学者が，環境管理会計作業グループのメンバーとかかわっているが，その権限は限定されている。
3　作業グループ間で情報交換し，日常業務の能力向上や改善のために環境コスト情報を活用する	レイクマクアリーとホーンスビ・シャイアでは，作業グループが環境保護活動分類に基づいた見積りを行っているが，組織の意思決定や計画・統制機能には影響を与えていない。
4　上級管理者の支援のもと，作業グループとの情報交換を行う	ゴールドコースト市，ホーンスビ・シャイア，レイクマクアリーでは，上級管理職の理解が深いが，環境コスト情報を組織内で活用するには至っていない。
5　組織の使命を達成するために組織全体の環境情報を活用する	ユーロボダラ・シャイアで実施されている。サーフコースト・シャイアでもある程度実施されている。

(出典：Green Measures, 2001a, p.21)

また，オーストラリアの地方自治体における環境管理会計の導入プロジェクトを通じて得られた教訓は次のようなものであった。

① **環境コストの収集にかかる追加的コストは比較的少額**　環境コストの収集にかかる追加的コストは比較的少額であり，環境管理会計の導入にはコストがかかるという指摘はあたらない。環境コスト情報を把握するためには，既存の会計システムに少し変更を加えるだけでよく，ソフトウェアや会計人員の大幅な変更は必ずしも必要ない。ただし，その変更時期に合わせて環境会計を導入できれば，より効率的に導入することができる。

② **意思決定に活用するにはある程度のコストが必要**　より多くのコストが必要になるのは，環境コスト情報の活用や意思決定者への報告，環境管理会計を活

用するための組織内の技術習得である。
③ **外部公表には追加的コストが必要**　環境コスト情報を外部に公表するには，環境管理会計に追加的コストが生じうる。情報が外部公表目的の場合は，その情報の環境パフォーマンス改善への利用は限定される可能性がある。
④ **トップの関与と情報コミュニケーションが重要**　トップの関与があり，情報コミュニケーションの壁がない場合には，環境管理会計が効率的に適用でき，より効果を発揮する。
⑤ **地方政府として外部環境コストを扱うことが可能**　地方政府は環境保全サービスの提供者であるため，環境管理会計を適用することによって，管轄内の企業・家計・政府によって外部化される環境コストをより適切に扱うことができる。
⑥ **自治体の環境管理会計導入プロジェクトで得られた効果は，企業のケースと比べると限定的**　環境管理会計の導入によって得られた効果は，企業が得る効果に比べると，より規範的で初歩的なものであった。企業では，環境管理会計の導入・展開によって，より大きな効果を得ることができるであろう。

これらのことから，各自治体の達成レベルや得られた教訓の内容とも，これまでの他国における環境管理会計の研究成果の域を出るものとは言えないが，地方自治体における環境管理会計のまとまった取り組み事例として注目に値するものといえる。

5　おわりに

以上，オーストラリアにおける環境管理会計の状況をみてきたが，オーストラリア環境・遺産省が支援してきた企業や自治体における環境管理会計導入のプロジェクトは，いずれも，他国の経験や技術を「輸入」して，オーストラリアの企業や地方自治体にいかに取り入れるかを模索している段階であるといえる。

オーストラリア全体では，本章で取り上げてきたような一部の取り組みを除けば，外国資本の多国籍企業の取り組みに牽引されるかたちで徐々に環境報告

や環境会計が広まりつつあるものの,導入割合は未だ低水準にとどまっている。このことは,環境会計や環境報告の必要性がオーストラリアの多くの企業ではまだ十分には認識されておらず,オーストラリア企業は,環境会計や環境報告を実施することによって得られる潜在的な経営上のベネフィットを認識していないか,または,過小評価していると考えられる(Environment Australia, 2003, p. 7; Department of the Environment and Heritage, 2004b, p. 23)。今後のオーストラリアにおける環境会計・環境報告のさらなる普及に向けて,政府・専門家団体等の一層のイニシアティブが期待されるところである。

参 考 文 献

BDO (2002) *Environmental Management Accounting Case Study-Methodist Ladies College*, Perth, BDO.
Centre for Australian Ethical Research and Deni Greens Consulting Services (2003) *The State of Public Environmental Reporting in Corporate Australia*, Environment Australia.
Craig Deegan (2002) *Environmental Management Accounting Project-Case Study Project : GH Michell & Sons.*
Department of the Environment and Heritage (2004a) *Corporate Environmental Accounting* accessed at http://www.deh.gov.au/industry/corporate/accounting/index.html
Department of the Environment and Heritage (2004b) *The State of Sustainability Reporting in Australia 2004*, Department of the Environment and Heritage.
Environment Australia (2000) *Public Environmental Reporting-An Australian Approach*, Environment Australia.
Environment Australia (2003) *Triple Bottom Line Reporting in Australia-A Guide to Reporting against Environmental Indicators*, Environment Australia.
Environment Australia and Electricity Supply Association of Australia (2002) *Environmental Management Accounting in the Australian Electricity Industry -Issues Paper-*, Environment Australia.
Green Measures (2001a) *Showcasing Environmental Management Accounting in Local Government : Contexts, Methods and Summary Results*, Green Measures.
Green Measures (2001b) *How Environmental Management Accounting Supports the 'Good Government, Better Living' Vision of the Eurobodalla Shire Council, New South Wales*, Green Measures.
Green Measures (2001c) *How Environmental Management Accounting Supports the 'Place of Well-Being' Vision of the Surf Coast Shire Council, Victoria*, Green Measures.
Green Measures (2001d) *Looking for Opportunities in Environmental Management Accounting : Experiences among Four Australian local governments*, Green Measures.
Institute of Chartered Accountants Australia (2003) *Environmental Management Accounting : An*

Introduction and Case Studies for Australia, Institute of Chartered Accountants Australia.
KPMG (2002) *Environmental Management Accounting : A Case Study for AMP*, KPMG.
KPMG Global Sustainability Services (2002) *KPMG International of Corporate Sustainability Reporting 2002*, KPMG.
National Environment Roundtable, 22 June 2004 at Sydney, Australia.
PricewaterhouseCoopers (2002) *Cormack Manufacturing Pty Limited-Environmental Management Accounting Case Study*, PricewaterhouseCoopers.
US EPA (1995) *An Introduction to Environmental Accounting as a Business Management Tool : Key Concept and Terms*, US EPA.（日本公認会計士協会経営研究調査会環境監査研究部会仮訳『経営管理手法としての環境会計入門：基本概念及び用語』日本公認会計士協会，1997年。）
阪智香（2004）「オーストラリアにおける環境会計・環境報告の現状」『商学論究』第52巻第1号, pp. 121-138.

（阪　　智香）

第10章

日本における内部環境会計の展開

1 はじめに

　わが国の環境会計は，いま転換期にさしかかっている。環境省が2000年5月，環境会計のガイドラインを公表して一挙に企業の取組み気運が高まったものの，企業イメージの向上を目的とした外部報告が先行し，経営意思決定への活用は遅々として進んでいないのが現状である。

　環境会計システムには，本来，外部機能と内部機能がある。前者は，企業や自治体の環境保全に対する取組みの費用対効果の公表を意味し，後者は環境コストの管理や環境関連投資の決定に必要な情報の提供を通じて環境配慮型経営を支援する。近年の欧米の動向を見ると，どちらかというと内部機能にフォーカスをおく議論が目立つ。というのも，環境報告は企業内部で推進される環境保全活動の結果を示すものであるから，まずは当該活動そのものを効果的に管理するための情報システムの整備が優先されるのは自然の流れであろう。また，公表される環境会計情報は，いうまでもなく内部機能を任務とする環境管理会計システムと有機的にリンクしていなければならないはずである。しかしながら，わが国では，環境報告書を公表しながらも環境管理会計システムは未整備という企業も相当数にのぼる。

　その背景としては，わが国の場合，具体的な方法論はいうにおよばず，環境管理会計に関する議論それ自体が十分ではなかったことが指摘できるであろう。幸い，近年では環境管理会計の内実に迫る具体的な議論が徐々に活発化す

る勢いを見せつつある。本章では，これを象徴する試みである経済産業省委託「環境ビジネス発展促進等調査研究」委員会[1]（以下，たんに委員会と記す）における議論をもとに，わが国の環境管理会計の現状と課題を明らかにしていくことにする。

2 環境配慮型設備投資決定

2.1 環境配慮型設備投資決定の視界

前述の委員会の目的は，内部環境会計，すなわち経営意思決定に役立つ個別具体的な環境会計手法を開発し，その効果的な活用のあり方を展望することにあった。検討された問題領域は多岐に渡り，それらは(1)環境配慮型設備投資決定，(2)環境配慮型原価管理，(3)マテリアルフローコスト会計などであるが，(2)はさらに環境配慮型原価企画と環境予算マトリックスという2つの課題を抱えていた。以下では，これらを順次紹介していくことにする。

まず，環境配慮型設備投資決定は，設備投資計画の立案ならびに資本予算の設定に環境配慮思考とその具体的な実践手段をいかに組み込んでいくかを問題としている。もちろん，これまでも先進的な企業を中心に設備投資決定時に一定の環境配慮はなされてきた。しかしながら，これらの設備投資計画は事業所または工場で起案するケースが一般的で，エンド・オブ・パイプ型の投資に帰結することが多かった。このエンド・オブ・パイプとは，廃棄物が出ていくところをコントロールしようというものであるが，いうまでもなく，環境負荷を劇的に減らそうと思えば，それらを生産ラインの末端ではなく，製造プロセスや加工プロセス，さらには製品設計といった源流段階でコントロールする方がより効率的である。そのためには，たとえば環境負荷に大きな影響を与えない投入物を使うといったイン・プロセス型の設備投資計画を立案する必要がある。環境配慮型設備投資決定が目指すのは，まさにその点にある。

とはいえ，現実問題を考えると，多くの障害が浮かんでくる。第一に，事業所や工場レベルでは，環境投資を入念に評価できる体制が整っていないという

問題が指摘できる。実際，環境技術者はいても，経済的評価ができる専門家は少ないのが現状である。第二に，環境配慮型設備投資決定といっても，純粋に環境負荷の低減のみを目的とする投資案件はそう多くは存在せず，その大半は複合的な目的を有している。そのため，環境関連の設備投資と他の目的の設備投資とを分離することは困難といわざるをえない。なお，以下では，環境負荷物質の制御を主目的とする投資決定を問題とするが，ここには環境負荷の排出量に大きな影響を与える設備に関する投資も含んでいる点に留意されたい。

2.2 環境配慮型設備投資決定における主な検討課題

さて，環境配慮型設備投資決定の基本的なプロセスを展望するなら，まずは多様な目的を体系的に整理しながら目標を設定し，当該目標に基づいて具体的な設備投資案を作成し，さらにそれらの費用対効果の評価を行い，最後に環境目標の達成度をチェックする必要があろう。

すなわち，環境配慮型設備決定にあたっては，経済性のみならず効果性という二面性を考慮した評価が不可欠となってくる。さらに，設備の選択にあたっては，これらにくわえて緊急性も考慮しなければならないケースもあろう。しかも，経済性や効果性の判定基準は，けっして単純ではないのである。

まず経済性の評価に際しては，投資コストの最小化，採算性，そして環境目標に対してヒトや情報などの経営資源をどのように配分するかという，3つのファクターを考慮する必要がある。基本的には，導入期には投資コストの最小化を優先し，推進期には採算性を重視し，さらに環境戦略の展開期には資源配分の最適化を図ることになろう。

つぎに，効果性に関しても，投資決定時に，さまざまな方向性を持つ複数の目標をバランスよく追求していく。そして，より少ない資源で高い環境負荷削減効果のある設備を選択するよう検討する必要がある。そのため，委員会では，こうした多用な基準を総合的に判断するための支援ツールを考案し，公表している。

この総合評価の仕組みは，環境目標と経済性との関係から，環境負荷の改善

のみならず経済的改善効果をも考慮する投資案件（Aタイプ）と，経済的改善効果を一切考慮しないで，環境負荷の低減のみを目的とする投資案件（Bタイプ）とに分かれる。そして，それぞれの性質にあわせて，個別評価の仕組みの適用順序を決める方法を提示している。ただし，いずれの場合も，評価の仕組み自体は，前述の経済性評価と効果性評価の2つのプロセスからなっている。と同時に，追加的な検討項目を付与しているとはいえ，投資決定そのものの枠組みは，従来の資本予算における意思決定と大きく異なるものではない。

3 環境予算マトリックス

3.1 環境予算マトリックスの意義

内部環境会計ないし環境管理会計の最大のテーマは，いわば環境配慮型の原価管理システムの構築であるといっても過言ではないであろう。その環境配慮型原価管理の目的は，経営資源の有効活用であり，その結果として，環境コストの低減を図ることにある。とはいえ，いかなるタイプのコストであれ，これを劇的に低減させるにはそれ相応の投資が必要となる。したがって，環境配慮型原価管理はじつは前述の環境配慮型投資決定と不可分の問題といえなくもない。その一方で，経常的な環境保全活動をいかに効果的・効率的に推進していくかを検討することも重要な課題である。

そこで，中長期的な展望のもとで検討が行われる投資決定問題を視野におきつつ，これと経常的な環境保全活動とをリンクさせた原価管理のあり方を探求することが必要である。そして，そのための強力なサポートツールとなると期待されるのが環境予算マトリックスである。

環境予算マトリックスとは，品質コストの管理ツールである品質コストマトリックスの枠組みを環境コストに適用しようというアプローチである。それは，たんに環境コストの低減のみをめざすものではない。企業が実施する環境関連的な投資プロジェクトや環境保全対策が環境負荷の低減に効果的に結びつくように，これをサポートする各種の情報を産出することに主たる目的がある。換

言すれば，環境保全計画の立案とこれに関連するコストの予算案をロジカルに検討するためのツールが，ほかならぬ環境予算マトリックスなのである。

環境予算マトリックスでは，企業が推進する環境保全活動に関連して発生が予測されるさまざまなコストの性格のちがいに着目し，これらを図表1のように分類する。

図表1　環境コストの基本分類

分　類	定　義　お　よ　び　事　例
環境保全コスト	環境問題の発生を予防し，将来の支出を減少させる目的で，事前に支出される費用。（環境マネジメントシステム運営費，公害対策費，環境関連投資プロジェクト，グリーンサプライやDfE関連の差額原価，リサイクル対策費，環境関連保険など。）
環境評価コスト	企業活動が環境に及ぼす影響をモニターしたり，環境に重大な影響を及ぼす製品が設計・開発・出荷されることのないよう点検，検査するための費用。（LCA/EIA関連費用，毒性試験，その他点検，検査費など。）
内部負担環境ロス	環境保全対策や検査等が不十分であるために，企業が被る損失。（廃棄部材費もしくはその評価額，廃棄物処理費，汚染処理費，製品の回収・再資源化費用，賠償コスト，光熱水道・包装等のコストについて科学的・合理的に見積もられた目標金額からの乖離額など。）
外部負担環境ロス	環境保全対策や検査等の不備により，地域社会や住民が被る損失。（CO_2，NO_x，フロン等の環境有害物質の放出などによる大気汚染，土壌汚染，水質汚濁など現時点で負担者が特定できない環境負荷を含む。）

前述のように，環境予算マトリックスはその基本的なアイデアや枠組みの多くの部分を品質コストマトリックスに負っている。そのため，環境コストの分類も，品質コストに準拠したものとなっている。一般に，品質コストは予防コストと評価コスト，さらに内部失敗コストおよび外部失敗コストの4つのタイプに分類される。このうち，予防コストと評価コストは品質管理や品質保証活動の実践にともなって不可避的に発生する。他方，内部失敗コストと外部失敗コストは，それらの活動が万全であれば回避されるという意味において，予防コストや評価コストとはまったく性格を異にしている。すなわち，予防コストと評価コストは文字通りコスト（原価）といえるが，失敗コストは，内部・外部にかかわらず品質管理ないし品質保証活動が不備であったために企業が被るロス（損失）である点に注目する必要がある。

品質コストマトリックスは，このコストとロスの性質の違いをその成立の基盤としているのだが，この点は環境予算マトリックスにおいても同様である。コストとは本来，ある経営目的を達成するために支出された経営資源を貨幣価値的に測定したものである。営利企業であれば，その基本的な目的は利益を獲得することにあるので，コストは利益を生むための犠牲といっていい。コストとロスはしばしば同じものと考えられがちだが，後者は全く利益に貢献することなく終わった無駄な支出であり，原価性をもたないそうしたものをコストと同一視すべきではない。

くわえて，ロスには別の側面もある。すなわち，ロスの減少は，他の条件が一定であれば同額の利益の増大をもたらす。ゆえに，ロスは利益の負の代理変数でもあるのだが，この関係性ゆえに，本来の意味での環境コスト（環境保全コストと評価コスト）と実質的には損失にあたる環境ロスとの間にはトレードオフの関係が成立する。環境予算マトリックスは，このトレードオフ関係に着目し，環境保全活動に投下される経営資源が環境ロスの低減，ひいては利益業績の改善および環境負荷の低減に効果的に結びつくように，企業が推進する環境保全計画の策定を支援するのである。

ところで，環境コストは，品質コストとほぼ同様な体系化が可能であるが，両者は，下記に示すように必ずしも同一には論じえない側面もある。たとえば，品質コストにあっては，内部失敗コストも，また外部失敗コストもともに，製造者側が負担するロスを意味する。したがって，その低減は企業の利益業績の改善をもたらすことになるが，環境コストにおける外部負担環境ロスの低減は直接には企業の利益に結びつくことはない。

そのせいであろうか，環境省のガイドラインにおいても，これらのロスについては環境コストから除外している。しかし，法規制等の強化を背景として，企業が推進する環境保全対策の多くが，社会的コストや環境負荷そのものの低減を目的としていることを想起するなら，当該部分を抜きにして，企業が推進する環境保全活動の成果を正しく評価することはできない。そのため，環境予算マトリックスでは，外部負担環境ロスを環境コストの主要な構成要素として

位置づけている。

　品質コストと環境コストの基本的な相違点はそれだけにとどまるものではない。品質コストの場合，失敗コストがどの段階（製品の出荷以前か以後か）で発生するかが原価管理上の重要な論点とされた。これは，市場での品質トラブルは，企業内部で品質不良や欠陥が発見された場合とは比較にならないほどの膨大な経済的損失を企業にもたらすからである。他方，環境コストは企業だけではこれを完全にコントロールできないし，その責任についても顧客や地域社会がともに負担すべきであろう。そのため，企業外部で問題が顕在化することをある程度許容したうえで，製品を生産したり企業活動を実施していかざるをえない。そこで，むしろどこまでの範囲で企業が責任を負うべきかが問われることになろう。

　さらに，外部負担環境ロスの多くは，その発生額を貨幣的なスケールをもちいて評価することが困難である。そのため，外部負担環境ロスに分類される環境負荷項目に限っては，必ずしも貨幣的スケールによる測定を必要としない。かわって，各環境負荷項目はそれぞれの固有の物量単位でその発生額が測定される。もちろん，貨幣的評価を否定するものではないが，後述するように，環境予算マトリックスにおける分析・評価に際しては，外部負担環境ロスの貨幣換算の困難性はなんら障害とはならないことを強調しておきたい。

3.2　環境予算マトリックスの構造とその作成ステップ

　図表2に示すように，環境予算マトリックスは，環境保全コスト（評価コストを含む）と内部負担および外部負担環境ロスとの因果関係をマトリックス形式で俯瞰できるように工夫されたワークシートである。

　環境保全コストおよび評価コストの細目はマトリックス上の「列」に展開されるが，環境会計ガイドブック（環境省）にしたがって，環境コストを分類・集計している企業にあっては，これを援用してもよいであろう。もちろん，独自の分類を行ってもかまわないが，その際には細目が環境保全活動の具体的な活動に対応していることが要件となる。他方，内部および外部負担環境ロスの細

図表2　環境予算マトリックスの基本構造

	ロスの現状値	環境保全コスト（＋環境評価コスト）			重要度	ロスの次期目標値	難易度	絶対ウェイト	ロスウェイト
内部負担環境ロス	×××例 ・・・	○ 2/6	◎ 3/6	△ 1/6	3	×××	4	12	6
外部負担環境ロス	・・・				・	・	・	・	・
環境予算ウェイト								200	100%
環境予算額									

（矢印：対応関係の評価）

目はマトリックス上の「行」に展開される。内部負担環境ロスの細目としては，まず環境省のガイドラインにおける環境損傷コストがあげられる。しかし，これ以外にもさまざまなタイプのロス項目を取り上げる必要がある。

　たとえば，環境関連の設備や活動に直接・間接にかかわっているかどうかにかかわらず，すべてのエネルギーコストを環境予算マトリックスでは内部負担環境ロスに計上する。これは，エネルギーコストを目的別に分離することが困難であることにくわえて，省エネ対策の効果を見るのに総額計上でなんら問題はないとの判断によるものである。また，深刻な環境問題を引き起こした場合に予想されるブランドおよび企業イメージの失墜についても，できるかぎりこれを評価し環境予算マトリックス上で評価すべきである。こうした機会損失を正確に把握することは困難というより不可能に近いのだが，じつはその正確な測定は環境予算マトリックスの主眼ではない。

　というのも，当該マトリックスは，環境保全コストのフィードフォワード管理を指向するものであり，内部・外部を問わず環境ロスの管理を直接視野におくものではないからである。かわって，これらの環境ロスは，環境保全対策を

入念に計画し実行することによってその低減が可能となることを前提としている。したがって、環境ロスそのものの正確な測定は重要な要件とはならないのである。反対に、測定が困難であるという理由でこれらが無視されてしまうと、環境対策にその低減が盛り込まれなくなってしまい、むしろそちらの方が問題であろう。

環境予算マトリックスの作成ステップは、およそ次のとおりである。
① 内部負担環境ロスおよび外部負担環境ロスの細目展開

内部負担環境ロスおよび外部負担環境ロスの各細目をマトリックス上の「行」に展開する。さらに、各ロス細目の現在の発生額ないし発生量も記入する。ただし、これを実施するには、両ロスについて体系的な分類と発生額ないし発生量が把握されていることが必要である。

② 各ロス細目の重要度の評価

ロスの各細目ごとに、現在の発生額ないし発生量をベースに重要度（発生額の深刻度や、諸般の事情から優先的にその削減に取り組むべき度合い）を5段階で評価する。この場合、単純に金額や発生量に応じてポイントをつけるのではなく、各細目ごとに他社の取組状況なども考慮してこれを決定することが望まれる。

③ 各細目別の目標値の設定と難易度の評価

つぎに、ロスの各細目ごとに次期の目標値を決定し、さらにこれを達成するための難易度を、ふたたび5段階で評価する。

④ 絶対ウェイトおよび環境ロスウェイトの決定

各細目ごとに、優先度と難易度を掛け合わせて、絶対ウェイトを計算する。そして、これをすべてのロスの細目について集計し、その合計数値に対する各ロス細目の絶対ウェイトの値を百分率に換算し直すことによって、環境ロスウェイトが計算できる。

⑤ 環境保全コストの細目展開

続いて、今度は環境保全コストおよび環境評価コストの細目をマトリックスの「例」に展開する。環境保全コストの各細目は、おおむね環境保全

対策の活動ごとに集計・把握されていると考えられるので，このプロセスは環境保全対策の活動ごとの展開とほぼ同義といってよいだろう。

これは環境評価コストについても同様であるが，実際には評価コストとして明確に分離して把握可能な活動ないし費目は少ない。また，環境保全コストと評価コストの区分はそれほど重要ではない。したがって，現実的な適用を考えると，評価コストは保全コストに含めて検討すればよいのではないだろうか。

⑥ 各セル別の対応関係の強度の評価とウェイトづけ

環境保全コストの細目を展開することによって，ワークシート上にマトリックス空間が出現する。そこで，行と列がクロスする各セルに対して，環境保全コストの各細目と環境ロスの細目との対応関係を識別し，その相関度（対応強度）を◎強い対応，○対応あり，△弱い対応というように評価して，セルに記入していく。すなわち，どの環境保全活動がどの環境ロスの削減にどこまで貢献するかを評価するわけである。

さらに，上記の対応強度について，たとえば◎は5点，○は3点，△は1点などとして数値化し，この比をもって各環境ロスの細目（行）ごとに，先に計算した環境ロスウェイトの値を各セルに比例配分する。

⑦ 活動ウェイトの計算

対応関係が識別されたすべてのセルがウェイトづけされたら，今度はセルの値を環境保全コストの細目（列）ごとにすべて合計する。これにより，活動ウェイトが決定する。

⑧ 環境予算の編成

環境予算マトリックスは，各期の予算執行単位ごとに作成するのが基本である。具体的には，各工場や事業所などのサイト別に作成されることになる。そこで，各サイトに割り当てられた，環境保全コストならびに評価コストの予算総額を，先に計算した環境コストウェイトの比によって環境保全コストならびに評価コストの各細目に比例配分する。これにより，環境保全ならびに評価活動を実行する場合の目安となる目標原価が確定する。

ただし，企業によっては，サイト単位でとくに予算を設定していない場合もあろう。そのようなケースでは，過年度の実績値にプラスアルファーして仮の予算額として利用することができる。そのほか，前年度の実績値をあてはめて評価・分析を行えば，過去の環境保全対策における人員配置などの経営資源の投入状況が適切であったかどうかを斟酌することもできるのである。

かくして，環境予算マトリックスは，内部負担環境ロスと外部負担環境ロスを明確に区分し，効果的な環境対策の計画立案と予算化を容易にする。この場合，内部負担環境ロスの削減は利益増に直結するため，コスト・ベネフィットを意識した対策の立案が可能となる。他方，外部負担環境ロスについては，企業がみずからの負担能力に応じて対策費の予算額を決め，当該制約のなかで最大の効果を発揮するように対策を検討していくようガイドするのである。

現在，環境予算マトリックスはわが国の数社でテストランが実行されているが，図表3は，いち早く全社的に採用を決めた東洋製罐(株)のマトリックスの事例である。なお，事例では環境評価コストと環境保全コストは区別せずに一本化している。

また，この環境予算マトリックスには，予算と実績を比較する欄も設けられている。これにより，当該マトリックスは予算執行後も両者の差の検証ならびに差異原因を明らかにするデータベースとしても活用できる。

このように，環境予算マトリックスはさまざまな用途に応用が可能であり，潜在的には外部環境会計のデータベースとしての活用も考えられる。しかし，なんといっても，環境保全計画の立案ならびに予算管理においてその効果が最大限に発揮されることになろう。環境予算マトリックスでは，年々の利益計画を基礎に環境保全活動に対してあらかじめ予算が付与されているものと仮定している。ただし，予算額の設定は，この分析にとって必要な条件ではない。仮に，予算が設定されていない場合には，前述のように過去の実際発生額をもとに目標額を決めるか，当該発生額をそのまま配分の基礎として利用してもよいからである。

図表3　東洋製罐(株)の環境予算マトリックス

費用細目		細目・活動	99年	00年	効果	環境保全コスト 公害防止コスト 大気汚染防止	水質汚濁防止	騒音防止	土壌汚染防止	振動防止	その他の公害防止	地球環境保全 温暖化防止・省エ	オゾン層保護	その他	資源循環コスト 効率的資源利用	節水・雨水利用	産業廃棄物減量化・リサイクル
内部負担環境ロス（金額換算）	環境損傷コスト	土壌汚染，自然破壊等の修復コスト	0	0	0												
		環境保全に関わる和解金，補償金，罰金，訴訟費用	0	0	0												
	非効率コスト（操業度差異修正後）	廃棄部材費発生額（社内評価額）	4,000	3,000	1,000										◎		
		廃棄部材費売却額	▲100	▲100	0												
		直接材料使用金額	250,000	240,000	10,000										◎		
		用水使用料	400	400	0											◎	
		エネルギー費	14,000	15,000	▲1,000							◎					
		製品の回収・再資源化費用	380	612	▲232										◎		
		包装材等購入金額	5,000	5,100	▲100										◎		
		ブランド及び企業イメージの失墜（機会損失社内評価額）			0							△		△			△
外部負担環境ロス（金額換算）	公害原因因子	大気汚染物質排出量ないし濃度（NOx等）	181	180	1	◎						○	○				
		水質汚濁物質排出量ないし濃度	151	135	16		◎										
		土壌汚染，自然破壊等の発生（件数）	0	0	0				◎								
		騒音レベル	72	72	0			◎									
		振動レベル	71	70	1					◎							
		化学物質排出量	4,446	4,315	131	◎	◎						×				
		その他の公害因子の排出量ないし濃度	0	0	0												
	温暖化原因物質排出量（CO₂換算）		546,300	590,000	▲43,700	×						◎		△			
	特定フロン等使用量		–	–	–												
	産業・一般廃棄物排出量		31,174	30,373	801										○		◎
		環境予算ウエイト④				5.1	6.6	2.1	0.4	2.4	0.0	6.7	1.6	4.1	9.8	1.6	1.6

	大気汚染防止	水質汚濁防止	騒音防止	土壌汚染防止	振動防止	その他の公害防止	温暖化防止・省エ	オゾン層保護	その他	効率的資源利用	節水・雨水利用	産業廃棄物減量化・リサイクル
2002年設備投資予算編成額												
2002年保全コスト予算編成額												
2002年重み付け後予算案(投資＋費用)	257	331	105	20.4	123	0	335	78.5	205	488	78.7	77.5
2000年度投資額実績	287	11	27	0	8	0	0	0	368	0	0	50
2000年度保全コスト実績	481	321	4	1	4	122	0	0	799	393	0	357
2000年環境保全に係る投下資本実績合計	768	332	31	1	12	122	0	0	1,167	393	0	407

(注)　① 絶対ウエイト：環境ロスの各細目の重要度×難易度
　　② 環境ロスウエイト：すべての環境ロスの細目について計算した＊1を縦に合計した値を100として，細目ごとに＊1の百分比を計算する。
　　③ 環境予算ウエイトの各細目(対策・活動)と環境ロスの細目との相関を◎○△で評価後，5，3，1などで点数化し，この点数比で＊2を各セルに配分する。
　　④ 環境予算ウエイト：環境保全コストの細目(対策・活動)ごとに＊3を縦に合計する。
　　⑤ 環境ロスと目標値に使用した数値は実際の値ではない。今後，実績値を収集し当社エコレポートに掲載していきたい。

(出典：経済産業省（2002）p. 44)

資源循環コスト				環境保全コスト						研究開発コスト		社会活動					優先度	02年目標値	難易度	絶対ウエイト①	環境ロスウエイト%②
事業系廃棄物減量化・リサイクル	廃棄物の処理・処分のためのコスト	その他の資源循環のためのコスト	グリーン購入と通常購入との差額コスト	生産・販売製品等のリサイクル等	環境保全対応製品・サービスの提供	容器包装の低環境負荷のための追加コスト	社員への環境教育等	環境管理システムの構築・運用等	管理活動コスト測定・監視	環境負荷の研究開発	製造段階での環境負荷低減	物流・販売段階での環境負荷低減	自然保護、緑化等	地域住民の環境活動に対する支援等	環境保全推進団体への寄付、支援	環境情報の公表、環境広告					
																				0	0.0
																				0	0.0
	○								◎	○							5	2,800	5	25	10.2
									◎	○							5	200,000	5	25	10.2
							△	△									3	300	3	9	3.7
							△	△	○	○							5	14,000	5	25	10.2
					◎				○								3	1,300	3	9	3.7
						◎											1	5,000	1	1	0.4
△		△		○	○				◎		○	○	○	◎			1		1	1	0.4
							△	○	○	△							5	150	5	25	10.2
							△										5	130	5	25	10.2
																	1		1	1	0.4
							△		○	△							4	70	3	12	4.9
							△		○								4	60	3	12	4.9
									◎	○							5	4,200	5	25	10.2
																				0	0.0
		△							◎	○							5	550,000	5	25	10.2
																				0	0.0
◎	○			○				◎	○								5	30,000	5	25	10.2
1.6	3.1	0.0	1.0	3.2	0.0	0.2	2.7	1.2	5.1	20.3	15.8	3.5	0.0	0.0	0.1	0.1	絶対ウエイト計			245	100%
																		1,000 百万円			
																		4,000 百万円			
77.5	153.1	0	52	161.2	2	12.2	136.8	60.3	255.4	1,017	790.6	176.3	2	2	2.9	2	合計	5,000 百万円			
0	0	0	0	0	0	0	0	0	0	0	0	0	0	0	0	0		751 百万円			
10	406	129	0	0	0	0	0	7	128	1,019	20	0	7	0	55	3		4,266 百万円			
10	406	129	0	0	0	0	0	7	128	1,019	20	0	7	0	55	3		5,017 百万円			

4 マテリアルフローコスト会計

4.1 伝統的な原価計算システムの問題点

　原価管理の目的は，経営資源の効果的・効率的な消費をサポートすることであり，その成果を企業の利益業績の向上に結びつけることにある。環境配慮型原価管理においても，それは基本的には変わるものではないが，成果の点ではさらに環境負荷の低減をつうじて，社会的な利益の増大にも結びつくことが絶対的な要件となる。企業利益の増大と環境負荷の低減の同時的実現は，ときとして二律背反的な経営課題と考えられがちであるが，じつはこれを可能にする手立てはけっして少なくはないのである。ただ，従来の会計システムでは両者の関連を明確には描き出すことはできなかったにすぎない。

　この問題にひとつの光明をもたらすと期待されるアプローチが，マテリアルフローコスト会計である。それは，原材料やエネルギーなどが製造工程のどの段階でどれだけ消費され，また廃棄されているかを物量データと原価データの双方から追跡し，両者の有機的な統合を図ろうとする原価計算手続である。もともとは，ドイツのIMU経営環境研究所が提案したアプローチであるが，わが国でも日東電工(株)ほか数社が独自にこれを採用している。

　それでは，マテリアルフローコスト会計は従来の原価計算システムとはどこが異なるのであろうか。既往の原価計算では，廃棄物処理に関連して記録されるのはリサイクルコストや廃棄物処理費のみである。また，製造加工中に，蒸発，粉散，ガス化，煙化などによって消失する減損や，加工に失敗したり，規格標準に合致せずに処分される仕損も，それらが通常不可避的に発生するものである限り，良品の製造原価の一部を構成するものとみなされてきた。したがって，既往の原価計算システムは，廃棄部材のために消費された経営資源の価値を正確に反映するものではなかった。すなわち，原材料費はすべて製品原価に組み入れるため，廃棄物そのものの原価は把握されず，顧客の手に渡ることなく廃棄される部分にもコストがかかっていることが無視されてきたのであ

る。これでは，作業者やその他の従業員に対して廃棄部材の削減に向けた十分なアテンションをあたえることはできない。

ただし，そのことは必ずしも既往の原価計算システムの欠陥を意味するものではない。というのも，当該システムとマテリアルフローコスト会計とでは，原価算定の目的が異なるからである。すなわち，既往の原価計算は良品の生産のために消費された経営資源の価値を正しく算定し，どのようにこれを回収していくかということに主眼が置かれていた。他方，マテリアルフローコスト会計の目的は，廃棄物に代表されるムダを正確に把握することにある。それにより，廃棄部材を削減することがいかに企業の利益業績に貢献するかを明確に描き出そうというのである。というのも，廃棄物の量を削減すれば，環境負荷が減るだけでなく，製品化される材料も増え，その結果利益も増大すると考えられるからである。

なお，マテリアルフローコスト会計では，既往の原価計算とは異なるコストの測定ないし計算が行われるわけではない。用いられるコストデータは従来のものと同じである。その意味では，既往の原価計算データを基礎としながら，目的に応じてこれを加工し再構築して分析・検討を行う特殊原価調査の一環と位置づけることができよう。

4.2 マテリアルフローコスト会計の仕組み

マテリアルフローコスト会計の仕組みは単純で，企業に入ってきた資源（インプット）と出ていった資源（アウトプット）の差を計ることによって，廃棄物の価値を明らかにしようというのである。そのために，物の流れを可視化し，物量ベースでこれを追跡する。換言すれば，フローとストックを物量とコストで把握して，どこでどれだけのムダが生じているかを描き出そうというのである。その場合，もっとも大きな部分を占めるのが材料のコストであり，まさにマテリアルフローコスト会計と称される所以である。

いずれにせよ，材料のうちどれだけが廃棄物になったかを評価し，これを金額として明らかにできれば，このロスを削減しようというモチベーションにつ

ながってこよう。そのため，この手法は環境負荷の低減とコストの削減を同時に実現する可能性を秘めているといえるし，内外において少なからぬ企業が注目する理由もそこにある。

ところで，マテリアルフローコスト会計では，廃棄部材のコストは元々の資材や原材料の原価に還元して考える。そのために，製造プロセスの適所に部材のインプットとアウトプットを把握するための集計単位となる物量センター (quantity center) を設け，両者の差額に期首と期末の在庫金額を調整したうえでマテリアルロスを計算する。このロスは，いわば利益の負の代理変数であることから，これを削減すれば同額の利益の増大が見込まれることになる。

ただし，物量センターによってマテリアルロスに含まれるコストの範囲は，微妙に異なる。たとえば，中間の生産プロセスでは，外部から購入した部材のコストのみでなく，システムコスト（企業内部で付加される人件費や減価償却費など）が，またロジスティックスのプロセスでは，配送・廃棄コストを別途考慮する必要がある。じつは，現在のマテリアルフローコスト会計は，どちらかといえば工場内部のマテリアルフローだけに目が向けられる傾向があり，流通段階でのマテリアルフローをほとんど視野に入れていない。これらのコストないしロスも含めて，サプライチェーン全体のマテリアルフローを分析するフレームワークを構築することが必要であろう。

5 結　　び

本章では，わが国の環境管理会計の現状と課題を環境配慮型原価管理を中心に考察してきた。もちろん，環境コストの管理が環境管理会計のすべてではないが，主要な問題領域であることだけは間違いない。ただし，本章の内容は「環境ビジネス促進検討委員会」における議論をベースとするものであったことから，内部環境管理会計において検討すべき課題のすべてを網羅するものでない。

たとえば，欧米では環境コストの測定と管理に係わらせて，昨今しばしば活動基準原価計算 (Activity-Based Costing：ABC) の活用が重要な論点のひとつと

なっている⁽²⁾。このフィールドにおける ABC 活用の眼目のひとつは，過去・現在そして将来にわたって発生する環境コストを正しく見積もって，特定のセグメントやプロジェクトに正確に配賦するということである。しかしながら，ABC そのものの適用がそれほど顕著には進んでいないわが国の事情を考えると，それはこれからの検討課題といえなくもない。

その一方で，本章で検討した環境配慮型設備投資決定や環境予算マトリックス，そしてマテリアルフローコスト会計は，わが国の企業ないし研究者がリーダーシップをふるうことのできる数少ない検討課題といえるであろう。その意味でも，今後多くの企業および研究者を巻き込んで議論が進展することを期待したい。

注

(1) 本委員会（委員長國部克彦神戸大学大学院教授）は，企業内部で活用する環境会計の手法の開発を目的とするもので，平成11年度から3年計画で組織され，そのワーキンググループとして，環境配慮型設備投資手法検討小委員会，同原価管理検討小委員会（筆者委員長），同業績評価システム検討小委員会，マテリアルフローコスト会計検討小委員会がある。
(2) たとえば，EPA [1992]，Kaeuze and Newell [1994]，Hammer & Stinson [1995]，Epistein [1996]および Epstein & Roy [1997] などを参照されたい。

参考文献

EPA (1992), *Design for The Environment : Product Life Cycle Design Guidance Manual*, U.S. Environment Protection Agency.（梅田富雄訳『環境にやさしい設計ガイド』工業調査会, 1996年）
Epstein, M. J. (1996), *Measuring Corporate Environmental Performance : Best Practices for Costing and Managing an Effective Environmental Strategy*, Irwin.
Epstein, M. J. and M. J. Roy (1997), "Environmental Management to Improve Corporate Profitability", *Journal of Cost Management*, November/December 1997.
Hammer, B. and C. H. Stinson (1995), "Managerial Accounting and Environmental Compliance Costs", *Journal of Cost Management*, Summer.
伊藤嘉博 (2001)『環境を重視する品質コストマネジメント』中央経済社。
環境省 (2000)『環境会計ガイドブック』環境省。
Kaeuze, J.G. and G. Newell (1994), ABC and Life-Cyclew costing for Environmental Expenditures, *Management Accounting*, February 1994.
経済産業省 (2004)『平成14年度環境ビジネス発展促進等調査研究（環境会計）』産業環境管理協会。

（伊藤嘉博）

第4部　政府・自治体の環境会計の展開

第11章

日本における政府・自治体環境会計の展開

1 自治体環境会計

1.1 自治体の環境行政と環境会計の意義

わが国の自治体における環境会計の取組みは，1999年における東京都水道局による環境会計情報の公表にはじまり，これまで水道局等の特定の公的事業を営む部局（以下，公的事業体）において数多くの取組みが行われるようになった。他方，県庁や市役所等の一般行政部門としては，2000年の横須賀市による環境会計情報の公表以降，これまでに8つの県・市において試算されている[1]。公的事業体による環境会計は次節で検討されるため，本節では，一般行政部門における環境会計について議論することにしたい。

(1) わが国における環境保全に向けた制度的背景

1992年に開催された地球サミット以降，わが国政府や自治体において環境保全に向けた制度面での整備が進められた。1993年11月に制定されたわが国の環境基本法は，こうした世界的な動向に沿ったものといえる。同法は，①人の健康と生活環境の保全，②持続可能な発展の保証，および③国際協調を基本理念として掲げ，同法に続くわが国環境法の体系に大きな変革を与える嚆矢となった[2]。また，同法第7条では，「地方公共団体は，基本理念にのっとり，環境の保全に関し，国の施策に準じた施策及びその他のその地方公共団体の区域の自然的社会的条件に応じた施策を策定し，及び実施する責務を有する」と定め，環境保全に対する自治体の役割が規定されている。これにより，自治体

は，環境基本法に掲げられた上記3つの理念に即して，地方の視点から環境行政を担う義務と責務を負うことになった[3]。

さらに，同法第15条では，「環境保全に関する施策の総合的かつ計画的な推進を図る」ことを目的とした環境基本計画の策定を求め，1994年12月に国の最初の環境基本計画が策定された。その後，環境問題をめぐる情況の変化等に対応するため，2000年12月に新環境基本計画が策定された。同計画においても，持続可能な社会作りの基礎が地域の環境保全にあるとして自治体の役割が強調され，自治体が，事業者，住民，民間団体や国の関係機関と協力，連携し，地域における環境保全施策を総合的に展開するとともに，自治体自らの行動に関し，環境保全に向けて率先して行動するよう求められている[4]。

環境基本法と環境基本計画が定められたことによって，自治体において，環境基本条例や環境管理計画の策定がより一層促進されるようになった[5]。環境管理計画は，「環境の管理を，計画という枠組みをつうじて実現しようというもの」であり，「(1)計画の策定に先立って管理すべき環境の状態を把握する，(2)管理の方向を決定するに際して自治体の自然的社会的諸条件を調査し評価する，(3)将来世代も射程に入れた自治体環境目標を決定し達成のためのメニューを整備する，そして(4)計画の実施・管理とフィードバックをする，という一連のプロセスにより構成されるもの」である[6]。当該計画自身，本来，PDCAサイクルを有することがその実効性を高める上で望ましいと考えられる[7]が，それを補完するツールとしてISO14001に代表される環境マネジメントシステム（EMS）が注目される。

（2） 自治体における環境会計の意義

これまでに，自治体においてISO14001の審査登録を受けるところが増大してきているが[8]，それは，3つの方向で活用されていると指摘されている。すなわち，庁舎内部の環境保全活動の管理，環境管理計画の実施計画としての活用，および環境管理計画の進行管理ツールとしての活用の3つである[9]。前者は，主として事業者等の経済主体の環境保全活動を促進するために自治体が率先して行っている取組みであり，後二者は，環境基本計画の実効性を高めるた

めの取組みである。しかし，ISO14001では，その適用範囲の設定が組織の裁量の範囲内であること，環境パフォーマンスの向上を直接求めていないこと，および環境報告書の公表を要求していないこと等から，環境管理計画の実効性の担保，さらにいえば，自治体の環境政策の立案に有用な情報を提供するには限界があると考えられる。したがって，これらの諸問題に対処するために，主として自治体に関連する環境情報を体系的に測定・伝達する仕組みとしての環境会計が提唱されてくる。

　また，環境管理計画においては，政策意思決定プロセスへの住民の参加が必要とされる[10]。そのためには，住民に対し環境管理計画の達成度や地域の環境状態に関する情報が提供されている必要があろう。住民は，選挙を通じた行政権限の付与者，納税者および公的サービスの受益者としての側面を有する一方，環境問題の惹起者の一端でもある。こうした性格を有する住民に対して，自治体は，「当該年度における財務的資源の調達源泉と使途」，「支出統制のために予算を含めた各種の財政関連法規および契約規定への準拠性」および政府の「活動の経済性，効率性および有効性」に関する釈明を行う責務を有すると考えられる[11]。地方自治法第一条の二に規定されるように，自治体の使命が「住民の福祉増進」にあることから，自治体は，管轄行政区域の「環境の質」または「環境状態」の向上を通じた福祉増進に寄与する政策を実施する責務を有している[12]。このように考えれば，自治体は，住民に対して環境行政に関するアカウンタビリティを負っていると解釈することができよう。したがって，自治体における環境会計は，「環境行政に関する住民への説明責任の手段ならびに環境政策・施策の管理および評価の手段となりうる[13]」ものであり，その点にその意義を見出すことができよう[14]。

1.2 自治体環境会計の類型

　環境管理計画等では，自治体が組織的に環境保全のための活動を管理していくことが求められるが，これらは，「自治体の庁舎（支所，出張所などを含む）で行政サービスを提供するさいに発生する環境負荷物質の排出の抑制，削減など

を図る活動の管理」と「自治体が管轄する行政区域内の市民や企業など（事業者）が実施する環境負荷物質の排出の抑制，削減などの活動を推進，支援する活動の管理」に大別される[15]。河野正男教授は，前者を「庁舎管理ないし点管理」，後者を「地域管理ないし面管理」と呼び，両者の統合が自治体における適切な環境管理のために不可欠であると主張している[16]。したがって，自治体環境会計は，上記のいずれの視点を中心とするかによって，「庁舎管理型」，「地域管理型」および「庁舎管理・地域管理統合型」（以下，統合型）の3つに類型化される[17]。

　庁舎管理型は，自治体の「庁舎を中心とした環境保全活動に関わる環境会計」，地域管理型は，自治体が「管轄する行政区域全体を視野に入れた環境会計」と定義される[18]。そして，両者を統合した環境会計が統合型である。これまでに行われている一般行政部門の環境会計は地域管理型と統合型に属するが，本節では，統合型において最も経験が蓄積している横須賀市の事例を中心に取り上げ，いずれも統合型に属する岩手県と山口県の環境会計との比較を通じてわが国自治体環境会計の特徴を明らかにする。

1.3　庁舎管理・地域管理統合型環境会計の展開

　横須賀市は，2000年に初めて統合型の環境会計に関する報告書を公表してから毎年修正を加え，これまでに6回の環境会計情報を公表している[19]。当初から，一貫して内部管理と外部報告という2つの目的を視野に入れて環境会計を実践している。自治体の活動を「環境対策」と「環境施策」に区分している点で，統合型の特徴を有する。前者は，「本市が自らの『資源の消費』や『汚染物質・廃棄物の排出』を低減するために行う活動[20]」であり本節でいうところの「庁舎管理」を目的とした活動を意味する。他方，後者は，「本市が地域の環境を保全するために実施する事業[21]」であり「地域管理」を目的とした活動に相当する。

（1）　環境コストの測定

　「環境対策」の範囲は，横須賀市のISO14001の対象となる施設とされ，ま

たその項目は，基本的に環境省の環境会計ガイドライン（以下，MoE ガイド）にもとづいた上で住民の理解可能性を考慮した修正がなされている[22]。図表 1 が「環境対策」の集計表である。MoE ガイドに準じて設定した各項目の主要な取組みとその費用が前年度比較の形で表示され，右に見ていくことで費用と効果との関係を明らかにしている。費用の測定についても，MoE ガイドに準拠し，「環境対策のための資本支出（減価償却費）」と「維持管理等の当期費用（給与費を含む）」の合計額とされるが[23]，2003 年版以降，費用の測定から減価償却費が除外された。これには，現行公会計において減価償却の概念がないことに起因する基礎資料不足と多大な労力，および住民にとって現行公会計と整合的であるほうが理解可能であること，という理由が挙げられている[24]。

一方，「環境施策」の項目は，環境管理計画（「横須賀市環境基本計画」）の体系に従って図表 2 の最左列に示したように分類され，これらの基本目標を達成するための施策と事業が「主な取組」として表示されている。地域環境の適正な管理のために設定される環境管理計画と関連を図ることによって，住民のより良い理解に資するとすれば，当該計画と環境会計との連携が図られている方が望ましい[25]。

「環境施策」の費用の測定については，「事業別に予算措置された費用」，「環境施策のための資産の減価償却費」，「給与費」および「間接費」の合計とされ，環境保全目的の度合いに応じて 0.25〜1 までの係数を乗じたものとされる。なお，2001 年以降は，資産をインフラ資産とインフラ外資産に分け，前者を減価償却対象から除外するとともに，さらに 2003 年版からは，上述した理由により減価償却費を測定しなくなった[26]。

なお，統合型の分類に属する岩手県や山口県の取組みにおいても，費用の測定に関しては，環境省環境会計ガイドラインに準拠している。

（2） 自治体における効果の測定

横須賀市では効果の測定に際し，「環境対策」については「内部効果」と「外部効果」に分けて測定し，「環境施策」については指標を使って測定している。ここで「内部効果」とは，「環境対策によって結果的に節減された費用や結果

図表 1 横須賀市の環境会計集計表（環境対策）

主な取組（平成14年度）		費用（百万円）		貨幣換算効果		貨幣換算のできない（左記以外の）主な効果
		平成13年度	平成14年度	主な内部効果	主な外部効果	

分類	主な取組	平成13年度	平成14年度	主な内部効果	主な外部効果	内部効果（百万円）平成13年度	内部効果（百万円）平成14年度	外部効果（百万円）平成13年度	外部効果（百万円）平成14年度	貨幣換算のできない主な効果
公害防止対策	田 天然ガス式ごみ収集車の導入 田 低公害車の導入 田 大気保全対策 ■ ダイオキシン類排出濃度管理 ■ 放流水水質の管理 入 排出ガス対策型建設機械の使用	1,576	1,792	田 クロム購入費の節減	田 低公害車利用等によるNOx排出量の低減 田 太陽熱利用によるNOx排出量の低減 (50kg) 田 太陽熱利用によるSOx排出量の低減 (3kg) ■ コージェネレーションによるNOx排出量の低減 (50kg) ■ コージェネレーションによるSOx排出量の低減 (21kg) ■ NOx排出量の除去 (11614t) ■ SOx排出量の除去 (291,641t) ■ ごみ焼却発電によるNOx排出量の低減 (1.53t) ■ ごみ焼却発電によるSOx排出量の低減 (140t) ■ ごみ焼却発電によるNOx排出量の低減 (1.27t)	0	0		21	大気汚染物質の除去（ばいじん等） 臭気低減 大気汚染物質の除去（ダイオキシン類、塩化水素、ばいじん、カドミウム等） 水質汚濁物質の低減 大気汚染物質の排出量の低減
地球環境保全対策	田 太陽光発電システム導入 田 太陽エネルギーの利用 田 低公害車対策 ■ コージェネレーション設備の稼動 ■ 電力使用量の削減 ■ ごみ焼却廃熱利用による発電 入 ごみ焼却廃熱利用による蒸気の供給	112	147	田 公用車燃料費節減 田 太陽光発電による売電収入 ■ ごみ焼却発電による売電収入 ■ 電力費節減 ■ 廃棄物熱利用による燃料費節減	田 太陽光発電によるCO2排出量の低減 (52.3t-CO2) 田 低公害車利用等によるCO2排出量の低減 (3.3t-CO2) ■ コージェネレーションによるCO2排出量の低減 (121t-CO2) ■ 電力使用量削減によるCO2排出量の低減 (2,392t-CO2) ■ ごみ焼却発電によるCO2排出量の低減 (4,812t-CO2) ■ 廃熱利用熱利用によるCO2排出量の低減 (2571t-CO2)	218	196		7	市の地球温暖化対策活動に上る地域における意識の向上 （環境教育の効果を含む）
資源有効利用及び廃棄物対策	田 雨水利用 田 中水道設備による水の再利用 ■ 残飯の家畜飼料としての有効活用 ■ 活性炭、廃食油の使用量の削減 ■ 砂ろ過処理水の再利用の推進 ■ 焼却灰の有効利用の推進 入 沈砂、汚泥の無害化・再資源化 入 公共工事における再生材料の使用 入 アスファルト塊の再資源化 入 コンクリート塊の再資源化	79	135	田 水道費の節減 ■ 廃棄物処分委託費の節減 ■ 水道費の節減 ■ 活性炭・活着炭購入費の節減 ■ 焼却灰埋立処分委託費の節減	田 廃棄物紙の回収によるCO2固定機能保全 (351.7t-CO2) ■ 水道使用量削減による森林のCO2固定機能保全 (5.16t-CO2)※ ■ 砂ろ過処理水の活用によるCO2排出量の低減 (30t-CO2)※ ■ 下水処理水の再利用によるCO2排出量の低減 (10.8t-CO2)※	398	214		0	森林資源の保全による生態系の維持 資源の有効利用による資源枯渇の延命
グリーン購入	田 再生トイレットペーパーの使用 田 再生コピー用紙の使用 田 外注印刷物への再生紙の使用 入 熱帯木材型枠の使用枠削減	1	4	田 再生衛生紙の利用による新生紙購入費の節減	田 再生紙の使用による森林のCO2固定機能保全 (6.5t-CO2)※ 田 熱帯木材型枠使用削減による森林のCO2固定機能の保全 (0.9t-CO2)※	0	0		0	熱帯林資源の保全による生態系の維持
環境マネジメント	田 環境マネジメントシステムの継続管理	47	63	田 電気料、燃料費、水道費等の節減		51	44		0	職員の環境意識の向上による諸施設における環境負荷低減の実践
社会活動	田 見学案内	16	40			0	0		0	地域の環境意識の向上
環境対策合計		1,831	2,181			667	454	27	28	（効果合計：482百万円）

田 本庁舎等の施設　■ 下水浄化センター　■ ごみ焼却場　入 公共工事
※は金額として百万円に満たないための効果額には表れない。

（出典：横須賀市 (2004) p. 13）

図表 2　横須賀市の環境会計集計表（環境施策）

		主な取組	指標	費用(百万円) 平成13年度	費用(百万円) 平成14年度	環境保全活動指標 指標	環境保全活動指標 平成12年度	環境保全活動指標 平成13年度	環境保全活動指標 平成14年度	単位	環境負荷指標 指標計算のための変数	環境状態指標 指標計算のための変数
健康で安心して暮らせる生活環境の形成	大気環境	大気汚染常時監視 ■工場・事業場の規制指導 ■道路整備及び街路樹の植樹	立入検査工場・事業場数(延べ) 環境保全協定締結事業所数(累計)	461	450	266 3	245 3	225 3	事業場 事業所	窒素酸化物排出量 硫黄酸化物排出量	二酸化窒素濃度 浮遊粒子状物質濃度 ベンゼン濃度
	水環境	市内水域の水質調査 ■工場・事業場の規制指導 ■下水道整備・浄化槽普及促進	立入調査工場・事業場数(延べ) 下水道整備面積 合併浄化槽設置補助基数	11,486 (10,170)※	11,672	79 159 30	89 75 27	65 142 30	事業場 ha 基		海域の水質汚濁濃度(BOD) 河川の水質汚濁濃度(COD)
	生活環境	騒音・振動の調査 ■工場・事業場の規制指導 ■空き地雑草に関する指導	騒音・振動測定拠点数 カラオケ・ボウリング店舗数 悪臭調査事業所数(延べ)	112	113	16 32 33	9 29 38	9 10 25	カ所 店舗 事業所		騒音(昼) 騒音(夜)
	自然災害	地すべり・急傾斜地崩壊対策 ■河川治水対策の推進 ■下水道整備(浸水対策)	急傾斜地崩壊防止工事数 雨水排水整備面積	1,489	1,292	48 13	57 15	46 19	カ所 ha		危険区域熟成率 河川整備率 雨水排水施設整備率
	小計			13,548 (12,232)※	13,527							
海に開かれた緑豊かな自然と共生するまちづくり	自然環境	指定緑地保全制度等の活用 緑地保全・公園整備 河川嘱水環境の整備	自然保護協助金交付面積(自然環境保全地域、風致地区、保安林、首都圏近郊緑地を含む)	373	209	1,154,938	1,088,344	1,079,017	m²		市街化調整区域緑地率
	身近な自然	指定緑地保全制度等の活用 緑地保全・公園整備	生垣作り奨励件数(延長) 緑面積緑化奨励件数(延長)	221	668	26(312.5) 5(32.5)	41(512) 5(64)	123(1,133) 20(195)	件(m) 件(m)		一人当たり都市公園面積
	海岸環境	馬堀海岸の高潮対策 暗渠海岸整備 海岸施設を利用した公園整備	久里浜海浜緑地整備面積 自然海浜有限来園者数	554	199	25,739	430 31,343	2,370 27,039	m² 名		海水浴場の水質 親しむことのできる海岸線延長
	歴史的・文化的環境	文化財の指定・保存・維持	新規指定文化財件数	7	22	3	4	4	件		
	小計			1,155	1,098							
環境への負荷の少ない循環型社会の形成	廃棄物	廃棄物収集・適正処理・処分 ごみ減量化推進 資源回収推進	焼却灰溶融固化量 集団資源回収量 オフィス町内会古紙回収量	7,676	7,751	24,280 161,875	8,382 38,189 201,955	15,642 38,023 195,065	t t kg	一般廃棄物埋立処分量	
	エネルギー	工場・事業場の規制指導		203	141					二酸化炭素排出量	
	地球環境問題			263	212						
	小計			8,142	8,104							
市民協働による環境にまた配慮したまちづくり	環境教育・環境学習	環境フェア・環境パネル展	巡回パネル・屋生学校展 こどもエコクラブの登録数	15	121	11 3	19 5	16 8	校 クラブ		
	環境保全活動	市民の環境運動の支援 ISO14001認証取得の相談	市内ISO14001認証取得事業所数	15	74	29	32	40	事業所		
	環境配慮対策	環境マネジメント調査指導		31	39						
	小計			61	234							
環境施策合計				22,906 (21,590)※	22,963							

※（ ）内は前年度に発表した数値であるが、今回、下水道の環境管理費の見直しを実施したため、同じ算定で表記した。

(出典：横須賀市 (2004) p.14)

的に得られた収益」,「外部効果」とは,「環境対策によって実現した環境負荷の低減や良好な環境の創造」と定義される[27]。「内部効果」は,「環境対策がなかったらどうであったか」という状態と「環境対策の結果どうなったか」という状態の差として捉えられる。例えば,図表1の「地球環境保全対策」では,燃料費や電力量の節減（同表2行3列）等によって,218百万円が「内部効果」として記載されている（同表2行5列）。また,「外部効果」は,「環境対策」によって実現したCO_2やNOx等の削減量といった物量による効果と,当該削減量に単位あたり被害コストを乗じて算定する貨幣額による効果が測定されている。被害コストは,最新の文献に示されている金額にGDPデフレータや為替の調整を行って算出される[28]。例えば,図表1の「地球環境保全対策」のひとつとして実施された財政部での「ハイブリッド車の導入」という「環境対策」の「外部効果」は,CO_2の排出低減量という物量とともに,当該CO_2の低減量（2.147t）にCO_2の単位あたり被害コスト（1千円／t）を乗じ,2.147千円と算出される[29]。具体的な環境対策を積み上げ,図表1のように費用対効果を表す形で表示される。

また,2002年版までは,「内部効果」として,例えば,事故が発生して操業停止になった場合の損失を工場のリスクマネジメントの効果として考える「リスク回避効果」を貨幣評価していた。具体的には,「南処理工場」における「公害防止対策」の「リスクマネジメント」というリスク回避効果の計算は,「1日あたりのごみ焼却量×最終処分委託料単価×推定操業停止日数」という算式で求められている[30]。しかし2003年版からは,公表する値の確実性を重視するとしてこれらは測定されないことになった[31]。

次に「環境施策」の効果については,2002年版まで,管轄行政区域の排出削減量に単位あたり被害コストを乗ずる方法と,アンケート調査による住民の支払意志額にもとづく仮想評価法（contingent valuation method：CVM）によって算出されていたが,2003年版からは,貨幣評価を行わないこととされた[32]。その理由として,住民にとっての分かりやすさの追求と内部管理目的への活用があげられている。2003年版以降,「環境施策」の効果は「環境保全活動指標」,

「環境負荷指標」および「環境状態指標」という 3 つの指標によって測定される。「環境保全指標」とは,「横須賀市役所における環境保全活動の実施状況を表す指標」であり,例えば,「環境への負荷の少ない循環型社会の形成」という環境管理計画の基本目標を達成するために行われた活動として「集団資源回収量」が指標として掲げられ,前年度との比較がなされている[33]。基本的に環境施策のために実施された事業による成果が物量で示され,「環境施策」のアウトプットを表している。

「環境負荷指標」とは,「横須賀市における環境負荷の発生状況を表す指標」であり,環境負荷の発生量に一定の係数を乗じて各環境負荷に関する指標を算出する。具体的には,「大気環境」や「廃棄物」といったテーマ(図表 2 参照)ごとに環境負荷を計算し,それぞれ「大気環境負荷指標」や「廃棄物負荷指標」を算出する。そして,算出された負荷指標を合計し,「環境負荷統合指標」が求められる。「環境負荷統合指標」は,時系列比較することによって環境負荷の低減状況を把握することができるとともに,テーマごとの優先順位の設定に役立つと想定されている[34]。図表 2 では右から 2 列目に「指標計算のための変数」のみが表示され,時系列データは別に示されている。この指標は,環境行政のアウトカムの一部を表すと考えられる。

次に「環境状態指標」とは,「横須賀市における環境の状態を表す指標[35]」であり,環境行政のアウトカムを表すもうひとつの指標と考えられる。当該指標を時系列で比較することによって,横須賀市の管轄行政区域における環境の状態が向上しているか否かを判断することができる。この指標の算定にあたっては,まず,NO_2 や BOD といった個々の評価項目について点数付けを行い,その評点に「大気環境」や「生活環境」などの各テーマ内の重み付け係数を乗じて,各テーマの環境状態指標を算出する。そして,各テーマの環境状態指標にテーマ間の重み付け係数を乗じ,算出された各テーマの指標を合計して「環境状態統合指標」が算出される。

「環境負荷指標」と「環境状態指標」の算出プロセスを概念的に示したのが,以下の図表 3 である。

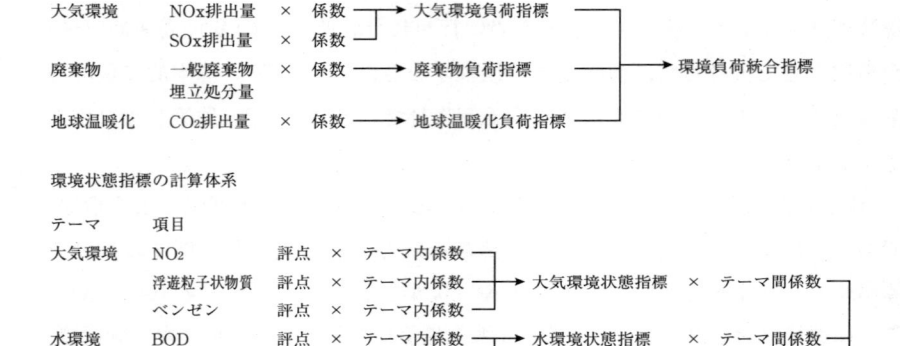

図表3　環境負荷指標と環境状態指標の計算体系

環境負荷指標の計算体系

テーマ	項目			
大気環境	NOx排出量	× 係数	→ 大気環境負荷指標	
	SOx排出量	× 係数		
廃棄物	一般廃棄物埋立処分量	× 係数	→ 廃棄物負荷指標	→ 環境負荷統合指標
地球温暖化	CO_2排出量	× 係数	→ 地球温暖化負荷指標	

環境状態指標の計算体系

テーマ	項目				
大気環境	NO_2	評点 × テーマ内係数			
	浮遊粒子状物質	評点 × テーマ内係数	→ 大気環境状態指標	× テーマ間係数	
	ベンゼン	評点 × テーマ内係数			
水環境	BOD	評点 × テーマ内係数	→ 水環境状態指標	× テーマ間係数	
	COD	評点 × テーマ内係数			
生活環境	騒音（昼）	評点 × テーマ内係数	→ 生活環境状態指標	× テーマ間係数	
	騒音（夜）	評点 × テーマ内係数			環境状態統合指標
自然災害	危険区域概成率	評点 × テーマ内係数			
	河川整備率	評点 × テーマ内係数	→ 自然災害状態指標	× テーマ間係数	
	雨水排水施設整備率	評点 × テーマ内係数			
自然環境	市街化調整区域の緑地率	評点 ────────	→ 自然環境状態指標	× テーマ間係数	
身近な自然	一人当たり都市公園面積	評点 ────────	→ 身近な自然状態指標	× テーマ間係数	
海域環境	海水浴場の水質	評点 × テーマ内係数	→ 海域環境状態指標	× テーマ間係数	
	親しむことのできる海岸線延長	評点 × テーマ内係数			

（出典：横須賀市（2003）pp. 10-11 一部加筆修正）

　「大気環境」や「水環境」といった各テーマ内の重み付け係数は，環境基準の不適合率または均等割りによって設定される。例えば，NOxについては不適合率によって算定されており，個々の評点に乗ずることによって各テーマの指標が計算される。さらに，テーマ間の重み付けを行い，統合指標が算出される。そこで用いられる係数は，環境管理計画において優先的に取組むべきテーマに関する住民アンケート結果から求められている。横須賀市では，環境負荷

指標と環境状態指標について時系列で比較を行い、「環境施策」のアウトカムを明らかにしようと努めている。

両指標はともに「統合指標」という単一指標を算出するために、さまざまな等価係数を用いてテーマ内やテーマ間で加法性をもたせている。これにより、管轄行政区域における環境負荷の程度や環境状態が定量的に明らかにされ、優先的に取組むべき「環境施策」の優先順位付けに寄与することが可能となろう。しかし、これらの物量による単一指標の計算は等価係数の設定に大きく依存するため、その計算根拠や正確性が課題として指摘される。

(3) 効果の測定をめぐるさまざまな試み

以上、横須賀市の環境会計の概要を説明してきたが、主として(1)「環境対策」の効果の測定について、および(2)「環境施策」の効果の測定について岩手県の取組みとの比較を交えて検討することにしたい。

岩手県では、効果の測定に際し、「環境影響が主として県域に及ぶ環境項目」と「環境影響が県域を超える地球規模の環境項目」に分け、前者についてはCVM、後者については後述する維持コストを採用し[36]、「環境対策」と「環境施策」の効果を物量と貨幣額で測定している[37]。「環境対策」の効果のうち貨幣額による測定は、CO_2やNO_xなど物量による排出削減量に単位あたり維持コストを乗ずることによって測定される。「環境施策」の効果も同様の算式によって測定されるが、それに加え、「水質・北上川清流化対策」や「生物多様性保護」といった事項についてはCVMによって測定されている。

横須賀市によるものと比較すれば、横須賀市では排出原単位に被害コストを用いていたのに対し、岩手県では「一定の環境水準を維持することを目的として環境負荷物質の排出を削減するために要する1単位あたりコスト」を意味する維持コストが用いられている。また、横須賀市では、指標を算出することによって「環境施策」の効果を測定しようとしている点で岩手県とは異なる。

1.4 わが国自治体環境会計の課題

前節まで自治体環境会計の取組みを具体的に検討してきたが、そこから得ら

れた課題として，①環境コストの測定，②「環境対策」や「環境施策」の効果の測定および③政策意思決定への活用という3点をあげることができる。

(1) 環境コストの測定問題

ここでは，企業における環境コストの測定にまつわる諸問題（第2部参照）の他に，現行公会計に起因する自治体固有の問題点が指摘できる。具体的には，横須賀市の2003年版において減価償却費を環境コストから除外したことに表象される。つまり，「予算の執行過程において発生する現金フロー（現金収入及び現金支出）のみを記録計算の対象とする」ため，「会計記録の網羅性及び完全性という面で重要な問題を孕んでいる」と指摘される[39]現行公会計との整合性等を理由として，減価償却費が環境会計情報から除外されてしまったことである。環境関連設備といった資産への投資額が計上されることによって，長年にわたる自治体の環境保全への取組み状況が明らかになるとともに，それに関連する減価償却費の計上は，自治体の環境保全への取組みとそこから得られた効果とを期間的に把握する上で有用な情報を提供することになると考えられる[40]ことから，投資額と減価償却費を認識・測定することは自治体の環境会計においても必要といえよう。その他，経常的収支と資本的収支の区別がなされないこと，当該年度における収入と支出の期間的対応が図られないこと，ストックの計算書の欠如により資産と負債の適切な管理がなされないこと，および資産（特に有形固定資産）を使用して提供される行政サービスのコストが測定できないこと等の現行公会計固有の問題点に起因した課題が指摘されうる[41]。

(2) 効果の測定問題

次に，効果の貨幣的測定に関しては，被害コストや維持コストを用いて社会的コストの低減効果が貨幣評価され，さらに特定の項目についてはCVMによる環境の貨幣評価が行われている。地域管理が重視される一般行政部門においては，企業の環境会計以上に社会的コストを環境会計の構成要素とする必要性が高い[42]ことを考慮すれば，3つの県・市による意欲的な取組みは高く評価できる。しかし，公表を前提としていることから，横須賀市の2003年版において「外部効果」の貨幣的測定が断念され，指標によって代替されたことは，

社会的コストの貨幣測定に対するさらなる研究の必要性を物語っている[43]。

(3) 政策意思決定への活用問題

本章第1.1節において指摘したように，環境会計が政策意思決定に活用されなければその意義は大幅に薄れてしまう。横須賀市の2003年版以降の大幅な変更も，この点を考慮したものであることを念頭に置かなければならない。政策意思決定への活用という点でひとつのヒントを提供しているのが，山口県の環境会計において提示された「グリーン県内純生産」（グリーンNDP）算出の試みである。これは，同県の県内純生産[44]から，CO_2等の環境負荷物質の排出量と廃棄物の処分量に源単位を乗じたものを控除し，森林によるCO_2の吸収量の貨幣評価額を加算して計算される。算出されたグリーンNDPは，NDPに対する比率を時系列で分析することで，同県において発生している環境負荷の規模やその増減を判断することができ，県として，持続可能な発展に向かっているか否かを評価するための判断指標としての活用が表明されている[45]。この取組みは，自治体の管轄行政区域を対象とした地域経済と環境との係わり合いを明らかにし，その結果を政策立案に活用することが期待される。

1.5 わが国自治体環境会計の展望

本節では，一般行政部門による3つの事例を，横須賀市の事例を中心に考察してきた。いずれの事例においても，環境行政へのインプット（環境コスト）とアウトプット（成果）およびアウトカム（効果）とを一連の関係で捉えようと腐心している。ところが前二者は，自治体が直接的に管理可能なものであるのに対し，後者のアウトカムは，他の経済主体の活動に大きく影響されることから，環境行政との関連性は直接的ではない。そこから環境会計に関して2つの考え方が示されうる。一方は，環境会計が，環境行政へのインプットとアウトプットを測定・伝達し，アウトカムは別の評価システムに委ねるというものであり，他方は，環境会計が，環境行政のインプット，アウトプットおよびアウトカムを一連の関係として測定・伝達する任務を負うというものである[46]。

3つの事例は，いずれも後者の見解に依拠するものと考えられる。ただ，山

口県は，後者の見解に依拠しつつもグリーン NDP の試算を通じて前者の見解を取り入れていると看做すことができる。現時点で，いずれの手法が望ましいと簡単に結論づけることはできないが，管轄行政区域の環境の質の向上を通じて住民の福祉増進に寄与するという自治体の任務を勘案すれば，アウトカムの測定・伝達に対して第 13 章において議論するマクロ環境会計の取組みが重要な示唆を提供してくれると考えられる。したがって，自治体において特に重要である「地域管理」に関しては，インプットとアウトプットはミクロ環境会計，アウトカムはマクロ環境会計の研究成果を反映させていくことが望ましいといえよう。

2　水道事業における環境会計

2.1　環境会計の導入と普及

環境会計は，環境保全活動と経済活動を連携させる手段であり，私企業のみならず，自治体や公営企業でも利用可能である。公営企業の中でも，日本では水道事業において，環境会計の導入が進んでいる。その先鞭を付けたのは，東京都水道局であり，2000 年 4 月に「環境会計（平成 12 年度予算版）」を公表した。

その後，札幌市水道局，横浜市水道局，大阪府水道部，京都府企業局，福岡市水道局などが環境会計を公表しており，水道事業の協会誌である「水道協会雑誌」は 2003 年 9 月号を「環境会計特集」として公刊している。

このように水道事業は，日本の公営企業体の中では，もっとも環境会計の導入が進んでいる事業分野であるが，現在では，普及段階を経て，いかにして，環境会計を活用して，利用者へのサービス向上と環境保全活動の効率的な実施を行うかが課題となっている。

本節では，水道事業の環境会計の特徴を概観した後に，今後の進むべき方向性について，外部情報開示（外部環境会計）の視点と内部管理（内部環境会計）の視点から検討する。

2.2 水道事業の環境会計の特徴

　水道事業のような公営企業の場合,私企業に比べて,予算制約は非常に大きく,環境会計も予算ベースで作成される場合も少なくない。たとえば,横浜市水道局は予算ベースでのみ環境会計を公表しているし,東京都水道局は予算と決算の両方で環境会計を実施している。これは,決算ベースでのみ環境会計を実施している場合が大半の私企業とは大きな相違を示している。

　環境会計のフレームワークについては,各水道局ごとに細部に相違はあるものの,基本的に環境省の環境会計ガイドラインに準拠している。図表4では,水道事業として最も早くから環境会計に取り組んでいる東京都水道局の平成15年度予算版の環境会計を示した。図表4から明らかなように,「主な取り組みの内容」は水道事業特有の項目が並んでいるが,その上位分類である環境保全コストの分類は,環境省の環境会計ガイドラインにしたがっている。環境保全コストを費用と投資に分類する点や,経済効果と環境保全効果を開示する点も,ガイドラインに準拠している。このような環境省ガイドラインへの準拠性は,他の水道局の環境会計でもおおむね見られるものである。

　また,水道事業の環境会計に関するもう一つの特徴として,環境保全効果に関する開示が充実している点が上げられる。東京都水道局の事例では,各環境保全コストごとに環境保全効果が示されているだけでなく,自動車CO_2排出量換算値も掲示し,読者に理解しやすいように配慮している。このような環境保全効果情報の充実は,東京都水道局の環境会計にのみ見られるものではなく,他の水道局の環境会計にも共通する。その理由は,私企業の環境会計が環境報告書の一部として開示されることが多いのに対して,水道事業の環境会計は単独で公表される場合が多く,環境報告書としての機能も同時に果たすことが求められているためと考えられる。

　さらに東京都水道局の環境会計の特徴としては,環境保全対策に伴う経済効果の金額が,私企業の場合に比べて大きいこと,環境会計について第三者審査を受けていることがあげられる。

　経済効果の額については,実質的な効果のみを測定しているにもかかわら

図表4　東京都水道局の環境会計（平成15年予算版）

分類		主な取組の内容	環境保全コスト・環境保全対策に伴う経済効果			環境保全効果	自動車CO_2排出量換算（年間2.35 t-CO_2/台）
			投資（百万円）	費用（百万円）	効果（百万円）	環境負荷指標	
(1) 生産・サービス活動により事業エリア内で生じる環境負荷を抑制するための環境保全コスト【事業エリア内コスト】			4	4,990 (13,740)	7,294 (43,186)	CO_2　　13,758t-CO_2/年 (CO_2　63,468t-CO_2/年) NOx　　4,820kg/年 SOx　　7,164kg/年 (BOD　　94t/年) 発生土の有効利用　58,085t/年	約5,900台分 (約27,000台分)
内訳	地球環境保全コスト	東村山常用発電 金町常用発電 東村山太陽光発電 大河内太陽光発電 三園燃料電池 東村山水力発電 江東給水所他NAS電池 高月浄水所太陽光発電	4	316 802 1 12 21 49 20 0	322 929 2 3 12 2 24 0	CO_2　　12,197t-CO_2/年 NOx　　4,820kg/年 SOx　　7,164kg/年	約5,200台分
	資源循環コスト	浄水場の発生土の有効利用 局庁舎の水の有効利用 粒状活性炭の有効利用 建設副産物の利用 配水管浅層埋設		55 9 0 964 2,741	348 4 15 1,521 4,112	CO_2　　1,561t-CO_2/年 発生土の有効利用　58,085t/年	約700台分
	その他	水道水源林管理	−	(1,173)	(6,156)	(CO_2　34,733t-CO_2/年) (BOD　　94t/年)	(約14,800台分)
		漏水防止対策	−	(12,567)	(37,030)	(CO_2　28,735t-CO_2/年)	(約12,200台分)
(2) 生産サービス活動に伴って，その上流又は下流で生じる環境負荷を抑制するための環境保全コスト【上・下流コスト】		グリーン購入 低公害車	51	7	−	低公害車の導入率　13%	
(3) 管理活動における環境保全コスト【管理活動コスト】		環境ISO更新 広報 環境報告書等の発行 職員研修 屋上緑化	32	51	−	ヒートアイランド現象の抑制	
(4) 研究開発活動における環境保全コスト【研究開発コスト】		小河内貯水池流入水のリン除去 常用発電排ガスによる原水PH低減 漏水発見装置の開発	−	84	−		
(5) 社会活動における環境保全コスト【社会活動コスト】		多摩川水源森林隊	−	23	−		
(6) 環境損傷に対するコスト【環境損傷対応コスト】			−	−			
合　計			87	5,155 (13,740)	7,294 (43,186)	CO_2　　13,758t-CO_2/年 (CO_2　63,468t-CO_2/年) NOx　　4,820kg/年 SOx　　7,164kg/年 (BOD　　94t/年) 発生土の有効利用　58,085t/年	約5,900台分 (約27,000台分)
費用対効果					2,139 (29,446)		

注1）カッコ内は，水道水源林管理及び漏水防止対策を外書きした。
　2）CO_2は二酸化炭素，NOxは窒素酸化物，SOxは硫黄酸化物，BODは生物化学的酸素要求量である。
　3）環境保全効果は，環境負荷の低減量を表記した。ただし，浄水場の発生土の有効利用は，有効利用量を表記した。
　4）環境保全目的とそれ以外の目的が結合した複合コストのうち，目的別に把握することが困難なものについては全額計上した。
　5）環境保全コスト，環境保全効果及び環境保全対策に伴う経済効果は，水道事業及び工業用水道事業の合計を計上した。
　6）低公害車の導入率は，東京都指定低公害車導入率である。なお，投資及び費用は，電気自動車及び天然ガス車に関わる経費を計上した。

（出所：東京都水道局のホームページより）

ず，環境保全コストを上回る金額が計上されており，これは私企業の場合には非常に珍しいことである．ただし，経済効果の算定方法に関しては，「環境対策を実施した場合に実施しなかった場合と比較して節減されるコスト及びリサイクルによる売却収入」として定義されているだけで，その計算根拠について外部公表情報から分析することは難しい．ただし，このような経済効果を大きく算定している背景には，公営企業の場合，環境保全対策のための予算確保の面もあると思われる．経済効果も，どこを基準に算定するかで，その金額は大きく異なりうる．重要なことは，経済効果の金額の多寡ではなく，その正当性を説明することである．

その意味で東京都水道局が環境会計に監査法人の第三者審査を受けていることは，事業の公益性から判断しても，評価できることである．水道事業の環境会計は，公営事業という性格上，その公共性は一般企業以上に高いと考えられる．情報の信頼性にも配慮する必要性は高く，第三者による審査はそのひとつの手段である．

東京都水道局の環境会計は，環境省ガイドラインに準拠し，環境保全効果や経済効果情報も充実した高度な内容となっている．図表では予算版のみを示したが，決算版では予算と実績の増減情報も示しており，一般企業の平均的な環境会計よりも進んだレベルにあり，他の水道局の環境会計のモデルとなったものである．

東京都水道局や大阪府水道部では環境会計を導入して数年が経過しており，環境会計をさらに有効に活用することが課題となっている[47]．以下では，水道事業における環境会計の課題を，外部情報開示目的と内部管理目的に分けて検討しよう．

2.3 外部情報開示面からみた水道事業の環境会計の課題

水道事業の環境会計の特徴のひとつは，前述のように，環境会計が環境報告書の役割も果たしている点にある．東京都水道局でも，最初の環境報告書の発行（平成12年度）に先駆けて，平成12年度の環境会計予算を発表している．大

阪府水道部も横浜市水道局も環境会計が環境報告書に先行している。

環境会計は，環境省ガイドラインに従えば，環境保全コストと環境保全効果を対比的に示すことができ，環境報告書の簡易版としても活用することができる。水道事業のように，環境保全活動の内容が，一般の製造業ほど多岐にわたらない場合は，環境会計報告書をもって，環境報告書として活用することが可能であることを，水道事業の環境会計は示している。

しかし，開示された環境会計情報が実際に利用者に活用されているかどうかは，担当者ベースで実感がないという声もある[48]。このような意見は場合によっては，自治体における環境会計促進の障害要因になるかもしれないが，水道事業のような公共性の高い事業体は，利用者ニーズに対応して情報開示するのではなく，アカウンタビリティの観点から情報開示するという方針を明示する必要がある。

自治体が予算や決算の情報を開示するのは，利用者ニーズがあるからではない。納税者に対するアカウンタビリティを有するから開示するのである。水道事業における環境保全活動も利用者に対するアカウンタビリティを履行するという観点で実施されねばならず，利用者からの反響に一喜一憂すべきではない。むしろ，環境会計報告書を通じて，利用者の環境保全への意識を啓発する方向性へ誘導すべきである。

さらに外部情報開示の手段として水道事業の環境会計を見た場合，環境省の環境会計ガイドラインに準拠することでよいのかという問題がある。環境省ガイドラインは，製造業を基本として構築されているので，水道事業には適合的ではない部分も少なくない。また，各水道局はおおむね環境省ガイドラインに準拠して環境会計を実施しているが，実際の適用にあたっては，各事業体がそれぞれ工夫して適用しているのが現状である。

つまり，環境保全コスト分類の大枠はそろっていても，その具体的な測定基準が各水道局間で共通化されていないので，現状では，水道事業の環境保全活動の効率性を比較することはできない。各自治体の環境保全活動の効率性が比較可能となれば，環境会計は環境保全活動を一層促進させる要因として機能す

ることができる。水道事業は相互に競争しているわけではないので，環境会計を通じて情報共有を行い，業界全体で効率性のアップに取り組むことが可能となる。

この限界を克服するためには，全国の水道事業者が協力して，水道事業の環境会計ガイドラインを作成することが求められる。たとえば，ガス業界や電鉄業界では，環境会計の業界基準が作成され，業界全体の環境会計の質を向上させている。代表的な公益事業である水道事業においても，このような取り組みが求められている。

2.4 内部管理面からみた水道事業の環境会計の課題

環境会計の目的は，外部へ情報開示を行うことだけではなく，組織内部の管理に役立てるという目的も持つ。日本では，外部情報開示目的を重視する環境省の環境会計ガイドラインを契機として環境会計が普及した経緯があり，内部管理目的に比べて，外部情報開示目的が重視される傾向にあった。この特徴は水道事業でも同じである。

しかし，環境会計は，環境保全活動と経済活動を結びつける手段であり，内部管理面への役立ちも重要な目的のひとつである。内部管理目的の環境会計は，環境管理会計ともよばれ，2002年には経済産業省から「環境管理会計手法ワークブック」が発行され，日本企業にも普及の傾向が見られる（國部・梨岡，2004参照）。経済産業省のワークブックでは，環境管理会計について，環境配慮型設備投資決定，環境予算マトリックス[49]，環境配慮型原価企画，マテリアルフローコスト会計，ライフサイクルコスティング，環境配慮型業績評価の6つの手法が紹介されている。

環境配慮型設備投資決定とは，環境に配慮した設備投資を行う際に，その投資がもたらす環境へのプラスとマイナスの影響を金額ベースおよび物量ベースで把握し，より合理的な意思決定へ導く手法である。具体的な手法としては，環境に配慮することによって節約されるコストや追加されるベネフィットの計算を中心にするアメリカ環境保護庁が開発したトータルコストアセスメント

(國部，2000参照)や，金額情報に加えて環境配慮型投資が環境に対してもたらす物理的な効果も考慮する経済産業省のワークブックで開発された手法などがある。

水道事業における環境保全活動の中には，太陽光発電のように設備投資を含むものが多く存在するので，その意思決定に環境会計を活用することは有効であろうと推察される。実際に，東京都水道局では，環境会計は「ろ過池覆がい化に合わせた太陽光発電設備の導入をはじめとする新たな施策を決定する際に判断基準として役立っている」(平賀，2003, p.33)と指摘されている。

水道事業における環境配慮型設備投資決定の手法には特定の方法が確立されているわけではないが，たとえば東京都水道局がその意思決定のプロセスを事例として公表すれば，他の水道局にも参考となり，業界全体での水準の向上に寄与するであろう。

また，水道事業のような公営事業においては，一般企業以上に，予算の重要性は高いため，予算編成をできる限り合理的に進める必要がある。環境予算マトリックスは，環境保全活動の重要度と難易度を反映した予算編成のための手段であり，環境保全コストがどのような効果をもたらすのかを一覧することが可能な手法である。一般企業にもすでに導入例があるが，予算を重視する水道業のような事業体には特に有効であると推察される(國部，2003参照)。

2.5 今後の発展方向

水道事業における環境会計は，東京都水道局の取り組みを契機として，全国に広がりつつある。形式は環境省ガイドラインにほぼ準拠し，環境報告書の内容も盛り込んだ外部情報開示手段として発展しつつある。外部環境会計の事例としては，東京都水道局の事例に見られるように，かなり進んだレベルにある。東京都水道局のようなケースは，すでに導入レベルの時はすぎ，環境会計を利用した本格的な環境マネジメントを運用すべき段階にある。

今後の発展方向としては，本章では，水道事業の環境会計の標準化と内部管理への活用をあげた。環境省ガイドラインのみをベースとするのではなく，水

道事業の特徴を反映したガイドラインが構築できれば，水道事業間の比較可能性も高まり，環境会計の有効性が増すと考えられる。

環境会計の内部管理面での活用については，環境配慮型設備投資決定や環境予算マトリックスなどの応用が有効であることを指摘した。水道業は公営事業であり，各自治体は競争関係にあるものではないので，内部管理面の手法の開発に関しても情報を共有し，協力して手法の発展に努めることが重要であろう。

3 廃棄物会計の展開

3.1 登場の背景

地方自治体の廃棄物処理およびリサイクルを対象とした環境会計として廃棄物会計があげられる。同会計は容器包装リサイクル法（1995年）の制定をきっかけとして市民団体によって2002年に提案された[50]。周知の通り，同法には拡大生産者責任の考え方が導入されているが，その適用は部分的な形に留まっている。同法で対象となる容器包装材は「ガラスびん」「ペットボトル」「プラスチック製容器包装」「紙製容器包装」の4種類であり，当該事業者の責任はこれらの「再商品化」に限定されることから，その分別・収集・選別・圧縮・保管などにかかわる費用は自治体が負担することになる。したがって，同法のもとで規定されるリサイクルシステムについては，自治体と生産者とのコスト負担のアンバランスや廃棄物削減効果の弱さが指摘されている。

同法の改正（2007）を前にして，環境省などでも自治体の負担費用の大規模な調査が行われているが[51]，自治体サイドからも廃棄物会計によって自らそのコストを明晰にしようという試みが行われるようになった。もちろん，容器包装材に限らず，廃棄物問題は，ごみの有料化などに象徴されるように，どの自治体にとっても逼迫した問題であり，廃棄物会計などを使って費用構造を明らかにし，市民に廃棄物行政への理解を求めると同時に，その効率化を図っていく必要性が生じている。

3.2 廃棄物会計の構造と調査実績

廃棄物会計は自治体の廃棄物処理の実態およびコスト構造を明らかにすることを目的とし，主要調査項目として資源化率，資源化費用，容器包装リサイクル法自治体負担割合を掲げている。そこでは，まず，廃棄物の処理・リサイクル体制およびそこに流れる廃棄物量が把握される。すなわち，品目別の家庭系ごみの収集方法，ごみと資源の組成，住民による集団回収量と助成金額などである。次に，廃棄物の原価計算を行うために，これらのデータに加えて，自治体の費目別資源物収集資源化費用，容器包装リサイクルに関する自治体負担，容器包装リサイクル法対象容器のリサイクル効率（回収量からリサイクルに投入される割合）などが算定される[52]。

これらのデータから求められる所沢市のワンウェイびんのリサイクルに関する計算例が図表5で，同じくごみと資源物の処理費および資源化費の原価計算例が図表6で示される。

廃棄物会計データの集計は2000年度から行われており，同年度には160,

図表5 所沢市の容器リサイクルに関する自治体負担の試算

計算式	計算項目	ワンウェイびん 無 色	ワンウェイびん 茶 色	ワンウェイびん その他	合 計
C	（選別後）資源化量（t）	978	440	353	1,771
D	再商品化単価（円／t）	4,000	7,700	9,100	
Z = A + B	リサイクル総費用（円）	63,607,228	32,273,846	26,337,768	122,218,842
A = E + F	市町村負担費用（円）	63,607,228	29,394,491	23,446,295	116,448,014
E	収集資源化費用（円）	63,607,228	28,885,846	23,125,468	115,618,542
F = G × H	小規模事業者分（円）		508,645	320,827	829,472
B = G − F	事業者負担費用（円）		2,879,355	2,891,473	5,770,828
G = C × D	再商品化費用（円）		3,388,000	3,212,300	6,600,300
H	責任比率	10%	15%	10%	
A ÷ Z	市町村（％）	100.0%	91.1%	89.0%	95.3%
B ÷ Z	事業者（％）		8.9%	11.0%	4.7%

（出典：びん再利用ネットワーク（2004）96頁を一部修正。）

図表6　所沢市のごみと資源物の処理（資源化）費の原価計算

主たる費目	人件費 ごみ処理従事職員・ごみ処理関係管理職員・ごみ処理関係管理広報職員の人件費	維持稼働費 人件費を除く経費合計（委託費など）	設備費 施設・車両・工具等の減価償却費	合　計
【参考】全国都市清掃会議「廃棄物処理事業原価計算の手引き」	給料・職員手当等・共済費	賃金・一般需用費・役務費・委託料・使用料及び賃借料など	建物・構築物及び機械装置・自動車・工具・器具備品など	
ごみ収集経費 ①可燃ごみ ②不燃ごみ ③危険・有害ごみ ④粗大ごみ ＊自治体が収集するごみ ＊有料化による収入は除く	1,455,954,968円 管理部門・広報部門の人件費は、ごみ収集に関する分を按分して合算	＋　308,049,482円 ごみを収集するために必要な燃料費、修繕費、保険料や委託費、広報費など	＋　28,312,977円 ごみを収集するのに必要なパッカー車やダンプの購入費など	＝　1,792,317,427円 ごみ収集量（t）　88,041 単価（円/t）　20,358円 一人当経費（円/人）　5,380円
ごみ処理経費 （中間処理・焼却） ①から④ ⑤許可業者が収集したごみ ⑥持込ごみ 　（⑤を除く）	530,519,794円 中間処理に従事する職員の人件費	＋　790,207,720円 ごみを処理するために必要な光熱費、焼却施設の修繕費、機械の賃借料や委託費など	＋　319,059,106円 ごみを処理するために必要な焼却施設や機械装置などの購入費	＝　1,639,786,620円 中間処理量（t）　120,188 単価（円/t）　13,644円 一人当経費（円/人）　4,923円
ごみ最終処分経費 ⑦埋め立てごみ量 ⑧焼却残さ	9,082,627円 最終処分に従事する職員の人件費	＋　708,078,931円 処分場へ移送費、埋め立てに必要な燃料費、修繕費、保険料や委託費など	＋　9,858,335円 処分場の建設費、処分場への輸送トラック購入費など	＝　727,019,893円 埋立処分量（t）　19,883 単価（円/t）　36,565円 一人当経費（円/人）　2,182円
資源化費（収集・分別・圧縮・保管・売却） ⑨家庭系資源物資源化 ＊集団回収助成金を除く	489,570,119円 管理・広報部門の人件費は、資源化に関する分を按分して合算	＋　443,148,466円 家庭系資源物を収集・分別・圧縮・処理するために必要な光熱費や委託費、広報費など。資源の▲売却益＋逆有償額	＋　87,639,342円 家庭系資源物を収集処理するために必要なリサイクルセンターの建設費や機械装置、フォークリフトなど購入費	＝　1,020,357,927円 家庭系資源物資源化量（t）　15,721 資源化単価（円/t）　64,904円 一人当経費（円/人）　3,063円
合　　計	2,485,127,508円	＋　2,249,484,599円	＋　444,869,760円	＝　5,179,481,867円

（出典：びん再利用ネットワーク（2004）91頁を一部修正。）

2001年度には161の自治体がこれに参加している。2001年度データの対象となる人口総数は約3,600万人，自治体当たりの平均人口は22.5万人である。

既述の主要調査項目の平均データは図表7で示されている。ここで，資源化率は，事務系一般廃棄物や集団回収も含む総排出量に対する総資源化量の割合，資源化単価は資源化単位あたりの資源化事業費用（図表6参照）であり，表の右端の列では容器包装リサイクル法対象物を資源化するためにかかった費用の自治体負担割合が示されている。個別の自治体の数値は図表5の計算によって求められるが，生産者に比較して事業自治体の負担が大きな割合になっていることがわかる。

図表7　廃棄物会計の主要データ

項　目	資源化率	資源化単価（t／円）	容リ法対象容器自治体負担割合
2001年度	20.7%（154）	56,513（125）	74.5%（96）
2000年度	21.0%	43,164	70.2%

注1）カッコ内は回答した自治体数
　2）容リ法：容器包装リサイクル法

（出典：びん再利用ネットワーク（2004）12頁を一部修正。）

3.3　廃棄物会計の特徴と課題

廃棄物会計の基本的なしくみを概観したが，同会計は他の政府・自治体環境会計と同様に，外部環境会計と内部環境会計の2つの側面を持っている。前者は，廃棄物行政に関するアカウンタビリティを果たすことを目的とする。名古屋市の事例などでも示されているように，市民にも廃棄物の分別や削減が求められる状況下で，市民は自治体のリサイクルのしくみや廃棄物の流れ，さらにはそれらのコスト構造に強い関心を抱くようになってきており[53]，その正確な把握と情報の公開は今後の廃棄物行政に不可欠である。また，主要項目として掲げられている数値は市民が行う廃棄物への対応活動にインセンティブを与えると同時に，より自治体負担の少ない容器包装品を使用する方向へ市民の消費行動を変えていく可能性がある。公共サービスがリサイクル費用や処理費用をどこまで負担するかという点は，容器包装材だけでなく，すべての生産物に

とって重要な問題であるが，いずれのケースにおいても，廃棄物会計のような詳細な物理的データとコストデータにもとづいた議論が必要になってくる。

内部環境会計もしくは環境管理会計としての廃棄物会計は，自治体の廃棄物行政の効率化が重要な目的となる。そのためには，自治体自身の廃棄物行政に関する明確なスコープと具体的な目標設定およびそのための指標などがまず持って設定される必要がある。また，調査でも示されているように[54]，個別の自治体によって廃棄物に関する政策や制度は大きく異なるが，個別自治体が公表する廃棄物会計データはその特質を明らかにするための重要な情報となる。

廃棄物会計の自治体への導入に関しては，すでにいくつかの課題が指摘されているが，その代表的なものとしては減価償却費の計算と直接費や間接費の品目別配賦計算が挙げられる[55]。前者は公会計自体に導入されていなかったものであることから，新たに算入される必要があり，後者は，企業の内部環境会計でも正確に実施することの難しさが指摘されており，活動基準原価計算などの考え方を使いながらコストの発生要因をさらに分析していくことが重要である。

廃棄物会計は廃棄物フローとコストに基づいて作成されているが，現在までのところ，環境負荷データとのリンクは図られていない。今後は，廃棄物の分別・収集・処理・リサイクルなどに伴って自治体の内・外で発生する環境負荷を加味することによって環境行政へより適切な情報提供を行っていく必要性がある。また，さらに，企業において急速に広まりつつある社会的責任の観点から言えば，廃棄物システムが及ぼす社会的影響も加味した多面的な側面を把握していくことも重要である。

［追記］ 2005年3月には2002事業年度版としてびん再利用ネットワーク（2005年）が発行されている。

注

（1） 筆者の知りうる限り，横須賀市のほかに，岩手県，山口県，埼玉県，京都市，鯖江市，多摩市および上越市が環境会計情報を開示している。

（2） 阿部泰隆・淡路剛久（2002）pp. 25-26, pp. 32-34.
（3） 阿部・淡路（2002）p. 36. 　　　　　　（4） 環境省（2001）p. 36.
（5） 国の環境基本計画と区別するため，本節では，自治体の環境基本計画等を「環境管理計画」と称する。なお，環境基本条例，環境保全条例（公害防止条例）および自然環境保全条例を制定している自治体（都道府県および政令指定都市）は，2003年3月31日現在で，順に58団体，53団体および53団体となっている。また，環境管理計画は，2002年3月31日現在，全都道府県・政令指定都市，および538市町村で策定されている。以上環境省（2003）p. 172.
（6） 北村喜宣（2003）p. 124. なお，ここでいう「環境の管理」とは，「現に存在する環境に関し，これに一定の質・量・機能を与えるべく保全・再生・創造することを目的として，規制・誘導・助成・啓発などの諸手法を有機的に組み合わせて実施することによって，公共性を有する有限な環境資源を合理的に利用すること」と定義される（北村（2003）p. 123）。
（7） 北村（2003）p. 138.
（8） （財）日本規格協会（環境管理規格審議委員会事務局）の調査結果（同協会のURL：http://www.jsa.or.jp/iso/iso14000_05.asp より。アクセス日2005年10月20日）から，自治体におけるISO14001の審査登録は，2000年から急増し始め，2004年6月末日現在に524件となったが，市町村合併の影響により2005年8月末日現在で479件となっている。
（9） 中口毅博（2002）pp. 58-59.
（10） 阿部・淡路（2002）p. 135，北村（2003）pp. 131-132, 135-136。
（11） 自治体（政府）におけるアカウンタビリティに関しては，GASB（1987）paragraph 77におけるアカウンタビリティ概念を用いて分析を行っている陳琦（2001）pp. 20-22, p. 33-35 に依拠した。
（12） 北村（2003）p. 8によれば，「住民の福祉」には，「生存の最低条件である生活環境の確保，さらに，人間らしく生活するために必要なより快適で良好な環境の保全と創造は，そのコア部分を構成しているといえる。」
（13） 河野正男（2003）p. 158.
（14） 環境会計に取組んでいる横須賀市，鯖江市，岩手県，多摩市および山口県において，環境会計の導入目的として政策意思決定という内部管理目的と説明責任の履行という外部報告目的の双方を掲げている。詳しくは，大森明（2004）p. 29.
（15） 河野正男（2001）p. 119. 　　　　　　（16） 河野（2001）p. 119.
（17） 河野（2001）pp. 118-122. そのほか，石津寿惠（2003）pp. 218-221 は，MoEガイドまたは独自の指針のいずれかに準拠して作成するものを「統一的環境会計タイプ」，双方に準拠しているものを「複合的環境会計タイプ」に類別するとともに，「一般会計分野」と「特別会計分野」とに分け，自治体環境会計をマトリックス構造で4つに類型化している。
（18） 河野（2003）p. 171, 174.
（19） なお，本節では，横須賀市から公表されている6つの報告書を区別するため，横須賀市（2000）を「2000年版」，同（2001）を「2001年版」のように，発行年を用いて示す。
（20） 横須賀市（2002）p. 3. 　　　　　　（21） 横須賀市（2002）p. 3.
（22） 環境対策の範囲は，横須賀市（2002）p. 42. なお，横須賀市（2000）では，環境対策の費用の分類について，当初環境庁（2000）の分類法とほぼ同じにしていたが，2001年版以降，「公害防止対策」，「地球環境保全対策」，「資源有効利用及び廃棄物対策」，「グリーン購入」，「環境マネジメント」および「社会活動」に分類している。

(23) 「投資額」を計上していない点で MoE ガイドと異なる。横須賀市（2000）p. 46.
(24) 横須賀市（2003）p. 5. なおそこでは，現行公会計は現金主義に即しているため，発生主義によって費用を計算すると整合的でないと述べられている。
(25) 河野（2001）p. 124. なお，環境基本計画の目的は，北村（2003）p. 123 参照。
(26) 横須賀市（2000）p. 44，横須賀市（2001）p. 8，および横須賀市（2003）p. 7.
(27) 横須賀市（2001）p. 4，なお，2000 年版では，前者を「私的効果」，後者を「社会的効果」と呼んでいたが，特に「私的効果」という名称は公的機関が使用する用語としてふさわしくないという理由から「内部効果」に改められ，それに対応して「社会的効果」が「外部効果」に改められた。
(28) 横須賀市（2003）p. 8.　　　　　　(29) 横須賀市（2003）p. 32.
(30) 横須賀市（2002）p. 37.　　　　　　(31) 横須賀市（2003）p. 8.
(32) 岩手県（2002）では，「環境影響が主として県域に及ぶ環境項目」について CVM によって貨幣評価している。例えば，「水質・北上川清流化対策」という環境施策では，県民アンケートの結果にもとづいて貨幣額を推計しているが，アンケートにおいて県民の支払意志額を尋ねる際に「税再配分方式」を用いている。これは，「特定の領域の予算を減らす代わりに別の領域の予算を増額する」という聞き方であるため，「支払意志額が高めに出てしまう危険性」が指摘されることから，横須賀市（2002）では，「負担金方式」が採用されている。CVM は，「非利用価値」を貨幣評価できるという利点がある一方で，多くの問題点が指摘されている（栗山浩一（2003）pp. 76-85, Turner et al.（1993）pp. 122-127〈訳書，pp. 126-131〉）。
(33) 横須賀市（2003）p. 10, 18.　　　　(34) 横須賀市（2003）p. 10.
(35) 横須賀市（2003）p. 11.　　　　　　(36) 岩手県（2002）p. 12.
(37) 岩手県では，「環境対策」を「内部環境対策」，「環境施策」を「環境行政施策」と呼んでおり，また，「内部効果」と「外部効果」という区別を行っていない。
(38) 河野（2003）p. 182. なお，維持コストを採用した旨に関する記述は岩手県（2002）p. 15.
(39) 隅田一豊（2001）p. 70.　　　　　　(40) 河野（2003）p. 184.
(41) 隅田（2001）p. 103，および河野（2003）p. 166.
(42) 河野（2003）p. 184.
(43) 維持コストと被害コストに関しては，CICA（1997）や United Nations（1993）において検討されている。この議論については，大森明（2005）pp. 49-52 を参照されたい。
(44) 県内純生産（県内 NDP）＝県内総生産（県内 GDP）－固定資本減耗。以上，山口県（2003）p. 15。
(45) 山口県（2003）p. 15.
(46) 前者の考え方は，千葉貴律（2002）pp. 164-165 による企業における環境会計の見解から援用し，後者の考え方は，石津（2003）p. 226 より引用。
(47) 『水道協会雑誌』2003 年 9 月号の「環境会計特集号」では，東京都水道局，横浜市水道局，大阪府水道部の環境会計担当者が座談会を行っているが，そこでも今後の方向性がいろいろ議論されている（平賀他，2003）。
(48) 『水道協会雑誌』2003 年 9 月号の座談会でも，利用者からの反応は多くないことが指摘されている。
(49) 環境予算マトリックスは，経済産業省のワークブックでは環境コストマトリックスとして紹介されているが，その後，予算編成面での役立ちを重視して，環境予算マトリックスという名称に変更された（伊藤，2004 参照）。

(50) 容器包装リサイクル法の改正を求めるごみ研究会編 (2003) 参照。
(51) 環境省廃棄物・リサイクル対策部 (2004)
(52) 鈴木直人 (2004) 12-15 頁，びん再利用ネットワーク (2004) 11-15 頁。
(53) 市橋和宜 (2004)
(54) びん再利用ネットワーク (2004) 11-24 頁。
(55) びん再利用ネットワーク (2004) 38-43 頁，石川雅紀 (2004) 9-10 頁。

参 考 文 献

(第1節)

Governmental Accounting Standards Board (GASB) (1987), *Concepts Statement No. 1: Objectives of Financial Reporting*, GASB. (藤井秀樹監訳 (2003)『GASB/FASAB 公会計の概念フレームワーク』中央経済社。)

Turner, R. K., Paerce, D. and Bateman, I. (1994), *Environmental Economics: An Elementary Introduction, First Edition*, Harvester Wheatsheaf. (大沼あゆみ訳 (2001)『環境経済学入門』東洋経済新報社。)

阿部泰隆・淡路剛久 (2002)『環境法 (第2版追補版)』有斐閣ブックス。

石津寿惠 (2003)「自治体の環境会計」勝山進編『環境会計の理論と実態』中央経済社, pp. 213-228。

岩手県 (2002)『岩手県環境会計』岩手県環境生活部。

宇都宮深志 (2002)「自治体環境行政の基本的方向と枠組」人間環境問題研究会編『環境法研究—特集 自治体環境行政の最前線—』第 27 号, 有斐閣, pp. 3-19。

大森明 (2004)「環境会計の意義と現状—我が国地方自治体における環境会計の将来—」『会計と監査』第 55 巻第 3 号, pp. 26-30。

大森明 (2005)「環境会計における効果の貨幣的測定」『地域分析』第 43 巻第 2 号, pp. 37-60。

河野正男 (2001)『環境会計—理論と実践—』中央経済社。

河野正男 (2003)「公共部門における環境会計」吉田文和・北畠能房編『岩波講座環境経済・政策学第 8 巻 環境の評価とマネジメント』岩波書店, pp. 157-186。

環境省 (2001)『環境基本計画—環境の世紀への道しるべ—』ぎょうせい。

環境省 (2003)『環境白書 (平成 16 年度版)』ぎょうせい。

北村喜宣 (2003)『自治体環境行政法 (第 3 版)』第一法規。

栗山浩一 (2003)「環境評価手法の具体的展開」吉田文和・北畠能房編『岩波講座環境経済・政策学第 8 巻 環境の評価とマネジメント』岩波書店, pp. 67-96。

隅田一豊 (2001)『自治体行財政改革のための公会計入門』ぎょうせい。

千葉貴律 (2003)「環境会計の二つの合理性」『経営論集』第 50 巻第 1 号, pp. 161-171。

陳琦 (2001)『米国地方政府会計システムの再構築』神戸商科大学経済研究所。

中口毅博 (2002)「環境基本計画の策定と運用」田中充, 中口毅博, 川崎健次編『環境自治体づくりの戦略—環境マネジメントの理論と実践—』ぎょうせい, pp. 52-73。

山口県 (2003)『山口県庁環境会計システム 報告書』山口県。

横須賀市 (2000)『横須賀市の環境会計—平成 10 年度決算における費用対効果—』横須賀市環境部環境管理課。

横須賀市（2001）『横須賀市の環境会計―平成11年度決算における費用対効果―（資料集）』横須賀市環境部環境管理課。
横須賀市（2002）『横須賀市の環境会計―平成12年度決算における費用対効果―（資料集）』横須賀市環境部環境計画課。
横須賀市（2003）『横須賀市の環境会計―平成13年度決算における費用対効果―（資料集）』横須賀市環境部環境計画課。
横須賀市（2004）『横須賀市の環境会計―平成14年度決算における費用対効果―（資料集）』横須賀市環境部環境計画課。
横須賀市（2005）『横須賀市の環境会計―平成15年度決算における費用対効果―（資料集）』横須賀市環境部環境計画課。

（第2節）
伊藤嘉博（2004）「環境予算マトリックス」國部克彦編著『環境管理会計入門』産業環境管理協会，pp. 116-137。
河野正男（2003）「公共部門における環境会計」吉田文和・北畠能房編『環境の評価とマネジメント』岩波書店，pp. 157-186。
環境省（2002）『環境会計ガイドライン』環境省。
経済産業省（2002）『環境管理会計手法ワークブック』経済産業省。
國部克彦（2000）『環境会計（改訂増補版）』新世社。
國部克彦（2003）「環境会計と水道事業」『水道協会雑誌』第72巻第9号，pp. 9-16。
國部克彦・梨岡英理子（2004）「環境管理会計の促進要因」『會計』第166巻第3号，pp. 84-97。
小山隆（2001）「東京都水道局における環境会計への取組」國部克彦編著『環境会計の理論と実践』ぎょうせい，pp. 190-202。
平賀隆（2003）「東京都水道局の環境会計」『水道協会雑誌』第72巻第9号，pp. 30-34。
平賀隆他（2003）「座談会：水道事業における環境会計の導入」『水道協会雑誌』第72巻第9号，pp. 17-29。

（第3節）
石川雅紀（2004）「廃棄物会計の必要性と課題」『月間廃棄物』第30巻第361号。
市橋和宜（2004）「環境会計・廃棄物会計の取り組みについて」『月間廃棄物』第30巻第361号。
環境省廃棄物・リサイクル対策部（2004）『平成15年度容器包装廃棄物の使用・排出実態調査及び効果検証に関する事業報告書（効果検証に関する評価事業編）』。
鈴木直人（2004）「廃棄物会計のしくみと活用に向けて」『月間廃棄物』第30巻第360号。
びん再利用ネットワーク（2004）『廃棄物会計調査報告書－市民・自治体議員・職員のための廃棄物会計ガイド2001年事業年度版』。
びん再利用ネットワーク（2005）『2002（平成14）事業年度版廃棄物会計調査報告書』。
容器包装リサイクル法の改正を求めるごみ研究会編（2003）『育てよう！廃棄物会計―知っておきたい自治体のリサイクルコスト』日報出版。

　　　　（第1節・大森　明　第2節・國部克彦　第3節・八木裕之）

第12章

海外における政府・自治体環境会計の展開

1 オーストラリアにおける政府・自治体環境会計

1.1 オーストラリアにおける政府・自治体環境会計の背景

　中央政府や自治体において環境会計が実践されている諸国はそれほど多くない中で，オーストラリアでは，政府機関によって政府・自治体環境会計のプロジェクトが推進されている。本節では，環境会計の経験が蓄積されつつあると推察されるオーストラリアの自治体における環境会計を中心に取り上げ，その特徴や展望を明らかにすることを目的とする。

　オーストラリア連邦政府（以下，連邦政府）は，地球サミット[1]での持続可能な発展に向けた国際的コンセンサスの形成を受け，1992年に「生態的持続可能な発展に向けた国家戦略」（National Strategy for Ecologically Sustainable Development：以下NSESD）を策定した。NSESDは，「生態的持続可能な発展」（ESD）を「人類が依存している生態系が維持され，そして現在および将来にわたってクオリティ・オブ・ライフが高まるように，地域の資源を使用，保全および増強すること[2]」と定義し，国家の政策意思決定等において経済，社会および環境の3つの面（トリプル・ボトムライン：以下，TBL）を統合した形で考慮することと，より長期的視点を採用することを強調している。NSESDでは，以下の図表1に掲げる3つの主要な目的とそれを達成するための7つの指導原理が定められている。

　連邦政府では，この指導原理を充足させるべく，さまざまな政策を立案・実

図表 1　NSESD における目的と指導原理

主要目的
- 将来世代の福祉を保護する経済発展を追及することによって個人および地域社会の幸福と福祉を増進すること
- 世代内および世代間の公平性をもたらすこと
- 生物多様性を保護し，重要な生態系と生命維持システムを保持すること

指導原理
- 意思決定プロセスは，長期的および短期的な経済，環境，社会および公平性に関する考慮を効果的に統合しなければならない
- 深刻または不可逆的な環境損傷の脅威にさらされているとき，環境破壊を防止する措置を引き延ばす理由として科学的根拠の欠如をあげてはいけない
- 行動や政策の環境影響について，グローバルな視点から認識され，考慮されるべきである
- 環境保護の能力を増強しうる強力で，成長する，多様化した経済社会を構築する必要性が認識されるべきである
- 環境に適合した方法で国際競争を維持し強化する必要性が認識されるべきである
- 評価方法，価格付けおよびインセンティブ機構の改善といったコスト効率的で柔軟な政策手法が採用されるべきである
- 広範な地域社会に影響を及ぼすような意思決定や行動は，その問題について広く地域社会に提供されなければならない

（出典：Council of Australian Governments（1992）Part 1.）

行してきている。特に自治体との関連でいえば，連邦政府が NSESD を策定するきっかけとなった地球サミットで採択された『アジェンダ 21』第 28 章において，自治体の役割が強調されていることが特筆される。そこでは，①自治体の行動計画である「ローカル・アジェンダ 21」の策定，②自治体間の協力に向けた国際社会のバックアップ，③各自治体間の情報の共有および④計画の実施とモニタリングに際しての住民の参加，が求められている[3]。

特にローカル・アジェンダ 21（以下，LA21）は，元来，国際環境自治体協議会（ICLEI）によって提唱され，国連環境開発会議の第 3 回準備会合において提案された後，上記のアジェンダ 21 に取り入れられたという経緯がある[4]。ICLEI では，LA21 の策定を自治体に対して積極的に推進しており，連邦政府

も自治体におけるLA21の導入に積極的である。

　連邦政府(環境・遺産省)が自治体向けに発行したLA21の導入マニュアルでは，LA21を「地方レベルにおける持続可能な発展に向けたプログラム」と定義し，環境，経済および社会の発展を統合したシステムおよびプロセスから成るとしている[5]。そのマニュアルによればLA21は，①準備段階，②パートナーシップの構築段階，③ビジョン，目標，および指標の決定段階，④地方行動計画の文書作成段階および⑤実行，報告，監視および見直し段階，の5つから構成される[6]。つまり，LA21は，地方における環境，経済および社会に関する問題について，自治体内部にPDCAから成るマネジメントシステムの構築を求めるものであると解釈することができる。このマニュアルでは，マネジメントシステムを向上させる行動のひとつとして環境会計が有益であるとしている。そこでは，物量尺度と財務尺度とを統合した環境会計のフレームワークを構築することによって，TBLを統合した意思決定に資することが可能になるとしている[7]。そして，後述する環境状況報告書と環境会計が，自治体のあらゆる部門においてLA21を考慮し，地域社会においてLA21が機能することを促進する支援となると指摘されている[8]。

　LA21は，連邦政府のNSESDを達成するためのひとつの行動計画であるが，LA21以外でも，NSESDの策定は，多くの州において持続可能な発展を目指す政策を促進している。例えば，ニューサウスウェールズ州（以下，NSW州）の地方自治体法（Local Government Act 1993 No. 30）では，連邦政府のESD戦略推進のために環境に関連するさまざまな規定を設けている。まず，同法セクション7(e)では，自治体の議会，首長および職員に対して自己の職務を遂行するに際してESDを考慮することを求めており，続くセクション8(1)では，「自治体の管轄行政区域における環境を，ESD原則と首尾一貫しかつそれを促進するようなやり方で，適切に管理，開発，保護，復元，改善および保全すること」を自治体憲章のひとつとして表明している。また，セクション428(2)において，自治体に対して年次報告書における財務諸表の作成・公表を要求すると同時に，管轄行政区域の環境パフォーマンスデータを集約した環境状況（State of the environment：SoE[9]) に関する情報の掲載を求めている。特に環境状況の報告に関しては，同州の環境保護管理法 (Protection of the Environment Administration Act 1991 No. 60) のセクション 10(1)において，自治体に対し環境状況の報告に特化した環境状況報告書 (State of the Environment Report：SoER) の 3 年ごとの作成を求めている。同法セクション 10(3)では，具体的に以下に掲げる情報をSoER に掲載するよう求めている。

- 主要な環境資源の現状の評価，環境の動向の検証
- 自治体による施策・事業の検証と環境保護に関連する民間部門の検証
- 経済分析の傾向と環境保護のコストとベネフィットの検証（経済評価を含む）
- 環境保護に関する自己の責任解除を目的とした将来の法規制や活動への一般的意見，および
- 環境教育プログラムのパフォーマンスに関する声明

上記のうち，特に 3 つ目の項目，すなわち環境保護にかかわるコストとベネフィットに関する情報の提供が求められている点に着目したい。この項目に関して，環境会計による貢献が大いに期待されるが，筆者の調べた限り，これらの情報を SoER に掲載している自治体はそれほど多くない[10]。

連邦政府と州政府による ESD の追求に向けた一連の動向を受け，オーストラリアの公共部門を取り上げたいくつかの先行研究では，環境情報の開示が進みつつあることを実証しているが，いずれも研究対象の期間が 1990 年代中葉であることから，現在ではより進展していると推察される[11]。

1.2 オーストラリアにおける自治体環境会計プロジェクト

第 9 章第 4 節において概観したように，オーストラリアでは国家地方政府局 (Australia National Office of Local Government：NORG) による「地方自治体における環境会計フレームワークの適用」プロジェクト[12]が立ち上げられている。具体的には，オーストラリア統計局 (Australian Statistic Bureau：ABS) によって展開されているため，以下では，ABS によるプロジェクトおよびそのプロジェクトを受けて環境会計を行った 6 つの自治体のうちのひとつを取り上げて議

論することにしたい。

　ABSでは，1990年中ごろから「環境・自然資源調査」(Environmental and Energy Survey) に着手した。当該調査は，国連から1993年に公表された「環境・経済統合会計」(System for Integrated Environmental and Economic Accounting：SEEA) と，欧州統計局 (Eurostat) によって1994年に公表された「環境に係わる経済情報収集に関する欧州体系」(European System for Collection of Economic Information on the Environment：SERIEE) の枠組みに沿って環境保護に関連する貨幣額を集計するものである。

　ABSでは，これら2つの枠組みに依拠してマクロ会計の領域から環境会計を実践し，オーストラリア一国全体の環境保護勘定 (environmental protection accounts) と自然資源管理勘定 (natural resources management accounts) を作成している。前者は，「汚染やあらゆる環境破壊の防止，削減および除去を目的としたすべての行動および活動」に関わる勘定であるのに対し，後者は，水，森林，地下資源，エネルギー等の資源の管理およびリサイクルと修復活動に関わる勘定と定義される[13]。両勘定の違いは，前者が，損傷の生じたところの予防，削減または回復によって社会経済活動の有害な影響から環境を保護するのに関連する活動に焦点をあてている一方，後者が，住民への飲料水の提供といった社会経済目的で自然資源を使用・保全することに関連する活動を指す点にある。また，これらの勘定は上述のSERIEEにおいてその作成が推奨されていることに起因しており，そこで明らかにされる活動は，基本的に環境保護活動分類 (Classification of Environmental Protection Activities：CEPA) に即して分類されている。

　特にABSが環境保護と自然資源管理の両活動に関わる費用と収益に関するデータの提供を自治体に対して求めた点に着目したい。こうした取組みによってABSでは，一般政府部門の自治体の環境に関するデータ入手が容易になるだけでなく，自治体にとっても管轄行政区域内の環境と自然資源管理の改善を支援する会計ツールの開発に寄与すると考えられている[14]。

　ABSの考える環境コスト[15]は，開発による損傷から環境を保護するコスト

およびその損傷が生じた後でそれを回復するためのコストから成る。これらのコストは，上述のCEPAにもとづき，廃水管理・水資源保護，固形廃棄物管理，生物多様性と景観の保護，土壌・地下水の保護，大気・気候の保護，その他の環境保護活動および文化遺産の保護の各環境保護活動に分類され，各活動についてコストが測定されている。このことにより，環境保護勘定は，①環境保護財・サービスの購入や使用，②環境保護財・サービスの供給および③環境保護財・サービスのための資金調達，という3つの経済活動を把握できるデータ・ソースとなりうる。具体的には，各活動に関わる環境保護財・サービスに対する自治体の経常的な費用，これらの活動を遂行するのに必要とされる自治体の資本的支出，およびこれらのサービスの提供により受け取られた収益が測定される。これにより，自治体が他の経済部門からいくら受取り，環境保護活動にいくら費やしているのかを知ることができる。さらに，自然資源管理勘定については，SERIEEにおいて示された水供給，土地管理および他の資源管理の3項目について，それぞれ上述した経常的費用，資本的支出および収益が測定される[16]。

　上記の環境コストは，図表2のように収集される。

　図表2によれば，経常的費用は，「原材料，燃料および電力と，設備・施設の維持・修繕」から発生し，契約者への支払，他の政府への支払および賃金・給料等の費用項目から構成されている。また，資本的支出は，環境保護活動等への投資から生じる。さらに収益は，自治体独自の収益源，州・連邦政府からの補助金およびその他の収益源から得られる。

　また，環境保護活動と自然資源管理活動の環境コストと収益は，図表3のような項目から構成されている。

　図表2および図表3のように規定された環境コストと収益が識別・測定され，最終的に以下の図表4のように纏められる。図表4は，ABSによって作成されたオーストラリア自治体全体の環境保護勘定と自然資源管理勘定である。これは要約表ではあるが，これにより，環境保護と自然資源管理の両活動からの収益の大半が管轄行政区域内において環境保護目的で徴収する料金から構成さ

図表 2　環境・自然資源調査の情報収集ツールにおける環境関連活動の財務的側面

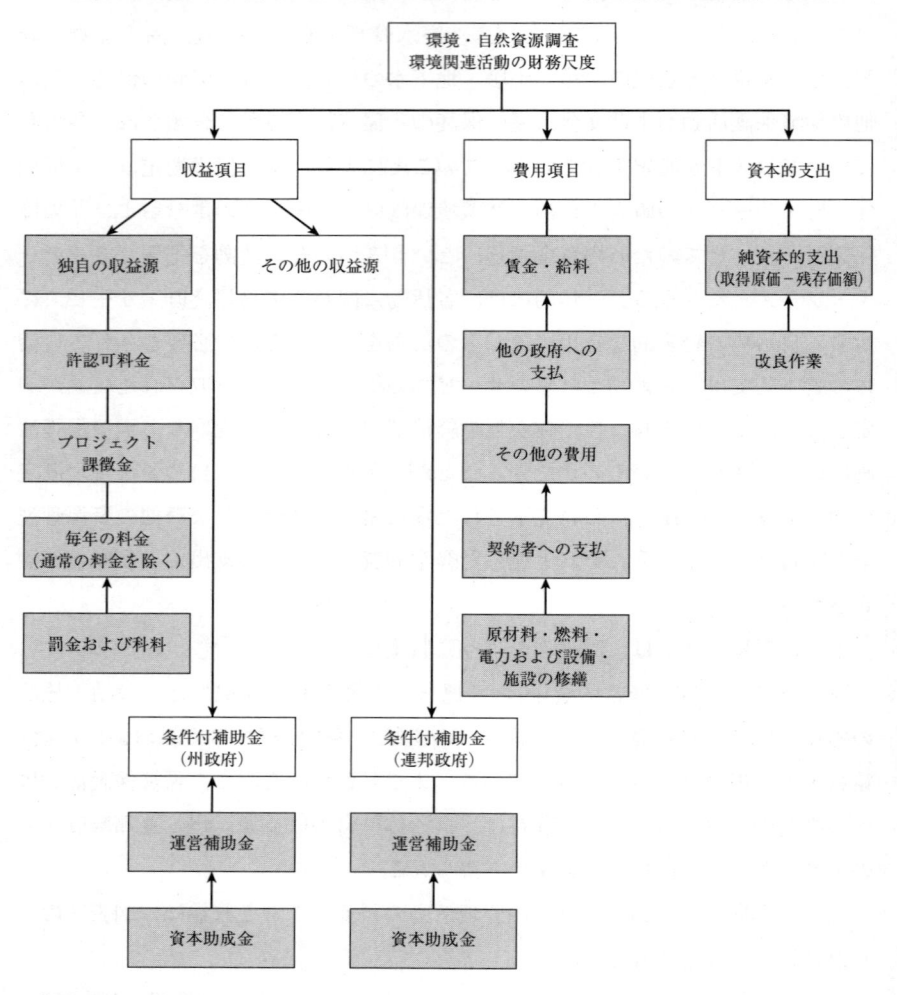

```
                    環境・自然資源調査
                    環境関連活動の財務尺度
         ┌─────────────┬─────────────┐
         ▼             ▼             ▼
       収益項目        費用項目       資本的支出
    ┌────┴────┐          │            │
    ▼         ▼          ▼            ▼
 独自の収益源  その他の収益源   賃金・給料    純資本的支出
    │                      │         (取得原価－残存価額)
    ▼                      ▼            │
  許認可料金              他の政府への        ▼
    │                     支払          改良作業
    ▼                      │
 プロジェクト                ▼
  課徴金                その他の費用
    │                      │
    ▼                      ▼
 毎年の料金              契約者への支払
(通常の料金を除く)           │
    │                      ▼
    ▼                   原材料・燃料・
 罰金および科料            電力および設備・
    │                    施設の修繕
    ▼                      │
 条件付補助金               ▼
  (州政府)              条件付補助金
    │                   (連邦政府)
    ▼                      │
  運営補助金                ▼
    │                   運営補助金
    ▼                      │
  資本助成金                ▼
                        資本助成金
```

(出典：Osborn (2001) p. 16.)

図表3　環境・自然資源調査の情報収集ツールにおける環境関連活動の体系

環境・自然資源調査：活動分類

環境保護

- **固形廃棄物管理**
  - 非有害廃棄物の処理と処分
  - 有害廃棄物の処理と処分
  - リサイクルサービス・ステーションの設置
  - 廃棄物管理の監視と測定
  - 都市のごみ集積地の管理
  - 廃棄物最小化に向けた教育キャンペーン

- **廃水管理**
  - 下水システムと処理業務
  - 雨水と排水路
  - 工場廃水の監視
  - 自然水系への廃水放出の監視・削減の設備・プロセス
  - 都市のごみ集積地の管理
  - 廃棄物最小化に向けた教育キャンペーン

- **生物多様性と生息地の保全**
  - 生態系保護・復元のための措置
  - 有害種を管理するための措置
  - 原生植物、動物および生息地を保護する措置
  - 外来野生動物の管理の措置
  - 火災管理活動

- **地下資源の保護**
  - 土壌の非汚染化（サイトの浄化）
  - 土壌流出、汚染、塩化の防止、統制または矯正のための措置
  - 土壌監視活動

- **文化遺産の保護**
  - 原住民の文化遺産保護の措置
  - 保全・維持する措置
  - 地域社会への助成金
  - 教育プログラムや資料

- **その他の環境保護**
  - 環境影響評価
  - 騒音と振動の除去
  - 一般的な環境保護のための教育
  - 地下水保護の措置
  - 大気・気候の保護措置

自然資源管理

- **土地管理**
  - 社会経済目的での土地管理・使用活動
  - 土地再区分決定
  - 自然道の維持
  - 開発申請の評価
  - 公立公園と公有林の設置と管理

- **水供給**
  - 飲料水の給水、規制および処理
  - 地下水ポンプの設置と維持
  - 新規水源の調査
  - 生存可能な土地の水分分析
  - 産業・家計による水消費の規制・削減措置
  - 水資源保全問題への関心高揚に向けた教育
  - 水辺周辺の管理
  - 灌漑網の設置と維持

- **その他の自然資源管理**
  - 自治体業務に供給する原材料の探索
  - 省エネルギー措置
  - 代替エネルギーの発見・探査活動

(出典：Osborn (2001) p. 17.)

図表 4　オーストラリア自治体の環境保護勘定と自然資源勘定の収益と費用の概要

	1998-99		2000-01		2002-03	
	環境保護 (百万ドル)	自然資源管理 (百万ドル)	環境保護 (百万ドル)	自然資源管理 (百万ドル)	環境保護 (百万ドル)	自然資源管理 (百万ドル)
収益						
家計と産業からの料金	1,639	866	1,967	1,079	2,096	1,309
政府の資金提供	138	38	169	62	133	57
その他	37	63	191	197	386	173
合　計	1,813	966	2,327	1,338	2,614	1,538
費用						
賃金・給料	380	399	401	491	455	581
運営費用	1,286	664	1,474	910	1,630	931
合　計	1,665	1,063	1,875	1,401	2,084	1,512
資本的支出						
純取得	150	102	195	99	262	193
その他	311	166	422	271	296	229
合　計	461	268	616	370	558	422

(a) 調査の質問表設計の変更に起因して年度比較を行うときは注意されたい。
(b) 数値が四捨五入されたところは，合計値が食い違っている。
(c) 1998-99 だけは，減価償却費が含まれている。

(出典：ABS (2002) p.4.)

れていること，その料金を源泉とする収益が年々増加してきていること，および当期費用の大半が運営費から構成されること等が明らかとなる。ABSでは両勘定について詳細な表も作成しているが，そこでは特に支出に関し，当期費用と，投資に関わる支出である資本的支出とが区別されて表示されている。

こうしたマクロ会計の領域における ABS の取組みは，中央政府と自治体の政策意思決定において活用すること，および政策の効果を測定することが期待されている。当該取組みにおいて採用された SEEA を解説したハンドブックでは，「経済活動によって生じた環境の変化を監視し，経済面と環境面を統合した政策に向けた（データ）面での基礎となること[17]」を SEEA の目的としている。したがって，ABS によって作成された環境勘定は，第11章第1節において概説した地域管理を目的としたものと捉えることができ，この目的に適う環境会計こそ政府や自治体に妥当な用具として認識することができる。

1.3 オーストラリアの自治体における環境会計の取組み

　既に第9章第4節において指摘したとおり，6つのオーストラリアの自治体において環境会計を導入するプロジェクトが実施されている。当該プロジェクトの概要と得られた教訓は，既にそこで指摘されているので，本節では，ひとつの自治体を取り上げて検討することにしたい。

　ABSも指摘している通り，国家地方政府局のイニシアティブは，国家の環境勘定作成のためだけに行われているのではなく，自治体または州政府の環境政策の立案にあたって有用な情報を提供することも目的とされ，当該目的に資するものとして環境会計が位置づけられている。したがって，上記で議論したマクロレベルの環境会計は，そのデータ収集過程において自治体や州政府といったミクロレベルの経済主体にとっても有用な情報を提供すると思われる。そこで，ここでは，上記のABSプロジェクトを受け，自治体が独自に環境会計情報を収集しそれを活用しているという事例を取り上げて検討する。

　自治体は，ABSに対して環境保護と自然資源管理のための収益と費用を定期的に報告しているが，特に地方政府局のプロジェクトに参画した自治体は，これらの情報を自己の環境政策の立案や管理に役立てようとしている。ここでは，ユーロボダラ・シャイア・カウンシル（以下，ユーロボダラ）を取り上げて考察する。

　ユーロボダラ[18]は，NSW州に属しているが，同州では，上述したように環境状況報告書の作成と，年次報告書における環境状況情報の掲載が求められている。このことは，同州所在のユーロボダラが，環境会計に取組むひとつの要因となったと推察される。ユーロボダラでは，上述のCEPAにもとづく分類にしたがって環境保護と自然資源管理の両活動に関わる費用と収益を測定している。ユーロボダラが当該プロジェクトに参加した理由として，①持続可能な地域社会を実現するための誓約を実行するため，②より良い統治に資する誓約を実行するため，③環境保護サービスの供給者であること，④リーダーシップを発揮して管轄行政区域内の環境改善を実現するため，および⑤規制当局から課された基準遵守のコストを相殺する内部的なベネフィットを発見するため，

をあげている[19]。

ユーロボダラでは，ABS の環境・自然資源調査の一貫として環境保護活動と自然資源管理活動の収益，費用および資本的支出を測定している。費用と収益に関わる情報は，上述した ABS による見解に沿って収集されているため，上記の図表3および図表4において示した範囲で測定が行われている。このように収集した費用と収益は，図表5に示した一覧表に纏められる。

図表5　ユーロボダラにおける環境保護サービスの費用・収益（1997-1998年）

機能または活動	運営費用 費用	運営費用 区分合計	収益 収益	収益 区分合計	サービスの純コスト 純コスト	サービスの純コスト 区分合計
管理（分類されない）						
企業支援	2,007				2,007	
エンジニアリングと作業	1,100				1,100	
その他の支援サービス					0	
		3,107		0		3,107
無害廃棄物管理						
処理，保管，処分	1,468		1,153		315	
廃棄物保管所管理	236		652		－416	
廃棄物のフローの管理					0	
リサイクル					0	
屑管理					52	
公衆教育					0	
管理					87	
その他					38	
		1,881		1,805		76
生物多様性と景観						
原生林，動物，植生の保護			263		－263	
生態系の保護	35		194		－159	
保護地域における土壌劣化からの保護	162		4		158	
外来種の管理	76				76	
火災統制―公有地	35				35	
		308		461		－153
土壌と地下水						
侵食，塩度，地下水面上昇の統制	57		1		56	
土壌の汚染除去					0	
地下水の保護					0	
浸出液の統制と監視	2				2	
		59		1		58

（出典：Osborn (2001) p. 21.）
（上記文献では貨幣単位が表示されていないが，Eurobodalla Shine Council (2002) から推察すると，単位は1,000豪ドルと考えられる。）

figure 5 は，基本的に CEPA にもとづいて環境関連の諸活動を分類した上で，運営費用と収益とを対照表示し，その差額を明らかにしている点で特徴がみられる。したがって，自治体の環境保護活動に関連するフロー情報が集約されているといえる。この計算書によって，ユーロボダラの環境関連活動の重点施策が判明するとともに，当該活動への資源配分の状況もまた明らかとなる。さらに図表6に示したように，廃水管理・水資源保護と一般廃棄物管理に関わる資産（環境保護資産）とその変動に関する計算書も同時に作成されている。

図表6 ユーロボダラにおける環境保護資産の変動（1997-1998年）

機能または活動	資産の維持		資産の変動			資産価値	
	実際	目標	増加（改善／付加）	減少（再評価/減価償却）	区分合計	実際	目標
廃水管理と水資源保護							
下水システムと処理作業	205	310	304	−209		80,290	85,000
暴風雨廃水システム	105	205	50	−89		19,378	27,500
流出水再利用							
廃水処理管理システム							
廃水・液体取引廃棄監視							
OSMS 承認と監視							
道路清掃							
配水池における土壌浸食防止	25	32		−35			
公衆トイレ							
管理							
	335	547	354	−333	21	99,668	112,500
無害廃棄物管理							
処理，保管，処分							
廃棄物保管所管理	36	56	54	−103		439	450
廃棄物フロー監視							
リサイクル							
屑管理							
公衆教育							
管理							
その他							
	36	56	54	−103		439	450

（出典：Osborn（2001）p. 22.）
（図表5と同様の理由から，貨幣単位は1,000豪ドルと推測される）

図表6は，2つの環境保護活動のための資産取得・除却および改良による資本的支出を活動ごとに示すとともに，目標額と実際額とを対照表示している。具体的には，資産の維持・管理のための収益的支出について目標額と実際額が併記されるとともに，期中における資産への資本的支出とその評価減が記載さ

れる。そして最終的に該当活動の資産価値の目標額と実際額が表示されている。したがって，この計算書は，環境保護サービスを提供するための資産の維持に関わる支出と，これらの資産価値の表示を目的として作成されている[20]。また，図表5および図表6に掲げた環境会計計算書は，一般目的財務諸表の補足情報として位置づけられる[21]。

ところで，オーストラリアの連邦政府や州政府は，オーストラリア会計基準第31号（AAS31）「政府による財務報告」，自治体は同第27号（AAS27）「地方政府による財務報告」によって，財務諸表の作成にかかわる会計基準が規定されている[22]。特にAAS27では，自治体に対して現金主義会計から発生主義会計への移行が求められているが，ユーロボダラでは，発生主義会計の導入と環境会計・報告の導入（SEEAやSoER等）によって以下のような効果を想定している[23]。

① 管轄行政区域内の自然資本ストック，建設資本ストックおよび人的資本ストックに関する報告書によって，財務諸表を補足すること
② AAS27の規定により建設資本ストックの管理と取替に関する報告が行われること
③ これらの報告が管理料金体系の設定に結びつくこと
④ 管轄行政区域の環境資産に資産維持と発生主義会計を適用することによって，拡張自然資本ストックの管理と使用における地域社会の行動を変化させること
⑤ 管轄行政区域の環境資産に資産維持と環境会計実務を応用することで，料金設定基準と収益増加オプションを提示すること
⑥ 上記の①〜⑤の成果を達成することによって，持続可能な発展に不可欠なより良い統治された意思決定へと導くこと

想定される効果は，いずれもユーロボダラの政策と直接関わってくるが，ここで試算された環境会計が上記の効果をもたらすという確証は示されていない。つまり，第11章第1節において規定した「地域管理」を目的とした分類にユーロボダラの環境会計は該当するが，その効果たる環境パフォーマンスの

向上との関連づけが明確にされていない。しかし，既に指摘したように州法で作成が義務づけられているSoERによって，大気，水，土地，生物多様性，廃棄物，騒音および文化遺産に関する自治体の計画が明らかにされるとともに，その現状が物量数値によって明らかにされていることから，環境会計による情報をSoERと突き合わせることによって，間接的とはいえ，貨幣額による環境保護へのインプットと，物量によるアウトプットまたはアウトカムを理解できる可能性がある。既に物量と貨幣額について，同じCEPAによる分類法で情報収集を行っているという事実は，両者の統合によって有用な環境会計情報へと発展できる可能性があると指摘できる。

1.4 オーストラリアの自治体における環境会計の新展開

オーストラリアにおける自治体環境会計について，ユーロボダラというひとつの自治体を中心的に取り上げて議論してきた。ここでは，まず，ここ数年オーストラリアにおける政府・自治体の環境会計および環境報告の新たな展開についても付言するとともに，ユーロボダラが，1998年における環境会計情報の公表以降，現在に至るまで，環境会計をどのように展開しようと模索しているかということを論じ，オーストラリアにおける自治体環境会計の展望を述べることにしたい。

ここ数年のオーストラリアの公的部門における環境会計は，「会計」というよりもむしろ「報告」の側面が強調されて進展してきている。連邦政府環境遺産省では，2000年に企業を対象とした環境報告のガイドラインを公表したのに加え，トリプル・ボトム・ライン（TBL）のうちの環境指標に関するガイドラインを2003年に公表している。こうした動向を受け，家族・地域サービス省では，2003年および2004年にTBL報告書を作成・公表している。そこでは，上記の環境遺産省による上記ガイドラインに加え，GRIによるガイドラインが活用されている。2004年には，TBL報告書を作成した連邦機関が5つの省庁に及んでいるとともに，その動向は，州政府および自治体にも波及してきている。また，ビクトリア州では，州政府機関の会計基準を設定している州財

務省によって年次報告書における環境報告の基準（財務報告指令第24号「環境情報開示」）が設定され，運用が開始されている。このように，オーストラリアの政府・自治体は，環境会計から環境報告，さらにはTBL報告へと展開してきていると理解できよう[24]。

ところで，ユーロボダラでは，2001年に持続可能な発展を指向するために「持続可能な生活：統合アプローチ」と題する政策を発表し，その中で環境会計の発展形としてTBL会計への取組みを宣言している[25]。この宣言は，上述したような環境会計からTBL報告へという流れの中で位置づけることができる。また，NSW州地方自治体法においてTBLの追求を自治体のその任務のひとつとしていることから，当該政策が策定されたとされている[26]。そこでのTBL会計とは，自然環境，人工環境（built environment）および社会環境に関するコストについてそれぞれ説明し，年次報告書とSoERにおいて毎年報告することと考えられている[27]。具体的には，上述したようなABSによる分類に従ってコストと収益を測定するものが想定される。この政策で定められた実務規範（Code of Practice）のひとつとしてTBL会計が掲げられ，そこでは，以下のように規定されている[28]。

・勘定体系は，社会的および環境的な経常的，維持的および資本的支出と収益の報告を可能にするよう設計される。
・コストと収益は，ABS地方政府部門およびSEEAのような現代的会計原則と首尾一貫した分類法により，年次財務報告書の特別明細表（Special Schedule）において開示される。
・会計期間ごとに評価が行われる。

このように想定されるTBL会計は，図表7に示したような方法で持続可能な発展に向けた意思決定に反映されることが表明されている。

図表7は，上から下に行くにつれて政策を実行するためのさまざまなツールとその関連が示されている。そして最後に，TBL計算書（Triple Bottom-Line Accounts）の作成によって持続可能な発展に向けた意思決定を行えるよう意図したものと解釈することができる。

339

図表7　ユーロボダラにおける持続可能な発展の意思決定への統合モデル

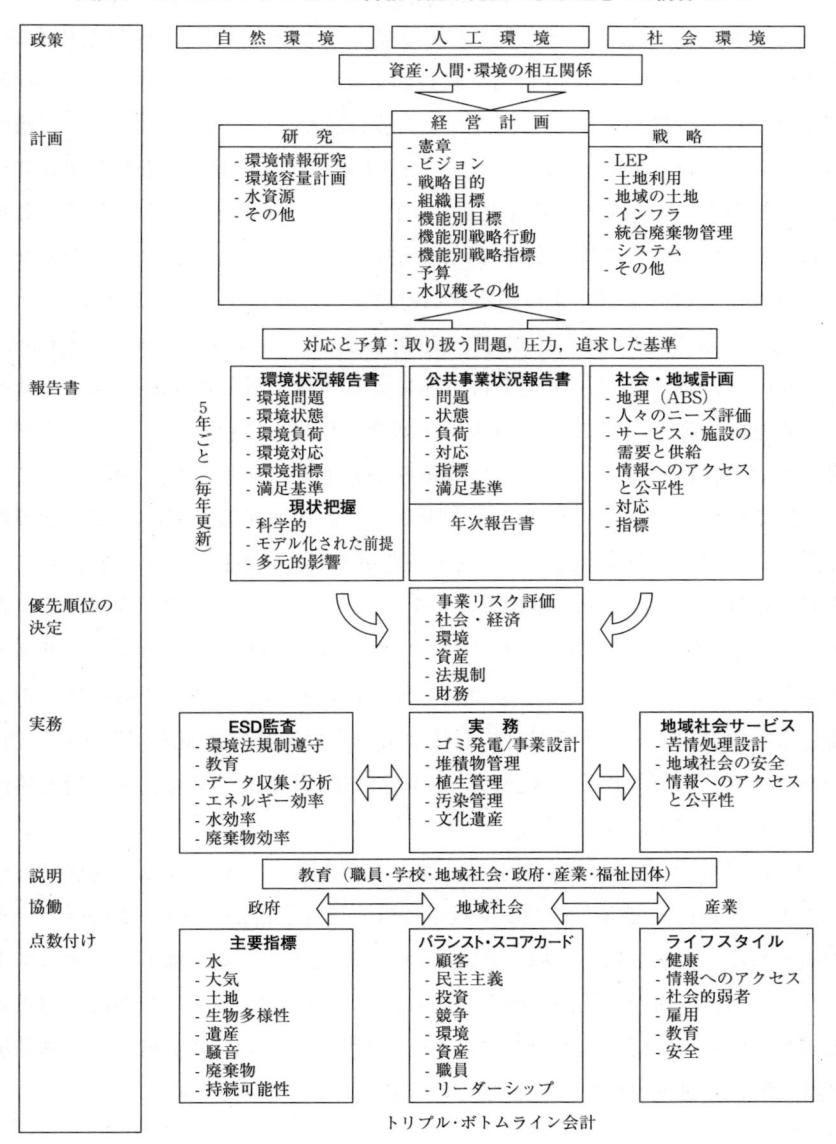

政策	自然環境　　人工環境　　社会環境 資産・人間・環境の相互関係
計画	**経営計画** ・憲章　・ビジョン　・戦略目的　・組織目標　・機能別目標　・機能別戦略行動　・機能別戦略指標　・予算　・水収穫その他 **研究** ・環境情報研究　・環境容量計画　・水資源　・その他 **戦略** ・LEP　・土地利用　・地域の土地　・インフラ　・統合廃棄物管理システム　・その他 対応と予算：取り扱う問題，圧力，追求した基準
報告書	5年ごと（毎年更新） **環境状況報告書** ・環境問題　・環境状態　・環境負荷　・環境対応　・環境指標　・満足基準 **現状把握** ・科学的　・モデル化された前提　・多元的影響 **公共事業状況報告書** ・問題　・状態　・負荷　・対応　・指標　・満足基準 年次報告書 **社会・地域計画** ・地理（ABS）　・人々のニーズ評価　・サービス・施設の需要と供給　・情報へのアクセスと公平性　・対応　・指標
優先順位の決定	事業リスク評価 ・社会・経済　・環境　・資産　・法規制　・財務
実務	**ESD監査** ・環境法規制遵守　・教育　・データ収集・分析　・エネルギー効率　・水効率　・廃棄物効率 **実務** ・ゴミ発電/事業設計　・堆積物管理　・植生管理　・汚染管理　・文化遺産 **地域社会サービス** ・苦情処理設計　・地域社会の安全　・情報へのアクセスと公平性
説明 協働	教育（職員・学校・地域社会・政府・産業・福祉団体） 政府　⇔　地域社会　⇔　産業
点数付け	**主要指標** ・水　・大気　・土地　・生物多様性　・遺産　・騒音　・廃棄物　・持続可能性 **バランスト・スコアカード** ・顧客　・民主主義　・投資　・競争　・環境　・資産　・職員　・リーダーシップ **ライフスタイル** ・健康　・情報へのアクセス　・社会的弱者　・雇用　・教育　・安全 トリプル・ボトムライン会計

（出典：Eurobodalla Shire Council（2001）p. 29.）

ユーロボダラでは，この仕組みを活用して戦略や政策の意思決定に活用していると表明し，すでにユーロボダラの経理システムにおける勘定体系を，TBL の 3 つの側面に関する費用，収益および資本的支出を捕捉できるよう改変したとしている(29)。しかし，詳細な環境会計ないし TBL 会計による情報は示されていないばかりか，測定方法等に関する説明も筆者の調査した限り知りうることができていない。残念ながら，目下，ユーロボダラが公表している年次報告書等において環境会計や TBL 会計に関する詳細な情報は見当たらないため，現在，TBL 会計による情報収集の段階にあるものと推察される。

一方，ビクトリア州議会決算・評価委員会 (Public Accounts and Estimates Committee : PAEC) では，企業や自治体による環境会計に関する包括的な研究に着手し，2002 年 3 月に最終報告書を議会に提出しているが，その最終報告書において，ユーロボダラはその取組みが先進的であるとして評価されている。PAEC では，ユーロボダラが表明している特別明細表での環境会計情報の開示について，環境保護活動に関する費用と収益を追跡し，各活動に対する実際の維持管理と計画上の維持管理とをモニターし，そして自然環境の改善と劣化に関する実際と計画値とを識別するためには，特別明細表が有用であると指摘している(30)。そして，ビクトリア州政府に対し，「(a) 国際的な最善の実務にもとづいてオーストラリアの環境会計基準の開発を積極的に推進し，(b) オーストラリア会計基準審議会に対し環境会計の問題について連邦政府と協働すること(31)」を勧告している。

ABS の環境会計プロジェクトは，ユーロボダラにおいてより一層展開しつつあることが概観できたが，ここ数年では，環境会計から TBL 報告へという傾向があると指摘した。環境「会計」から「報告」へという流れは，オーストラリアにおける新たな展開と捉えられる。わが国においても環境会計・報告が進展しつつある状況を鑑み，今後，オーストラリアにおける政府・自治体環境会計・報告の動向について注目していく必要があろう。

2 ICLEI による ecoBudget®[32]

2.1 ecoBudget® 提唱の背景

　エコ・バジェット（ecoBudget®）は，「ICLEI-持続可能性をめざす自治体」(ICLEI-Local Governments for Sustainablity)[33]（以下，ICLEI）の Otto-Zimmerman 事務局長によって1980年代半ばに提唱された地域の環境管理ツールである。エコ・バジェットは，「地方自治体が環境に関する計画・報告および管理に関する包括的なシステム」として捉えられており，当該システムは，自治体レベルにおいて持続可能な発展を志向する政策立案に資することが主目的とされている[34]。本節では，エコ・バジェットについて概説するとともに，現在の展開状況を明らかにし，その展望を述べることにしたい。

　ICLEI は，1992年に開催された地球サミットにおいて採択された『アジェンダ21』第28章において規定されている自治体の役割の中で，ローカル・アジェンダ21（以下，LA21）の策定に着目し，世界各国の自治体においてLA21が策定・実施されることを促すための活動に着手した。特にエコ・バジェットに ICLEI が積極的に取り組む契機となったのは，1994年5月にデンマークのオールボルグで開催された第1回持続可能な都市欧州会議（the First European Conference on Sustainable Cities and Towns）において採択されたオールボルグ憲章である[35]。この憲章では，自治体が環境面での持続可能性（以下，環境持続可能性）を追求する必要性を謳っている。その内容を図表8に示した。

　図表8に記述されているように，オールボルグ憲章では，欧州の各都市が，大気，水，土壌といった環境資源の浄化能力の範囲内で活動することや，枯渇性資源の再生能力の範囲内で利用することを通じて自然資本を維持することを環境持続可能性と規定し，その範囲に人類を含めた動植物をも対象としている点で，非常に幅広く捉えている。ここで着目したい点は，環境関連データの収集やエコ・バジェットのシステムの確立が提案されていることである。つまり，欧州の各都市は，自治体やその管轄行政区域の環境関連情報を集約し，エ

コ・バジェットのシステムを活用することで，当該行政区域の環境持続可能性を図ろうとしているのである。次項では，欧州の各都市において高い優先順位を有するエコ・バジェットの概要について検討する。

図表8　オールボルグ憲章（抜粋）

第Ⅰ部合意された宣誓：持続可能性に向けた欧州の都市（一部抜粋）
Ⅰ.2　持続可能性の概念と原則（一部抜粋）
　　環境持続可能性は，自然資本の維持を意味する。このことはわれわれに対して次のことを要求する。すなわち，われわれが消費する再生可能な物質，水およびエネルギーの割合を，自然のシステムがそれらを再生する割合から超過しないこと，およびわれわれが消費する枯渇性資源の割合を，持続可能な再生資源に置き換えられる割合から超過しないことである。環境持続可能性はまた，放出された汚染物質の割合が，大気，水および土壌のもつ汚染物質の吸収・処理能力を超過しないでもある。
　　さらに，環境持続可能性には，生物多様性や人類の健康の維持が含まれるとともに，人類の生命と幸福のみならず動植物の生命をも維持するのに十分標準的な，大気，水および土壌の質を常に維持することもまた含まれる。
Ⅰ.14　持続可能性に向けた都市のツール（一部抜粋）
　　われわれ市や町は，都市マネジメントへのエコシステム・アプローチに適用可能な政策的・技術的手段やツールの利用を誓約する。われわれは，さまざまな手段の長所を生かさなければならない。それらの手段には，環境関連データの収集と囲う，環境計画，指令，税金および料金といった規制的，経済的およびコミュニケーション的手段，および公衆参加型の環境配慮意識の向上が含まれる。われわれは，自らが想像した資源である「貨幣」と経済学的に同等の自然資源を管理することができる新しいエコ・バジェット・システムの確立を追究する。

（出典：Charter of European Cities and Towns Towards Sustainability (The Aalborg Charter), as approved by the participants at the European Conference on Sustainable Cities & Towns in Aalborg, Denmark on 27 May 1994）

2.2　エコ・バジェットの概要

　エコ・バジェットは，自治体の財務予算を模して考案されたツールであり，ドイツをはじめとする欧州各国におけるいくつかの自治体において試行プロジェクトが推進されている。これは，①予算年度を通じて環境財の消費を計画・統制すること，②地域社会における汚染量と資源の利用量とを均衡させること，③意思決定者と行政機関に対し，環境政策の優先順位の設定と，その他の

政策領域における環境政策の必要性の説明とを可能にすること，および④住民が理解でき，かつ環境目標と比較できる形で環境状態を明らかにすること，を目的として考案されている(36)。財務予算は，最大の便益をもたらすような方法で資源を利用し，必要なだけの支出を行い，過剰支出を回避するという原則にのっとっている。この原則を自然資源の利用に応用しようとして考案されたのがエコ・バジェットである(37)。したがって，エコ・バジェットは，将来世代に環境悪化や資源枯渇という負債を残さないという理念をもとに考えられており，持続可能な発展を志向する自治体における環境行政上の有益なツールとなりうるものと考えられている。

　エコ・バジェットが財務予算を模して考案された自治体の環境管理のための一手法であることはすでに述べたが，財務予算が，人工資源（artificial resource）である「貨幣」を予算制約内に留めて管理することを目的としているのに対し，エコ・バジェットは，資源の利用を表す「環境消費」（environmental spending）を予算制約内に留めて管理することを目的としている(38)。環境消費は，貨幣額で表現する必要はなく，主として物量によって記述される。

　ここで問題となるのは，将来の環境消費を予測して，それが持続可能な水準を保つような枠組みを設定することである。よって，許容される環境消費を表す目標を設定することが必要とされる(39)。ICLEIでは，この目標設定にあたって，科学的な知見と持続可能性に関する議論から目標を導くべきであると考え，具体的な設定方法には言及していない。

　エコ・バジェットの体系は，財務予算の体系を強く意識し，以下の4つの段階から成る(40)。

① 環境予算(計画)の策定：予算(計画)が策定される。最大消費率(41)（maximum rates of consumption）と環境目標にもとづいて，地域社会が，翌予算年度の生態学的消費(42)（ecological spending）の枠組みを規定する。

② 環境予算（計画）の議会の通過：公衆への縦覧と議会での審議を経て，環境予算が議会を通過する。この決定は，地方行政における自主規制として認識される。

③ 環境予算（計画）の実行：予算年度を通じて，環境予算とそこで定められた環境消費の執行が，環境モニタリングと統制を通じて監督される。環境予算の制約内に留まるかどうかを判断するため，計画された施策，事業および尺度が検証される。

④ 環境予算収支（environmental budget balance）：会計年度末において，各勘定の収支を含めた年次収支表が作成される。それは区域別および部門別といったセグメント別に分けることも考えられる。また，利用可能な自然資本を記述し，長期の開発計画のプラス面やマイナス面を明らかにするために環境資産表が作成される。そして，環境便益分析表（environment‐benefit analysis）を作成することによって，環境消費とそこからもたらされる社会的便益との関係が明らかにされる。以上すべてが自治体の環境報告書に記載され公表される。

エコ・バジェットは，以上の①〜④の段階を経ることから，環境マネジメントシステムのようなPDCA（Plan-Do-Check-Act）の経営管理サイクルを有していることが分かる。まず，①の環境予算の策定段階では，次の会計年度における環境消費の予算制約を設定する。つまり，地域社会において，消費が許容される環境消費の量が目標として設定される。その際，環境問題の領域を表示し，一般的な概要を示す総合予算（master budget）と，産業や家計等の各経済部門別および地域別の環境消費を示す個別予算（component budget）とが作成される[43]。以下の図表9が総合予算の仮設例である。

図表9は，行項目に環境問題の領域を配し，それぞれにその問題領域を表現する指標が取り上げられている。そして，各指標について「基準年」が設けられ，それと2000年実績値，2002年予算値および中期計画における目標が記述される。さらに目標設定に際して採用した指標の根拠が，表中最右列に示される。これにより，来年度（予算年度）において取り組むべき課題と到達すべき目標が明らかにされるとともに，中期計画の進捗状況も明らかにされることになる点で，有意義なものと考えられる。

さて次に，エコ・バジェットの②の段階として，当該環境予算が議会に提出

2 ICLEI による ecoBudget®　345

図表 9　総合予算の仮設例

資源（指標）例	基準年	2000年比較	2002年予算	中期目標	目標設定の方向性
気候の安定性					
二酸化炭素排出量（トン／年）	1,400,000 (1990)	1,200,000	1,180,000	1,050,000 (2005)	中央政府の気候保護戦略の一環としての事例の市において合意された気候保護目標
大気					
オゾン層（≧120ug/m³ 8時間平均）の日数／年	45 (1997)	36	30	20 (特定年限設けず)	人類の健康の保護に対する欧州委員会のCOM(1999)125の示唆
土地					
新規密閉地表（ha／年）	100 (1995)	95	90	10 (2010)	第13回ドイツ議会における「人類と環境の保護」委員会：2010年までに1995年水準から90%削減する
水					
1日あたり居住者あたりの水消費量	116.5 (1990)	112	111	<110 (2003)	事例の市が参加している「市の将来：家計と都市の開発における革新（ExWoSt）」試行プロジェクトの枠組みにおける市議会の決定
騒音					
住宅地における日中の騒音レベルがLm, E ≥ 55db(A)の通り(km)の長さ	63.4 (1995)	記入なし	63.4	0 (特定年限設けず)	人類の健康を保護するために国際規格草案（DIN）18005 (SRU1994)に規定された制限を越えないこと

（出典：ICLEI (2003a) p. 6）

され，そこでの審議を経て承認が得られる。そして③の段階において，当該会計年度の環境予算が執行され，予算制約内に環境消費を留めていることがモニタリングされる。最後に，会計年度末に，自治体の管轄行政区域における環境消費の状況と，公的部門や民間部門といった部門別の環境消費の状況が明らかにされる。そして，これらのセグメント別の情報が加工されるとともに，環境負荷のフローとストックに関する表も作成される。

これらの一連の流れを図示したものが，以下の図表10である。

図表10は，上述した環境予算サイクルの概要を図示したものである。まず，三角形の左辺は，上述した①の段階に相当する。②の段階は，図中の上にある「予算の承認」に相当し，③の段階が，三角形の右辺に相当する。そして，最終的に④の段階が三角形の底辺に該当している。そこで表示されている環境予算収支は，環境年次収支表（annual balance），部門別・区域別概要書（sectoral

図表 10　環境予算サイクルの概要

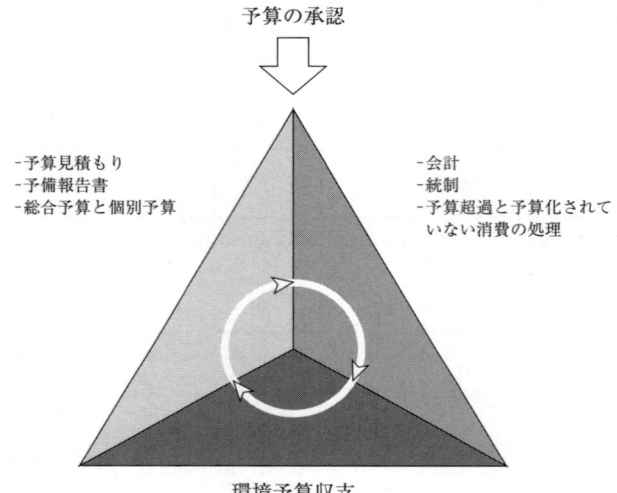

予算の承認

- 予算見積もり
- 予備報告書
- 総合予算と個別予算

- 会計
- 統制
- 予算超過と予算化されていない消費の処理

環境予算収支
環境年次収支表，部門別・区域別概要書
環境資産表，環境便益分析表

(出典：ICLEI (2003a) p. 5.)

and spatial summaries)，環境資産表（statement of environmental assets）および環境便益分析表（environment‐benefit‐analysis）の一連の計算書を作成することと考えられている。以下，これらの計算書ないし表について若干の説明をする。

2.3　環境予算収支において作成する計算書類

　環境予算の執行後にまず作成されるのが環境年次収支表である。この計算書は，環境予算の編成段階において作成された総合予算と，予算年度を通して達成された結果とを比較するために作成されるもの[44]であり，以下の図表11がその例である。

　図表11は，先の図表9の総合予算に目標達成状況指標（distance-to-target index）が各行項目に加えられるとともに，2002年の実績値および評価の列が挿入されている。これはいわば，財務予算における予実差異の分析表を模した

図表11　環境年次収支表の仮設例

資源（指標）例	基準年	2000年比較	2002年予算	2002年実績	中期目標	評価
気候の安定性						
二酸化炭素排出量（トン／年）	1,400,000 (1990)	1,200,000	1,180,000	1,190,000	1,050,000 (2005)	✔✔
CO_2 目標達成状況	0%	57%	63%	60%	100%	
大気						
オゾン層（≧120ug/m³ 8時間平均）の日数／年	45 (1997)	36	30		20 (特定年限設けず)	！
オゾン層目標達成状況	0%	36%	60%	−12%	100%	
土地						
新規土地被覆（ha/年）	100 (1995)	95	90		10 (2010)	✔
土地被覆目標達成状況	0%	6%	11%	22%	100%	
水						
1日あたり居住者あたりの水消費量	116.5 (1990)	112	111		<110 (2003)	✔✔✔
水消費目標達成状況	0%	69%	85%	146%	100%	
騒音						
住宅地における日中の騒音レベルが Lm, E≧55dB(A)の通り(km)の長さ	63.4 (1995)	記入なし	63.4		0 (特定年限設けず)	✔
騒音目標達成状況	0%	−	0%	6%	100%	

（注：表中の"✔"マークは，出典では木のイラストとなっている。）
（出典：ICLEI (2003a) p.7）

ものと捉えることができ，設定した目標（予算）の達成度合いを知ることができるとともに，中期計画の進捗状況を把握することも可能となる。すなわち，環境予算を執行して実施された自治体の環境政策や施策の効果を数値で捉えることができる表となっている。

次に作成される部門別概要書と区域別概要書もまた，財務予算における部門別および区域別の詳細を表示する書類を模したものである。ここでいう部門別概要書とは，産業や家計等の各部門の環境消費について一覧表示したものであり，また区域別概要書とは，行政区域などの空間的単位ごとに環境消費を表すものである。この計算書類は，環境予算において作成した個別予算と比較することが考えられており，上記の環境年次収支表のセグメント情報として位置づけることができよう。以下の図表12に中小企業部門の部門別概要書の仮設例を示す。

図表12　中小企業部門の部門別概要書の仮設例

	1990年	計画値	実際値	2005年目標	目標達成状況	割合
土地被覆（市街化）						
新規被覆地表（ha）	20	5	4	0	80%	14%
未浄化の汚染						
有毒負荷						
有害廃棄物						
放射性廃棄物						
有機性化合物質放出						

（出典：Erdmenger, et al.（1999）p. 20）

　図表12の列項目は，基本的に総合予算や環境年次収支表に倣ったものになっている。これによれば，土地被覆の項目（汚染土壌を浄化するための密閉）について自治体の管轄行政区域の中小企業においてどれだけの浄化処理（地表密閉）が行われたかを表している。なお，最右列の「割合」とは，環境消費の合計に占める当該部門の割合を表している。

　また，環境資産表は，環境資源のストックと消費された資源の効率性を知るために作成される[45]。以下の図表13は，環境資産表の仮設例である。

　図表13では，行項目に環境資源を配し，列項目に1990年，1995年，2000

図表13　環境資産表の仮設例

資源（指標）例	1990年ストック	1995年ストック	2000年ストック	2001年ストック	2002年ストック	傾向
気候安定性						
二酸化炭素吸着：森林面積（ha）	5,000	4,800	4,850	4,850	4,830	↘
大気						
吸収地帯の減少に苦しまない住民の割合	94.8	94.6	94.5	94.4	94.5	↘
土地						
未密閉地表（ha）（緑地面積）	12,000	11,600	11,200	11,120	11,040	↘
自然保護地域（ha）	1,450	1,500	1,520	1,524	1,524	↗
白コウノトリの生息（つがいで所有する巣の数）	10	9	11	14	14	↗
水						
飲料水の水源地域（ha）	2,500	2,520	2,560	2,570	2,570	↗
高品質の水を有する川の長さ（km）（国家の水質基準に依拠）	49	52	55	55	56	↗
騒音						
中心市街地地域における公園の数	5	4	4	4	5	→

（出典：ICLEI（2003a）p. 8）

年および2001年の過去の環境ストックの量と,当該年度のストックの量を配して過去のストックとの比較が行われている。この計算書の意義は,他の計算書が環境資源の単年度フローを扱っているのに対し,ストックの必要性を主張する点にあると考えられる。

最後に,環境便益分析表は,環境政策による環境効率性の追求のために作成される計算書である。ここで環境効率性 (environmental efficiency) は,環境消費によって人々のニーズを満たすのに貢献する度合いと定義されている。以下の図表14がその仮設例である。

図表14 環境便益分析表の仮設例

資源（指標）例	1990年	1995年	2000年	2001年	2002年
移動					
交通手段の割合(%)					
歩行者の割合	33	36	28	28	29
自転車の割合	7	6	8	8	8
公共交通機関の割合	34	22	21	24	24
自動車の割合	26	36	43	40	39
家					
エネルギー消費量の総計の一部としての再生エネルギー源の割合(%)	0.1	0.3	0.6	0.7	0.8
人口一人当たりの廃棄物／年 (kg)(リサイクルは除く)	263	167	148	139	132
仕事／経済					
事業所ごとの密閉地表 (㎡)	30	35	29	29	28
環境マネジメントシステムを構築した民間企業の割合(%)	0.5	2	8	8	9

(出典：ICLEI (2003a) p.9)

図表14は,自治体の管轄行政区域における環境に関連する項目のパフォーマンスが時系列で表示されている。これにより,自治体が行った環境政策が,管轄行政区域における人々（事業者や住民）の行動にどのような変化をもたらしたかということを明らかにすることができ,環境政策の実施または環境予算の執行による効果を表していると考えられる。

2.4 エコ・バジェットで用いられる指標

エコ・バジェットにおいて作成される各計算書について論じたところで,次

にエコ・バジェットが採用する指標について検討する。エコ・バジェットでは，以下の図表15に示したような3つの指標が用いられている。

図表15　エコ・バジェットに用いられる各指標

指標の種類	負荷指標	状態指標	パフォーマンス指標
何を示すか	資源の消費（環境消費）	環境財の「資本」ストック	地域社会のクオリティ・オブ・ライフと資源の使用との関係
計算書類	環境予算（予算勘定），環境年次収支表	環境資産表	環境便益分析表
事例	CO_2排出（トン／年）	（炭素吸収源としての）植林地域（ha）	新規創出職ひとつあたりの新規密閉地表

（出典：ICLEI (2003a) p. 12）

　図表15に示したとおりエコ・バジェットでは，(1)負荷指標，(2)状態指標および(3)パフォーマンス指標の3つの指標が用いられ，それぞれの指標を表す計算書が作成される(46)。まず(1)の負荷指標とは，物量価値や数値で環境消費を表す指標とされ，環境年次収支表で表現される。(2)の資産指標は，自然資源のストックを意味し，環境資産表において記載される。最後の(3)パフォーマンス指標は，環境消費がどれほど効率的に活用されたかを表し，環境便益分析表にまとめられる。

　以上，ICLEIにより提唱されているエコ・バジェットについてその概要を説明してきた。国により予算制度の違いがあることから，そのままわが国自治体の予算の一環としてエコ・バジェットを導入することはできないが，予算制約内に環境消費を留めるという考えは，持続可能な発展を見据えた自治体の環境行政にとって有意義なものといえよう。

2.5　エコ・バジェットの展開

　エコ・バジェットは，ISO14001に代表される環境マネジメントシステム（EMS）等，自治体が環境を管理する上で有用と考えられるさまざまなツールとの連携が視野に入れられている。例えば，EMSとエコ・バジェットとの関係は，以下の図表16のように捉えられている。

　図表16をみると，EMSの運用が中心にすえられ，エコ・バジェットがそれ

2　ICLEIによるecoBudget®　351

図表16　エコ・バジェットとその他の環境管理ツールとの関係

```
                    エコ・バジェット：
                都市全体の環境問題の政治的管理

    環境予算案・      時限目標を        環境予算の       環境年次収支表
    予備報告書       設けた総合予算      実施と会計        等報告書
                   と個別予算

     環境方針        環境目標         環境監査         環境報告書

                   環境プログラム  →  EMAS/ISO14001
                                    によるEMSの
                                    要求事項

              ISO14001/EMAS：管理システム
```

（出典：ICLEI（2003a）p. 11.）

を覆う形で捉えられている。図表16の流れを解説すれば，まず時限を設けた環境目標の設定を規定した環境予算案が議会を通過し，その後にEMSが実施・運用され，その結果として，当初予算との比較をするための環境年次収支表が作成され，最後に，次期以降の予算にフィード・バックされるという構図になっている。すなわち，エコ・バジェットは，EMSの実効性を高めるための包括的なツールとして位置づけられているといえる。そのほか，環境影響評価や戦略的環境アセスメントとの連携も考慮されている[47]。また，エコ・バジェットやEMSは，自治体の活動であることから，必然的にコストの発生を伴う。したがって，エコ・バジェットとEMSのみならず，会計との連携も提案されるところである[48]。

　エコ・バジェットを巡る現実の動向に関しては，1996年春から2000年夏にかけてドイツ連邦環境財団（German Federal Environment Foundation）の後援のもと，ICLEIヨーロッパ事務局主導でドイツのビーレフェルド市，ハイデルベルグ市，ドレスデン市およびノードハウゼン郡において試行プロジェクトが行わ

れた。特にハイデルベルグ市の例は，ICLEI から出版されているケーススタディ集[49]にまとめられるとともに，諸富（2003）によって検討が加えられている。他方，欧州連合（EU）の 2001 年 LIFE プロジェクト[50]から資金援助を受け，欧州エコ・バジェットプロジェクトも開始されている。当該プロジェクトに参加している自治体は，アマルージョン市（ギリシャ），ボローニャ市（イタリア），フェラーラ市（イタリア），カリシア市（ギリシャ），ルイス・カウンシル・ディストゥリクト（イギリス），ベクショー市（スウェーデン）である。

　当該プロジェクトの目的は，欧州規模において地方レベルで環境マネジメントシステムと持続可能性を統合する環境予算の関連性を例示することにある[51]。したがって，エコ・バジェットと ISO14001 や EMAS に代表される環境マネジメントシステムといった他の環境管理ツールとの統合が試みられているといえる。本節では，エコ・バジェットの概念を論じ，その課題と展望を明らかにすることを主眼とするため，ケース・スタディの詳細については別稿に譲ることにしたい。

2.6　エコ・バジェットの課題と展望

　本節の最後にエコ・バジェットの課題を論じ，今後の展望を見据えることにしたい。諸富（2003）では，エコ・バジェットの限界として，エコ・バジェットと自治体の管轄地域の経済発展との関係が不透明であること，および当該地域の福祉水準との関係がみえないことをあげている[52]。そのほか，環境予算の策定段階において，許容される環境消費の目標をどこにすれば持続可能たりうるかという問題がある。つまり，持続可能な発展を達成するためには，どこまでの環境消費が許されるのかということに対する科学的知見が十分に確立していない現状を考慮する必要がある。この点については，科学的知見により裏づけされるのを待つ時間はすでにないことから，まずは自治体の地域特性を考慮した上で，前期よりもより意欲的な目標を設定することなどが考えられよう。

　次に，エコ・バジェットの捉えている「環境」の範囲設定が明らかにされていないことが問題点としてあげられる。つまり，どこまでの環境を自治体の主

権の及ぶ環境とみなすことができるのかという点である。このことに関連して，自治体が設定した環境予算が達成されない場合の責任の所在を明確にしておく必要があろう。エコ・バジェットの一環として設定された環境目標は，議会に諮り承認されることが求められている以上，エコ・バジェットは高度にオーソライズされたものといえる。したがって，そこで設定された目標が達成されない場合は，市長，議会および行政の責任が市民から問われるべきであろう。

また，エコ・バジェットで用いられる単位は，物量であり貨幣額ではない。環境政策等の立案にあたって物量は非常に重要ではあるが，通常，自治体を含めた各経済単位が自己の活動を通じて環境に正または負の影響を及ぼす場合には必然的にコストを伴う。これらの活動に貨幣額によるコストが跡付けされていなければ，財務予算との関係上，目標とした環境消費を超過することも考えられる。つまり，財務予算がエコ・バジェットに優先することになり，エコ・バジェットにおいて設定された目標が軽視される結果となる恐れがある。このことは，エコ・バジェットを仮に導入したとしても有名無実化をもたらすのではないかと危惧される。

さらに，ICLEIが提案したエコ・バジェットは，目下フレームワークの提示に留まっている。いくつかの自治体において試行プロジェクトが実施されているが，当面は，この結果から出てきた問題点を踏まえて改善していくことが重要となろう。

最後に，エコ・バジェットが他のツールとの連携を視野に入れていることを強調しておきたい。すでに述べたように，自治体において普及しつつあるEMSの構築をより実効あるものとするために，環境パフォーマンスの向上を直接的に誓約するエコ・バジェットの役立ちは大きいと推察される。環境パフォーマンスの向上に向けた活動を担保するために，エコ・バジェットは単に物量予算で終わらせるツールではなく，財務予算等の貨幣額との密接な連携ないし跡付けが必要不可欠となるであろう。こうすることで，自治体の中枢の意思決定に環境関連要因が反映され，実際に自治体の環境政策の立案に役立つツールとしてのエコ・バジェットの意義が見出されることになろう。

注

(1) 1992年にブラジルのリオ・デ・ジャネイロで開催された国連環境開発会議の略称である。
(2) Council of Australian Governments (1992) part 1.
(3) United Nations (1992) paragraph 28. 2.
(4) 松下和夫 (1998) p. 176.
(5) Environs Australia (1999) p. 7.
(6) Environs Australia (1999) p. 8.
(7) Environs Australia (1999) pp. 51-52.
(8) Environs Australia (1999) p. 62.
(9) 同法では，土地，大気，水，生物多様性，廃棄物，騒音，アボリジニ遺産，その他の遺産といった環境項目に関する環境状況と，環境に関連する管理計画，環境に関連する特別プロジェクトおよび自治体の活動が及ぼす環境影響について報告することが求められている。
(10) NSW州のレイクマクアリー市のSoERでは，環境会計情報が掲載されている。詳細は，大森明 (2003) pp. 162-163を参照されたい。
(11) 先行研究として，Gibson and Guthrie (1995)，Burritt and Welch (1997) およびFrost and Seamer (2002) がある。3つの研究の簡単な概要は，大森明 (2003) pp. 153-154参照。
(12) 名称は，"Applying Environmental Accounting Framework in Local Government" である。
(13) Statistical Office of the European Communities (1994) p. 30.
(14) ABS (2002) p. 28.
(15) ABSの考える環境コスト（経常的費用，資本的支出および収益）については，ABS (2002) pp. 23-24を参照した。
(16) ABS (2002) p. 24.
(17) United Nations (1993) paragraph 73.
(18) 人口約31,000人を擁する中規模自治体であり，観光，森林伐採，漁業およびリゾートを主要産業としている。以上，Eurobodalla Shire Council (2001a) p. 10参照。
(19) Osborn (2001) p. 13. なお，Eurobodalla Shire Council (2001) p. 53では，環境状況に対する費用と収益を明らかにすることを目的として環境会計に取組んでいるとしている。
(20) Osborn (2001) p. 21.
(21) Osborn (2001) p. 20.
(22) オーストラリアでは，IASBの基準への統合作業を実施し，統合後の会計基準はAASB（オーストラリア会計基準審議会会計基準）となっている。AASBの適用範囲は，あらゆる報告主体とされることから，連邦，州政府および自治体も包含される。しかし，これら公的機関における特定の事象を取り扱うため，AAS27およびAAS31を改定する作業に取り掛かっている。現在，AASBの公開草案125号「地方自治体による財務報告」が2003年10月に公表され，2005年第一四半期を目途に正式な基準が公表される見通しとなっている。以上，AASB (2004) p. 3およびオーストラリア会計基準審議会の次のURL（http://www.aasb.com.au/workprog/aasb_workprog.htm：アクセス日2005年5月10日）より。
(23) Osborn (2001) p. 23.
(24) オーストラリアの連邦政府およびビクトリア州政府における環境報告（TBL報告）の状況については大森 (2005) を参照されたい。
(25) Eurobodalla Shire Council (2001b)
(26) Eurobodalla Shire Council (2001b) p. 5.
(27) Eurobodalla Shire Council (2001b) p. 17.
(28) Eurobodalla Shire Council (2001b) pp. 25-26.
(29) Eurobodalla Shire Council (2003) p. 7, 10.
(30) PAEC (2002) pp. 131-132.
(31) PAEC (2002) p. 132.

(32) ICLEI により ecoBudget として商標登録されている。
(33) ICLEI は，1990 年ニューヨークの国連本部において開催された「持続可能な将来のための地方政府世界会議」(the World Congress of Local Governments for a Sustainable Future) において，世界各国の 400 を超える自治体等から設立された国際機関であり，当初，国際環境自治体協議会 (International Council for Local Environmental Initiatives) を前身とする。2003 年 11 月 7 日の ICLEI 総会において ICLEI 憲章が改定され，2004 年 1 月 1 日より現在の名称となった。その使命は，「地域活動の積み重ねを通じ，特に環境条件に焦点を置きつつ，目に見える形で地球規模での持続可能性を達成するために自治体の世界的運動を築き，取り組むことにある。」(ICLEI (2003a) paragraph 1.3) また，2004 年 9 月現在で，68 カ国 459 団体が会員となっている。(イクレイ日本の次の URL より http://www.icleijapan.org/：アクセス日 2004 年 10 月 31 日)
(34) Otto-Zimmermann (1993) p. 3.　　　(35) Erdmenger, et al. (1999) pp. 3-4.
(36) Erdmenger (1998) p. 71.　　　　　(37) Erdmenger (1998) p. 71.
(38) Erdmenger, et al. (1999) p. 12.　　(39) Erdmenger, et al. (1999) p. 12.
(40) Erdmenger, et al. (1999) pp. 17-18.
(41) 「許容される環境消費の限度」(Erdmenger, et al. (1999) p. 12.) を意味すると考えられる。
(42) Erdmenger, et al. (1999) では，特に定義されていないが，文脈から推察すると「環境消費」(ecological spending) と同義と解される。
(43) ICLEI (2003b) p. 6.　　　　　　　(44) ICLEI (2003b) p. 7.
(45) ICLEI (2003b) p. 8.
(46) Erdmenger, et al. (1999) 24-25 および ICLEI (2003b) pp. 11-12.
(47) ICLEI (2003b) pp. 9-10.　　　　　(48) 大森明 (2002) pp. 17-20.
(49) ICLEI (2002b)
(50) LIFE プロジェクトは，"The Financial Instrument for the Environment" プロジェクトの略称である。LIFE は，「地域の環境政策と法規制の実施，開発および強化ならびにその他の EU の政策への環境問題の統合に貢献すること」を目的としている。LIFE は，第 I フェーズ (1992-1995 年)，第 II フェーズ (1996-1999 年) および第 III フェーズ (2000 年-2004 年) から成り，欧州エコ・バジェットプロジェクトは，この第 III フェーズに該当する。以上 EC LIFE の次の URL を参照 (http://europa.eu.int/comm/environment/life/life/historyoflife.htm：アクセス日 2005 年 5 月 10 日)。また，欧州エコ・バジェットプロジェクトは，当該プロジェクトに関する情報の次の URL (http://www.ecobudget.com/emp/envbud.html：アクセス日 2004 年 11 月 2 日) より入手できる。なお，ICLEI は，同プロジェクトの成果を踏まえ，エコ・バジェットのガイドブック (ICLEI (2004) 参照) を作成しているが，それについての検討は別の機会に譲りたい。
(51) 欧州エコ・バジェットプロジェクトの次の URL より。(http://www.ecobudget.com/european-ecobudget/objectives.html：アクセス日 2004 年 11 月 2 日)
(52) 諸富徹 (2003) p. 25.

参 考 文 献

AASB (Australian Accounting Standards Board) (2004), *AASB Adoption of IASB Standards by 2005 : Last updated 10 August 2004*, AASB, Downloaded from http://www.aasb.com.au/international/2005_index.htm

第12章 海外における政府・自治体環境会計の展開

ABS (Australian Bureau of Statistics) (2002), *Environmental Expenditure Local Government Australia 1999-2000*, ABS.
Burritt, R. L. and Welch, S. (1997), Australian Commonwealth Entities : An Analysis of Their Environmental Disclosures, *ABACUS* Vol. 33 No. 1, pp. 1-19.
Council of Australian Governments (1992), National Strategy for Ecologically Sustainable Development, Downloaded from http://www.deh.gov.au/esd/national/nsesd/strategy/index.html
Environs Australia (1999), *Our Community Our Future : A Guide to Local Agenda 21*, Commonwealth of Australia, Downloaded from http://www.deh.gov.au/esd/la21/manual/pubs/manual.pdf
Erdmenger, C. (1998), *Environmental Management Instruments- A Guide for Local Authorities ; Discussion Version*, ICLEI.
Erdmenger, C., Otto-Zimmermann, K., Buchanan, K. and Burzacchini, A. (1999), *Local Environmental Budgeting, ecoBudget - the Controlling Instrument for Environmentally Sustainable Development of Local Authorities*, ICLEI. (ICLEIアジア太平洋事務局日本事務所訳 (2001)『地方自治体のエコ・バジェット―地方自治体の持続可能な発展に向けた管理手段―』ICLEIアジア太平洋事務局日本事務所。)
Eurobodalla Shire Council (2001a), *Eurobodalla Shire Council Annual Report 2000-2001*, Eurobodalla Shire Council.
Eurobodalla Shire Council (2001b), *Sustainable Living : An Integrated Approach*, Eurobodalla Shire Council, Downloaded from http://www.esc.nsw.gov.au/mplan/documents/policyframework/policies/Adopted_SLP.pdf
Eurobodalla Shire Council (2002), *Financial Statememts and Special Sohedule*, Eurobodalla Shire Council.
Eurobodalla Shire Council (2003), *TBL is the Business of Government*, Paper presented at United Nations World Environment Day's Triple Bottom Line Award.
Frost, G. R. and Seamer, M. (2002), Adoption of Environmental Reporting and Management Practices : An Analysis of New South Wales Public Sector Entities, *Financial Accountability & Management*, Vol. 18 No. 2, pp. 103-127.
Gibson, R. and Guthrie, J. (1995), Recent Environmental Disclosures in Annual Reports of Australian Public and Private Sector Organisations, *Accounting Forum*, Vol. 19 No. 2/3, pp. 111-127.
ICLEI (2002a), *ICLEI : the International Environmental Agency for Local Governments Introduces Itself*, ICLEI.
ICLEI (2002b), *Case Study 78 : Creating a Framework for Integrated Resource Management in Heidelberg*, Germany, ICLEI. (イクレイ日本訳 (2002)『ケーススタディ #78 ドイツ・ハイデルベルグ市―統合的資源管理のフレームワークを作成する―』イクレイ日本。)
ICLEI (2003a), *ecoBudget®- A Model of Environmental Budgeting*, ICLEI, Downloaded from http://www.iclei.org/europe/ecobudget/emp/documents/EnvBud_summary.pdf
ICLEI (2003b), Charter : As approved by the ICLEI Council in Athens, Greece on 7 November 2003, ICLEI.
ICLEI (2004), *The ecoBudget Guide : Methods and Procedures of an Environmental Management System for Local Authorities : Step by Step to Local Environmental Budgeting*, ICLEI.

Osborn, D. (2001), *How Environmental Management Accounting Supports the "Good Government, Better Living" Vision of the Eurobodalla Shire Council, New South Wales*, Green Measures.

Otto-Zimerman, K. (1993), *Local Environmental Budgeting: An Innovative tool towards sustainable development at the municipal level: A Discussion Paper*, ICLEI.

PAEC (Public Accounts and Estimates Committee) (2002), *Forty-sixth Report to Parliament: Final Report on Environmental Accounting and Reporting (No. 141 Session 1999-2002)*, Government Printer for the State of Victoria.

Statistical Office of the European Communities (1994), *European System for the Collection of Economic Information on the Environment*, Office for Official Publication of the European Communities.

United Nations (1992), *Earth Summit: AGENDA21: The United Nations Programme of Action from Rio (The final text of agreements negotiated by Governments at the United Nations Conference on Environment and Development (UNCED))*, 3-14 June 1992, Rio de Janeiro, Brazil, United Nations Department of Public Information. (環境庁・外務省監訳(1997)『アジェンダ21実施計画('97) —アジェンダ21の一層の実施のための計画—』エネルギージャーナル社。)

United Nations (1993), *Handbook of National Accounting: Integrated Environmental and Economic Accounting*, United Nations. (経済企画庁経済研究所国民所得部訳(1995)『国民経済計算ハンドブック環境・経済統合勘定』経済企画庁経済研究所国民所得部。)

大森明(2002)「地方自治体の環境行政と会計—環境マネジメントシステムと環境予算の環境会計への統合に向けて—」『地域分析』第40巻第2号, pp. 49-69。

大森明(2003)「公共部門における環境会計の展開—オーストラリアの事例を中心として—」『横浜経営研究』第24巻第1・2号, 147-170。

大森明(2005)「政府機関による環境報告の国際的動向とその展望—日・豪比較を中心として—」『会計検査研究』第32号, pp. 71-91。

松下和夫(1998)「持続可能な社会をつくる主体」内藤正明・加藤三郎編『岩波講座地球環境学第10巻 持続可能な社会システム』岩波書店, pp. 149-184。

諸富徹(2003)「サスティナブルな地域政策と環境自治体経営—『環境予算』の試みを素材に—」『地域政策—あすの三重』冬号, pp. 20-25。

http://www.aasb.com.au/workprog/aasb_workprog.htm
http://www.ecobudget.com/emp/envbud.htm
http://www.ecobudget.com/european-ecobudget/objectives.html
http://www.icleijapan.org/

(大森　明)

第５部　マクロ環境会計の展開

第13章

サテライト勘定による
マクロ環境勘定の展開

はじめに

　サテライト勘定がフランスにおいて考案・提唱されてからすでに30年余りが経過したにもかかわらず，いぜんとして勘定の形式や，サテライト勘定の対象となる分野の生産概念に関して必ずしも明確な定義が行われていない。本章は，伝統的なマクロ国民勘定（国民所得勘定）形式によっても，サテライト勘定分野の活動（本章では環境保護活動）が表示可能なことを示す。そのあとで，フランスの現行マクロ環境勘定を簡単に紹介する。

1　中枢体系の勘定システムによるサテライト分野取引の表示

　この節では，SNA93のサテライト勘定に代えて，国民勘定システム（国民所得勘定体系）の形式によって，サテライト分野の取引を表示しようとする。この勘定は，SNA93の基本勘定体系（統合経済勘定）における財貨・サービス勘定と生産勘定を結合して生産勘定とし，所得分配・使途勘定を形成する（所得発生勘定，第一次所得配分勘定，等の）諸勘定を結合して単一の所得分配・使途勘定としている。ただし，サテライト勘定としての利用を考えて，記号や項目の名称が，中枢体系の国民所得勘定とは若干異なる。
　対外取引を独立に表示する海外勘定は，観光や旅行，あるいは教育のサテライト勘定は別として，環境のサテライト勘定の場合，多くの取引を含まないと

判断し，定義していない。(定義すること自体は容易である。)

　生産勘定（図表1）の貸方と借方にある中間生産物の販売と中間生産物の投入は，経済全体の統合勘定であれば両者同値であるが，ここではサテライト分野とそれ以外の分野の取引を表示することが目的であるから，その場合には U_s, U_p は互いに異なる値をとる。U_s は，考察対象分野産出物の，他分野への，中間消費（中間投入）目的の販売。U_p は他部門・他分野生産物の，考察分野の活動のための投入（中間消費）である。最終消費のための販売 C_s も同様で，つぎの所得分配・使途勘定の最終消費支出 C_p とは別物である。総資本形成（I_{Fs}）（資本形成のための販売）と，蓄積勘定借方の総資本形成（I_{Fp}）についても，同じことが言える。

　輸出は当該サテライト勘定分野の財・サービスの輸出であり，輸入としては，当該サービス生産に必要な原料等の輸入のほか，同種サービスの輸入を考えなければならない。(環境保護のサテライト勘定を考えるならば，外国から排ガス浄化・汚水浄化設備を購入するのは，この輸入になるであろう。)

　所得分配・使途勘定（図表2）で，貸方の雇用者報酬，財産所得，経常移転の受取は，国内他分野・他部門と海外からの両方の受取を含み，借方についても

国民所得勘定形式によるサテライト勘定

図表1　生産勘定

中間生産物の投入（中間消費）	U_p	中間生産物としての販売	U_s
総付加価値（Y_G）		最終生産物としての販売	
純付加価値	Y_N	最終消費のための販売	C_s
固定資本減耗	D	総資本形成（I_{Gs}）（資本形成のための販売）	
輸　入	M	総固定資本形成	I_{Fs}
		在庫変動	I_{Vs}
		輸　出	E

(参考資料　武野秀樹『国民経済計算入門』有斐閣 (2001)，表2-1～表2-3，表4-1，表5-1)

1 中枢体系の勘定システムによるサテライト分野取引の表示 363

図表2 所得分配・使途勘定

		純付加価値	Y_N
雇用者報酬（支払）	W_p	雇用者報酬（受取）	W_r
生産・輸入品税（支払）	TP_p	生産・輸入品税（受取）	TP_r
財産所得（支払）	YP_p	財産所得（受取）	YP_r
経常移転（支払）	TC_p	経常移転（受取）	TC_r
最終消費支出	C_p		
純貯蓄	S_N		

（参考資料　武野秀樹『国民経済計算入門』有斐閣（2001），表2-1～表2-3，表4-1，表5-1）

同様に，雇用者報酬，財産所得，経常移転は国内と海外の両方への支払から成る。国内への支払と国内からの受取は，この勘定システムをサテライト勘定分野の表示に利用する場合には，互いに異なる値を取る。（統合勘定体系では，生産勘定の中間消費と同様に，各取引項目について，国内からの受取と国内への支払は同値である。）

サテライト勘定表示に転用する場合，当該分野内の受け取りと支払いを相殺・消去し，受取は海外を含むサテライト勘定分野外からのそれとし，これに対応して支払についても，海外を含むサテライト勘定分野外へのそれとすることができる。

蓄積勘定（図表3）では，金融資産と負債の請求権・債務の相手方が当該サテライト勘定の分野内か分野外かが問題である。分野内では金融資産と負債の純増は同値であり，これらを相殺・消去すれば，海外を含む分野外に対する金融資産・負債の純増が残り，これらは互いに異なる値を取る。

実物的蓄積の方で注意すべきは，借方の総固定資本形成（支払）I_{Fp} は固定資本の購入で，生産主体の支出であること，生産勘定の総固定資本形成 I_{Fs} は販売で，生産主体にとっては収入となっていること，である。したがって，I_{Fp} と I_{Fs} とは互いに異なる。

図表3　蓄積勘定

総資本形成（I_{Gp}）		純貯蓄		S_N
総固定資本形成（購入）	I_{Fp}	資本移転受取		TK_r
在庫変動（購入）	I_{Vp}	（控除）資本移転支払		$-TK_p$
（控除）固定資本減耗	$-D$			
金融資産純増（ΔF）		負債純増（ΔL）		
現金通貨・預金	ΔF_M	現金通貨・預金		ΔL_M
債券・株式	ΔF_S	債券・株式		ΔL_S
その他の金融資産	ΔF_V	その他の金融資産		ΔL_V

（参考資料　武野秀樹『国民経済計算入門』有斐閣（2001），表2-1～表2-3，表4-1，表5-1）

　海外との取引は蓄積勘定までにひととおり表示されているので，海外勘定は絶対に必要なものではない。中枢体系・統合経済勘定の場合は海外勘定がないと完全接合体系とならないので，海外勘定は不可欠である。しかし，サテライト勘定の表示を完全接合体系とするためには，国内他分野との取引を表示するためにもう一組の同じ勘定システムと海外勘定とが必要である。これは煩雑であり，たとえそうしても，特に新しい情報が得られるわけではない。ゆえにここでは海外勘定を設けないことにした。

　それでは前節で示されたサテライト分野の経済活動（環境保護活動）を，統合経済勘定形式で表示してみよう。

1.1　内部費用化された環境保護サービス生産の国民所得勘定形式による表示

　内部費用化された環境保護サービスとして，企業内（組織内）環境保護を想定しているので，生産勘定（図表1a）において最終生産物としての販売（処分）はあり得ない。産出された環境保護サービスは，（輸出を除き）すべて自己勘定中間消費という形で処分される。ゆえに勘定中の最終消費のための販売，資本

1 中枢体系の勘定システムによるサテライト分野取引の表示

図表1a 生産勘定

中間生産物の投入（中間消費）	U_{eip}	中間生産物としての販売	U_{ejs}
総付加価値（Y_{Gej}）		最終生産物としての販売	
純付加価値	Y_{Nej}	最終消費のための販売	
固定資本減耗	D_{ej}	総固定資本形成	
輸　入	M_{ej}	在庫変動	
		輸　出	E_{ej}

　形成のための販売は，記入値をもたない。輸入としては環境保護関係資材の海外からの購入，輸出は，環境保護関係資材の輸出が考えられる。

　企業内（組織内）環境保護活動が外部から雇用者報酬を取得することはない。雇用者報酬を支払うことはあると考えなければならない。すなわち環境保護活動に従事する社員は企業の雇用者として賃金を得ているので，環境保護活動の報酬という形ではないかも知れないが，少なくともその賃金の一部は環境保護活動への対価と見なければならない。

　生産税等は，環境保護を行っている親元の企業（組織）が負担するものである。所得分配・使途勘定にこれらの記入値はない。企業内環境保護の成果は企業自身が消費（自己勘定中間消費）する。この消費は，生産勘定の，中間生産物としての販売 U_{sej} に相当する。所得分配・使途勘定にはこれは記入されない。最終消費も考えられないので記入値はない。企業が環境保護のためにファンドを設けていることがあるが，そこから受け取る財産所得が YP_{rej} である。財産所得の支払いはないと思われる（記入値なし）。

　蓄積勘定（図表3a）では，環境保護のための設備・機器，建物の購入や新設が総資本形成（IG_{pej}）として記入されるが，その源泉が純貯蓄では不足する場合がある。このとき，企業の主要部門からの資本移転や，環境保護部門の負債積み増しによってそれを補うのである。

図表 2a 所得分配・使途勘定

		純付加価値	Y_{Nej}
雇用者報酬（支払）	W_{ejp}	雇用者報酬（受取）	
生産・輸入品税（支払）		生産・輸入品税（受取）	
財産所得（支払）		財産所得（受取）	YP_{ejr}
経常移転（支払）	TC_{ejp}	経常移転（受取）	TC_{ejr}
最終消費支出	C_{ejp}		
純貯蓄	S_{Nej}		

図表 3a 蓄積勘定

総資本形成（I_{Gejp}）		純貯蓄	S_{Nej}
総固定資本形成（購入）	I_{Fejp}	資本移転受取	TK_{ejr}
在庫変動（購入）	I_{Vejp}	（控除）資本移転支払	$-TK_{ejp}$
（控除）固定資本減耗	$-D_{ej}$		
金融資産純増（ΔF_{ej}）		負債純増（ΔL_{ej}）	
現金通貨・預金	ΔF_{Mej}	現金通貨・預金	ΔL_{Mej}
債券・株式	ΔF_{Sej}	債券・株式	ΔL_{Sej}
その他の金融資産	ΔF_{Vej}	その他の負債	ΔL_{Vej}

1.2　他の生産活動名称で表示されている環境保護活動

　ここでは林業，造園業，園芸，等を考えている。生産勘定（図表1a）貸方の'中間生産物としての販売'は，この分野においては，企業の敷地内に造園を行ったりする活動が考えられる。最終生産物の販売としては，家計への園芸作物の販売，一般家庭の造園を考えることができる。

　生産プロセスにおいて生み出された純付加価値は，所得分配・使途プロセス

に継承されて,所得の分配・再分配取引の支払と受取を繰り返した後,この分野の(可処分)所得を確定する。この所得が最終消費支出と(純)貯蓄という形で処分されるのである(図表2a)。

この勘定の取引項目をつぎのように組み立て直すと,分かり易いかもしれない。

$$Y_{Nej} + YP_{ejr} + TC_{ejr} - W_{ejp} - TP_{ejp} - YP_{ejp} - TC_{ejp}$$

が(可処分)所得で,この中から最終消費支出(C_{ejp})が行われ,残高(バランス)が純貯蓄(S_{Nej})になる,というわけである。この最終消費支出と生産勘定の'最終消費のための販売'(C_{ejs})とは,互いにまったく別物である。

勘定借方の支払項目(雇用者報酬,等)は,国内分野外と海外への支払である。貸方の受取項目(財産所得,等)は,国内分野外と海外からの受取から成っている。

資本形成(資本財の購入)というと,どういうものが考えられるだろうか。園芸作物栽培用の温室の建設,植林,等がこれになるであろう。この資本形成の源泉を純貯蓄で賄えないならば,同一部門内の資本移転あるいは金融資産の減少,または海外を含む他部門に対する負債の増加によってそれを補う必要がある。

資本移転の受取は国内分野外と海外から,資本移転の支払は国内分野外と海外に対して行われるものであることは言うまでもない。負債純増と金融資産純増も,国内分野外と海外に対するものから成る。

1.3 消費活動の一部とされている活動(家計内環境保護活動)

家計内環境保護活動として,ゴミ処理,清掃,等が考えられるが,これらは中枢体系では最終消費の一部になっている。これを生産活動としてとらえなおすのである。家計内での環境保護サービス生産であるから,これが輸出されることは考えにくい。資本形成としての利用も想定し難く,輸出と併せて記入値はないであろう。したがって産出はすべて家計内で自己勘定(最終)消費されるわけで,生産勘定の貸方項目はこの最終消費のための販売のみである。

家計内環境保護活動を生産と見なすことにより,国内生産額は,中枢体系の

それよりもこの活動の付加価値に相当する額だけ大きくなる。この価額は帰属計算によって決定される。家計内環境保護サービス生産のための中間消費は，中枢体系では家計の最終消費であったものが，解釈変更されてここに入るのである。

所得分配・使途勘定では，純付加価値は生産勘定から継承されるものであるが，これだけでは（自己勘定）最終消費よりも少ない。中枢体系で表示されている家計部門の本来の所得から，ある一定割合がこの分野に割り当てられ，不足分がまかなわれると考えればよい。

家計部門における雇用者報酬（受取），財産所得（受取），経常移転（受取）の何パーセントかが，この勘定の対応する項目に記入されることになる。そのパーセンテージの値としては，簡単には，全生活時間中の家庭内ゴミ処理・清掃時間の割合を用いることができる。

雇用者報酬の支払，生産・輸入品税の支払と受取は，記入値を持たない。最終消費支出は家庭内環境保護の自己勘定消費であるが，生産勘定の最終消費のための販売と同じものである。余剰（残高）は純貯蓄としてバランス項目に計上される。

蓄積勘定における固定資本形成の大きな部分は，家計によるゴミ処理・清掃用機材・機器，ゴミ処理設備の購入・新設によって占められている。ゴミ処理機材・機器等の耐久消費財の購入は，中枢体系では最終消費支出であったのが，サテライト勘定では固定資本形成になる。国内生産額に影響は与えないが，最終生産物の内容構成に変化をもたらす。

これまでに見たように，サテライト勘定分野の活動は，93年 *SNA* のサテライト勘定形式だけでなく，中枢体系の統合勘定の形式でも表示することができた。両者を比較してみよう。

SNA93 サテライト勘定の「生産／所得生成勘定」は，当該サテライト分野の生産額を，貸方に産出総額で，借方に生産費用（投入額）で示すものである。貸方は産出の総額を示すだけであるから，産出がどのような形で処分されるのかが分からない。つまり産出物に対する需要構成を知ることができない。

1 中枢体系の勘定システムによるサテライト分野取引の表示　　369

　これに対して，中枢体系統合勘定形式の「生産勘定」では，生産の費用面が借方に，産出物の処分面が貸方に表示されるようになっている。処分形態が示されるというのは，サテライト分野の活動の意味が明らかにされるという意味で，非常に便利なことである。たとえば図表B-1aは，企業内・組織内の環境保護・訓練サービスの生産を表わすが，貸方を見ると，(おそらく僅かの，輸出を除き)すべてが自己勘定中間消費である，つまり内部費用化されている，ということがわかるのである。

　「その他の経常勘定」は，当該サテライト勘定分野における所得の取得と使用を示す勘定である。貸方に雇用者報酬(受取)がないのは，活動分野は雇用者ではないから雇用者報酬を受け取ることはない，という考え方であろう。しかし取り上げるケースによっては，雇用者報酬の受取を貸方に設ける必要がある。たとえば前記(3)の家計内環境保護サービス生産の場合，制度部門としての家計が受け取る雇用者報酬の一部が，この分野の所得(の一部)となる。

　中枢体系統合勘定の「所得分配・使途勘定」では，もともと，雇用者報酬をはじめすべての所得項目と経常移転項目が含まれているので，ケースごとに記入項目を変える必要はない。

　蓄積勘定は，SNA93サテライト勘定のものも，中枢体系勘定のものも，その他の資産変動勘定を含まないが，一般的な非金融，金融の蓄積を最小限表示するものになっている。

　こうして見てくると，SNA93のサテライト勘定形式によらずとも，サテライト分野の取引は表示することができる。むしろ，中枢体系(統合)勘定を使えば，考察対象の取引が経済循環の中でどのような位置を占め，どのような役割を果たしているかということが，より明確に表示されるように思われる。一般的によく親しまれた中枢体系勘定ならば，新しい勘定システムの意味を把握するために余計な時間とエネルギーを費やさなくてもよい。また，上で書いたように，中枢体系の基準にもとづく産出総額，付加価値，等の集計値と，サテライト概念(分類方式，生産概念)にもとづく集計値との比較・対比が容易である。

2　フランスのマクロ環境勘定[1]

フランスで環境サテライト勘定が作成・公表されたのは，1986年のことであった（INSEE et Ministère de l'Environnement (1986)）。環境サテライト勘定の構成要素として，つぎのような小サテライト勘定が考えられていた。
　a. 陸水管理, b. 廃棄物処分・回収, c. 自然空間保護, d. 海洋空間保護,
　e. 狩猟, f. 漁場, g. 騒音対策, h. 空気汚染対策
このうち86年に推計されたのは，eまでであった。

その後，1994年からフランス環境研究所（Ifen: Institut français de l'environnement）が中心となって，フランスのマクロ環境勘定の手直しが行われた。1996年からは支出勘定はSeriée（Système européen de rassemblement de l'information économique sur l'environnement：欧州環境経済情報収集システム）方式によって作成されていた。2000年の終わりに，水（汚水，飲用水）および廃棄物の分野に関する支出勘定の方式改訂に着手することが決定された。

2.1　環境保護支出の変動

2001年には環境保護支出は267億ユーロ，すなわち同年の国内総生産の1.83％に達した。このうち74億ユーロ（環境保護支出総額の27％）が環境保護投資に向けられた。これはフランスの総固定資本形成の2.5％である。国民環境支出（環境保護支出に，水資源利用および廃棄物回収支出，ならびに生活環境改善支出を加えたもの）は408億ユーロとなったが，これは国内総生産の2.8％であった。また，この分野の直接的雇用は305,000人であった。

環境保護支出の2001年における成長率（増加率）は3.7％で，2000年の5.7％という高率にくらべると穏やかであった。

環境保護支出が国内総生産に占める比率は，1990年に1.47％であったのが次第に漸増し，1996年1.73％，1998年1.81％，2000年1.82％となってきた。この間GDPは3～4％で成長しているので，環境保護支出の増加率はGDPの

成長率を上回ることになる。実際，1996年4.7%，1998年6.1%，2000年5.4%，2001年3.7%となっている。（GDP成長率は1996年2.6%，1998年4.4%，2000年4.6%，2001年3.3%であった。）

ここで注意すべきは，環境保護支出が中間消費を含むことである[2]。すなわち

環境保護支出 ┬ 経常支出：中間消費支出，最終消費支出
　　　　　　 └ 資本支出：環境保護投資

となっている。したがって上記のように国内総生産の＊％といっても，二重計算を含んでいる。

2.2　分野別環境保護支出の変動[3]
（1）汚　水　管　理
　汚水管理支出の増加率は1999年以後，低下傾向にある。1990年から1998年までは，年平均で8.1%増加していたが，99年以後は1.7%にしかならない。1999年以降は汚水浄化サービス価格がほぼ安定しており，汚染課徴金も同様にきわめて穏やかな上昇である。

公共的浄化サービス　　公共的浄化サービスは，2001年の汚水管理支出の80%を占めるのであるが，1998年から2001年までの経常支出については，年平均1.6%で増加している。これに対して資本支出は，1992年—97年の停滞期のあと，98年から活発化した。近年ずっと投資が強い増加を示しているのは（1997年から2001年まで，年平均6.8%），最近は物価上昇によって説明できるかも知れない。

家計および企業の自発的浄化支出　　1996年—2001年期の全体としてはきわめて安定的であった。すなわち時価表示の年当たり平均増加率は，家計が1.4%，企業が0.4%であった。この準安定性は経常支出にも資本支出にも当てはまるが，その中で家計による浄化槽建設はより大きな増加を見せている（1996年から2001年に年平均2.0%）。

（2）廃　棄　物　管　理

廃棄物管理支出は，資本支出の上昇（23.6%）による2000年の大幅増加（9.7%）のあと，2001年は5.8%台の穏やかな増加率に戻りそうである。

1998年以後，経常支出はそれ以前より穏やかに増大した。廃棄物量の増加率低減は，選別収集や，廃棄物処理施設が生む汚染の制限方策の展開による二面的効果で，収集・処理費用が増加したために，部分的に相殺されてしまった。

1997年から2000年のあいだは，廃棄物特定財源（家庭ゴミ収集税および諸料金）の増加率（年平均5.4%）は，廃棄物公共サービス支出全体の増加率（経常支出および資本支出について，6.3%）よりも低かった。

（3）大　気　保　全

大気汚染防止に関しては近年の主たる動向は，企業の支出低下（1億ユーロ台の減少）である。家計の支出も1億ユーロのオーダーで減少しているので，たとえば1999年と2000年のあいだに，合わせて1億8,200万ユーロ減少した。2000年と2001年のあいだは一定（安定的）であった。

（4）騒　音　対　策

2001年の8億1,100万ユーロにのぼる騒音対策支出は環境保護支出総額の3%台になる。2000年は6.6%の増加率であったのに対し，2001年は控えめの4%の成長であった。1998年以来，年平均成長率は5%であった。1990年から98年までが，時価表示でほぼ定常的であったのと対照的である。

支出の大半（65%）は既存住宅の防音工事費と新築住宅の防音設備上乗せ価格である。交通騒音低減対策（マフラー取り替え，道路手直し）は支出の四分の一にとどまる。既存道路のインフラストラクチャー対策（問題地点の整備等）は，2000年の比較的高い水準を2001年も保っている。

産業施設騒音対策は1990年代初頭以来，約6,000万ユーロくらいで移行している。ただし，運輸交通大企業（鉄道，航空）の（対騒音の）統合投資や，一部の新規路線建設計画の騒音対策成分は，データ不足のため考慮されていないことに注意すべきである。

（5）生物多様性および景観の保護

生物多様性・景観保護支出は，2001年に総額7億8,500万ユーロに達したが，

環境保護支出総額に占める割合（3%）からいうと，騒音対策と同じく，最も弱い部分である。

しかしながらこの支出は1999年以来一貫したテンポで増大している。（99年は電線地下埋葬と高速道路景観融和のための支出が8,000万ユーロ減少した。）

2001年，企業によるこの分野の支出（3億6,800万ユーロ）はまだ1995年の水準（4億500万ユーロ）を取り戻していない。これに対して政府および諸機関の支出は大きく伸びている。2001年が9.9%の成長，96年以来の年平均成長率は7.6%である。

(6) その他の環境保護支出

環境関連の研究開発，環境一般行政支出，等である。環境一般行政の分野では，省庁の一般行政支出の増加，水管理庁，環境エネルギー管理庁，および（フランス環境研究所，等の）その他の管轄機関の予算の増加の影響で，支出は増加を続けている（6.5%）。研究開発支出に関しては，公共分野の支出が大きい増加をみせている。

さらに，フランス環境研究所他（2003）『2001年環境経済勘定』では，環境保護支出と環境国民支出をそれぞれ責任主体別・分野別の交叉分類表によって示している。

図表4 2001年 責任主体別・分野別環境保護支出 （単位：時価表示100万ユーロ）

	一般政府	企 業	家 計	合 計	対2000年変動(%)
汚水管理	8,309	1,348	834	10,491	1.8
廃棄物	5,432	3,403	350	9,185	5.8
放射性廃棄物	62	510		572	0.5
道路清掃	1,029			1,029	5.4
大 気		1,364	122	1,486	-1.8
騒 音	59	407	344	811	4.0
生物多様性・景観	418	368		785	8.1
研究・開発	705	364		1,069	7.0
	1,320			1,320	6.4
一般行政合計	17,334	7,763	1,651	26,748	3.7
対2000年変動(%)	4.2	3.1	0.8	3.7	

図表 5　2001 年 責任主体別・分野別環境国民支出（単位：時価表示 100 万ユーロ）

	一般政府	企　業	家　計	合　計	対 2000 年変動(%)
環境保護支出	17,334	7,763	1,651	26,748	3.7
生活基盤	1,663			1,663	3.2
回　収		5,313		5,313	-2.7
浄水生産・給水	7,117			7,117	3.3
環境国民支出	26,114	13,076	1,651	40,840	2.7
対 2000 年変動(%)	3.9	0.7	0.8	2.7	

　これらは表であって勘定ではない。勘定形式を取るためには，一つの活動を2つの側面から見ることが必要である。それには追加的な資料が必要と思われるが，本節の執筆に際しては，Ifen & et. al.（2003）のものだけを使用した。

注

（1）　本節を書くにあたり，末尾文献のフランス環境研究所他（Ifen & MEDD）（2003）を主として参考にした。
（2）　フランス環境研究所他（Ifen & MEDD）（2003），p. 18.
（3）　フランス環境研究所他（Ifen & MEDD）（2003），pp. 22-3.

参　考　文　献

Archambault, Edith (1994), *Comptabilité nationale*, 5ème édition, Economica.
Arkhipoff, Oleg (1995), *Introduction à la comptabilité nationale*, Ellipses.
Archambault, Edith et Oleg Arkhipoff (eds.) (1986), *Etudes de comptabilité nationale*, Economica.
Archambault, Edith et Oleg Arkhipoff (éds.) (1996), *Mesure et valeur en comptabilité nationale*, Economica.
Archambault, Edith et Michel Boëda (éds.) (1997), *Comptabilité nationale: développements récents*, Economica.
Archambault, Edith et Michel Boëda (éds.) (2001), *Comptabilité nationale: nouveau système et patrimoine*, Economica.
Braibant, Michel (1994), *Satellite Accounts*, Série "Documents de travail", N°D9402, INSEE (Institut National de la Statistique et des Études Économiques).
Commissions of the EC-Eurostat, IMF, OECD, United Nations, World Bank (1994), *System of National Accounts 1993*, ST/ESA/STAT/SER. F/2/Rev. 4, United Nations Publications Office, et al.
Crosnier, Dominique et Serge PÉANO (1990), *Le compte de l'éducation*, INSEE Méthodes No 7, INSEE, Paris.

Ifen (Institut Français de l'Environnement) et Ministère de l'Écologie et du Développement Durable (MEDD) (2003), *Les comptes économiques de l'environnement en 2001 : Rapport de la Commission des comptes et de léconomie de l'environnement*, Ifen. (フランス環境研究所，生態・持続可能発展省『2001年環境経済勘定：環境勘定・環境経済委員会報告書』)
(http://www.ifen.fr)

INSEE (Institut National de la Statistique et des Études Économiques) et Ministère de l'Environnement (1986), *Les comptes satellites de l'environnement*, Collections de l'INSEE, Série C 130, INSEE, Paris.
(http://www.insee.fr)

Marczewski, Jean et Roland Granier (1978), *Comptabilité nationale*, 3ème édition, Dalloz.

Mesnard, Odile, Christine Ragoucy et Christian Berreur (1998), *Le compte de l'éducation et le compte de l'éducation supérieure : Années 1994 à 1997*, Ministère de l'Éducation nationale, de la Recherche et de la Technologie.

Milleron, Jean-Claude (Dir.) (1989), *Le conpte de la santé*, INSEE.

Pichot, Alain (1989), *Elargissement des comptabilités nationales*, Economica.

Schäfer, D. and C. Stahmer (1990), "Conceptual Considerations on Satellite Systems", *The Review of Income and Wealth*, Series 36, No.2.

Séruzier, Michel (1996), *Construire les comptes de la nation, selon le SCN 1993*, Economica.

Vanoli, André (2002), *Une histoire de la comptabilité nationale*, La Découverte.

Yamashita, Seiki (2003), "Representation of Satellite Accounts Reconsidered", Report presented at the 10th Euro-Asie Conference, IAE, Université de Poitiers, 5th-6th June, 2003.

金丸　哲 (1990), 「新 *SNA* 改訂について―サテライト勘定を中心に―」鹿児島大学法文学部『経済学論集』第32号.

河野正男 (1990), 「サテライト勘定と社会責任会計」横浜国立大学経営学会『横浜経営研究』第X巻, 4号.

河野正男 (2001), 『生態会計論』森山書店.

内閣府経済社会総合研究所編 (2005)『国民経済計算年報 平成17年版』財務省印刷局.

総務庁, 他 (編) (1999)『平成7年 (1995年) 産業連関表―総合解説編―』全国統計協会連合会発行.

総務省, 他 (共同編集) (2004)『平成12年 (2000年) 産業連関表―総合解説編―』全国統計協会連合会発行.

武野秀樹 (2001)『国民経済計算入門』有斐閣.

武野秀樹 (2004)『GDPとは何か―経済統計の見方・考え方』中央経済社.

山下正毅 (1990)「サテライト勘定の概念について」経済企画庁経済研究所『季刊国民経済計算』第87号.

山下正毅 (1999)「国民会計システムにおけるサテライト勘定の意味」横浜国立大学経営学会『横浜経営研究』第20巻, 第2号.

山下正毅 (2000)「サテライト勘定の表示」横浜国立大学経営学会『横浜経営研究』第21巻, 第1・2号.

（山下正毅）

第14章

自然資源・環境会計の開発と課題

1 マクロ環境会計開発の基本視点

　環境会計は，人間活動と自然環境との相互作用，すなわち人間活動が環境に与えるさまざまな負荷と，それが人間活動に及ぼす反作用とを二重性原理に基づいて測定・伝達する方法である。この定義に基づけば，マクロ環境会計は基本的に次のような2つの範疇の情報を測定・伝達することが必要になる。(1) 経済活動が誘発する環境への負荷に関する情報 (the information on the economically induced impacts on the environment)。(2) 環境負荷が誘発する経済主体に対する財務的影響 (the information on the environmentally induced financial impacts on economic actors)。(1) の目的にとっては，物量単位の情報が有用である。したがって，マクロ環境会計の研究においては，貨幣単位のみならず物量単位による会計システムの開発をはかるとともに，両者をどのように関連づけるかが課題になっている。また，本章では，一国単位ではなく，特定の地域，場合によっては複数の国にまたがる一定の地域を会計単位とするシステムをメゾ・システムと考えて，マクロ環境会計に含めている。

　本章では，マクロ環境会計のうち，国連の「環境・経済統合会計 (SEEA)」以外のさまざまなシステムを，自然資源・環境会計という範疇で取り上げる。先ず，SEEA を含むマクロ環境会計を開発するための主要課題として，特に次の3点を指摘したい。

　① 環境情報作成における目的・手段の関係を識別し整理するための基本

的枠組として，OECD が提案している PSR（Pressure – State – Response）モデル，あるいはそれを拡張した DPSIR（Driving force – Pressure – State – Impact – Response）モデルを活用することが有益である。
② 物量単位あるいは貨幣単位による多元的な課題特化型資源・環境会計の開発，およびそれらの課題特化型資源・環境会計システムを包括する統合型環境会計システムの開発。
③ マクロ環境会計とミクロ環境会計，さらには，両者の中間的なシステムであるメゾ（あるいはメソ：meso）環境会計の開発とこれら3者の関連づけ。

本章では，上記の課題を受けて，自然資源・環境会計における国内外の開発状況を報告したい。先ず，第2節で海外における開発の現状について，統合型システムそして課題特化型システムの順に取り上げる。次いで第3節で，わが国における研究と開発の現状について紹介する。最後に第4節で，マクロ環境会計の開発それ自体に係わる課題と，会計学自体の将来に係わると思われる課題を整理する。

2 海外における自然資源・環境会計の開発状況

2.1 統合型システムの開発状況

ここで統合型マクロ環境会計と呼ぶことにしたシステムは，本節の後半で取り上げる比較的限定された特定目的用に開発されているマクロ環境会計システムを，相互に関連づけあるいはそれらを包摂する包括的で整合的な会計システムの開発を目指していると考えられる体系をさしている。現在，多くの機関で提案されているシステムのうち，次の4つを統合型マクロ環境会計に分類することができるであろう。
① 国際連合の「環境・経済統合会計（SEEA）」
② フランスの「自然遺産（資源）会計（NPA）」
③ 欧州連合の SERIEE
④ オランダの NAMEA

SEEA を含めたこれら4つの統合型システムの異同性をいくつか指摘しておこう。先ず，SEEA は国連の提案ということもあり，初めから全世界に適用できる体系として提案されている。これに対して他のシステムは，フランス，EU，オランダという地域や国ごとの環境政策の優先順位を反映したシステムになっている。また SEEA は，その体系における拡張の度合いによって6つの基本的な版（version）に明示的に区分されているが，他の3システムではそのような区分はなされていない。第3に，SEEA と SERIEE は経済に視点を置いているが，NPA と NAMEA は環境に視点を置いている。

　他方，SEEA はもちろんのこと，他の3システムもすべて SNA をコア体系とするサテライト会計として展開されている点で共通している。SNA は，すでに50年以上にわたる世界的な研究と経験に支えられている壮大な経済会計システムである。いずれの統合型システムにとっても，自然環境と経済活動の相互作用を捉えようとする以上，SNA を経済圏に関する代表的な情報基盤として前提することは自然であろう。第2に，すべてのシステムが貨幣単位のみならず物量単位で作成された環境勘定を対象にしている点でも共通している。第3に，これら4つのシステムいずれもがグローバルスタンダードとなり得ることを目指して開発されている。しかしこのことは，これらが互いに排他的であるということではない。それぞれのシステムの開発に関与している研究者や機関は重複しており，多くの国がそれぞれのシステムに関してパイロットスタディを実施し，改善に向けて経験の交換を行っている。

　本章では，上記4体系のうち，SEEA を除く3つのマクロ環境会計を順次に取り上げる。

（1）　フランスの「自然遺産（資源）会計」

　フランスが提案している統合型自然資源・環境会計は自然遺産勘定（Natural Patrimony Accounting）と名づけられた非常に壮大な概念体系である。この体系は，人間が経済的に利用可能な資源ばかりでなく，商業的価値を持たない自然環境や文化的遺産（heritage）までも対象にしようという意図から，自然遺産という用語が用いられている。この原型が発表された初期の論文は Cornière, P.,

(1986) であろう。

　勘定体系は図表1に示したように，独立した3つの勘定群が中心となっている。要素勘定（element accounts）は，大気，水資源，土地と土壌，動植物といった物的資源自体の量的・質的変動を，原則としてそれぞれの要素に相応しい単位で記録する。エコゾーン勘定（ecozone accounts）は，ある特定の地域を単位にして，土地利用形態の変化とそれがもたらす生態系の変化を記録する。地域単位は，分析目的に応じて小地域から水系のような広域地が前提にされている。主体勘定（actor accounts）は，経済主体の行動とそれが環境に与える影響を記録する勘定である。これらの勘定群は連結行列（linkage matrices）によって相互に関連づけられるとともに，主体勘定を媒介にしてSNAその他の統計と連結される。これらの勘定群が整備されれば，DPSIR関係がかなり詳細に分析できるものと期待できる。

　フランスの体系は膨大なデータを必要とするため実現にはかなりの作業が予

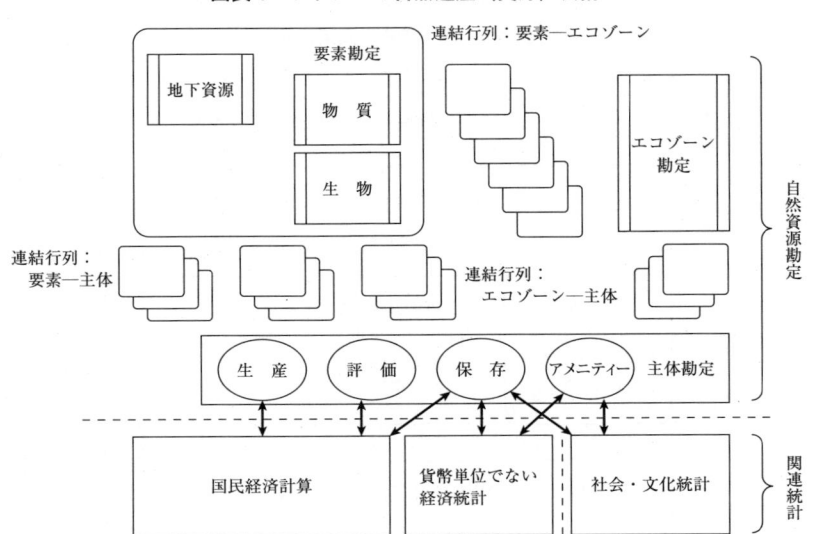

図表1　フランスの自然遺産（資源）会計

（出典：Statistics Canada (1994), p. 301.）

想される。しかし，1992年に環境省のもとにフランス環境研究所が設立され，国立統計・経済調査研究所と共同で環境保護支出，陸水，森林および土地利用に関する会計システムの開発を優先的な研究領域に指定した。これらの研究は，自然遺産会計を構成する個別の勘定整備に他ならない。当初の目的として物量勘定の開発に重点がおかれており，この方面での先駆的役割を果たしている。

（2） 欧州連合（EU）の SERIEE

　SERIEE は，欧州連合統計局（EUROSTAT）が開発を進めている「環境に関する経済情報収集の欧州システム（European System for the Collection of Economic Information on the Environment）」のフランス語表記である。SERIEE は，1992 年にはじめて構想が明らかにされ，94 年に改定された。その全体構造は図表 2 に示したように，「環境保護支出勘定（Environmental Protection Expenditure Account：EPEA）」を中心として，「資源使用・管理勘定（Natural Resource Use and Management Account）」，「エコ産業記録システム（Eco-Industries Recording System）」そして「特徴的活動の投入・産出表（Input-Output Tables for

図表 2　SERIEE の勘定体系

SERIEE

THE EUROPEAN SYSTEM FOR THE COLLECTION
OF ECONOMIC DATA ON THE ENVIRONMENT

ECONOMIC STATISTICS		
	INPUT–OUTPUT ANALYSIS	
RESOURCE USE AND MANAGEMENT ACCOUNT	ENVIRONMENTAL PROTECTION EXPENDITURE ACCOUNT	ECO INDUSTRIES RECORDING SYSTEM
	MATERIAL FLOW ACCOUNTS	
ENVIRONMENTAL STATISTICS		

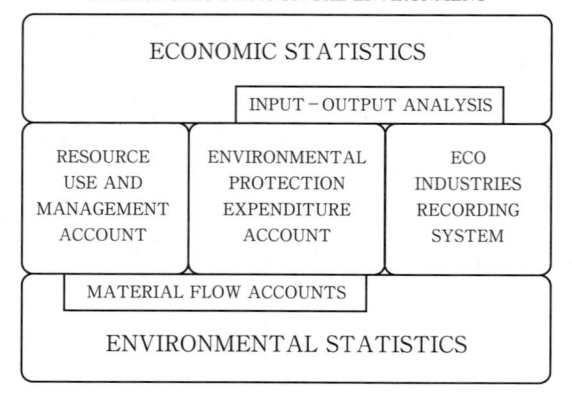

（出典：Steurer, Anton (1995), p. 111.）

Characteristic Activities)」という4つのモジュール勘定から構成されている。マテリアルフロー勘定（Material Flow Accounts）はモジュールの1つには位置づけられていないが、物量データの重要な源泉と考えられている。

SERIEE は、あらゆる環境費用を測定しようとはしておらず、SEEA のように「グリーン GDP」の算定も意図してはいない。EU の環境政策を実施するための情報システムとして比較的容易に実現できることを目指しており、環境と経済の相互関連を数量化するという一般的な目的に加えて、次のようなきわめて明確な EU 独自の目的を持っている（EUROSTAT, 1994, p. 24）。

① 環境保護に関連する貨幣の流れを分析すること。
② 環境保護が EU, EFTA（欧州自由貿易連合）各国の経済に与える影響を分析すること。
③ 環境指標を作成すること。

目的①は、SERIEE を、EU の環境政策の基本である汚染者負担の原則を適用するための分析的基礎とすることである。②の狙いは2点ある。1つは、支出面でとらえた EU の環境保護活動を国際的水準と比較をすることによって、国際貿易や国際競争の面で EU と EFTA 経済がどのような影響を受けるかを分析すること。もう1つは、環境保護活動が EU, EFTA の産業構造にどのような変化をもたらしているか —— たとえば、エコ産業などの新しい市場機会の創出 —— を分析することである。③は、貨幣情報と物量情報を連結し、PSR モデルに基づいて環境保護対策の効果と効率性を評価するための指標を開発することである。

目下のところ、中心となる EPEA の開発が最も進んでおり、EU と EFTA 加盟国による試行が繰り返されている。EPEA は、次の3つを主要目的にしている。(1) 環境保護のためにどれだけの資金が、どのような形で使われたかという環境保護に対する国民支出の分析、(2) それらの支出に対してどの部門がどのようにして資金調達を行ったかという国民支出にたいする資金負担と資金調達分析、そして (3) 環境保護によってどのような経済活動が誘引されたかという環境保護サービスの分析。

このような目的をもった EPEA は，次の5つの集計勘定から構成されている。

① 環境保護国民支出の構成要素と使用者/受益者（表 A）
② 特徴的サービスの生産勘定（表 B）
③ 特徴的サービスの供給・使用表（表 B1）
④ 環境保護国民支出の資金調達（表 C）
⑤ 環境関連の資金負担（表 C1）

さらにこれらの主要勘定には，それぞれの内訳を物量データと関連づける次の7つの補助勘定が設けられている。「大気・気候保護勘定」，「汚水管理勘定」，「廃棄物管理勘定」，「土壌・地下水保護勘定」，「騒音・振動防止勘定」，「生物多様性・景観保護勘定」，「その他の環境保護活動勘定」。

SERIEE は，環境保護支出を「特徴的活動（characteristic activities）」という独特の概念を用いて定義している。すなわち「特徴的活動とは，環境保護を（主要）目的とした活動である（EUROSTAT, 1994, p. 30)。」この定義にしたがって，国民経済における生産者は，この活動を実行する生産主体である特徴的生産者（characteristic producers）と，それ以外の非特徴的生産者（non-characteristic producers）とに区分される。特徴的生産者は，特徴的活動を第一義としているか否かによってさらに特定生産者（specialized producer）と，非特定生産者（non-specialized producer）とに区分されている。特徴的活動の産出物である環境保護サービスが特徴的サービスと定義され，この活動に関連して行われる資本形成もこの活動に含まれる。特徴的サービスと資本形成は，国連欧州経済委員会と EUROSTAT が1994年に作成した分類基準「環境保護活動と設備の欧州単一標準統計分類（Single European Standard Statistical Classification of Environmental Protection Activities and Facilities：CEPA）」に準拠して分類されている。

さらに EPEA では，関連生産物（connected products），適応生産物（adapted products），これらと特徴的サービスの3者全体の合計である特定生産物（specific products)，そして環境関連の補助金や環境税等を含む特定移転（specific transfers）という概念が導入されている。これらの概念がすべて集計されてい

図表3　環境保護国民支出の構成要素と使用者／受益者（A表）

環境保護のための国民支出の構成要素	使用者／受益者								
	生産者				集団的消費者としての政府		実際消費者としての家計	海外部門	合計
	専門の生産者		その他の生産者(産業)						
	政府と対家計民間非営利団体	その他	非専門	非特徴的	中央政府	地方政府			
1 特定生産物の消費									
1.1 特徴的サービスの最終消費									
市場	−	−	−	−	−	−	×	−	×
非市場	−	−	−	−	×	×	×	−	×
1.2 特徴的サービスの中間消費									
市場	nr	nr	×	×	−	−	−	−	×
付随的	nr	nr	×	×	−	−	−	−	×
1.3 最終消費									
関連生産物	−	−	−	−	−	−	×	−	×
適応生産物	−	−	−	−	−	−	×	−	×
1.4 中間消費									
関連生産物	nr	nr	×	×	−	−	−	−	×
適応生産物	nr	nr	×	×	−	−	−	−	×
2 特徴的活動のための総資本形成(1)	×	×	×	−	−	−	−	−	×
3 特定生産物による総資本形成									
関連生産物	nr	nr	×	×	−	−	−	−	×
適応生産物	nr	nr	×	×	−	−	−	−	×
特徴的サービス	nr	nr	×	×	−	−	−	−	×
4 特定移転(1, 2, 3の項目に対応しないもの)									
4.1 生産物補助金									
特徴的サービス	nr	nr	×	×	−	−	×	×	×
関連生産物	nr	nr	×	×	−	−	×	×	×
適応生産物	nr	nr	×	×	−	−	×	×	×
4.2 その他の特定移転									
経常	(−)	(−)	(−)	×	×	×	×	×	×
資本	(−)	(−)	(−)	×	×	×	−	×	×
5 居住者単位の総使用(1+2+3+4)									
経常	−	−	×	×	×	×	×	−	×
資本	×	×	×	×	−	−	−	−	×
6 海外からの融資									
経常	−	−	×	×	×	×	×	−	×
資本	×	×	×	×	−	−	−	−	×
7 環境保護のための国民支出(5-6)									
経常	−	−	×	×	×	×	×	×	×
資本	×	×	×	×	−	−	−	−	×

(1)は，生産されない非金融資産の取得と処分の差し引きを含む。
A表の注："×"はその交点に取引が記録されることを示す。"nr"は，国民支出の構成とEPEA評価システムのきまりにより，この交点に取引は存在するが記録されないことを示す。"−"は，取引が存在しないことを示す。"(−)"は，取引は存在するかもしれないが，どんな例も見つけられなかったものを示す。特定生産物（特徴的サービス，関連生産物，適応生産物）に対する補助金は，直接これらの生産物の使用者に行くものと考えられる（使用は購入者価格で評価されるため）。専門の生産者の特定生産物の使用は，個別に記録されないが，それらは存在するかもしれない。したがって，専門の生産者は特定生産物に対する補助金から利益を受けるかもしれない。これらの補助金はその他の使用者を通過するので，それらはこれらの使用者の列に記録される。その他の特定移転は1994年SERIEEの§2187の記述を参照。

（出典：経済企画庁（1999），p.12より転載）

るEPEAの第1勘定を図表3に掲載した。

SERIEEはまだ試行段階であり，実行可能性の評価，政策目標との関連性，概念や方法論の開発，物量データの収集および貨幣データとの関連づけ，各種指標の開発など課題は多い。特に，EPEAで測定される対応活動（response）の効果を把握するためには，環境への負荷（pressure）や環境の状態（state）を物量情報によって把握し，これらの物量情報を貨幣勘定と関連づける必要がある。物量情報の収集に関してはマテリアルフロー会計の開発に期待が寄せられている。SERIEEのモジュールの1つである「資源使用・管理勘定」や，EPEAの補助勘定が，この目的のために設定されていることは先に述べたとおりである。

図表4に，EUROSTATにおけるマクロ環境会計開発の現状を示した。

図表4　EUROSTATにおけるマクロ環境会計開発の現状

達成あるいは達成間近の分野	今後の展開と試行が必要な分野
大気に関するNAMEA	水資源に関するNAMEA
森林勘定	森林勘定（ESA以外の部分）
環境保護勘定	環境評価とモデル作成
マテリアルフロー勘定	水資源会計
環境税	土地会計
地下資源勘定	廃棄物に関するNAMEA
環境産業推計	

（出典：EUROSTAT (1999), p. 29.）

（3）　オランダのNAMEA

NAMEAと名づけられた統合型環境会計システムは，「環境勘定を含む国民会計行列（The National Accounting Matrix including Environmental Accounts）」の略称である。NAMEAは，1991年の国際所得国富学会でオランダの研究者が最初にその構想を発表した（De Boo et al., 1993）。NAMEAは現在，欧州各国に大きな影響を与えており，上記の図表4に示したように，EUROSTATもNAMEAをさまざまな領域に適用することをその検討課題にしている。

その名称から判るように，この体系は会計行列の体系で情報を整理している

点に構造上の特色がある。図表 5 に NAMEA の構造を極めて簡略化した概念図で示した。〈1, 1〉で第 1 行, 第 1 列のセルを表すことにする。便宜上, 1 行 1 列で示したこのセルには, 93 年ＳＮＡの膨大な集計勘定が計上されているのである。それを取り囲む形で, 国民経済が環境に与える影響を表現するモジュール勘定が付加されている。これによって, SNA の部門や活動分類に従って, どの部門のどのような経済活動から, どのような環境負荷が発生しているかが測定できるよう工夫されている。これら SNA 以外の勘定は, すべて物量単位で記録される。

図表 5　NAMEA の概念図

勘　定			汚染物質	地球環境テーマ	国内環境テーマ	総計
		1	2	3	4	5
	1	SNA	A			
汚染物質	2	B		C	D	E
地球環境テーマ	3	F				G
国内環境テーマ	4	H				I
総　計	5		J	K	L	

　図表 5 に示したように, NAMEA では, 環境テーマ (environmental theme) とその環境テーマに関連のある汚染物質の排出が, SNA で把握された経済活動に関連づけられている。環境テーマとは, オランダの住宅・国土計画・環境省が作成した国家環境政策プランで定められた政策目標である。図表 6 に示したように, 現在, 7 つのテーマが設定されており, そのうち温室効果とオゾン層破壊の 2 つが地球環境テーマ, その他の 5 つが国内環境テーマとして設定されている。各テーマに関連ある汚染原因物質として 10 種類が抽出されており, また資源枯渇の問題として天然ガスと原油の採取があげられている。さらにオランダにとって, 廃棄物処分場の限界から廃棄物処理が大きな問題になっているため, 廃棄物蓄積が環境テーマにあげられ, リサイクルや焼却処分されなかった廃棄物が汚染原因物質の 1 つにあげられている。

図表6　環境テーマとそれに関連する汚染物質

環境テーマ	汚染物質*	環境テーマ等価指標
温室効果	CO_2(1), N_2O(270), CH_4(11)	地球温暖化ポテンシャル
オゾン層破壊	CFCs 11, 12, 13, 112, (1), CFC 113(0.8), CFCs 114, 115(0.6), トリクロロエタン(0.1), 四塩化物(1), ハロン 1301(10)	オゾン層破壊ポテンシャル
酸性雨	NO_x(0.22), SO_2(0.31), NH_3(0.59)	酸性雨等価指標
富栄養化	P(1), N(0.1)	富栄養化等価指標
廃棄物蓄積	廃棄物	百万キログラム
廃水	廃水	百万キログラム
自然資源	天然ガス(1), 原油(1)	ペタジュール

*各汚染物質に付された（　）内の数字は，環境テーマ等価指標に変換する際のウエイトを表す。
（出典：Keuning, Steven J., and Mark de Haan (1998), p.149.）

　図表5の勘定記録について説明しよう。汚染原因物質と環境テーマが各勘定欄に記入されている。〈1, 2〉のセルAに，SNAの分類にしたがった政府，産業，家計および外国の各部門からの汚染原因物質の発生量と資源の流入が物量単位で記録される。ここでは，CFCsとハロンが千kg，ガスと原油がペタジュール，他は百万kg単位が用いられている。〈2, 1〉のセルBには，資源の消費と，発生した汚染原因物質のうち外国への排出分（輸出）が記録される。輸出した排出物以外の排出量が，セルC（〈2, 3〉）とD（〈2, 4〉）で，それぞれの環境テーマに配分される。汚染原因物質と環境テーマとの関連は図表6の通りである。この結果，汚染原因物質の発生総量を示すセルJ（〈5, 2〉）と，その海外および各環境テーマへの配分総計を示すセルE（〈2, 5〉）とは等しくなる。次に，各テーマに配分された汚染原因物質量は，図表6に示した係数によってウエイトづけされ，環境テーマ等価指標（theme-equivalents）と名づけられた指標へと変換され，セルF（〈3, 1〉）とH（〈4, 1〉）に記録される。たとえば温室効果に関しては，各ガスの寄与がCO_2等価量に変換され，地球温暖化ポテンシャルという指標が作成される。これらの値がセルG（〈3, 5〉），I（〈4, 5〉），K（〈5, 3〉），L（〈5, 4〉）に転記され，それぞれの指標の行と列の合計が一致する。こうして

作成された各指標が、目標値や他の経済指標と比較され、さまざまな分析に利用されている。

もちろん、図表5に示した会計システムの背後には、SERIEE 同様に多くの貨幣勘定と物量勘定がある。それらの充実に加えて、先に触れたように NAMEA の適用範囲を拡張する試みがヨーロッパを中心に進行している。オランダ自身も、データの入手可能性をにらみながら、更に多くの有害物質を含むように環境テーマを拡大するとともに、マテリアルフロー分析の促進、指標の信頼性向上など、テーマの掘り下げを推進している。また、NAMEA に社会人口勘定を付加した一層包括的な会計システムである SESAME (System of Economic and Social Accounting Matrices and Extension) の開発にも取組んでいる。さらに EUROSTAT を中心に、SERIEE、SEEA そして NAMEA を関連づける研究も行われている。有力な雑誌 Structural Change and Economic Dynamics は、1999年に NAMEA 特集を組んだ。オランダ、スウェーデン、ドイツ、イギリス、日本における NAMEA の適用例と国際調和化の問題が論じられており、NAMEA に対する評価が高いことを物語っている (Structural Change and Economic Dynamics, 1999)。

2.2 特化型システムの開発状況

ここで言う特化型システムのほうが、先に述べた統合型システムよりも環境会計としては先行していた。特にノルウェーとフランスは、1970年代に物量による自然資源会計に先鞭をつけた。ノルウェーは、鉱物、水産、森林、土地、大気汚染に関する勘定の作成から出発した。フランスは、データ整備の関係から、陸水 (inland water) に関するシステム開発からスタートした。ただ、フランスの場合は、当初から自然遺産会計の基本的枠組みが構想され、その中の1勘定として陸水勘定の開発が始められたのである。その後、SEEA、SERIEE、NAMEA 等の統合型システムが構想されるにしたがって、特定資源を対象としていた会計システムは、固有の目的を保持しつつも、統合型システムのサブ会計として新しい役割を果たしつつあると言うことができる。現在のところ、開

発途上にある特化型システムとして次のような研究を指摘することができる。

物質資源勘定（Mineral Resource Accounts）
エネルギー勘定（Energy Accounts）
排出勘定（Emission Accounts）
廃棄物勘定（Waste Account）
漁業資源勘定（Fish Accounts）
森林資源勘定（Forests Accounts）
野生生物勘定（Wildlife Accounts）
水資源勘定（Water Resources Accounts）
土地利用・土地被覆勘定（Land Use and Land Cover Accounts）
マテリアルフロー会計（Material Flow Accounting）

ここでは，これらのシステムのなかでも最近の発展に属し，物量中心で他のシステムのデータベースとしても期待されている，マテリアルフロー会計を取り上げる。この課題に関しては，主としてヨーロッパ諸国で活発な研究が行われている。最近，ドイツのブッパタール気候・環境・エネルギー研究所を中心とした世界資源研究所，オランダ住宅・国土計画・環境省それに日本の国立環境研究所の4カ国による共同研究が行われた。Adriaanse, A., S. Bringezu et. al. (1997) がその報告書である。持続的発展にとっては，1人あたりの資源利用の絶対量を削減する「脱物質化（dematerialization）」に向けた政策が必要であるとの認識が高まっている。MFAは，この政策を実施するための情報基盤の1つとして開発されており，物質・エネルギー保存則（物質・エネルギーの投入量は，排出物を含めたその産出量と必ず等しい）に則って，組織内および組織と環境との間における物質・エネルギー循環を物質代謝（metabolism）という観点から物量で捉えようとする分析手法である。

MFAの大きな特徴は，直接物質投入（direct material input：DMI）と，「エコロジカル・リュックサック（ecological rucksacks）」あるいは「隠れたフロー（hidden flows）」という2つの概念によって，経済活動への「物質総要求量（total material requirement：TMR）」という投入量概念を定義し，それによって環境負荷を測定しようとする点にある。DMIは，既存のマクロ会計が測定している生産物の生産に直接投入される財・サービスである。これに対して隠れたフローとは，それらの財を産出するために引き起こされた物質フローでありながら，従来は経済財として取り扱われなかったために経済計算から漏れていた物質フローと定義されている。たとえば，1kgのシリコンを生産するには数トンの岩石が掘削され環境負荷を引き起こすが，後者は商品以前の廃棄物でありGDPには含まれない。共同研究に参加した日・米・ドイツ・オランダ4カ国の推計によれば，隠れたフローはTMRの半分から4分の3に達している。すなわち，環境負荷を引き起こしていながら無視されているマテリアルフローが，商品生産に直接寄与しているDMIの2倍から4倍発生しているのである。MFAは，これらの隠れたフローを，当該国内だけではなく，貿易相手国に発生する部分も計上する。現在，隠れたフローは6つの物質範疇，すなわち化石燃料，金属および工業用鉱物，建設資材，更新可能資源，インフラストラクチャーの建設・保守，土壌浸食に関して推計されている。

　図表7は，オランダが試算した1991年のMFAのチャートである。単位は年間1人当たり1トン（t／1人／1年）である。オランダは国内資源が乏しく貿易依存が高いため，輸出入とそれに付随する隠れたフローの割合が大きい。このように，1人当たりあるいは生産物単位当たりのマテリアルフローや，DMIではなくTMRを用いた新しい環境指標や生産性指標の開発もMFAの大きな目的である。

　MFAの方法論は，図表8に示したように，国家単位のマクロ・レベルから化学物質単位のミクロ・レベルに至るまで，さまざまな組織とプロセスにおける物質代謝に適用可能である。したがって，LCAと融合してミクロ環境会計に関連づけることができるだけでなく，ミクロ環境会計とマクロ環境会計を関連づける連結環としての役割も期待できる。Ayres Robert U., and Leslie W. Ayres（1998, 1999）等は，MFAの概念的基礎を明らかにすると共に，林産物，化石燃料，鉱物資源，有機化学製品，無機化学製品さらに有害廃棄物などの個

図表7　オランダのマテリアルフロー会計

MATERIAL FLOW ACCOUNT OF THE NETHERLANDS

Within The Netherlands

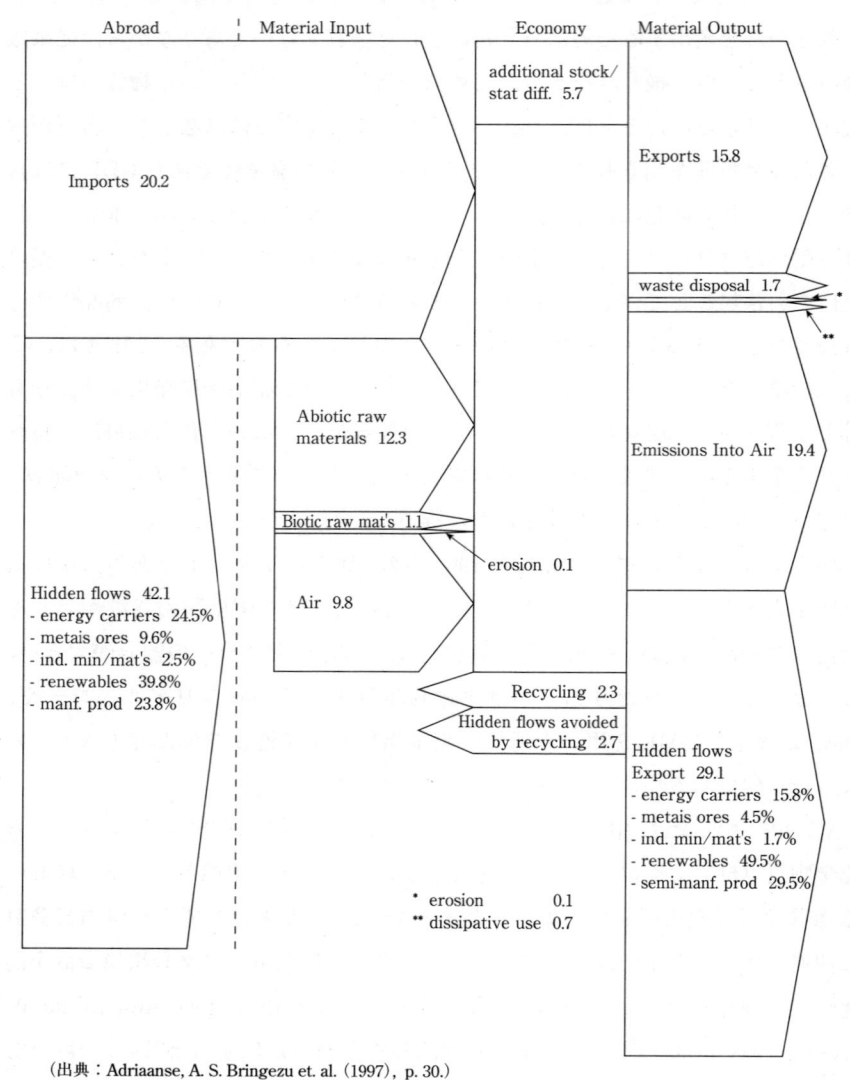

Abroad | Material Input | Economy | Material Output

additional stock/stat diff. 5.7

Imports 20.2

Exports 15.8

waste disposal 1.7 *
**

Abiotic raw materials 12.3

Emissions Into Air 19.4

Biotic raw mat's 1.1

erosion 0.1

Hidden flows 42.1
- energy carriers 24.5%
- metais ores 9.6%
- ind. min/mat's 2.5%
- renewables 39.8%
- manf. prod 23.8%

Air 9.8

Recycling 2.3

Hidden flows avoided by recycling 2.7

Hidden flows Export 29.1
- energy carriers 15.8%
- metais ores 4.5%
- ind. min/mat's 1.7%
- renewables 49.5%
- semi-manf. prod 29.5%

* erosion　　　 0.1
** dissipative use 0.7

(出典：Adriaanse, A. S. Bringezu et. al. (1997), p. 30.)

別物質についてMFAを適用している。この手法はミクロ，メゾ，マクロの各レベルの環境会計にとって有力な手法になると思われる。

これまでのところMFAは，すべての物質をウエイトづけすることなくkgという1つの物量単位で測定している。この限界は明らかである。もちろん，開発者達はこの欠点を十分認識している。先の共同研究の報告書は，次の5つの課題を指摘しているので，若干の私見を交えてまとめておきたい。

(1) より包括的な会計システムの開発。TMRの定義に現れているように，現在のところMFAは経済活動に対する資源投入面での環境負荷を把握することに重点がおかれている。これを，物質循環の産出／排出（廃棄）面に拡張して展開することが必要である。それによって投入から産出／排出（廃棄）にいたる全物質循環を把握するMFAを形成することが可能になる。

(2) 部門別の分析を展開すること。4カ国の共同研究は，現在のところ国民経済レベルについての研究であるが，これを図表8に示したさまざまなレベルで展開することである。前述したようにMFAは，ミクロからメゾそしてマクロと，さまざまなレベルでの環境会計の開発にとって優れた基礎を提供する手法となることが期待できよう。

(3) マテリアルフローの質に関する研究。現在のところ，MFAはすべての物質を単純にkg換算して加算しているだけである。したがって，極微量でも大きな環境負荷や環境リスクを与えるなど，物質の種類によって異なる環境影響を反映していない。この点に関しては，さらに多様な物量単位を用いるか，あるいはNAMEAの環境テーマ等価指標のように何らかのウエイトづけによって解決できるのかどうかが研究課題である。

(4) 国別の特色を考慮すること。国際的に比較可能なシステムを作成する一方で，隠れたフローの推計にあたって生産構造，技術水準，貿易構造などにおける国別の相違をどのように反映するかが課題になろう。

(5) 国際協調の必要性。この点に関して同報告書は，さらに多くの国々が，MFAの開発を促進するために国際機関と協力しながら共同研究を行う

392

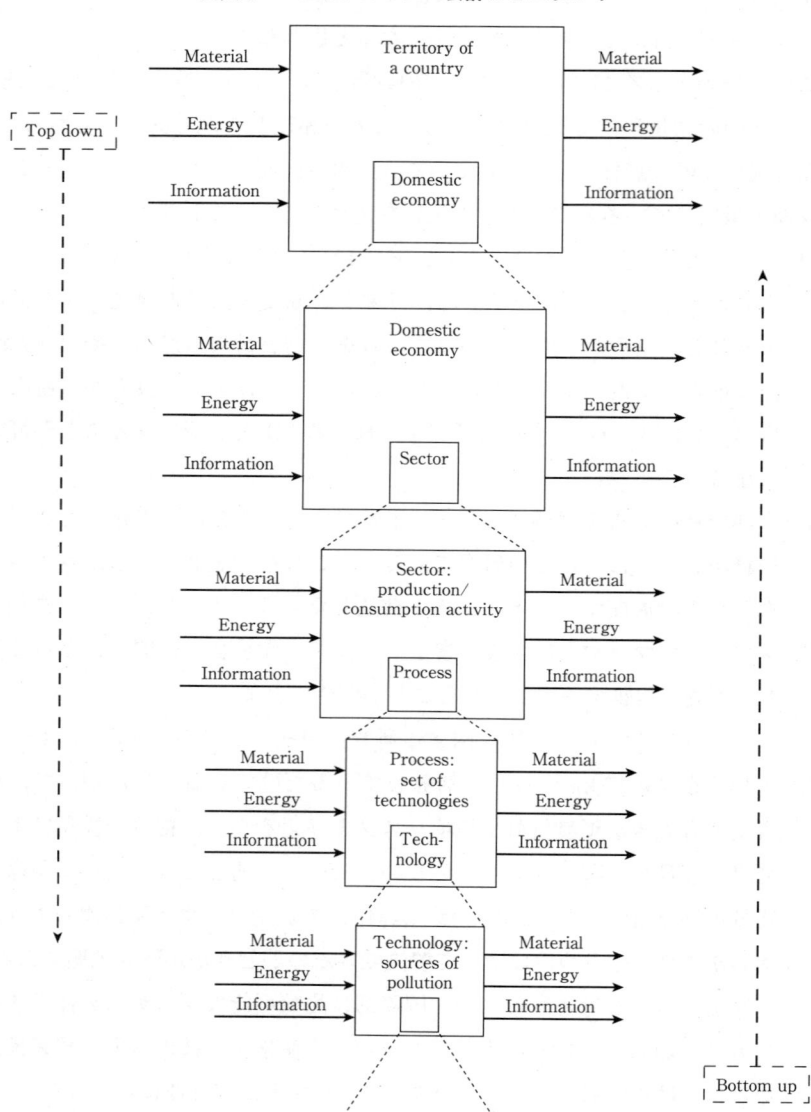

図表8 マテリアルフロー会計のヒエラルキー

```
Top down                                                                                    Bottom up

         Material →  ┌─────────────────┐  → Material
                     │  Territory of   │
         Energy →    │   a country     │  → Energy
                     │  ┌───────────┐  │
         Information→│  │ Domestic  │  │  → Information
                     │  │ economy   │  │
                     └──┴───────────┴──┘

         Material →  ┌─────────────────┐  → Material
                     │    Domestic     │
         Energy →    │    economy      │  → Energy
                     │   ┌─────────┐   │
         Information→│   │ Sector  │   │  → Information
                     └───┴─────────┴───┘

         Material →  ┌─────────────────┐  → Material
                     │     Sector:     │
         Energy →    │   production/   │  → Energy
                     │ consumption     │
                     │    activity     │
                     │   ┌─────────┐   │
         Information→│   │ Process │   │  → Information
                     └───┴─────────┴───┘

         Material →  ┌─────────────────┐  → Material
                     │    Process:     │
         Energy →    │    set of       │  → Energy
                     │  technologies   │
                     │   ┌─────────┐   │
         Information→│   │  Tech-  │   │  → Information
                     │   │ nology  │   │
                     └───┴─────────┴───┘

         Material →  ┌─────────────────┐  → Material
                     │   Technology:   │
         Energy →    │   sources of    │  → Energy
                     │    pollution    │
                     │   ┌─────────┐   │
         Information→│   │         │   │  → Information
                     └───┴─────────┴───┘
```

(出典:Radermacher, W. and C. Stahmer (1998), p. 195.)

ことが必要であることだけを指摘している。しかし，さらに次のような点での相互理解と協調も必要になるだろう。貿易相手国に与える隠れたフローの推計が必要になれば，貿易政策を含め，さまざまな国家間の軋轢が発生することが予想される。たとえば，先のオランダの例で示したように，貿易依存の高い国は相手国に発生させる隠れたフローが大きくなる。日本もオランダと同様である。これに対して資源の自給率が高いアメリカは，外国に与える隠れたフローが少ないのである。MFAを政策手段として用いる段階になると，補償や賦課金，非関税障壁などと関連して大きな政治問題になるのではないだろうか。

3 日本における自然資源・環境会計開発の現状

わが国における自然資源・環境会計の研究は，内閣府経済社会総合研究所と環境省が中心になって進められている。前者はいわゆる国民経済計算（SNA）に関する主務官庁であるため，マクロ環境会計への取り組みは国連のSEEAの作成に重点をおいている。しかし経済企画庁（1999, 2000.3, 2000.6）では，SERIEEに関する研究と，その環境保護支出勘定の推計も開始した。環境庁（1998）は，NAMEAの拡張体系として包括的環境勘定体系を研究している。また，マテリアルフロー会計の研究動向で触れたように，（独）国立環境研究所は海外の研究機関とMFAに関する共同研究を実施している。農林水産省森林総合研究所では，ノルウェーの自然資源会計やフランスの自然遺産会計をモデルにして，森林資源会計の開発を試みている。本節では，これらわが国における自然資源・環境会計開発の現状を簡単に紹介しておこう。

経済企画庁（1999）は，SERIEEが提案しているEPEAを作成する意義を次のように述べている。「これまでの研究では，SEEAのバージョンⅡとしてSNAの中から環境関連の計数（環境関連の財貨・サービス，環境保護資産等）を取り出し，統合勘定表に記載している。しかし，現状のままでは，これらの計数の持つ意味を分かりやすく一般に伝えることが難しく，また，これらの計数の細

分化（環境分野毎など）を行おうとすれば，必然的に何らかの付表が必要となる（経済企画庁, 1999, p. 4.)。」この点を補充するシステムとして，すでに海外で一定の推計と国際比較が進められている EPEA を最も適切なシステムとして選択した。そのねらいは次のように述べられている。「環境保護支出勘定自体は，SEEA の付表というよりは独立したサテライト勘定であるが，その基礎データは，当然ながら既存の SEEA バージョン II の研究成果と共通するものである。したがって，今後の研究では，これまでの SEEA 研究との関連性を保ちながら環境保護支出勘定体系の研究を行い，共通のデータベースに基づき環境保護支出勘定の試算を行って，環境関連計数をわかりやすく勘定表示するとともに併せて SEEA バージョン II の推計精度の向上を図ることとする（経済企画庁, 1999, p. 4.)。」

まず経済企画庁（1999）では，SEEA の 1990 年度の計数を用いて，EPEA の（表 A）環境保護国民支出の構成要素と使用者/受益者表と，環境分野別支出表を推計した。さらに経済企画庁（2000, 3, 2000, 6）において，前年度の（表 A）を 1990 年と 1995 年について再推計するとともに，特徴的サービスの生産勘定（表 B）も推計した。EPEA の（表 A）の推計結果を環境分野別に集計した 3 カ国比較を図表 9 に示した。これらの推計結果はまだ試算段階であり，推計範囲にも違いがあることから，あくまで参考程度の結果である。また，次の点にも留意する必要があることを指摘している。「これはあくまで貨幣単位での評価であり，対 GDP 比が大きいことが必ずしも十分な環境対策が行われていることを意味する訳ではない。むしろ，それだけ大きな環境対策費用を必要とする経済社会構造であることを表す，あるいは，環境対策の単位費用が高いことを表しているかもしれない。環境対策の費用効果分析のためには，併せて環境に関する物量データを整備することが必要となる（経済企画庁, 2000, 6, p. 2)。」もちろん，SERIEE 自体ではこの点は十分認識されており，目下の検討課題に設定されていることは先に述べたとおりである。

環境庁（当時）では，行政施策への環境勘定の活用方法を探るために 1994 年に庁内ヒアリングを実施した。図表 10 がその結果である。これらの結果を踏

3 日本における自然資源・環境会計開発の現状 395

図表9 環境保護支出の各国比較（1995年）

（単位：百万米ドル・％）

国 分野	ドイツ 額	ドイツ 構成比	オーストラリア 額	オーストラリア 構成比	日本 額	日本 構成比
水質保全	33,444	48	2,170	35	55,663	45
経常支出	19,877	59	1,658	76	19,106	34
資本支出	13,567	41	511	24	36,558	66
廃棄物処理	22,992	33	1,761	28	44,343	36
経常支出	19,213	84	1,240	70	33,276	75
資本支出	3,779	16	521	30	11,067	25
大気保全	12,548	18	374	6	9,569	8
経常支出	9,573	76	167	45	6,295	66
資本支出	2,976	24	208	55	3,273	34
自然保護	821	1	1,146	18	−	−
経常支出	572	70	894	78	−	−
資本支出	249	30	252	22	−	−
その他	52	0	750	12	12,872	11
経常支出	47	92	581	77	12,292	96
資本支出	4	8	168	22	578	4
合　計	69,858	100	6,201	100	122,447	100
経常支出	49,282	71	4,540	73	70,970	58
資本支出	20,575	29	1,551	27	51,477	42

注1）オーストラリアのデータは，年度データ。
　2）対米ドル為替レート（1995年）：ドイツ1.433マルク，オーストラリア1.349ドル，日本94.060円
　3）ドイツの「大気保全」は，騒音対策，その他の特定分野に分類・分割できない環境保全を含む。「その他」は，環境保護に関する研究・開発のみである。
　4）オーストラリアの「その他」は，土壌・地下水保全，騒音・振動対策，研究・開発，その他の特定分野に分類・分割できない環境保全である。
　5）日本の「その他」は，特定分野に分類・分割できない環境保全であり，水質保全，廃棄物処理，大気保全，自然保護も一部含む。

（出典：経済企画庁（2000.6））

まえた環境庁の環境情報開発は，環境基本計画に係わる環境指標の開発が中心のようである。これらの指標開発にあたっては，環境情報を一旦，環境勘定という会計学的枠組みの中で取り扱った上で，この情報を必要に応じて指標化する方法が適切であるとしている。そのような研究の一環として，包括的環境勘定体系（Comprehensive Accounting System for Environment：CASE）と呼ばれるシステムを提案した（環境庁，1998）。このシステムは，自然資源と汚染物質に関するフロー／ストック勘定，および，DPSIRモデルの2つの部分からなる物量表示の体系として構想されている。基本的な構造は，NAMEAがベースにな

図表 10　環境勘定の政策ニーズ把握のためのヒアリング調査結果

部署	活用分野	利用している環境情報と利用上の問題点	勘定の潜在的な活用ニーズ（必要とされる情報）
企画調整局	環境全般、アセス等	・多種多様、関連した社会・経済データの利用機会が多い。 ・情報公開の問題と精算時のデータの精度。	LCA：生産に伴う環境負荷の算定 アセス：メッシュ単位の汚染負荷量 指標開発：詳細な物量を含む連関表
企画調整局	GHG排出目録	・エネバラ表、廃棄物統計、人口統計、国民経済計算、工業統計等と発生原単位。 ・詳細情報の不足、集計時期不一致	早く、簡便・正確な排出量が算定可能なデータ
企画調整局	森林	・FAO統計、木材需給統計など	持続可能伐採量の作成 木材製品ラベリングへ応用 木材消費に関わる指標の開発
企画調整局	砂漠化	・実態、関連情報の不足	農林業と砂漠化の関連把握 途上国の環境関連情報の整備
水質保全局	水質環境	・公共用水域の水質観測データ BOD, COD, N.P, DO, SS 大腸菌群数、重金属類	水質－水量－生態系保全－水辺環境整備等に関する総合的施策の評価 質と量を統合した水質指標の開発 規制の評価：費用対便益の把握 各々地域特性を活かした情報活用
自然保護局	自然資源	・自然環境保全基礎調査の結果 ・定量的な情報整備が困難なこと	共生指標開発：人の感性を組込む 社会経済情報のメッシュ化による地域毎の政策課題の洗い出し 自然環境の外部経済価値の把握： 入山料、入園料の検討など
自然保護局	野生生物	・自然環境保全基礎調査の結果 ・野生生物の希少性に関わるデータ ・自然資源の利用データ ・情報の網羅が困難であること	生物賦存レベルの評価、指標開発 アセス：生物資源の価値の生産
大気保全局	大気環境	・大気汚染負荷量、排出量データ ・移動発生源、固定発生源データ ・施設別、業種別排出量 ・情報開示問題、統計の作成頻度	大気環境の外部経済価値の試算： 健康影響の観点から地域特性を活かした情報の活用、指標の開発

（出典：環境庁（1998），p. 226）

っていると思われる。この勘定システムで物質代謝を整合的で包括的に記録したうえで，DPSIR モデルにしたがった指標を作成しようというものである。

　CASE を整備するためには，精度の高い物量勘定を作成しなければならない。環境庁国立環境研究所がドイツのブッパタール研究所などと MFA に関する共同研究を行っていることは，CASE との関連に限らず，優れた物量情報の作成を目指した重要な試みである。わが国の MFA の試作とそのデータついては，Adriaanse, A., S. Bringezu et. al. (1997), pp. 43-51 に示されている。また，この共同研究の日本側の参加者による研究成果が環境庁（1998）に掲載されて

いる。

　森林総合研究所は，ノルウェー，フィンランド，フランスの先駆的研究を参考にして，SNAとのリンクを指向した森林資源勘定の開発を試みている（小池浩一郎・藤崎成昭編,1997）。検討されている主な勘定としては次のようなものがある。樹種や樹齢によって森林資源の状態変化を把握する森林勘定，その変動原因が立木そのものの変動によるものか，あるいは林地面積の変動によるものかを分析するための林地勘定，部門別の林産物投入・産出を体積単位で測定する林産物使用勘定，それを重量単位で測定するマスバランス勘定，森林維持のための資金投入とその効果を測定しようとする森林管理勘定などである。しかし，現在のところいずれも概念調査の段階にとどまっている。日本の国土は，その67％が森林に覆われており，森林国と言われる北欧をしのいでいる。これらの森林資源を健康に維持管理するためにも，水と森と土地に関する自然資源・環境会計の開発は，地球環境保全にとって重要な研究課題である。

　水資源の会計に関しては，わが国でも特徴ある研究が行われている。水系全体での水資源管理，あるいは，流域一貫の思想に基づく水資源の総合的管理のための水資源会計の研究である。通常，水を資源として利用するためには，ダムや用排水路といった大規模な人工施設を建設することが必要になる。つまり，水系全体でこれらの施設を適切に資本維持できる機構があって初めて，安定した水の需給システムが維持できるのである。こうした水系を会計単位とする水資源会計への会計的アプローチは，合崎（1983），河野（1983），原田（1983）らの研究に遡る。続いて小口（1991, 94, 96a, b）は，水道事業の民営化を含む海外における水資源の開発と維持管理体制や水の経済学の動向などを検討した。そして，水系の水資源と水利資産を総合的に維持管理する新しい組織体と会計主体を想定したメゾ・システムとしての水資源会計と，それをさらに環境問題に拡張する構想を展開した。このような水資源会計の研究は農学の分野でも始められ，西頭（1993, 95）と西頭・松岡（1997）は，湖沼のような自然資産も含めた農業水利資産の経済的価値の評価とそれらの維持管理のための会計システムの開発を行っている。これらの研究は，フランスやEUROSTATの研究と

は独立に進められてきたが,SEEA のようなサテライト会計の1つの可能性として評価されており(倉林,1995),今後の研究が期待される。

4 課　題

最後に,マクロ環境会計の開発に取り組む場合の課題を,大きく2つに分けて提示してみたい。1つは,マクロ環境会計それ自体の開発に関する課題であり,もう1つは,会計学それ自体に係わる課題である。

環境会計の開発にあたっては,各国とも政策目標とデータの入手可能性,システムの開発と維持費用などを考慮して進めている。わが国は,マクロ環境会計のさまざまなシステムに必要な推計を行える人的資源と基礎統計を持っている。SEEA に基づくいわゆるグリーン GDP の推計を世界に先駆けて実施したし,SERIEE や NAMEA,マテリアルフロー会計なども試作している。しかし,環境会計の開発は,各国における環境政策の現状とその優先順位,さらに産業構造,社会構造に大きく左右される。それぞれのシステムが提案されている背景に注意しながらわが国への適用を考える必要がある。以上のことをふまえて,本章の冒頭にあげたマクロ環境会計それ自体の開発に関する課題を敷衍し,次の5点をあげておきたい。

先ず,国際比較のための標準体系と各国の独自性を反映するシステムとは必ずしも一致するとは限らない。そのため目的別,国別に多様なアプローチ,多様なシステムの研究を積み重ねることが大切であろう。その上で国際的な調和と協調をはかることが必要である。特に環境問題は複数国にまたがる場合が多いので,この問題は重要でありながら困難な問題でもある。

その場合,わが国の環境政策目標は何かを明確にする必要がある。EU は独自の環境政策を決議しており,それが SERIEE や NAMEA の作成目的に反映している。特に,NAMEA が勘定体系の中に環境テーマを明示していることは情報システムとして明快である。

第3に,貨幣評価,物量評価のいずれか一方によるシステムだけでは不十分

なことは，これまでの検討で明らかである。貨幣システムと物量システムの適切なリンクづけをすることが必要である。

　第4に，環境問題の空間的な広がりに対処するには，マクロ，メゾ，ミクロの3つのレベルでの環境会計を関連づけることが必要である。

　第5に，いずれのアプローチを取るにしても，物量単位あるいは貨幣単位による多元的な課題特化型環境会計の開発と，それらを包括する統合型環境会計の開発は，最も基本的な方向であると思う。

　次に，第2の課題，すなわちマクロ環境会計はいかなる意味で会計なのかについて若干の私見を述べてみたい。この問は結局，会計の基本的機能と構造は何か，会計とは一体何かという古くて新しい問題に他ならない。

　会計学では，コンピュータの急速な普及による情報化の波を受けて，「黄金の60年代」と称されるほど活発な会計学基礎論の研究が1960年代に展開された。驚異的な情報技術の発展と，それが会計領域の拡大にもたらすであろう大きな可能性を目の当たりにして，会計情報の独自性と会計固有の方法論を検討する熱気にあふれた研究が盛り上がったのである。しかし，世界的にみてもマクロ会計自体の研究者がそれほど多くないこともあり，マクロ環境会計の研究者も決して多くはないのが実状である。わが国は，企業会計と社会会計をともに会計領域に含めるという立場から，会計学者がミクロ環境会計とマクロ環境会計の両分野の研究に取り組んできた数少ない例である。この視点からの研究は，黒澤（1972a, b）が環境会計そして生態会計という概念を提唱したことに始まる。その後，この伝統は合崎（1983）そして河野（1998）へと継承され，環境会計に関する特徴ある研究者集団の形成へと発展していった。

　現在の地球環境問題は，企業のみに係わる問題ではなく，人類の存在そのものに係わる問題であり，ミクロとマクロの両面からの研究がますます重要になっている。マクロ環境会計では，そのミクロ的基礎をどうするか，ミクロとマクロの連携をどのように形成するかが課題になりつつある。たとえば，欧州委員会は，マクロ環境会計の立場から，ミクロ環境会計とのリンクの必要性と方法論上の問題を論じている（Study for the European Commission Directorate Deneral

XII (1997, Part IV.))。経済学でも，マクロ分野の環境経済学と，ミクロ分野あるいは企業レベルの「環境マネジメント」もしくは「企業と環境」とを統合することが重要であるにも係わらず，これらの分野の研究が手薄であるばかりでなく，両分野の研究者がお互いの研究に無関心であることが大きな弊害を招いていると指摘されている（Van den Bergh, Jeroen. J. M. (ed.) 1999, p. 24.）

　このような状況に対して会計学がどう取り組むか。会計学固有の方法論を再検討する一方で，これらの新しい問題に対応するために，既成の枠組みにとらわれることなく，新しい会計像，新しい会計方法論を開拓する研究が必要であろう。20世紀の会計学は，企業実体や国民経済に関する会計理論を確立することによって時代の要請に答えてきた。文字どおり，企業会計そしてマクロ「経済」会計の整備によって社会秩序の形成に大きく貢献したといえるだろう。これに加えて，環境会計に関する理論と制度の充実を図ることが，21世紀における会計学の大きな使命であると思う。

参 考 文 献

Adriaanse, A., S.Bringezu et. al. (1997) *Resource Flows : The Material Basis of Industrial Economies*, World Resources Institute.

Ayres Robert U., and Leslie W. Ayres (1998) *Accounting for Resources, 1 : Economy-Wide Application of Mass-Balance Principles to Materials and Waste*, Edward Elgar.

Ayres Robert U., and Leslie W. Ayres (1999) *Accounting for Resources, 2 : The Life Cycle of Materials*, Edward Elgar.

Bringezu, S., M. Fischer-Kowalski, R. Kleijn and V. Palm (eds.) (1997) *Regional and National Material Flow Accounting : From Paradigm to Practice of Sustainability*. Proceedings of the ConAccount workshop 21-23 January 1977, Leiden. Wuppertal Special 4, Wuppertal Institute for Climate, Environment, Energy. Germany.

Bringezu, S., M. Fischer-Kowalski, R. Kleijn and V. Palm (eds.) (1998) *The ConAccount Agenda : The Concerted Action on Material Flow Accounting and its Research & Development Agenda*. Wuppertal Special 8, Wuppertal Institute for Climate, Environment, Energy. Germany.

Bringezu, S., R. Behrensmeier, and H. Schütz (1998) Material flow accounts indicating environmental pressure from economic sectors, Uno Kimio and P. Bartelmus (eds.) (1998), pp. 213-227.

Bringezu, S., R. Behrensmeier, and H. Schütz (1998) *Material Flow Accounts, Part I : General Aspects, Aluminium, National Overall Accounts*. Wuppertal Institute for Climate, Environment, Energy. Germany.

Bringezu, S., and H. Schütz (1998) *Material Flow Accounts, Part II : Construction Materials, Packagings, Indicators*. Wuppertal Institute for Climate, Environment, Energy.

Cornière, P., (1986) Natural Resource Accounts in France, An Example : Inland Waters, *Information anf Natural Resources*, OECD, Paris.

De Boo, P.R.Bosch, C.N.Gorter and S.J. Keuning (1991) An Environmental Module and the Complete System of National Accounts, Franz, Alfred and Carsten Stahmer (eds.) (1993), *Approaches to Environmental Accounting*, Proceedings of the IARIW Conference on Environmental Accounting, Baden, Austria, 27-29 May 1991, Physica-Verlag, pp. 143-166.

EUROSTAT (1994) *European System for the Collection of Economic Information on the Environment (SERIEE)*.

EUROSTAT (1999) *Environmental Accounts 1999 : Present state and future developments*.

Garnåsjordet P.A., and H.V. Saebø (1986) A System of Natural Resource Accounts in Norway, *Information and Natural Resources*, OECD, Paris.

Keuning Steven J., and Mark de Haan (1998) Netherlands : What's in a NAMEA? Recent results, Uno Kimio and P. Bartelmus (eds.) (1998), pp. 143-156.

Mattessich, Richard (1964) *Accounting and Analytical Methods*, R. D. Irwin.

Peskin, Henry M., (1998) Alternative resource and environmental accounting approaches and their contribution to policy, Uno Kimio and P. Bartelmus (eds.) (1998), pp. 375-394.

Radermacher, W., and C. Stahmer (1998) Material and energy flow analysis in Germany : accounting framework, information system, applications, Uno Kimio and P. Bartelmus (eds.) (1998), pp. 187-211.

Statistics Canada (1994) *National Accounts and the Environment*, Papers and Proceedings from a Conference, London, England, 16-18 March 1994.

Steurer, Anton (1995) The Environmental Protection Expenditure Accounts of EUROSTAT's SERIEE, *Second Meeting of the London Group on National Resource and Environmental Accounting*, Conference Papers, Washington, D.C. 15-17 March 1995, pp.109-124.

Structural Change and Economic Dynamics (1999) Special Issue, Environmental Extensions of National Accounts : The NAMEA Framework, Vol.10, Elsevier.

Study for the European Commission Directorate Deneral XII (1997), *Methodological Problems in the Calculation of Environmentally Adjusted National Income Figures*, Two Vols.

Uno Kimio and P. Bartelmus (eds.) (1998) *Environmental Accounting in Theory and Practice*, Kluwer Academic Publishers.

Van den Bergh, Jeroen C. J. M. (ed.) (1999), *Handbook of Environmental and Resource Economics*, Edward Elgar.

合崎堅二 (1983):「生態会計の構図」『會計』, 第124巻, 第5号。

河野正男 (1983):「水資源問題と地域社会会計」『會計』, 第124巻第5号。

河野正男 (1998):『生態会計論』森山書店。

環境庁 (1998)『環境資源勘定策定に関する基礎調査報告書』。

経済企画庁 (1998)『環境・経済統合勘定の推計に関する研究報告書』。

経済企画庁 (1999)『環境・経済統合勘定の確立に関する研究報告書』。

経済企画庁 (2000.3)『環境・経済統合勘定の確立に関する研究報告書』。

経済企画庁 (2000.6)『環境保護支出勘定の第二次試算及び廃棄物勘定の試算について』。
小池浩一郎・藤崎成昭編 (1997)『森林資源勘定—北欧の経験・アジアの試み』アジア経済研究所。
小口好昭 (1991):「メソ会計としての水の会計学」『會計』，第 139 巻，第 5 号。
小口好昭 (1994):「水資源開発の会計学的・経済学的分析」『環境の変化と会計情報』，中央大学経済研究所研究叢書 28。
小口好昭 (1996a):「流域の総合管理と水道事業民営化の帰趨:水資源会計の主体論を中心に」『水利科学』No. 231 (第 40 巻第 4 号)，pp. 26-50，水利科学研究所。
小口好昭 (1996b):「社会的共通資本の会計学」『會計』第 150 巻，第 3 号。
倉林義正 (1995):経済企画庁:「SNA サテライト勘定に関する特別研究会報告」。
西頭德三 (1993):「水資源管理の現代的評価—水利施設の資産性の認識」西村博行監修『地域資源と組織の現代的評価』明文書房。
西頭德三 (1995):「湖沼の水資源会計的意義」久守藤男教授退官記念出版会編『地域農林業の課題と方向』創成社。
西頭德三，松岡淳 (1997):「資源・環境問題と生活者による経済学—試論:空間経済学の提起」中川・村尾・西頭編著『現代社会と資源・環境政策—担い手と政策の構築に向けて』農林統計協会。
原田富士雄 (1983):「水の社会会計—職能論的アプローチ試論」『會計』，第 124 巻，第 5 号。

(小口好昭)

【執筆者紹介】（執筆順）

河野 正男（かわの・まさお）：中央大学経済学部教授
[略歴] 編著者紹介参照

上田 俊昭（うえだ・としあき）：明星大学経済学部教授
[略歴]
早稲田大学大学院商学研究科博士課程単位取得。富士大学経済学部専任講師を経て，現在に至る。著作には，『複式簿記の基礎と応用』（中央経済社），『動的社会と会計学』（共著，中央経済社），『黒澤会計学研究』（共著，森山書店），『ミクロ環境会計とマクロ環境会計』（共著，中央大学出版部）などがある。

上妻 義直（こうづま・よしなお）：上智大学経済学部教授
[略歴]
上智大学大学院経済学研究科博士後期課程単位取得。名古屋工業大学助手，オランダ・リンパーク研究所客員研究員，静岡県立大学経営情報学部助教授，上智大学経済学部助教授を経て現在に至る。著作には，『環境報告の保証』（編書，同文舘出版），「英国における会社法改革とOFRの制度化（上）・（下）」『企業会計』第57巻第9号・第10号，「英国におけるCSR情報開示の制度化」『世界の労働』第55巻第5号などがある。

小関 誠三（こせき・せいぞう）：中央大学大学院国際会計研究科教授
[略歴]
中央大学経済学研究科博士後期課程修了（経済学博士）。福井工業大学助教授，國學院大学教授を経て2002年4月より現職。著作には，「フランス会計のマクロ視点と余剰計算書」『會計』第133巻第1号，「マクロ領域と会計情報」『動的社会と会計学』（所収，中央経済社），「フランス公会計の特徴と複会計制」『CGSAフォーラム』（中央大学）第3号などがある。

阪　智香（さか・ちか）：関西学院大学商学部助教授
[略歴]
関西学院大学大学院商学研究科博士課程後期課程単位修得，2000年関西学院大学商学博士号修得。関西学院大学商学部専任講師を経て2002年より現職。著作には，『環境会計論』（東京経済情報出版），『環境会計最前線』（共著，省エネルギーセンター），『環境会計の理論と実際』（共著，中央経済社），『持続可能社会構築のフロンティア』（関西学院大学出版会），『環境会計の新しい展開』（共著，白桃書房）などがある。

八木 裕之（やぎ・ひろゆき）：横浜国立大学経営学部教授
[略歴]
中央大学大学院経済学研究科博士後期課程修了。博士（会計学）。福井工業大学専任講師，神戸商科大学助教授，同教授を経て現職。著作には，「ストック・フロー統合型環境会計の理論と実践」『横浜経営研究』第26巻第1号（共著），「持続可能な経済社会と会計」『會計』第162巻第3号，「日本企業における環境会計の標準化と機能的展開」『経済学論纂』第42巻第5号などがある。

國部克彦（こくぶ・かつひこ）：神戸大学大学院経営学研究科教授
［略歴］
大阪市立大学大学院経営学研究科後期博士課程修了。博士（経営学）。大阪市立大学助教授，神戸大学助教授を経て，2001年より現職。著作には，『社会と環境の会計学』（中央経済社），『環境会計』（新世社），『マテリアルフローコスト会計』（日本経済新聞社），『環境管理会計入門』（産業環境管理協会）などがある。

大森　明（おおもり・あきら）：愛知学院大学商学部助教授
［略歴］
横浜国立大学大学院国際開発研究科博士後期課程修了。博士（学術）。著作には，「地方自治体の環境会計と公会計改革―オーストラリアの事例から―」『會計』第164号第5巻，「環境会計の国際的動向―国連の取り組みを中心として―」『商学研究』第45巻第1・2号，「政府機関による環境報告の国際的動向とその展望―日・豪比較を中心として―」『会計検査研究』第32号などがある。

千葉貴律（ちば・たかのり）：明治大学経営学部助教授
［略歴］
横浜国立大学大学院国際開発研究科博士課程修了。博士（学術）。2001年明治大学経営学部専任講師，2003年より現職。著作には，「環境マネジメントの独自性と環境会計」『中央大学経済研究所年報』第36号，「企業の社会的責任（CSR）に対する会計アプローチ」『経理知識』第82号などがある。

伊藤嘉博（いとう・よしひろ）：早稲田大学商学学術院教授
［略歴］
早稲田大学大学院商学研究科博士課程単位取得。城西大学経済学部専任講師，成蹊大学経済学部助教授，同学部教授，上智大学経済学部教授，神戸大学大学院経営学研究科教授を経て，2005年4月より現職。博士（商学）。著作には，『品質コストマネジメント・品質管理と原価管理の融合』（中央経済社，1999年），『管理会計のパースペクティブ』（上智大学出版会，2001年），『バランスト・スコアカード・理論と導入』（共著，ダイヤモンド社），『品質コストマネジメントシステムの構築と戦略的運用』（日科技連出版社，2005年）などがある。

山下正毅（やました・せいき）：横浜国立大学大学院国際社会科学研究科教授
［略歴］
九州大学大学院経済学研究科修士課程修了（経済学修士），九州大学助手，九州産業大学講師，横浜国立大学経営学部助教授，同教授を経て現職。著作には，『国民経済計算の展開』（共編著，同文舘），『ケインズ全集第18巻：賠償問題の終結』（共訳，東洋経済新報社），「サテライト勘定の概念について」『季刊国民経済計算』，「サテライト勘定の表示形式再考」『横浜経営研究』などがある。

小口好昭（こぐち・よしあき）：中央大学経済学部教授
［略歴］
中央大学大学院経済学研究科博士後期課程単位取得。中央大学経済学部専任講師を経て1987年より現職。著作には，2002年『ミクロ環境会計とマクロ環境会計』（編著，中央大学出版部），1999年『黒澤会計学研究』（共著，森山書店），1995年『動的社会と会計学』（共著，中央経済社），1994年『環境の変化と会計情報：ミクロ会計とマクロ会計の連環』（共著，中央大学出版部）などがある。

編著者紹介

　　　　　一橋大学大学院商学研究科博士課程単位修得退学。
1969年　獨協大学経済学部専任講師，以後助教授，教授を経て，
1983年　横浜国立大学経営学部教授。
2000年　一橋大学博士（商学）
2003年　中央大学経済学部教授，現在に至る。

著　書　『生態会計論』森山書店，1998年。
　　　　『環境会計―理論と実践―』中央経済社，2001年。

環境会計の構築と国際的展開

2006年2月18日　初版第1刷発行

著　者　ⓒ　河野　正男

発行者　　　菅田　直文

発行所　有限会社　森山書店　〒101-0054　東京都千代田区神田錦町1-10 林ビル
　　　　TEL 03-3293-7061　FAX 03-3293-7063　振替口座 00180-9-32919

落丁・乱丁本はお取りかえします　　印刷／製本　三美印刷

ISBN 4-8394-2027-0